2차 세계대전의 민중사

2차 세계대전의 민중사

민중의 전쟁 vs 제국의 전쟁

도니 글룩스타인 지음 / 김덕련 옮김

A
PEOPLE'S HISTORY
OF THE
SECOND WORLD WAR

오월의봄

차례

일러두기

1. 본문에서 〔 〕는 독자의 이해를 돕고 문맥을 매끄럽게 하기 위해 옮긴이가 덧붙인 부분이다. 저자가 인용문 등에서 덧붙인 부분은 ( )로 표기했다.
2. 본문의 각주는 모두 옮긴이가 붙인 것이다.
3. 인명, 지명 등의 외래어는 최대한 국립국어원 외래어 표기법에 맞춰 표기했다.

머리말

비교적 발견하기 쉬운 2차 세계대전에 대한 공식 설명이 있다. 문서 기록과 함께, 연합국 기구는 런던의 전몰장병 기념비 같은 공공 기념물에서 행복하게 승리를 선언한다. 대중 행진, 영화, 책 그리고 〈밴드 오브 브라더스 Band of Brothers〉 같은 TV 시리즈도 연합국의 승리를 증명한다. 다른 쪽 사람들은 그보다 차분하다. 2차 세계대전이 시작된 폴란드 그단스크 바깥쪽 베스테르플라테 Westerplatte⁺는 베를린 중심부에 대한 공습의 위력을 여전히 증언하면서 폐허로 남아 있는 카이저 빌헬름 기념 교회⁺⁺와 마찬가지로 분위기가 음울하다.

그와 대조적으로 또 다른 전쟁, 즉 민중의 전쟁 people's war은 대체로 은폐돼 있다. 그래서 그것을 밝혀내는 것은 시공간적으로 도전이라는 것이 판명됐다. 이 책을 쓰는 것은 2차 세계대전 기간만큼 오래 걸렸고, 책 내용(그중 몇몇은 지면 제약으로 제외했

⁺   그단스크(1939년 당시에는 단치히 자유시)에 위치한 반도. 1939년 9월 1일 독일군이 이곳에 있던 폴란드군을 공격하면서 2차 세계대전의 막이 올랐다. 폴란드군은 병력, 장비 등 모든 면에서 절대적 열세였음에도 일주일 동안 독일군의 공격을 버텼으나 결국 항복했다.

⁺⁺ 빌헬름 1세(독일제국의 첫 번째 황제)의 영광을 기념하기 위해 건립됐다(1895년 완공). 2차 세계대전 때 폭격으로 파괴됐지만, 전후 독일인들은 전쟁의 참혹함을 잊지 않는다는 차원에서 이를 보수하지 않고 그대로 보존했다.

다)에 포함된 나라들에 대한 여행을 수반했다. 때때로 은폐는 노르웨이 베르겐Bergen의 창고 지붕에 은닉된 레지스탕스[+] 라디오 송신기처럼 의도적이다. 때로는 그 동기가 더 악의적이다. 아테네에 있는 군사박물관에는 그리스를 해방시킨 레지스탕스 운동에 대한 언급이 단 한마디도 없는데, 이는 레지스탕스 운동의 정치사상이 너무나 급진적이었기 때문이다.

공식 서사에 들어맞을 때 레지스탕스 박물관이 존재하게 되는데 장관을 이루는 바르샤바봉기박물관, 반스카비스트리차 Banska Bystrica에 있는 초현대적인 슬로바키아국립봉기박물관부터 코펜하겐에 있는 덴마크레지스탕스박물관과 인도네시아 욕야카르타Yogyakarta에 있는 브레데부르그Vredeburg 박물관의 디오라마까지 그러한 박물관이 걸쳐 있다. 그러나 대부분의 레지스탕스 박물관은 조그마한데, 어떤 때에는 잘 알려지지 않은 소도시와 마을에 하나 혹은 두 개의 전시실rooms만 있는 경우도 있다. 그것보다 흔한 건 간단한 명판名板이 이야기를 말해주는 경우다—싱가포르의 조용한 공원에 있는 인도국민군Indian National Army에 헌신한 사람부터 (이탈리아) 볼로냐의 북적거리는 중앙 광장에 이르기까지. 다른 증거는 그 범위가 묘지들부터 참여자들의 직접 기억 혹은 길었던 베트남전쟁 시기에 고엽제Agent Orange에 의해 유전성 손상을 입은 이들의 장애인 후손들을 위한 워크숍까지 이를

[+] 원문의 resistance는 역사성을 고려해 기본적으로 '레지스탕스'로 옮기되, 문맥에 따라 때때로 '저항'으로 번역했다.

수 있다. 전투가 벌어진 곳은 어디든, 그리고 거의 모든 곳에서, 찾고자 한다면 발견할 수 있는 무언가가 있다.

두 전쟁—제국주의 전쟁imperialist war과 민중의 전쟁—의 차이는 내 고향 에든버러에서 상징적으로 잘 드러난다. 캐슬록 거리 위에는 스코틀랜드국립전쟁기념관이 우뚝 솟아 있다. 몇백 미터 아래쪽으로 어두운 계단을 내려오면 기찻길 옆 나무 아래 모서리를 만나게 되는데, 거기에 이 책보다 크다고 할 수 없는 철판이 있다. 스페인내전에서 파시즘과 맞서 싸우다 죽은 사람들에게 봉헌된 것이다. 이 작업이 양 측면을 더 균형 잡힌 시각으로 볼 수 있게 하기를 바란다.

들어가는 말

2차 세계대전의 이미지: 역설

2차 세계대전은 20세기에 일어난 여러 충돌 가운데 독특하다. 1차 세계대전, 그리고 베트남, 이라크 또는 아프가니스탄에서 일어난 전쟁 같은 다른 전쟁들은 무기력한 미디어에 의해 흥분된 대중의 지지를 받으며 시작됐지만, 치명적인 현실과 정부들의 진정한 동기가 선전의 연막을 뚫고 나아가자마자 지지를 상실했다. 2차 세계대전은 이 패러다임에서 벗어나 있다. 2차 세계대전의 평판은 처음부터 끝까지 긍정적이었고 지금 이 순간에도 훼손되지 않은 채 남아 있다.

추축국 진영의 독일, 이탈리아, 일본을 물리친 것에 환희를 느끼는 건 이해할 만한 일이었다. 그러나 미국의 여론조사 요원들은 사망자 수가 늘어나는 동안 전쟁의 인기가 높아져만 갔다는 것을 발견했다. 루스벨트 대통령에 대한 찬성은 결코 70퍼센트 아래로 내려오지 않은 반면 평화안案에 대한 지지는 감소했다.[1]

비슷한 상황이 영국에서도 만연했는데, 대중 관찰Mass Observation⁺의 자원봉사자들은 여론을 측정했다. 그들은 엿들은 대

⁺ 1937년 설립된 영국의 사회 조사 기관. 자원봉사자로 이뤄진 관찰자 패널을 통해 영국인의 일상생활을 기록하는 것을 목표로 했다. 그와 함께 유급 조사관들을 고용해 작업장, 거리 및 다양한 공적인 모임에서 사람들이 어떤 대화

화를 부지런히 기록했고, 태도를 판단했다. (교전이 선언됐으나 사실상 군사행동은 이뤄지지 않았던) 초기 '개전 휴전 상태phoney war'⁺ 시기의 '전형적인' 발언은 다음과 같았다. "왜 우리가 어떤 일도 안 하고 있는지 모르겠어. …… 가서 이탈리아를 공격하거나 아비시니아⁺⁺에서 일을 벌이는 건 어때?" 한 관찰자는 "공격 행위에 대한 어떠한 뉴스든 엄청난 갈채를 받고 있다"라고 언급했다.[2] 오늘날 제국주의자들은 폭격 작전에 필요한 자금을 대기 위해 거리에서 깡통을 흔들지 않지만 1940년에는 '전투기 펀드Fighter Plane Fund'가 설립됐는데, 그 펀드의 "가장 두드러진 특징은 모든 사람이 모금에 참여하는 방식이라는 것"이었다.[3] 대단히 힘든 투쟁의 세월과 엄청난 인명 손실이 열광을 수그러들게 하지는 못했다. 1944년 노르망디 상륙 작전 개시일에 관한 뉴스는 넘치는 기쁨을 불러일으켰다.

"아빠, 제2전선이 열렸대", 아이가 들떠서 외쳤다. '아빠'가 아래층으로 서둘러 내려와 라디오 손잡이를 만지작거리며 묻는

를 나누고 어떻게 행동하는지를 익명으로 기록했다. 2차 세계대전 기간에는 전쟁이 길어지는 상황에서 국민들의 사기에 대한 비밀 조사 보고서를 정부에 제출하기도 했다.

⁺ 독일의 폴란드 침공 이틀 후(1939년 9월 3일) 영국과 프랑스는 독일에 선전포고했다. 그럼에도 8개월 동안 서부전선에서는 전투다운 전투가 벌어지지 않았다. 1940년 5월 10일 독일이 베네룩스 3국을 공격하면서 비로소 영국·프랑스와 독일은 본격적인 전쟁 상태에 돌입하게 된다. '개전 휴전 상태'는 1939년 9월 3일부터 1940년 5월 10일까지 상황을 말한다.

⁺⁺ 이 시기에 이탈리아가 지배한 에티오피아.

다. "우리가 쳐들어갔다고? 장난 아니지. 설마." 가족은 아침상을 받았지만 너무나 흥분해서 먹을 수 없다. 우리는 사방팔방으로 달려가서 이웃집들의 문을 두드려 공격이 시작됐는지 알아내고 싶은 충동을 느꼈다.[4]

마지막까지 '대중 관찰' 조사는 전쟁으로 인한 피폐함을 감지하지 못했다.[5]

수천 마일 떨어진 곳에서 붉은 군대 장교 드미트리 로자 Dmitriy Loza는 나치즘에 맞선 전투를 '성전'으로 칭송했다.

전쟁은 1941년 6월 22일 우리에게 찾아왔는데 피와 눈물, 강제수용소, 도시와 마을의 파괴, 그리고 헤아릴 수 없을 만큼 많은 죽음을 가져왔다. …… 4년에 걸친 전쟁 기간 동안 흘린 눈물을 모두 모아서 독일에 쏟아붓는 것이 가능했다면, 그 나라는 깊은 바다의 밑바닥에 놓였을 것이다.[6]

70년이라는 거리가 있음에도 2차 세계대전에 매료되는 모습은 지속된다. 로자가 예견한 대로 "진정한 애국자는 열 세대 혹은 심지어 백 세대가 지나도 이 전쟁을 잊지 않을 것이다."[7] 다른 어떤 군사적 사건도 (2차 세계대전만큼) 그렇게 많은 역사물, 소설 또는 드라마 작품을 낳지 못했다. 모든 전쟁 영화의 거의 절반은 2차 세계대전을 다뤘다. 1차 세계대전, 베트남전쟁, 한국전쟁이 각각 12퍼센트, 2퍼센트, 2퍼센트를 차지하고 있다. 나머

지—고대 로마부터 공상 과학까지—가 그 이외의 3분의 1을 점유하고 있다.[8]

2차 세계대전이 초래한 엄청난 파괴를 고려하면 이 전쟁이 누리는 인기는 놀라운 일이다. 사상자 수를 비교할 때 이 일본인 해설자의 경고를 기억할 필요가 있다. "우리는 사망자를 숫자로 개조하지 말아야 한다. 그들은 각각 개인이었다. 이름과 얼굴을 가지고 있었다. …… 내 형은 몇 백만 명 중 단지 한 부분이었을 수도 있지만, 내게 그는 세상에서 유일한 형이었다. 내 어머니에게 그는 유일한 장남이었다. 사망자 명단을 하나하나 편찬하라."[9]

그렇기는 하지만 통계는 충격적이다. 1914~1918년 전쟁+은 2100만 명에 이르는 사망자를 발생시켰다.[10] 베트남에서 20년에 걸쳐 벌어진 전투의 (누적 사망자) 기록은 500만 명인 데 반해[11] 이라크에서 3년간 미국이 주도한 전쟁으로 65만 5000명이 희생됐다.[12] 1939~1945년++에 대한 확실한 수치가 부족하긴 하지만, 한 자료에 따르면 5000만 명이 죽었고 그중 2800만 명은 민간인이었다. (그 가운데) 중국의 인명 손실만 따져도 1차 세계대전에서 독일, 영국, 프랑스가 입은 인명 손실을 합한 수치에 필적한다.[13]

그러한 대학살이 있었는데도 2차 세계대전의 평판은 왜 훼

+ 1차 세계대전.
++ 2차 세계대전.

손되지 않았을까? 답은 널리 신봉되고 오랫동안 지속된 믿음, (즉) 그것은 정의가 불의에, 민주주의가 독재 정권에, 관용이 인종주의에, 자유가 파시즘에 승리한 '좋은 전쟁'이었다는 믿음에 있다. 터클 Terkel [***]의 구술 미국사는 이 정신을 정확히 담아냈다.

"그건 당신의 다른 전쟁들과 달랐어", 라디오 디스크자키가 큰 소리로 반응했다. …… 우리 중 대다수는 그것이 '제국주의적'이라고 전혀 믿지 않았다. 우리의 적은 홀로코스트를 자행하는 명백히 터무니없는 자들이었다. "당신의 다른 전쟁들"에 저항했을 많은 사람이 열렬히 지지한 하나의 전쟁이 바로 그것이었다. 그런 짐승 같은 자들이라면 그것(과 맞서 싸우는 것)은 '정의로운 전쟁'이었다. [14]

동부전선에서 로자도 같은 의견을 내놓았다. "민중은 억압자들, 침략자들, 도둑들, 고문하는 자들, 타락한 자들, 그리고 파시스트 인간쓰레기, 인류의 쓰레기에 맞서 벽을 쌓는다. 그들은 자신들의 모든 반감을 이 가증스럽고 혐오스러운 적의 면상에 던져버렸다!" [15]

그렇게 2차 세계대전의 본질적 측면 중 하나는 무수히 많은 사람이 파시스트의 집단학살, 폭압과 압제에 저항하거나 그것

[***] 스터즈 터클 Studs Terkel(1912~2008). 미국에서 라디오 프로그램 진행자 등으로 일하면서 많은 사람을 인터뷰했다. 그것을 통해 평범한 사람들의 평범하지 않은 삶의 이야기를 역사 기록으로 남겨 구술사의 대가로 꼽힌다.

과 맞서 싸우도록 고무됐고, 그들이 속아서 이러한 믿음을 갖게 됐다고 느끼지 않았다는 것이다. 히틀러와 그 협력자들의 방법과 목표에 대한 그들의 절대적인 혐오감은 전적으로 정당했다. 프랭크 카프라Frank Capra⁺의 유명한 미국 선전 영화 〈우리는 왜 싸우는가Why We Fight〉(1943)는 추축국이 "세계 정복에 안간힘을 쓰고 있다"라고 설명했다.[16] 독일의 **레벤스라움**Lebensraum⁺⁺이든 이탈리아의 고대 로마제국 부활이든 아니면 냉소적으로 이름이 잘못 붙은 일본의 대동아공영권이든, 세계 정복 야욕은 사실이었다.

몇몇 사례는 추축국에 대한 승리가 인류를 위한 승리를 의미했음을 보여준다. 나치는 자신들의 운동을 이데올로기적으로 결속시키는 것으로서 인종주의를 활용했고, 그 결과는 [바르샤바북동쪽] 트레블링카Treblinka '죽음의 수용소'에서 하루에 1만~1만 2000명 비율로 가스실에 던져 넣기 전 그곳에 도착한 유대인 여

✢ 1897~1991. 이탈리아에서 태어나 미국에서 활동한 영화감독. 1930년대에 아카데미 감독상을 세 차례 받았고, 2차 세계대전 시기에는 전쟁 홍보 영화 제작에 적극 참여했다.

✢✢ 생활권. 본래 '서식지'라는 뜻의 생물학 용어였는데, 20세기 초부터 독일의 팽창을 정당화하기 위한 인문 지리학 용어로 변형돼 쓰였다. 거대한 식민 제국을 구축한 영국, 프랑스나 인디언을 학살하고 대륙을 차지한 미국처럼 독일도 정복을 통해 독일 민족의 생활권을 확보해야 한다는 주장이다. 히틀러는 《나의 투쟁》에서 동유럽과 러시아를 정복해 레벤스라움을 구축한다는 망상을 선보였다. 레벤스라움 구축은 나치 독일 대외 정책의 핵심 중 하나였다. 나치 독일이 소련을 침공하고 그 후 독소전쟁이 절멸 전쟁 성격을 띠게 된 것도 사회주의에 대한 반감과 더불어, 인종주의('우수한 독일인과 달리 슬라브인은 인종적으로 열등하다')에 바탕을 둔 레벤스라움 망상과 깊은 관계를 맺고 있었다.

성들의 머리카락을 독일에 보내 매트리스를 만드는 데 쓸 수 있
도록 밀어버린 것이었다. 도착에서 절멸까지 딱 10분 걸리도록
만들어졌다.[17] 하지만

> 머리카락을 미는 동안 엄마 품에 안긴 어린아이들은 아주 성가
> 신 존재였기 때문에, 열차에서 내리자마자 어린아이들을 엄마
> 에게서 떼어놓았다. 아이들을 큰 도랑으로 데려갔는데, 다수의
> 아이들이 모이면 소小화기로 살해해 불 속에 던져버렸다. ……
> 엄마들이 아기들을 데리고 있는 데 성공하고 이 사실이 머리카
> 락을 미는 일에 지장을 주면, 독일 경비가 아기 다리를 잡은 다
> 음 손에 핏덩어리만 남을 때까지 막사 벽에 힘껏 내리쳤다.[18]

이탈리아 파시즘은 명백히 덜 인종주의적이긴 했지만
1935~1936년 아비시니아 침공 때에는 독가스 살포를 비롯해
혐오감을 자아내는 방법을 사용했다. 조종사였던 무솔리니 아
들은 이 정복을 이렇게 묘사했다. "장대한 스포츠 …… 폭탄들
이 저들 한복판에 떨어져 저들을 날려버릴 때 한 무리의 기수騎手
들이 내게 싹을 틔우며 벌어지는 장미의 영감을 줬다. 그건 정말
신나는 일이었다."[19]

중국에 대한 일본의 공격은 악명 높은 1937년 '난징 강간'
으로 절정을 이뤘다. 두 달 동안 [일본] 군대는 최소한 약 2만 명
의 여성을 야만적으로 성폭행하고(나중에 대부분 죽였다) 남성 20
만 명을 살해했다.[20]

하지만 연합군이 이와 같은 특정한 잔혹 행위를 종식시켰다고 하더라도 2차 세계대전을 명백하게 '좋은 전쟁'으로 보는 것은 문제가 있다. 추축국이 비인도적 행위를 독점한 것은 아니었는데, 미국의 히로시마 (원자탄) 폭격이 딱 그런 사례다. 게다가 연합군에 명령을 내린 사람들이 반드시 보통 사람들과 동일한 목표를 공유한 것도 아니었다. 그들의 공식 미사여구와 별개로 영국, 프랑스, 러시아 또는 미국의 정부들이 '세계 정복' 원리에 반대했다고 믿는 것은 가당찮은 일이었다.

예컨대 "세계의 선한 군대의 결집, 억압받는 나라들을 위한 자유와 복구"[21]라고 《더 타임스》가 묘사한 대서양헌장의 운명을 생각해보라. 1941년 8월 미국 대통령 루스벨트와 영국 총리 윈스턴 처칠은 "자신이 살아갈 정부 형태를 선택할 모든 사람의 권리"를 존중하겠다고 공동으로 서약했다. 스탈린도 "대서양헌장의 원칙들에 대한 소련의 완전한 준수"를 아무런 어려움 없이 선언했다.[22]

그런데도 처칠은 대서양헌장을 영국 하원에 제출할 때 이 헌장이 "대영제국(에 대해) …… 이미 발표된 다양한 정책 성명을 어떤 식으로도 제한하지 않는다"라고 강조했다. "지금 나치의 굴레 아래 있는 나라들과 민족들"에만 적용된다는 것이었다.[23] (헌장을) 실행하는 것이 가능하게 됐을 때에는 이러한 협소한 해석조차 무시됐다. 1944년 10월 영국과 러시아의 지도자가 (모스크바에서) 만나서 일련의 결정을 내렸는데, 전자가 인정한 대로 너무나 "상스럽고 심지어 냉담해서 그것들(그 결정들)로는 어떠한 공문서도 기초할 수 없었다".[24] 처칠의 허영심이 결국 그를 이겼고 처칠은 이 '퍼센트 협정percentages agreement' 장부를 출간했다.

거래에 적합한 순간이었고, 그래서 내가 말했다. …… 루마니아에서는 당신들이 90퍼센트 우위를 점하고 그리스에서는 우리가 최종 결정권의 90퍼센트를 갖고 유고슬라비아에서는 50 대 50으로 하는 게 어떻겠는가? 이 말에 대한 통역이 이뤄지고 있을 때 나는 반절半切 종이에 이렇게 썼다.

루마니아
러시아 90퍼센트
나머지 10퍼센트

그리스
(미국과 합치하여) 영국 90퍼센트
러시아 10퍼센트

유고슬라비아 50-50퍼센트
헝가리 50-50퍼센트

불가리아
러시아 75퍼센트
나머지 25퍼센트

나는 이것을 건너편에 있는 스탈린에게 밀어줬는데, 그때까지 스탈린은 통역 얘기를 듣고 있었다. 잠시 멈춤 상태가 됐다. 그러더니 그는 파란색 연필을 들고 그 위에 크게 체크 표시를 하고는 우리에게 돌려보냈다. 모든 것이 해결됐고, (영향력 비율을) 정하기 위해 더 시간이 필요하지는 않았다. …… 내가 말했다. "수백만 명의 운명을 가를 이런 문제들을 우리가 이렇게 즉석에서 처리한 것으로 보인다면 좀 냉소적이라고 생각될 수 있지 않을까요? 종이를 태웁시다." 스탈린이 말했다. "아니, 당신이 보관하시오."[25]

모스크바에서 이뤄진 논의의 당사자는 아니지만 미국도 평화에 대한 접근에서 냉소적이기는 마찬가지였다. 미국을 주도한 정치인 중 한 명은 이렇게 썼다. "현재 진행 상황을 보면 우리가 만들 평화, 우리가 만드는 것으로 보이는 평화는 …… 도덕적 목적이 없는 …… 석유의 평화, 황금의 평화, 해운의 평화가 될 것이다."[26] 도덕적 목적은 없지만, 루스벨트 정부의 국무부 장관 헐Hull은 미국이 "주로 순전히 국가의 자기 이익을 이유로 하는 …… 새로운 국제 관계 체제"를 이끌게 될 것이라고 설명했다.[27]

하나가 아닌 둘

연합국 정부들의 동기와 야만, 압제, 독재 정권에 맞서 싸운 사람들 사이의 간극은 메울 수 없다는 것이 이 책의 주장이다.

따라서 1939년부터 1945년까지 세계를 산산조각 낸 사건들은 추축국과 맞서 싸운 단일한 전투를 구성하는 것이 아니라 뚜렷이 구별되는 두 개의 전쟁에 해당한다.

색다르긴 하지만 이러한 주장의 전제는 클라우제비츠 Clausewitz의 확고부동한 격언에 근거하고 있다. "전쟁은 정치 행위일 뿐 아니라, 현실 정치 도구이자 정치적 교섭의 연속이며 다른 수단으로 같은 것을 수행하는 것이다."28

"(외교) 문서를 쓰는 대신 일전을 벌이는 정책"으로서 "전쟁에 필요한 주요 계획 중 어떤 것도 정치적 관계에 대한 통찰력 없이는 세울 수 없다".29 2차 세계대전의 경우 국가들 간의 정치적 관계가 추축국 진영과 연합국 진영 사이의 전쟁을 유발했다. 그러나 민중과 정부들 간의 정치적 관계가 민중이 자신들만의 목표를 위해 싸우는 또 다른 전쟁을 낳았는데, 이러한 현상은 공식 정부들의 통제 밖에서 전개되는 레지스탕스 운동에서 특히 분명하게 드러난다.

두 개의 전쟁two wars 테제는 2차 세계대전에 대한 여타 해석들과 다르다. 연합국 기득권층은 자신들과 자국 주민들이 일체인 것처럼 제시했다. 예컨대 러시아를 연합국 진영으로 받아들일 때 영국 총리는 이전의 모든 불화가 소멸됐다고 주장했다.

나치 체제는 공산주의의 최악의 특징과 구분이 안 되는데 (그렇지만) 그것의 범죄, 어리석은 짓, 비극의 과거는 먼 곳에서 번쩍인다. …… 우리는 오직 하나의 목표와 하나의 단일하고 바꿀 수 없는 목적을 가지고 있다. 우리는 히틀러 그리고 나치 체제의 모든 흔적을 파괴하기로 결심했다. …… 이것은 계급 전쟁이 아니라 대영제국과 영연방 전체가 인종, 교리 또는 정당 구분 없이 참여하는 전쟁이다. (그것이) 지구상 모든 곳의 자유로운 남성들과 자유로운 사람들의 대의명분이다.[30]

내세운 이데올로기의 차이에도 불구하고 스탈린은 단 하나의 목표가 '히틀러 체제 파괴'라는 데 동의했고,[31] (영국) 총리의 모욕에 대해 어떠한 분노도 드러내지 않았다. 두 남성은 추축국 연합에 완강하게 반대**했는데**, 그것이 "지구상 모든 곳의 자유로운 남성들과 자유로운 사람들"을 위협했기 때문이 아니라 독일과 그 동맹국들이 지구상 모든 곳에 대한 연합국의 지배를 위협했기 때문이다.

이와 정반대 해석은 2차 세계대전을 100퍼센트 제국주의적인 것으로 보는 것이다. 트로츠키는 평생 동안 격렬하게 파시즘을 반대한 사람으로 파시즘을 "노동자들에 대한 합법적인 증오"로 이해했다. "자신의 승리와 짐승 같은 잔인한 짓을 통해 히틀러는 노동자들에 대한 날카로운 증오를 전 세계에 자연스럽게 유발한다." 그러나 그는 연합국이 파시즘을 종식시키기 위해 싸우고 있다는 것을 인정하지 않았다. 연합국은 바로 자신들의 지배를 계속 이어가기 위해 싸웠다. 그러므로

영국과 프랑스의 제국주의자들이 승리하는 것이 히틀러와 무

솔리니가 승리하는 것보다 인류의 궁극적인 운명에 덜 끔찍하지는 않을 것이다. …… 역사가 제기한 과제는 제국주의 체제의 한 부분이 다른 부분과 맞서는 것을 지지하는 것이 아니라 그 체제 전체를 끝장내는 것이다.[32]

2차 세계대전에 대한 트로츠키의 반대는 평화주의에 근거한 것이 아니었다. 트로츠키는 "억압받는 계급 또는 억압받는 민족의 해방에 기여하고 그리하여 인류 문화를 진전시키는 …… 진보적이고 정의로운 전쟁"을 지지했다.[33] 그뿐 아니라 그는 민주주의를 거부하지 않고 있었다. "우리 볼셰비키도 민주주의를 지키기를 원하지만, [그 민주주의는] 60명의 무관의 제왕이 운영하는 그런 유형이 아니다." 그래서 트로츠키는 제국주의 전쟁으로서 2차 세계대전은 반대해야 하며 그것을 민중의 반파시스트 전쟁으로 대체해야 한다고 주장했다. "우선 우리 민주주의에서 자본주의 거물들을 깨끗이 쓸어버리자, 그다음에 우리는 마지막 피 한 방울까지 바쳐 그것을 지킬 것이다."[34] 트로츠키는 스탈린이 보낸 요원에게 1940년 살해됐고, 그래서 시간상 따로 떨어져 있기보다는 동시에 진행되는 것으로 자신이 논한 두 과정을 살아서 보지 못했다.

하워드 진Howard Zinn[+]과 앙리 미셸Henri Michel[++]은 2차 세계대전

[+] 1922~2010. 미국의 역사학자이자 사회운동가. 2차 세계대전 참전 후 반전주의자로 살아갔고, 역사 연구에 더해 민권운동, 반전평화운동 등에 헌신했다. 대표 저서 격인 《미국 민중사》를 비롯한 다수의 저서가 우리말로 번역돼

에 반파시즘 요소와 제국주의 요소가 동시에 존재함을 인정하는 제3의 입장을 취한다. 진은 그것들을 단기 요인과 장기 요인으로 구분한다.

우리는 단기적으로 대안이 있었는지, 5000만 명의 사망자 없이 파시즘에 저항할 수 있었는지에 대해 끝없이 논쟁할 수 있다. 그러나 2차 세계대전이 장기적으로 세계의 사고에 끼친 영향은 치명적이고 심각했다. 그것은 1차 세계대전 때 자행된 무분별한 대량 학살로 완전히 불명예스럽게 된 전쟁을 다시 한 번 고귀하게 만들었다. 그것은 정치 지도자들이 우리를 어떠한 비참한 모험으로 밀어 넣든, 다른 사람들에게 어떠한 대혼란을 가하든 간에(한국에서 200만 명이 죽었고 동남아시아에서도 적어도 그만큼 죽었으며 이라크에서는 수십만 명이 사망했다) 2차 세계대전을 모델로 들먹일 수 있게 해줬다.[35]

미셸의 《그림자 전쟁Shadow War》은 레지스탕스에 관한 영향력 있는 저작인데, 이 책도 2차 세계대전의 복합성은 인정하지만 그럼에도 그것의 근본적 통합성을 주장한다. "2차 세계대전 기간 동안 두 유형의 전쟁이 벌어졌다. 첫 번째 유형은 양측의 방대한 정규군이 대치하게 만들었다. …… 두 번째 전쟁은 지하의

있다.
✦✦ 1907~1986. 2차 세계대전을 연구한 프랑스 역사가.

어둠 속에서 벌어졌다. …… 연합군 측에서 **단일한 전체의 이러한 두 부분**은 낮과 밤만큼 딴판이었다."[36]

이러한 설명들 중 어떤 것도 현상의 모순된 성격을 적절히 분석하지 못한다.[37] 각각의 사례를 상세히 연구하면 "단일한 전체"는 (그것이 애국적 통합이든, 순수한 제국주의든, 단기 요인과 장기 요인의 결합이든, 아니면 공식 전쟁과 지하 전쟁의 결합이든) 허물어진다. 추축국에 맞선 통합이라기보다는, 어떤 조건을 갖추면 별개의 서로 배타적인 요소들로 응고되는 경향들의 불안정한 혼합이었다. 내각과 소작농들, 육군 사령부와 막사, 중역들과 노동자들은 각각 다른 전쟁을 벌였다—한쪽은 제국주의 전쟁을, 다른 한쪽은 민중의 전쟁을.

여기서 이 용어들은 많은 다양한 상황을 다루는 데 쓰이기 때문에 정의定義와 역사적 맥락을 필요로 한다. 제국주의(라는 용어)는 외국을 지배하는 국가 정책과 이러한 대외 정책을 지탱하고 만들어내는 내부의 경제적·정치적 구조를 아울렀다. 이것들을 염두에 둔 상태에서, 2차 세계대전 준비 기간의 주목할 만한 특징 중 하나는 연합국 진영과 추축국 진영이 제국주의적 동기를 **공유한** 정도였다. 이것이 그들(연합국 진영과 추축국 진영)이 대칭이라는 의미는 아니다. 말을 몇 번 옮겨서 그 배열은 다를지라도 각각의 체스 선수는 적수로서 같은 게임에 관계돼 있다.

먼저 연합국을 생각해보라. 1939년 영국은 전 세계 인구와 땅덩어리의 4분의 1에 달하는 역사상 최대의 영토·인구 복합체를 보유해 "결코 해가 지지 않지만 결코 피가 마르지 않는" 제국이었다.[38] 프랑스는 세계에서 두 번째로 큰, 지구 표면의 10퍼센트에 달하는 해외 제국을 갖고 있었다. 소련은 지구의 6분의 1에 걸쳐 있었는데, 인구의 다수는 비러시아인이었다. 차르 시대처럼 스탈린 치하에서 소련은 다시 한 번 "민중의 감옥"이 됐고, 나중에 동유럽의 대부분을 거기에 추가한다. 미국 제국주의의 전성기는 아직 미래의 일이었지만 1939년에는 경제적 우위를 확립하느라 바빴는데, 그것으로 세계를 지배하고 오늘날 지구 전체에 걸쳐 737개의 해외 기지와 250만 명 이상의 [군] 요원을 보유하게 되는 군사 기구에 자금을 대게 된다.

영국, 프랑스, 러시아에 비해 추축국은 제국주의 게임에서 후발 주자였다. 일본은 스스로 부과한 고립에서 1867년에 벗어났고, 이탈리아는 1870년에 와서 겨우 통일을 이뤘으며, 독일은 이탈리아보다도 1년 늦게 통일 국가를 이룩했다. 세계는 벌써 [몇몇 주요 국가에 의해] 분할돼 있었고, 따라서 그 나라들[독일, 이탈리아, 일본]은 이미 자리 잡은 경쟁자들을 공격적으로 몰아내는 것을 통해 자국의 국제적 지위를 주장할 수 있을 뿐이었다. 독일은 1914~1918년에 그것을 시도했다가 실패하고, 그 후 베르사유 평화 조약으로 징벌을 받았다. 이탈리아와 일본은 1차 세계대전 시기에 승자 편에 서서 부스러기라도 얻겠다는 희망으로 [영국, 프랑스, 러시아의 3국] 협상Entente[+]을 지원했지만, [결과에] 몹

[+] 1차 세계대전 이전에 독일을 중심으로 한 3국 동맹(독일, 오스트리아, 이탈리아)에 맞서 영국, 프랑스, 러시아가 구축한 협력 체제.

시 낙담했다.** 2차 세계대전은 제국의 권력을 차지하려는 세 나라의 되풀이된 노력을 보여준다.

국가적 차원에서 제국주의의 면모는 추축국보다 연합국 쪽이 덜 잔혹했다. 영국과 프랑스는 더 이른 시기에 침략한 것의 결실을 보호하고 있었기 때문에 자국 시민들의 민주적 본능을 이용했고, 그에 따라 방어 자세를 취할 수 있었다. 미국과 러시아 정부도 자국이 개입하는 대의명분으로 외부의 공격을 운운했다.

추축국은 이와 경우가 달랐다. 독일, 이탈리아, 일본의 지배계급들은 세계 권력을 [장악하기] 위해 재개된 노력이 자국 주민들을 동원하기 위해 이전보다 훨씬 극단적인 우익과 권위주의적 이데올로기를 필요로 한다는 것을 알았다. 추축국 정부들이 전간기 경제 위기에서 비롯된 부담을 식민지 민중에게 전가할 수 없게 만든 제국의 부족은 이러한 요건을 강화할 뿐이었다. 그 때

** 몹시 낙담했다는 분석은 다시 생각해볼 필요가 있다. 1차 세계대전으로 얻은 것이 별로 없어 실망했다는 얘기인데, 이는 이탈리아와는 부합하지만 일본의 경우 그렇지 않다. 일본 제국주의자들에게 1차 세계대전은 좋은 전쟁이었다. 첫째, 일본은 영일동맹을 구실로 연합국 측에 비집고 들어가서(영국이 참전을 요청한 것도 아니었다) 독일 조차지(산둥반도) 및 해군 기지들(태평양 남서부)을 점령했다. 큰 비용을 들이지 않고 거둔 승전이었다. 둘째, 일본은 유럽 국가들이 세계대전에 휩쓸린 것을 틈타 중국에서 영향력을 강화했다. 많은 중국인에게 굴욕감과 분노를 안긴 '21개조 요구'를 일본이 제출한 것도 이 전쟁이 한창일 때였다. 셋째이자 다수 일본인의 피부에 크게 와 닿은 1차 세계대전 효과는 유례없는 호황이었다. 러일전쟁 이후 대규모 공채 부담과 무역 불균형에 시달리던 일본은 1차 세계대전을 계기로 채무국에서 채권국으로 변신했다. 엄청난 전시 호황 덕분에 1차 세계대전 시기에 일본 자본주의에서 독점이 확립됐다는 평가도 나온다.

문에 그들은 엄청난 압박, 그리고 1917년 러시아혁명을 따르는 국제 공산주의 운동에 의해 가중된 격심한 계급투쟁에 직면했다. 그 결과 모든 추축국은 파시스트 체제나 군국주의 체제의 일정한 형태를 띠게 됐다. 독일과 이탈리아에서 기득권층은 히틀러나 무솔리니 같은 포퓰리스트적 아웃사이더들과 헤게모니를 공유하는 것을 받아들여야 했다. 일본에서는 권력이 군부 내에서 나왔다. 세 추축국 정부 모두 공인된 제국주의 열강들과 직면해 (새로운) 영토를 차지하고 그것을 굳히기 위해서는 국내에서건 해외에서건 인도주의적 허울을 뒤집어쓸 여유가 없다고 느꼈다. 추축국의 통치는 잔혹한 형태를 띠게 될 것이었다. 영국, 프랑스, 러시아는 훨씬 여유 있는 속도로 제국을 구축했고, 그렇기 때문에 자국의 조치를 적당히 둘러대기 위해 종교든 인종이든 아니면 정치적인 것이든 간에 더 세련된 이데올로기를 효율적으로 사용할 수 있었다.

미사여구를 제거하고 이러한 관점에서 보면 2차 세계대전은 세계 지배에 맞선 싸움이 아니었다. 그것은 누가 지배해야 하는가를 놓고 연합국 정부들과 추축국 정부들 간에 벌어진 다툼이었다. 그렇기 때문에, 문제는 파시즘 대 반파시즘이라는 보통 사람들의 믿음은 추축국/연합국으로 나뉜 양측 지배자들과는 완전히 동떨어진 것이었다. 이 전쟁 이전에, 전쟁 기간 동안에, 그리고 전후에 일어난 사건들은 이것이 사실임을 확인해준다. 추축국의 의도와 방법은 분명했지만, 그 상대들은 파시즘이라는 용으로부터 세계를 구하기 위해 헌신하는 기사단을 구성하지 않았다. 그들은 전쟁 발발 후 약 2년이 **지나서야** 겨우 연합한, 우발적이고 사실 있음직하지 않은 조합이었다.

2차 세계대전 이전 미국은 고립주의 외교 노선을 취했고 "미국이 할 일은 비즈니스다The business of America is business"라는 쿨리지Coolidge⁺의 좌우명을 따랐다.³⁹ 루스벨트 대통령은 추축국의 승리가 무엇을 의미하는지 분명해질 때까지 "다른 나라들에 무관심"했다.⁴⁰ 나치의 유럽 지배〔문제〕는 그 대륙에 국한될 수 없었다. 더욱이 1차 세계대전으로 거의 파산 지경에 이르렀던 영국은 2차 세계대전에서 살아남기 위해 이제 미국의 원조에 의존했고, 그로 인해 세계의 강대국 지위를 미국에 넘겨줘야 하는 처지가 됐다. 아시아에서 일본은 미국과 직접적으로 영향력 경쟁을 벌이는 관계였다. 〔이에 대해〕진은 미국 국무부 각서를 인용하는데, 이 각서에는 일본의 팽창이 "우리의 전반적인 외교적·전략적 지위를 상당히 약화"시켜 "아시아와 오세아니아 지역의 고무, 주석, 황마와 그 밖의 필수 자재들에 우리가 접근하는 데 극복할 수 없는 제한"을 가하게 되는 것을 뜻한다는 경고가 담겨 있었다.⁴¹ 그에 맞춰 루스벨트는 일본에 석유 금수 조치를 취해, 제국의 야망을 포기하는 것과 보복하는 것 중 하나를 택하도록 강제했다. 일본은 1941년 12월 진주만에서 후자의 길을 택했다.

1939년까지 영국은 나치즘보다 공산주의가 자국 세력에 더

⁺　존 캘빈 쿨리지John Calvin Coolidge(1872~1933). 미국의 30대 대통령(재임 1923~1929). 공화당 대통령으로서 대외적으로 고립주의 정책을 펴고 국내에서는 정부 차원의 경제 개입을 꺼렸다.

큰 위협 요소라고 간주했다. 그래서 영국은 반나치 동맹을 맺자는 스탈린의 간청을 거부하고 지속적으로 독일에 유화 정책을 썼다. 히틀러가 베르사유 조약의 모든 군사 관련 조항을 1935년부터 줄곧 어기는 동안 영국은 (그런 태도를) 고수했다. 먼저 영국은 독일의 해군력 확장을 승인하는 협정에 서명했다. 그다음에 (군인) 수 제한을 공공연히 무시하며 독일 국방군Wehrmacht을 다섯 배로 늘리고 금지됐던 독일 공군Luftwaffe을 창설할 때에도 영국은 묵인했다. 그러고는 독일이 오스트리아를 합병할 때에 가서야 영국은 고작 툴툴거렸다. 1939년 영국 총리 네빌 체임벌린Neville Chamberlain은 독일에 영토를 할양하도록 체코슬로바키아에 강요하는 동시에 총통Führer과 함께 "우리 시대의 평화"를 선언했다. 나치의 팽창 욕구는 만족을 모른다는 것을 폴란드 침공이 보여준 후에야 영국은 내키지 않으면서도 할 수 없이 싸우게 됐다. (영국이) 러시아와 실용적인 친선 관계를 맺는 일은 히틀러가 소련을 침략해 (영국과 소련) 두 나라 공동의 적이 된 후에야 진전됐다.

스탈린으로서는 1939년까지 나치의 **레벤스라움**—러시아인들의 땅을 점령한 독일인들의 제국—에 반대하는 자신을 돕기에는 영국과 프랑스가 유화 정책에 경도돼 있다는 결론을 내리게 됐다. 그래서 그해에 스탈린은 히틀러와 악명 높은 불가침 조약을 맺고, 미래의 충돌에서 "교전국들이 전쟁의 수렁에 깊이 빠지게 하고 …… 서로 기진맥진하게 해 약화시킬 것이며 …… 그러고 나서 저들이 충분히 쇠약해졌을 때 생기 넘치는 힘을 가지

고 현장에 모습을 드러낼 것"이라고 18차 〔소련〕공산당 대회에서 말했다.[42]

2차 세계대전의 공유된 시련은 궁극적으로 연합국 간 긴장을 극복하는 데 아무런 도움이 되지 않았다. 적대적인 형제들로 이뤄진 이 무리는 단지 전투가 격렬하게 계속되는 동안에만 지속됐다. 1945년 이후 광대한 소유지〔식민지〕를 유지할 수 없게 된 영국은 미국의 제국주의 하위 파트너 역할을 마지못해 받아들였다. 핵폭탄을 갖게 된 그 나라〔미국〕는 이제 초강대국 지위를 확고히 했는데, 루스벨트 후임인 트루먼의 말을 빌리면 "전쟁을 끝낼 때 우리가 제시하는 조건을 받아쓰게 할 수 있는 위치"에 미국이 있었기 때문이다.[43] 러시아에 있는 과거의 친구는 이제 "악의 제국"으로 낙인찍혔고, 한 세대가 핵 홀로코스트의 두려움과 냉전의 혹독함에 시달렸다. 이것은 모스크바가 옛 동맹국들의 〔핵〕 공격을 막아내고 그와 동시에 옛 동맹국들을 위협하기 위한 자체 핵무기 개발로 치닫게 만들었다.

제국주의 개념의 적용 대상은 〔제국주의 경쟁의〕 주요 참가국들에 그치지 않았다. 제국을 갖지 못한 많은 국가들도 주요 열강을 위한 위성처럼 행동했다는 점에서 〔이 개념의 적용 대상에〕 포함돼야 한다. 실제로 몇몇 망명 정부는 런던이나 카이로 같은 곳에서 운용됐다. 더욱이 제국주의는 자본주의가 국가 정책과 밀접하게 엮인 사회 체제였다. 〔독일에〕 점령된 프랑스는 2차 세계대전 동안 국내 정책과 국제 정책이 교차할 수 있었던 방식을 보여주는 하나의 사례를 제공한다. 런던 망명을 통해 드골은 나치를 몰아내고 제국으로서 자기 나라의 위엄을 회복하는 것을 대표한 데 반해, 비시Vichy⁺ 체제는 노동계급을 진압하기 위해 독일 제국주의에 부역하는 것을 선호했다. 각각은 제국주의의 다른 측면을 상징했다. 또한 제국주의 전쟁에는 그것만의 독특한 방식이 있는데, 공식적이고 전통적인 (흔히 가장 야만적인 유형의) 전쟁 방법의 활용이 그것이다. 이것은 레지스탕스 운동이 활용한 방법과 판이했다.

'민중의 전쟁'은 하나의 발상으로서 더 문제적이고 〔개념으로서〕 엄격함이 부족한 것처럼 보일 수도 있다. '민중'이라는 말이 얼마나 오용될 수 있는지를 보려면 스탈린이 1945년 이후 자신의 지배 아래 있던 동유럽 국가들에 '인민〔민중〕민주주의'라는 별칭을 붙인 것을 상기하는 것만으로 충분하다. 그러므로 민중의 전쟁이라는 정의를 갈고닦기 위해서는 이를 탐색하는 질문을 많이 던져야 한다.

첫 번째 질문은, '민중'은 정확히 누구였는가 하는 것이다. 그와 같은 전쟁은 보편적 행동주의를 수반하지 않았다. 점령된 상태에서 게슈타포 또는 그것에 상응하는 조직에 체포될 위험에 더해 필연적으로 비밀스러운 운동과 연락해야 하는 난관은 소수

⁺ 고대부터 온천으로 유명했던 프랑스의 휴양 도시. 1940년 파리가 독일에 점령되자, 페탱이 독일에 항복하고 이곳 비시에 정부를 세웠다. 비시 정부는 독일군의 감시 아래 프랑스 본국의 3분의 1을 관할했다. 대자본가와 은행가 등의 지원을 받으며 독일에 협조했고, 의회를 정지시켰으며, 좌파는 물론 레지스탕스 운동 전반을 탄압했다. 나치가 쫓겨난 후 비시 정부의 주요 인사들은 프랑스에서 처벌을 받았다.

만이 〔운동에〕 직접 참여〔하는 것이 가능〕했다는 것을 뜻했다. 그럼에도 조직된 저항운동가들은 영웅적 행위와 자기희생에 대해 폭넓은 층의 동정을 얻었다. 점령되지 않은 연합국 진영 국가들에서는 엄청나게 많은 사람이 자유와 더 좋은 사회를 위해 열정적으로 싸웠는데, 전혀 다른 생각을 가진 당국자들의 명령을 따르고 있었다고 할지라도 이들은 그렇게 했다. 아시아에서 주민들은 식민주의를 끝장내기 위해 (유럽인 주인뿐 아니라 일본인 주인과도 맞서) 투쟁했다. 요점은, 어쨌건 그 전쟁이 그 정도가 더하든 덜하든 간에 민중**이** 싸운 전쟁이고 민중**을 위해** 싸운 전쟁이었다는 것이다.

두 번째 질문은 이것이다. 민중의 전쟁을 계급 전쟁 또는 민족 전쟁national war과 구별 짓는 것은 무엇인가? 계급에 대한 마르크스주의적 정의—생산수단에 대한 공통적인 관계를 공유하는 사회 집단—는 이탈리아와 같이 노동자들의 행동이 두드러졌던 곳에서조차 민중의 전쟁에 적용되지 않았다. 저항운동가들은 사회 영역 전반에서 생겨났다. 그렇지만 그와 동일하게 민중의 전쟁은 민족 전쟁도 아니었다. 민중의 전쟁은 독립이라는 목표에 한정된 것이 아니라, 낡은 국가와 사회를 그저 보존하거나 부활시키는 것을 넘어서려고 언제나 분투했다.

그렇게 계급 전쟁도, 민족 전쟁도 아니었던 민중의 전쟁은 〔그 두 가지의〕 **혼합물**amalgam이었다. 계급 현상으로서 그것의 이데올로기는 (〔참여자〕 개개인의 사회적 기원과 무관하게) 전쟁 이전의 사회 체제를 근본적으로 거부하고 하층계급의 이익을 옹호하는 것 중 하나였다. 민족 현상으로서 민중의 전사들은 나이가 들고 불신을 받는 엘리트들보다는 대중이 민족을 대표한다고 주장했다. 연합국의 지배계급들이 외국 압제자들과 맞서지 않은 것, 그리고 (전쟁 전에 유화 정책을 통해서든 점령당한 이후든 간에) 추축국에 기꺼이 협력한 것은 이러한 신념을 강화했다.

물론 계급 전쟁과 민족 전쟁을 깔끔하게 분리하는 것이 간편할 수도 있었지만, 앞에서 밝힌 이유 때문에 그건 불가능했다. 마찬가지로 해방투쟁을 제국주의의 영향력으로부터 깔끔하게 떼어낼 수 있었다면 도움이 됐겠지만, 이 둘은 이를 배제하는 방식으로 때때로 얽히고설켜 있었다.

평행 전쟁parallel wars이라는 발상이 (영국을 다룬) 앵거스 칼더Angus Calder[+]의 《민중의 전쟁The People's War》 같은 다수의 탁월한 국가별 연구에서 힌트를 얻은 것이기는 하지만 〔평행 전쟁론에 근거한〕 분석이 2차 세계대전 전체에 적용된 적은 없었는데, 전통적인 싸움터에서 명령하는 사람들과 그것을 수행하는 사람들이 아무리 생각이 달라도 행동 통일은 했기 때문이다. 그래서 두 개의 전쟁〔제국주의 전쟁과 민중의 전쟁〕은 그것에 관여한 사람들조차 분간하기 어려웠다. 그러나 번갯불이 번쩍 일듯이 〔두 개의 전

[+]   1942~2008. 스코틀랜드에서 태어나 좌파 성향의 문학평론가, 작가, 역사가 등으로 활동했다. 《민중의 전쟁》(1969년 출간)에서 구술 증언과 그때까지 방치됐던 사회상 기록 문서를 활용해 2차 세계대전에 대해 널리 퍼진 이미지('적과 맞서 정부를 중심으로 영국 전체가 혼연일체가 됐다')가 신화에 불과함을 보여줬다.

쟁의) 분열을 분명히 드러내는 특별한 경우가 있었다. 추축국의 지배를 받은 나라들에서 대중적인 레지스탕스 운동들은, 연합국의 제국주의자들로서는 놀랍게도, 독립적으로 성장했다. 아시아에서 식민 권력은 유럽에서 전개된 전쟁으로 인해 기반이 약화되거나 일본의 침공으로 뿌리 뽑혔다. (분열을) 드러내는 또 다른 순간은 1945년에 찾아왔다. 연합국 정부들은 제국주의 전쟁에서 거둔 자신들의 승리에 근거한 해결책, 즉 전쟁 이전 **현상** 복구를 원했지만 현지 주민들은 자신들이 민중의 전쟁에서 거둔 성공에 근거한 전후 세계를 원했다.

이 짧은 책의 범위 안에서 완전한 표준 역사를 쓰는 것은 가능하지 않다. 2차 세계대전의 전투들, 기술, 장군들과 군대들에 집중한 책들 또는 (히틀러, 스탈린, 루스벨트, 처칠 같은) 각각의 지도자나 국가들을 다룬 책들과 달리 여기서는 두 (개의 전쟁 간) 갈등을 아주 손쉽게 포착할 수 있는 곳들에 초점을 맞춘다. 많은 나라가 불가피하게 누락됐다.[44]

빠진 사례 중 가장 중요한 나라는 러시아다. 러시아는 히틀러를 격퇴하는 데 결정적인 역할을 했지만, 두 가지 이유로 평행 전쟁을 겪지 않았다. 첫째, 나치 침략자들의 살인적인 정책들이 주민들을 스탈린주의 체제에 결집시켜 필사적인 생존투쟁을 하게 만들었다. 다른 지역의 레지스탕스 운동들과 달리, 독일군 전선 배후에서 용감하게 싸운 수십만 명의 소비에트 빨치산은 결코 모스크바에 대안을 제기하지 않았다. 둘째, 러시아 국가가 극심하게 억압적이었다. 예를 들면 체첸인처럼 위협이 될 수 있다고 여겨진 모든 민족 집단ethnic groups을 동쪽으로 강제 추방해 끔찍한 상황에 놓이게 했다. 그렇게 해서 민중의 전쟁을 독립적으로 표출할 여지를 남기지 않았다. 블라소프 Vlassov＋ 장군 팀에 합류한 변절자 병사들처럼 모스크바에 반대한 단 하나의 상당한 규모를 갖춘 군대는 나치 제국주의의 수동적인 도구였다. 민중의 전쟁의 이와 같은 결핍이 붉은 군대가 동유럽에서 나치를 몰아냈을 때 붉은 군대의 노예 신세로 전락한 사람들에게 슬픈 결과를 가져왔을 것이다.

그러므로 이 책에서 러시아 자체를 깊이 있게 검토하지는 않지만, 그 나라는 평행 전쟁에 막대한 영향을 끼쳤다. 다른 나라의 공산주의 정당들은 거의 모든 레지스탕스 운동에서 두드러진 모습을 보였으며, 민중의 전쟁을 이끌고 고무하고 그것에 목숨을 바쳤다. 하지만 스탈린의 러시아에 대한 충성은 그들이 제국주의적 대외 목표의 영향을 강하게 받는다는 것을 뜻했다. 이것은 그들이 극적인 정책 전환을 수용하게 만들었다. 1930년대 중반까지 소련은 '3기 노선Third Period line ＋＋'을 옹호했다. 공공연한

＋ 안드레이 안드레예비치 블라소프Andrey Andreyevich Vlassov(1901~1946). 2차 세계대전 당시 붉은 군대의 장군. 모스크바 전투에 참여했고, 뒤이어 독일군의 레닌그라드 포위를 풀기 위한 작전에 투입됐다가 1942년 포로로 잡혔다. 그 후 전향해 나치 독일에 협력하면서, 나치가 조직한 어용 군대인 러시아해방군을 이끌었다. 나치 패망 후 소련에 소환돼 재판을 받고 처형됐다.

＋＋ 코민테른 6차 대회(1928년)에서 결정된 노선. 코민테른이 1기(1917~1921년, 혁명적 소요의 시기), 2기(1921~1927년, 자본주의 회복기)를 거쳐 이제 3기에 접어들었다고 규정하고 이른바 '계급 대 계급' 전술을 주창했다. 1935년 코민테른 7차 대회에서 반파시즘 인민전선이 이 노선을 대신해 새로운

계급투쟁이 지금 유일하게 중요한 문제이며, 다른 모든 정당—
파시스트부터 좌익 개량주의자까지—은 똑같이 반대해야 할,
자본주의의 도구라는 노선이었다. 이런 형편없는 분석이 히틀러
의 정권 장악에 도움이 되자 인민전선 정책이 채택됐다. 이제 계
급은 전혀 상관없고, 파시스트를 자칭하지 않으면 (제국주의를 지
지하는 영국, 프랑스 등지의 우익을 포함해) 누구라도 국익을 위해 연
합해야 하며 또한 소련을 지켜야 한다는 것이었다.

1939년 히틀러와 스탈린의 [불가침] 조약으로 잠시 중단되
기는 했지만, [기본적으로] 인민전선주의는 2차 세계대전 기간
내내 지속됐다. 그것은 다소 기묘한 상황을 만들어냈다. 공산주
의자들은 다른 어떤 집단보다도 많이 파시즘과 맞서 대중적 레
지스탕스를 조직하고 이끌었으며, 더 좋은 전후 세계에 대한 노
동자들과 농민들의 희망을 북돋웠다. 그러나 그와 동시에 그들
은 러시아와 동맹을 맺은 제국주의 국가들을 불안하게 만들지
않기 위해 투쟁을 제약했다. 그들은 대중운동을 창출했을 뿐 아
니라 거세했고, 파시즘 격퇴를 도왔으나 불신을 받는 지배계급
집단들이 보통 사람들을 희생시켜 권력을 되찾는 것을 용납했
다. 공산주의자들이 민중의 전쟁과 제국주의 권력이 편 정책들
의 교차로에 해당했다는 것은 제국주의 지지자들이 한쪽에 균일
하게 줄을 서고 민중의 전쟁의 지지자들이 다른 한쪽에 그렇게
했던 것이 아님을 보여준다. 양측은 운동, 조직, 개인들 내에서

방침으로 채택됐다.

함께 섞이고 공존했다. 따라서 평행 전쟁 개념을 극단적으로 단순화해 취급해선 안 된다.

여기서 다루지 않은 또 다른 주요 국가는 중국이다. 일본, 국민당 정권, 공산당 군대들 간의 삼파전은 이 책의 다른 곳에서 논한 특징들을 지니고 있었다. 하지만 핵심 사건은 1949년 마오쩌둥이 이끈 인민해방군의 승리로 막을 내리게 되는데, 거기는 〔이 책에서〕 우리가 다루는 시간대 밖이다.

이렇게 빠진 나라들이 있긴 하지만, 다양한 맥락에서 추출해 여기서 다룬 사례들이 평행 전쟁을 2차 세계대전에 대한 타당성 있는 일반적 서술로 간주하는 것이 옳음을 보여주기에 충분하기를 희망한다.

1. 스페인의 전주곡

2차 세계대전이 진정으로 파시즘에 맞서 민주주의를 지키기 위한 싸움이었다면, 그렇다면 그것은 1939년 폴란드가 아니라 그보다 3년 일찍 스페인에서 시작됐다. 프랑코Franco 장군의 국가주의 반란에 맞선 민중의 전쟁이 시작됐을 때 그러했다. 프랑코는 1941년에 그것과 똑같은 내용을 인정했는데, (그해에) 히틀러에게 2차 세계대전의 "첫 번째 전투를 이곳 스페인에서 승리로 이끌었다"라고 말했다.[1] 반대 진영에 있던 미국인 반파시스트 지원병은 이렇게 썼다. "내게 2차 세계대전은 1936년 7월 18일에 시작됐다. 마드리드에서 첫 번째 총성이 울린 바로 그때다."[2] (그러나) 이것은 전통적으로 (2차 세계대전의) 출발점으로 받아들여지지 않았는데, 단지 (미래의) 연합국 정부들이 앞으로 무기를 들게 될 예정이었다는 것 때문이었다. 그리하여 (스페인) 내전에서 돌아온 미국인들은 "시기상조의 반파시스트들"이라는 별명이 붙고 매카시McCarthy의 비미활동조사위원회Un-American Activities Committee의 전신前身에 출두하라는 통보를 받았다.[3] 국가주의 성향의 일간지《엘 코레오 에스파뇰El Correo Español》에 따르면, 그들의 죄는 "민주주의의 쓰레기로부터 유럽을 해방시키기 위해 ⋯⋯ 일어난" 쿠데타에 반대한 것이었다.[4]

프랑코가 이탈리아나 독일 계통의 고전적인 파시스트 지도

1930년 겨울 망토를 걸친 프랑코.
그는 내전이 끝난 1939년부터
1975년 사망할 때까지 스페인을
철권 통치했다.

자보다 더 군사적인 인사이긴 했지만, 파시즘 및 나치즘과 프랑코의 연계는 처음부터 눈에 띄게 드러났다. 모로코에 주둔하던 군인들을 〔스페인으로〕 운송해준 히틀러의 융커스Junkers 52 수송기가 없었다면 반란은 흐지부지됐을지도 모른다.[5] 무솔리니도 비행기, 무기, 배를 신속히 제공했다.[6] 〔스페인〕 국가주의자들은 내내 추축국에 심하게 의존했는데, 독일군 인력 1만 6000명과 이탈리아군 인력 8만 명이 보충해주는 군수품 지원을 받았다.

프랑코가 자신의 운동이 "전적으로 파시스트적인 것은 아니"라고 선언하기는 했지만, 프랑코는 파시즘이 "새로운 국가"의 구성 요소이자 그것에 "영감을 준다"라고 시인했다.[7] 〔스페인〕 국가주의자들은 나치 구호—하나의 제국, 하나의 국가, 하나의 총통Ein Reich, ein Staat, ein Führer ─를 그에 상당하는 스페인어로 대체해 '하나의 조국, 하나의 국가, 하나의 카우디요caudillo'+로 그대로 따라 했다.[8] 그래서 프랑코주의 이데올로기는 "파시스트 코포라티즘과 종교적 반계몽주의의 혼합물"이라는 별칭으로 불려왔다.[9]

더욱이 [스페인] 국가주의 방식들은 추축국이 다른 곳에서 편 살인적인 정책을 예시했다. 팔랑헤당++의 한 당원은 이렇게 시인했다. "국가주의자 지역에서 탄압은 냉혹하게, 목적의식적으로, 그리고 체계적으로 이뤄졌다."[10] 저항하지 않고 투항한 [스페인 남부 항구] 도시 말라가Malaga에서 한 주에 4000명이 총에 맞았다.[11] 이 과정이 너무나 극단적이고 난폭해서

> 이탈리아인들과 독일인들조차 그와 같은 전면적인 탄압은 '근시안적'이라고 비난하고, 그들을 대량 학살하는 대신 파시스트 정당의 일꾼으로 모집해야 한다고 국가주의자들에게 제안했다. …… 1937년에 국가주의자 지역에서 처형된 사람 수가 줄어든 것도 그저 죽여야 할 관련자가 더 남아 있지 않았기 때문이었다.[12]

+ 스페인과 라틴아메리카 역사에서 지배권을 장악한 정치·군사 지도자 혹은 조합이나 단체의 지도자를 가리키는 말인데, 스페인 총통 프랑코의 칭호로도 쓰였다.

++ 1933년에 창립된 스페인의 극우 정당. 내전이 한창이던 1937년에 여타 우익 정당들과 통합됐다. 내전이 끝난 후에는 프랑코를 최고 지도자로 하는 스페인 유일 정당 노릇을 했다.

1939년 4월 1일 (스페인내전) 전투가 결국 끝났을 때 30만 명이 죽은 상태였다.[13]

스페인은 추축국 연합체에 가담하지 않고 공식적으로 중립을 유지했지만, 이는 오로지 그 나라(스페인)가 완전히 기진맥진한 상태였고 히틀러는 프랑코의 (추축국 진영) 가담에 대가를 지불하기를 꺼렸기 때문이다. 하지만 프랑코는 4만 7000명에 이르는 블루 디비전Blue Division⁺을 보내 러시아에서 독일 국방군과 함께 싸우게 했다.[14]

스페인내전은 군대 대 군대라는 표준 모형이 아니라 군대 대 혁명(이라는 틀)에 따랐다.[15] 프랑코의 감옥에서 20년을 보낸 한 아나키스트는 민중의 전쟁이 국가주의자들을 격퇴하기 위해서뿐만 아니라, 프랑코가 전복하고 싶어 한 선출된 공화파 정부

⁺ 1941~1944년에 독일 편에 서서 소련과 싸운 스페인 부대. 공식적으로는 '스페인 자원병 사단'으로 지정됐지만, 실제로는 자원병만이 아니라 징집병도 포함돼 있었다. 탄생 계기는 1941년 6월 독일의 소련 공격(바르바로사 작전)이었다. 바르바로사 작전이 개시되자 프랑코는 스페인 자원병을 독일 군에 합류시키는 방식으로 독일을 돕겠다고 제안했다. 그런데 이때 조건을 붙였다. 스페인 자원병들은 오로지 동부전선에서 소련과만 맞서 싸울 것이고, 서구 연합국이나 점령된 서유럽 지역의 주민들과는 겨루지 않을 것이라는 조건이었다. 히틀러는 이를 승인했다. 그렇게 해서 블루 디비전은 활동을 시작하는데, 그 후 전쟁 주도권이 소련에 넘어가는 상황에서도 붉은 군대의 진군을 효율적으로 지연시키는 등 독일 쪽에서 상당한 활약을 하게 된다. 그러나 연합국의 압박으로 프랑코는 결국 블루 디비전 철수를 결정하는데, 블루 디비전 구성원 중 일부는 귀국하는 대신 독일군 부대에 흡수됐다. 이 전쟁에서 블루 디비전 사상자가 2만 2000여 명, 블루 디비전으로 인한 붉은 군대 사상자가 4만 9000여 명에 이르는 것으로 얘기된다.

— 프랑코가 러시아에 파견한 블루 디비전. 이 부대는 전쟁 주도권이 소련에 넘어가는 상황에서도 붉은 군대의 진군을 효율적으로 지연시키는 등 독일 쪽에서 상당한 활약을 하게 된다.

에 대항해서도 어떤 식으로 바르셀로나에서 구체화됐는지를 이렇게 묘사했다.

몇 달 동안, 장군들의 쿠데타가 예상됐다. 그들이 공화국에서 자신들을 돈 주고 부리는 이들을 쫓아내고, 파시스트 열강의 노선을 본뜬 자신들만의 독재 국가를 세우고 싶어 한다는 것을 모든 사람이 알았다. "정부는 그것(쿠데타 음모)에서 벗어날 수 없어", 모든 사람이 말했다. "이젠 정부가 민중을 무장시켜야 해." (민중을 무장시키는) 대신에, 인민전선 정부는 군대에 충성을 요구했다. 군대가 결국 반란을 일으켰을 때 우리는 받아쳤다. 24시간 동안 바르셀로나는 우리 수중에 있었다![16]

따라서 이것은 전선에서 이뤄진 프랑코에 대한 저항과 전선 뒤에서 전개된 계급 전쟁을 결합한 민중의 전쟁이었다. 길게 늘어선 민병대가 반란군과 싸우기 위해 행진했으나, 이들은 돌아와서는 자기 사장들과 맞섰다. "민중의 승리는 자본주의의 죽음을 의미할 것이다"[17]라는 포고령에 따라 바르셀로나에서 기업의 80퍼센트가 집단화됐다.[18] 1936년 12월 조지 오웰George Orwell[+]은 그 결과를 이렇게 경험했다.

노동계급이 실권을 쥐고 있었다. …… 이미 집단화됐다고 적힌 글이 모든 상점과 카페에 있었다. 심지어 구두닦이들도 집단화됐고 그들의 상자는 빨갛고 까맣게 색칠됐다. 종업원들과 매장 감독들은 당신 얼굴을 똑바로 쳐다보며 당신을 (자신들과) 동등한 존재로 대했다. 굽실거리고 훨씬 의례적인 말투는 일시적으

[+] 영국 작가 조지 오웰은 국제여단의 일원으로 스페인내전에 참여했고, 그 경험을 바탕으로 르포 《카탈루냐 찬가》를 남겼다.

1936년 톨레도에서 총을 들고 싸우고 있는 여성 전사. 그 시대의 가장 주목할 만한 사회 진보 중 하나는 여성의 지위 변화였다.

로 사라졌다. …… 팁을 주는 것은 법으로 금지됐다.[19]

내전의 한 측면은 여성의 지위 변화였는데, 그것에 대해 한 여성은 이렇게 보고했다. "여성은 더 이상 물건이 아니며 그들은 남성과 동등한 인간, 개인이었다. …… (이것이) 그 시대의 가장 주목할 만한 사회 진보 중 하나였다."[20]

1936년에 시작된 충돌은 어떤 의미에서 이미 세계대전이었다. 프랑코, 히틀러, 무솔리니와 맞서 싸운 스페인 노동계급 옆에서 함께한 것은 국제여단the International Brigades이었는데 모두 합

— 1936년 바르셀로나의 전국노동자연합CNT 소속 여성들. 한 여성은 이렇게 보고했다. "여성은 더 이상 물건이 아니며 그들은 남성과 동등한 인간, 개인이었다."

하면 53개 국가 출신, 약 3만 2000명에 이르렀다.[21] 가장 규모가 큰 지원병 파견대는 이웃한 프랑스에서 왔지만 이탈리아와 독일의 반파시스트 망명객 상당수가 합류했다. 제3인터내셔널the Communist International의 요청에 호응해 그렇게 형성됐다.[22] 스페인의 대의명분에 대한 동조가 자유주의자, 사회주의자, 민주주의자를 고무하긴 했지만 국제여단 구성원의 85퍼센트는 정당 소속이었다.[23] 예컨대 영국에서 노동당은 처음에 "스페인에서 자유와 민주주의를 지키기 위해 …… 실행 가능한 모든 지원"을 약속했는데,[24] 그 시기 여론조사에서 공화파 인민전선 정부 지지와 프랑코 지지가 8 대 1의 비율을 보였다.[25]

그러나 미래의 2차 세계대전 연합국들은 이러한 반파시스

1936년에 시작된 스페인내전은 어떤 의미에서 이미 세계대전이었다. 스페인 노동계급과 함께 싸우기 위해 53개 국가 출신, 약 3만 2000명이 스페인으로 왔다. 위에서부터 미국, 불가리아, 폴란드에서 온 국제여단 소속 병사들.

트 민중의 전쟁을 필요로 하지 않았다. 민주적으로 선출된 정부를 편드는 대신, 프랑스와 영국은 스페인내전 불간섭 위원회Non-Intervention Committee 구성을 촉진했다. 형식적으로 모든 유럽 나라의 지지를 받았는데,[26] (이에 따르면) 스페인의 양 당사자에 대한 무기와 전투원(공급)을 거부하기로 돼 있었다. 네빌 체임벌린은 "우리는 다른 어떤 나라의 국내 문제에 간섭하고 싶은 생각도 없고 그럴 의도도 없다"라고 주장했다.[27] 실제로는 그처럼 거짓으로 꾸민 중립성이 프랑코에게 도움을 줬는데, (스페인) 공화국 정부가 반역자들에게 주요 군비를 상실한 마당에 이제는 국제 시장에서 무기를 구입할 기회마저 부정당하는, 심지어 합법 정부임에도, 지경에 이르렀기 때문이다.

더욱이 이탈리아와 독일이 드러내놓고 규칙을 무시했을 때 프랑스를 도와 그 나라들을 멈추게 하기 위한 어떤 조치도 이뤄지지 않았는데, 1936년 이전에 이미 영국 기득권층이 스페인에서 "혁명이 시작되고 있기 (때문에) …… 문명의 토대가 약화되고 있다"라고 결론을 내렸기 때문이었다.[28] 프랑스에서는 1936년 선거 결과 블룸Blum[+]이 이끄는 자신들만의 인민전선 정부가 들어섰는데, 블룸은 본래 스페인 공화국을 돕고 싶어 했다. 하지만 블룸은 그것이 국내 우익 세력을 자극할 수 있다고 염려했을 뿐 아니라,[29] 히틀러와 맞선 동맹국으로서 영국을 필요로 했다.

[+] 레옹 블룸Léon Blum(1872~1950). 정계에 들어선 후 사회당 하원 지도자를 거쳐 당수로 선출됐고, 좌파 블록 구성에 힘썼다. 1936년에 인민전선 내각의 수반으로서 반파시즘 연립 정권을 조직했다.

"〔스페인〕 반역자들에게 매우 호의적인 태도를 취한 영국 내각"
의 경고를 받고 불간섭 과정이 개시되게 한 사람이 바로 블룸이
었다.[30]

미국은 중립법Neutrality Law[++]이 내전에 적용되지 않았기 때문
에 〔스페인〕 공화국에 무기를 팔 수도 있었다. 하지만 워싱턴은
"스페인이 얼마나 불운한 상황에 놓여 있든 간에 어떠한 간섭
도, 물론 세심하게 삼갈 것"이라고 선언했다.[31] 루스벨트는 스페
인에서 일어난 사건들을 "전염병 (그리고) 신체 질환이 유행병처
럼 급속히 퍼질 때 공동체가 격리 활동에 참여하는 것"으로 묘사
했다.[32] 몇몇 자료는 루스벨트가 프랑코에게 호의를 보인 정책을
후회하고,[33] 은밀히 군수품을 보내려 했으나 수포로 돌아간 계획
에 잠깐 손댔음을 시사한다.[34] 아마도 그랬을 것이다. 그러나 실
질적인 측면에서 모든 것은 〔스페인〕 공화국에 대한 지원을 좌절
시키기 위해 시행됐다. 미국 역사에서 처음으로 여행 제한 조치

[++] 1935년 이탈리아가 에티오피아를 침공하며 유럽에 긴장감이 돌자, 미국은
중립법을 새롭게 제정했다. 교전국에 대한 무기·탄약 수출 금지 등이 주요
내용이었다. 1936년에 법을 개정해 금융 거래 금지를 추가했다. 1937년에
다시 법을 개정하는데, 스페인내전 같은 외국의 내란에도 이 법을 확대 적용
한다는 것 등이 핵심이었다. 그러나 2차 세계대전이 발발하면서 고립주의
적인 중립법을 유지하는 것이 점점 어렵게 됐다. 1939년 11월(2차 세계대전
발발 두 달 후), 미국 의회는 현금 인도를 조건으로 영국과 프랑스에 무기를
팔 수 있도록 이 법을 다시 개정했다. 이전과 달리 이때의 개정은 중립법의
제정 취지와는 반대 방향인 셈이었다. 프랑스가 독일에 항복(1940년 6월)하
면서 서유럽에서 영국이 외롭게 나치와 맞서게 되고 미국 대선에서는 다시
루스벨트가 승리하자, 1941년 3월 미국 의회는 무기 대여법을 통과시키며
중립법을 사실상 파기했다.

가 부과됐는데, "스페인 여행에는 유효하지 않다"라는 스탬프가 미국 여권에 찍혔다.[35] 미국 정부가 [스페인] 공화국에 대한 지원을 막는 동안 미국 대기업들은 프랑코의 전쟁 기계에 필수적인 연료 300만 톤과 수천 대의 트럭을 건네며 프랑코를 후원했다.[36]

스페인내전은 러시아가 장차 민중의 전쟁에 대해 어떤 태도를 취할지 암시해줬다. 제3인터내셔널에 속한 국제여단 구성원들은 사회주의적 국제주의에 헌신하고자 자원했지만, 스탈린에게 동기를 부여한 것은 러시아 국가자본주의의 필요성이었다. 스탈린은 영국, 프랑스와 동맹을 맺어 히틀러의 야심을 억제하고 싶어 했는데 영국, 프랑스와 동맹을 맺으면 [독일의 동부와 서부라는] 두 전선에서 전개되는 전쟁으로 [독일을] 위협할 수 있었다. '자본주의의 죽음'을 가져올 스페인 공화파의 승리는 이러한 서구 열강을 소원하게 만들 것이고, 나치가 밀어주는 프랑코의 승리도 해롭기는 마찬가지일 터였다. 휴 토머스Hugh Thomas는 이렇게 결론을 내렸다. "따라서 스탈린은 게와 같은 조심성을 발휘해 하나의 결론, 스페인에 관한 오로지 하나의 결론에 도달했던 것으로 보인다. 그가 [스페인] 공화국이 승리하도록 도와주지는 않을지라도 패배하도록 놔두지는 않을 것[이라는 결론]이었다."[37]

멕시코를 제외하면 소련은 [스페인] 공화국의 유일하게 중요한 군사 후원자였는데, 파시스트가 국가주의자들에게 공급한 것에 필적하려면 스탈린은 실제로 지원한 인력[38]의 6배, 탱크의 경우 3배를 제공했어야 했다.[39] 그렇기는 하지만 어떠한 유형의 도움도 예상 밖의 행운이었고, 그리하여 러시아의 영향력은 사면초가에 몰린 공화국 지도자 라르고 카바예로Largo Caballero⁺의 몰락 및 더 모스크바 친화적인 후안 네그린Juan Negrin⁺⁺으로 카바예로를 대체하는 일을 획책하는 지경까지 이르렀다. 러시아의 노선은 (영국과 프랑스가 받아들일 수 있는 종류의 의회) '민주주의'는 찬성하지만, 프랑코와 맞서는 대중투쟁을 고취하는 혁명에는 반대하는 것이었다.

제국주의 전쟁과 민중의 전쟁의 상호 작용은 스탈린의 외교 정책 필요성과 민중 혁명 사이의 이러한 충돌에서 찾아볼 수 있었다.《뉴욕타임스》기자 허버트 매튜스Herbert Matthews가 공산주의자들이 "(관련된 소수의 러시아 지도자들을 제외하면) 명령에 복종하는 단순한 로봇"이라는 것을 부정한 것은 의심의 여지가 없이 당연한 일이었다. "나는 여전히 그들이 파시즘과 맞서 싸웠으며, 그 시기에 우리가 아는 민주주의를 위해 싸웠다고 말한다."⁴⁰ 그렇기는 하지만 그들이 세계에서 유일한 사회주의 국가라고 여긴 것에 보인 충성심은 그들을 모순적인 처지에 몰아넣었다. (즉) 스탈린주의를 따르면서 관습적인 자본주의적 민주주의를 격찬할 것인가, 그것을 훨씬 뛰어넘어 이제 민중의 전쟁을 위해 싸우고 죽어갈 것인가(라는 모순적인 처지였다). 국제여단에 참여한 한

✛ 프란시스코 라르고 카바예로Francisco Largo Caballero(1869~1946). 스페인사회주의노동자당PSOE과 노동자총연맹UGT의 지도자 중 한 명이었고, 1936~1937년에 총리를 지냈다.

✛✛ 후안 네그린 이 로페스Juan Negrin y Lopez(1892~1956). 의사 겸 정치가. 스페인사회주의노동자당의 지도자 중 사람으로 재무부 장관을 거쳐 내전 시기에 총리를 맡았다.

스코틀랜드 공산주의자가 이러한 위치를 잘 압축해서 보여줬다.

> 그 시기에 난 문자 그대로 소련을 숭배했다. 그리고 자살용이
> 아니라 파시스트를 죽이는 데 의지할 수 있는, 망치와 낫을 선명
> 히 새긴 소총을 마침내 얻었을 때에는 자부심으로 정말 황홀했
> 다. 자신의 나라 내부에서 민주주의를 지키고자 노력하는 스페
> 인 민중을 돕기 위해 위대한 노동자 공화국이 여기에 찾아왔다.
> 그렇기 때문에 이 사실을 꼭 명심해야 한다. 스페인에서 전개된
> 투쟁은 공산주의를 세우기 위한 투쟁이 아니었다는 것을.[41]

공화파의 노력에서 두 전쟁의 상호 작용에는 기술적, 군사
적 측면이 있었다. 프레스톤Preston은 이렇게 주장했다. "열광적이
고 영웅적이지만 훈련되지 않고 체계적이지도 않은 노동자 민병
대의 초기 패배 이후 많은 온건한 공화주의자들, 사회주의자들,
공산주의자들 그리고 심지어 일부 아나키스트들조차 전통적인
군사 구조의 창설을 옹호했다."[42]

하지만 근본 문제는 정치적인 것이었다. (프랑코에게 공감하
는) 서구 열강을 소원하게 만들지 않는 방식으로 전쟁을 수행해
야 하는가, 아니면 수년간 수많은 프랑코들을 만들어낸 썩어 빠
진 체계를 패배시킬 것인가? 이러한 두 구상〔의 갈등〕은 1937년
5월 바르셀로나에서 난투극을 불러일으켰다. 공산주의자들은
사회주의자들 및 부르주아 공화주의자들과 제휴해 아나키스트
조직인 전국노동자연합CNT 그리고 (트로츠키주의와 느슨하게 연계

된 운동인) 마르크스주의통일노동자당POUM⁺을 탄압했다. 수백 명이 목숨을 잃었고, 러시아 내무인민위원회NKVD의 비밀경찰은 살아남은 사람들을 추적했으며, 내전 초기의 혁명적 희망은 분쇄됐다.

계속되는 고립, 러시아의 타산打算, 서구 연합국들의 악의적인 무관심, 〔공화국의〕적에 대한 추축국의 지원을 고려해볼 때 〔스페인〕공화국이 승리한다는 건 언제나 어려운 일이었을 것이다. 그러나 혁명을 진압한 것은 전투에 대한 대중의 열의를 약화시켰고, 국가주의자들을 물리치는 데 효과가 없다는 것이 입증됐다. 그들〔국가주의자들〕이 1939년에 승리했다.

영국과 프랑스는 그해〔1939년〕부터 계속 파시즘과 공식적으로 교전 상태였지만, 파시스트가 지원하는 스페인 정부에 대한 태도를 바꾸지는 않았다. 글린 스톤Glyn Stone은 이렇게 썼다. "〔연합국 정부들은〕 유럽에서 새로운 민주주의 질서를 창출하기 위해서라기보다는 유럽 대륙을 지배하려 한 독일의 의도에 도전하기 위해 1939년 9월 전쟁으로 나아갔는데, 그래서 스페인이 중립을 유지하는 한 프랑코 체제는 두려워할 것이 아무것도 없었다."⁴³

1940년 처칠은 여전히 열성적으로 〔스페인〕 국가주의자들에 대해 얘기했다. "반도전쟁the Peninsular War⁺⁺ 시대처럼, 영국의 이

⁺   트로츠키 계통의 공산주의 좌파와 노동자·농민 블록이 융합해 형성한 정당. 조지 오웰이 바로 이 POUM 민병대 소속이었다.

⁺⁺ 스페인, 포르투갈, 영국 동맹군이 이베리아반도를 침략한 황제 나폴레옹 치

— 1937년 독일군의 폭격으로 폐허가 된 게르니카.

해관계와 정책은 스페인의 독립과 통합에 기초하고 있고 우리는 스페인이 위대한 지중해 강국으로서뿐만 아니라 유럽 및 전 세계 기독교 국가 패밀리의 지도적이고 저명한 구성원으로서 자신의 정당한 자리를 얻기를 기대한다."[44] 프랑코는 "우리 세대의 끔찍한 악몽, 러시아 공산주의"에 맞선 히틀러의 전쟁을 열광적으로 지지하는 것을 통해 이러한 접근을 환영했고,[45] 블루 디비전을 (러시아에) 보내 (독일을) 돕게 했다. 그는 참전은 "범죄자의 미친 짓"이 될 것이라고 미국에 경고하고, 연합국이 "패한다"라

하의 프랑스와 맞서 1808~1814년에 벌인 전쟁. 나폴레옹은 대군을 투입하고도 승리하지 못하고 이베리아반도에서 오랫동안 고전했고, 그에 더해 러시아 원정까지 실패하면서 결국 몰락하게 된다.

고 단언했다.[46]

〔그럼에도〕 영국과 프랑스 정부는 동요하지 않았다. 두 나라는 〔프랑코의 스페인과〕 통상 조약들을 체결하고 파시스트 체제에서 가장 약한 이 나라를 계속 지지했는데, 그 이유는 영국 대사가 말한 대로 어떠한 변화도 "더 큰 혼란과 위험으로 이어질 뿐"이기 때문이었다.[47] 내전은 스페인을 식량 수입에 심각하게 의존하는 나라로 만들었는데, 서구 연합국들은 스페인에 다량의 공업 제품과 석유를 보냈을 뿐 아니라 인도인들이 굶주리는 동안 스페인의 밀 부족분 수십만 톤을 서둘러 공급했다.[48] 한 미국인 논평자는 스페인 시민들이 유럽 최고의 휘발유 소비 수준을 누렸다고 결론 내렸다.[49]

생각건대 연합국 정책은 전적으로 전략적인 근거에 따라 정당화된 것일 수도 있었다. 스페인이 공식적으로 중립을 표방함으로써 지브롤터가 영국의 수중에 그대로 남아 있었는데, 이는 〔영국 해군의〕 지중해 진입을 보호하는 역할을 했다. 하지만 그러한 추론은 1945년 이후에는 유지될 수 없었는데, 그 시기에 영국 대사는 이렇게 논평했다. "유럽에서 다른 전체주의 정부들을 제거함에 따라 스페인이라는 이례異例가 더욱더 눈에 잘 띈다."[50] 러시아가 프랑코 제거[51]를 요구하고 미국과 영국의 전문가들이 프랑코의 폭압을 누그러뜨릴 지렛대로 〔스페인이〕 연합국 석유에 의존하는 점을 활용하는 것에 대해 얘기할 때, 처칠이 다음과 같은 장광설을 늘어놓으며 끼어들었다. "당신들이 제안하고 있는 일은 스페인에서 혁명을 선동하는 것이나 다름없다. 당신들이 석유를 가지고 시작하면, 곧 유혈로 끝나게 될 것이다. …… 우리가 스페인에 손대면 …… 공산주의자들이 스페인의 주인이 되고 우리는 (공산주의라는) 전염병이 이탈리아뿐만 아니라 프랑스를 통해서도 매우 빠른 속도로 퍼질 것임을 예상해야 한다."[52]

프랑코를 그냥 놔둔 것은 공화파에 대한 끔찍한 사법 살인이 조금도 수그러들지 않은 채 계속되도록 용인하는 결과를 낳았다. 1945년, 사형 선고가 한 주에 약 60건에 달했고 마드리드에서는 단 하루 동안 23건이 집행되기도 했다.[53]

민중의 전쟁을 수반하는 2차 세계대전 개념에 대한 한 가지 가능한 반대는, 선전이라는 측면에서 **모든** 근대 제국주의 전쟁은 '진보적'이고 '민주적'인 것으로 제시된다는 것일지도 모른다. 2차 세계대전 기간에 발현된 민중의 전쟁이라는 흐름은 독립적인 기원을 갖고 있으며 그야말로 연합국 정부들의 반감에도 불구하고 성장했음을 스페인의 경험은 보여준다.

1부

연합국과
추축국 사이에서

유고슬라비아

그리스

폴란드

라트비아

2. 유고슬라비아: 열강 사이에서 균형 잡기

언뜻 보기에 유고슬라비아는 평행 전쟁 양식과 합치하지 않는 것 같다. 전투의 최종 단계에서 티토Tito의 레지스탕스 군대는 영국의 보급과 붉은 군대의 도움을 받으며 추축국과 대결했고, 그들을 물리쳤다. 하지만 겉모습은 실제 상황을 착각하게 만든다. 승리로 마무리되기 전에, 티토의 빨치산과 미하일로비치Mihailovich⁺의 체트니크chetniks 간에 격렬한 무장투쟁이 벌어졌다. 그것은 바로 2차 세계대전의 의미를 놓고 벌어진 싸움이었다.

1941년 3월 유고슬라비아를 정복할 때 히틀러는 유럽에서 가장 후진적이고 억압당하는 국가들 중 하나로 발을 들이고 있었다. 국민 1600만 명 중 80퍼센트가 소작농이었다. 토지 분배는 대단히 불평등했다. 고작 7000명의 지주가 [전체] 시골 주민의 3분의 1이 가진 토지의 2배를 보유했다. 이 나라의 110만 노동자는 유럽에서 가장 긴 시간 동안 일한 반면 50만 명은 실업 상태였다. 이 모든 것을 주재한 것은 일찍이 1921년에 유고슬라

⁺　드라자 미하일로비치Draza Mihailovich(1893~1946). 세르비아계 군 지휘관으로, 유고슬라비아가 나치 독일의 침략을 받자 유격대 조직 체트니크를 결성했다. 그러나 독일군을 몰아내기 위해 전력을 다하기보다는 티토의 빨치산이나 크로아티아 민병대와 싸우는 데 주력하는 모습을 보였다. 2차 세계대전이 끝난 후 공산주의자들에게 체포돼 반역죄 및 전쟁 범죄 혐의로 재판을 받고 처형됐다.

▬ 1944년 티토(맨 오른쪽)와 빨치산 부대원들.

▬ 1943년 미하일로비치(가운데 안경 쓴 이)와 체트니크 부대원들.

비아공산당을 금지한 권위주의 왕정이었다.[1] 그로부터 8년 후 국왕 알렉산다르Alexander⁺는 의회를 폐지하고 전권을 장악했다. 알렉산다르 왕이 암살되고 페타르 2세PeterⅡ⁺⁺가 그 뒤를 이었으나, 페타르 2세가 직접 통치하기에는 아직 너무 어렸기 때문에 그(알렉산다르)의 사촌인 파블레 공Prince Paul이 섭정을 맡아 권력을 넘겨받았다. 2차 세계대전 준비 기간에 이 나라는 연합국 세력과 추축국 세력이라는 양 진영 사이에서 불편한 균형을 이뤘다.[2] 이것은 1940년 영국 관리가 참모본부를 뇌물로 매수하자고 제안하는 것으로 이어졌는데, 이유는 다음과 같다. "소문에 따르면 몇몇 유고슬라비아 장군이 독일인들에게 돈을 받아 저택을 지었다고 한다. 그들이 날개 부분을 증축하도록 우리가 도와줄 수도 있지 않을까?"[3]

2차 세계대전이 발발하자 (유고슬라비아) 당국은 이기는 쪽 편에 서기를 열망했지만, 그게 어느 쪽일지 누구도 알지 못했다.

⁺ 알렉산다르 카라조르제비치Alexander Karadjordjevic(1888~1934). 세르비아 왕 페타르 1세의 아들. 1차 세계대전 때 세르비아군 총사령관으로서 전투를 지휘했다. 1차 세계대전 이후 '세르비아인과 크로아티아인과 슬로베니아인의 삼위일체 왕국'(1918년)을 출범시켰다. 1929년에 헌법 폐기, 의회 해산, 모든 정당 활동 금지 등의 조치를 취하는 한편 국명을 유고슬라비아 왕국으로 바꿨다. 1934년 프랑스를 방문했다가 그곳에서 암살됐다.

⁺⁺ 페타르 2세 카라조르제비치(1923~1970). 아버지 알렉산다르 왕 피살 후 왕위에 올랐지만, 실권은 섭정에게 있었다. 1941년 3국 동맹 가입에 반대하는 쿠데타 덕분에 실권을 잡게 되지만, 독일의 침공으로 곧 망명을 떠나야 했다. 2차 세계대전이 막을 내린 후 유고슬라비아 제헌 의회는 왕실을 폐지했고(1945년 11월), 이로써 페타르 2세 카라조르제비치는 유고슬라비아 왕국의 마지막 왕으로 역사에 남게 됐다.

— 1941년 유고슬라비아 마리보르에 있는 히틀러. 히틀러는 곧 유고슬라비아를 정복하기 위한 '처벌 작전'을 개시했다.

결국 1941년 파블레 공의 내각은 추축국의 승리에 걸고 3국〔독일·이탈리아·일본〕동맹 조약에 서명하는 길을 택했다. 이러한 지지의 가치에 의문을 품은 기득권층 내의 다른 집단은 군사 쿠데타에 착수했다. 파블레 공은 실각했고, 여전히 미성년자인 페타르 국왕이 파블레 공을 대신〔해 실권자 역할을〕 하게 됐다. 반파시스트 대중 시위〔대〕는 이 결과를 환영했지만, 신념 부족의 징후로 새 정부는 3국 동맹 조약을 고수하는 동시에 연합국과 협상하면서 시간을 벌려 했다.⁴ 영국 대표는 "다소 알쏭달쏭하고 약간 힘 빠지게 하는 베오그라드Belgrade발 뉴스"를 개탄했다. "외교정책에 변화는 없다는 성명서를 〔유고슬라비아〕 정부가 발표한 것으로 보인다."⁵ 이렇게 혼란스러운 상황에서 히틀러는 잔혹한

밀로반 질라스는 나치 독일과 맞선 빨치산 활동에서 티토와 함께 중요한 역할을 했다.

결단력의 전형을 선보이며, 이 나라를 정복하기 위한 '처벌 작전 Operation Punishment'을 개시했다.

　(유고슬라비아는) 군사적으로 조속히 패배했는데, 이는 체제가 주민을 무장시키거나 좌익의 도움을 받아들이는 것을 거부했기 때문이다. 정부가 민중보다 점령군을 덜 두려워했다는 건 은밀하게 인정된 바였는데, 베오그라드 주민에 대한 정부의 처우는 이와 관련해 중요한 사항을 드러냈다.[6] 주도적인 공산주의자 질라스Djilas[+]는 폭탄이 쏟아지던 때의 상황을 이렇게 묘사했다.

[+]　밀로반 질라스Milovan Djilas(1911~1995). 베오그라드대학에 다닐 때 공산당원이 된(1932년) 후 투철한 공산주의 활동가로 살아갔다. 2차 세계대전 시기에는 나치 독일과 맞선 빨치산 활동에서 티토와 함께 중요한 역할을 했다.

경찰과 (세르비아 민족주의 세력) 체트니크는 트럭을 타고 거리를 돌아다니면서, 주민이 30만 명에서 3만 명으로 줄어든 도시에서 '질서'를 확립하려 하고 있었다. 그들은 민중에게 발포했는데, 전해진 바에 의하면 도시에서 '제5열'과 탈영병들을 쓸어버리겠다며 그렇게 했다. …… 최근 몇 해 동안 학생들과 노동자들을 거칠게 다뤘던 바로 그 경찰관들이 체트니크 휘장과 함께 도시 전역을 휘젓고 다녔다. 우리가 이 나라의 가장 확고한 옹호자였는데도, 우리 공산주의자들은 몸을 숨겨야 했다.[7]

질라스는 페타르 국왕의 정부가 런던으로 달아났을 때 그것이 "엄청난 쓰라림"이라는 감정을 남겼다고 덧붙였다. "이 정부에는 썩어 빠진 무언가가 있었다. 국가 기구로부터, 군 최고위층으로부터 배어 나오고 있는 극심한 도덕적 해체."[8]

당시 추축국은 유고슬라비아를 분할했다. 크로아티아와 보스니아-헤르체고비나에 수립된 괴뢰 국가는 파벨리치Pavelic[+]가

전후 유고슬라비아에서 고위직에 연이어 오르며 '티토의 후계자'로 여겨지기도 했다. 그러나 공산당 지배 체제에 도사린 관료주의와 새로운 특권계급의 문제를 공개적으로 지적했다가 1954년 당 중앙위원회에서 축출되고 얼마 후 체포됐다. 그 후에는 유고슬라비아의 대표적인 반체제 인사이자 작가로서 체제 비판적인 작품을 발표하고 감옥을 오가는 삶을 살았다.

[+] 안테 파벨리치Ante Pavelic(1889~1959). 크로아티아의 파시스트 정치가, 우스타샤의 지도자이자 나치 독일이 세운 괴뢰 국가(크로아티아 독립국)를 이끈 독재자였다. 가톨릭 독립 국가를 세운다는 미명 아래 나치 점령기에 세르비아인, 유대인, 집시 등 수십만 명에 대한 학살 및 가톨릭으로 강제 개종을 주도한 인물로 꼽힌다.

— 크로아티아의 파시스트 정치가 안테 파벨리치. 그가 이끄는 우스타샤 대원들이
한 사람의 머리를 톱으로 자르고 있다.

이끄는 우스타샤Ustasha[++] 민병대의 흉포한 통치 아래 놓였다. 슬
로베니아는 독일 세력권과 이탈리아 세력권으로 쪼개졌다. 이탈
리아는 몬테네그로를 가져갔다. 독일에 완전히 점령된 세르비아
는 부역자[9] 네디치Nedic[+++] 체제의 지배를 받았으며 헝가리, 불가리

[++] 1929년에 창설된 크로아티아의 파시스트 조직. 극단적인 민족주의를 추구
    했고, 2차 세계대전 이전에는 테러 집단으로 활동했다. 유고슬라비아가 나
    치 독일에 정복된 후에는 괴뢰 국가(크로아티아 독립국)의 통치를 맡았는
    데 반체제 인사뿐만 아니라 세르비아인, 유대인, 집시 등에 대한 학살을 자
    행했다. 다른 나라의 이런저런 파시스트 조직에 비해서도 처형 및 고문 방법
    등이 특히 더 야만적이고 가학적이었던 것으로 악명 높다. 우스타시Ustashi는
    Ustaše로 표기되기도 하는데, Ustaše는 Ustaša의 복수형이다.
[+++] 밀란 네디치Milan Nedic(1878~1946). 세르비아계 육군 장군이자 정치인으로
    유고슬라비아 왕국에서 전쟁부 장관 등을 맡았다. 2차 세계대전 시기에는

아, 알바니아에 영토를 뺏겼다.

이러한 혼란 상태에서 두 개의 레지스탕스 세력이 모습을 드러냈다. 세르비아의 체트니크는 군 장교 집단으로, 1차 세계대전 때 〔오스만〕튀르크 사람들과 싸운 분대의 이름을 땄다. 체트니크를 이끈 사람은 미하일로비치 대령이었는데, 〔런던에〕 망명한 왕정은 때맞춰 미하일로비치를 전쟁부 장관으로 임명했다.[10] 군인으로서 "정치는 결코 내 관심사가 아니었다"라고 주장하긴 했으나,[11] 그는 곧 "신에 대한 믿음으로, 왕과 조국을 위하여!"라는 구호를 채택했다.[12] 그것보다 충실한 강령이 나중에 다음과 같이 모습을 드러냈다.

1. 페타르 2세 국왕 폐하의 홀sceptre 아래에서 전국의 자유를 위해 투쟁하라.
2. 대★세르비아를 포함하는 대유고슬라비아를 창조하되, 경계 안쪽에서는 민족적으로 순수하게 할 것.
3. 국가 영역에서 모든 소수 민족과 비국민적 요소들을 청소할 것.[13]

다른 곳에서 나타난, 제국주의에 찬성하는 경향들과 마찬가지로 체트니크 강령에 담긴 논리는 분열을 초래하는 민족적 등

독일에 협력해 괴뢰 정부(이른바 '구국 정부')의 총리로 일했다. 전후 유고슬라비아 공산주의 당국에 체포·투옥됐는데, 1946년 창문에서 뛰어내려 자살한 것으로 알려졌다.

고선을 지닌 전쟁 이전 사회 질서를 복구하기 위해 민족 독립을 되찾겠다는 것이었다. 하지만 군사력이 무너지고 〔지배층은〕 도피해 망명한 것이 낡은 국가 기구에 대한 신뢰도를 떨어뜨렸다. 이것은 국내 반대 세력을 대담하게 만들었을 뿐만 아니라, 그들을 진압할 체트니크의 능력을 떨어뜨렸다. 페타르 국왕과 마찬가지로 미하일로비치도 국내 주민을 동원해 독립투쟁을 할 엄두를 내지 못했다. 그러한 선택지가 없는 상태에서 성공하기 위한 그의 유일한 희망은 연합국이 침략자들을 쫓아내주기를 기다리는 것이었다. 많은 나라에서 나타난 그와 같은 정책에 '대기주의 attentism'라는 꼬리표가 붙었다.

1941년 미하일로비치에게는 영국의 대규모 지원을 기대할 만한 이유가 있었다. 히틀러와 스탈린의 〔불가침〕 조약이 시행되는 가운데, 프랑스는 패배했고 미국은 중립을 지키고 있었으며 영국은 고립된 데다 대륙에 대한 군사 작전을 실행할 능력이 없었다. 그래서 처칠은 "유럽을 불타오르게 할"지도 모르는 레지스탕스 운동을 북돋고자 특수작전집행부SOE, Special Operations Executive 를 창설했다.[14] 미하일로비치의 활동에 대한 보고가 1942년 봄 영국에 도달했는데, 이것이 추축국 전선 배후에서 전개된 게릴라전에 대한 첫 번째 소식이었다. 이는 세르비아 사람들을 "유럽 레지스탕스의 영웅, 그리고 …… 나머지에게 빛나는 모범 사례"로 만들었다.[15]

처칠이 체트니크를 도와준 추가적 동기가 있었다. 히틀러가 바르바로사 작전Operation Barbarossa(소련 침략)을 개시했을 때, 스탈린은 동부전선에 독일이 가하는 압박을 완화할 수 있도록 프랑스에 제2전선을 구축해달라고 [서방 연합국에] 간청했다. 영국 총리에게는 이를 거절할 구실이 필요했다. 처칠은 루스벨트에게 이렇게 얘기했다. "우리 앞에 놓인, 무엇보다 중요한 과제는 효율적인 인원으로 최단 시간에 추축국의 가장 취약한 부분을 타격할 수 있는 지중해의 아프리카 쪽 해안을 맨 먼저 정복하는 것입니다."[16] 발칸 지역은 그러한 가장 취약한 부분이었고, 영국에 전략적으로 중요한 인도로 향하는 길에 안성맞춤하게 위치해 있기도 했다.

티토의 빨치산은 체트니크와 경쟁하는 레지스탕스 집단이었다. 이 운동에 대한 관점은 선명하게 양극화되는 경향이 있다. 예를 들면 최근에 미국의 한 역사가는 "민주적이고 진보적인 모든 정당의 연합"이라는 그들의 주장을 비웃고, 그들의 목표는 "유고슬라비아 민중에게 공산주의 체제를 부과하는 것"이었다고 제시했다.[17] 빨치산 운동에 대한 정반대 관점을 그 당시 존스가 표현했는데, 이 사람은 연락 장교로서 빨치산 야영지에 낙하산을 타고 내려온 캐나다인 소령이었다. "유고슬라비아에서 자유 전선 운동Freedom Front Movement의 힘은 바로 지역 위원회로 상징되는 공동체의 단결이었다. 그것은 최상의 민주주의였다. 어떠한 자유로운 공동체에서도 사람들은 전적으로 자유롭게, 바라는 대로 할 수 있었다."[18]

빨치산을 이끈 것은 공산주의자였고, 그래서 유고슬라비아 공산당을 이해하는 것이 필수적이다. 질라스는 자신의 [공산주의

1942년 빨치산 전사 스테판 필리포비치가 교수형을 당하기 전에 "파시즘에 죽음을, 민중에게 자유를"이라고 외치고 있다.

자) 전환에 대해 기술했다. 그것은 "기존 상태에 대한 극심한 불만 그리고 삶을 바꾸고자 하는 억누를 수 없는 욕구"와 함께 시작됐다.[19] "(우리는) 남을 험담하고 여왕의 이브닝드레스 경비, 정부 각료의 개 입속 금이빨들처럼 대수롭지 않고 심각한 문제들에 대해 부풀린 소식을 퍼뜨리는 것으로 시작했다. …… 내 나라가 그런 사람들의 지배를 받아야만 하나? 나는 평생 노예처럼 살아야만 하나? …… 매 단계마다 고통과 사치, 폭력과 절망에

— 1941년 독일군에 잡힌 16명의 눈을 가린 빨치산 대원들이 처형되기를 기다리고 있다.

…… 직면했다."[20]

폭정은 "연대, 투쟁 정신, 일하는 사람들의 이상 및 그들의 삶을 개선하기 위한 노력에 헌신"한다는 정서를 오로지 강화할 뿐이었다.[21]

1940년에 열린 유고슬라비아공산당 비밀회의는 그 구성원 8000명이 얼마만큼 희생했는지를 보여줬다. 14년이 넘는 감옥과 강제수용소 생활을 이 회의가 열리기 얼마 전에 마친 피야데[Pijade]+가 행사의 문을 열었다. 대표자 101명 가운데 80퍼센트가

+ 모사 피야데[Moša Pijade](1890~1957). 세르비아계 유고슬라비아 공산주의자이자 세르비아과학예술아카데미 정회원이었다. 티토와 긴밀히 협력하는 사이였다.

— 1944년 10월 유고슬라비아 빨치산 게릴라들이 해방된 베오그라드를 걷고 있다.

체포된 적이 있었고 40퍼센트는 평균 2년 동안 징역을 살았다.[22] 전쟁으로 유예된 건 전혀 없었다. 붉은 군대와 빨치산의 연합 작전으로 1944년 10월 베오그라드가 해방됐을 때 빨치산은 다음과 같은 모습과 맞닥뜨렸다.

당의 구성원은 한 명도—문자 그대로 단 한 명도—없었다. 수천 명의 동조자가 있었고 심지어 정당에 속하지 않은 비공인 집단들도 있었지만, 당에 속한 사람들은 수용소에서, 가스 절멸트럭gas extermination trucks에서, 처형장에서 말살됐다. 자진치Jajinci[+]

[+] 유고슬라비아 왕국 군대의 사격장이 있던 곳이다. 베오그라드가 나치 독일

의 처형장에서 밤마다—3년 하고도 반년 동안 매일 밤—수백 명의 인질들과 애국자들이, 주로 공산주의자들과 그 동조자들이었는데, 처형됐다.[23]

공산주의자들은 민족성이라는 골치 아픈 사안에 대해 독특한 태도를 취했다. 1918년 유고슬라비아가 형성될 때 군주와 군사령관은 세르비아인이었는데, 이는 미하일로비치가 이어가고 싶어 한 전통이었다. 하지만 공식 명칭—'세르비아인과 크로아티아인과 슬로베니아인의 삼위일체 왕국the Triune Kingdom of the Serbs, Croats and Slovenes'[24]—에서 나타나듯이 유고슬라비아는 많은 집단으로 이뤄져 있었는데, (그중) 세르비아인(39퍼센트)과 크로아티아인(24퍼센트)이 주요 집단을 이루고 있었다. 세르비아의 지배에 대한 반응 중 하나는 민족 자치를 주장하는 것이었는데, 그에 대해 크로아티아농민당 지도자는 이렇게 표현했다. "모든 크로아티아 농민 대중은 당신들의 중앙집권주의에, 그리고 군국주의에 동일하게 맞서고 공화국을 위해서도 동일하게 그러할 것이다."[25]

티토와 그의 지지자들은 세르비아의 체트니크뿐만 아니라 크로아티아의 우스타시도 갖고 있던 민족적 배타성을 거부했다.

에 점령된 후에는 처형장 중 하나로 사용됐는데, 희생자 수와 야만적 방식에서 다른 처형장들보다 두드러진 곳으로 꼽힌다. 대규모 범죄의 흔적을 제거하기 위해 게슈타포가 조직적으로 희생자들의 시체를 파내고 유해를 태우기까지 했다고 한다. 전후에 이뤄진 조사와 연구들은 이곳에서 살해된 사람이 6만 5000명에서 8만 명에 이른다고 추산한다.

티토 자신이 슬로베니아인 어머니와 크로아티아인 아버지 사이에서 태어난 아들이었는데,[26] (민족적으로) 가장 다양한 지역—보스니아—에서 활동한 빨치산의 구호는 다음과 같았다. "세르비아인도 아니고 크로아티아인도 아니고 무슬림도 아니고, 세르비아인이자 무슬림이자 크로아티아인이다."[27]

티토 역시 영국군과 미군의 상륙을 기다린다는 체트니크의 전략에 반대했는데, 러시아 전선에서 추축국 군대를 시급히 끌어내고자 하는 욕구가 (이러한 태도를) 강화했다. 공산주의자들에게 소련의 중요성은 과소평가될 수 없다. 질라스의 말을 들어보자.

우리는 현세의 적절한 삶이 사람에게 내세를 준비시킨다는 성경의 '진리'를 배우지 않았다. 우리는 훨씬 위대한 무언가, (즉) 현세에서 낙원을 기대하는 것을 배웠는데 …… 소련에 간 적이 있고 (거기서) 실제로 '진리'를 본 적이 있는 사람들이 우리에게 말한 게 그것이다. 그리고 우리는 그것을 믿었다. 고통과 절망이 모두 우리 주위에 있었고, 삶이 점점 더 견딜 수 없게 되어갈수록 우리는 새로운 세상에 더욱더 가까워지는 것이(라고 믿)었다.[28]

이러한 과찬은 모순되는 결과를 낳았다. 빨치산들은 추축국의 점령**뿐만 아니라** 전쟁 이전 상태로 돌아가는 것**도** 거부했지만, 유고슬라비아공산당은 점령군 및 그들에게 부역한 자들을 물리칠 때까지 사회적 요구는 제쳐놓아야 한다는 러시아 노선을 받아들였다. 티토는 터놓고 이렇게 얘기했다. "민족해방투쟁을 반파시스트 혁명이라고 부르는 건 맞지 않았다."[29] 투쟁은 "계급 노선이 아니라 민족해방투쟁 노선에 따라" 이뤄졌다.[30] 사회적·경제적 요구를 단념하게 한다는 의미에서 그것이 민중의 전쟁의 역할을 제한했다면, 그럼에도 체트니크와 빨치산 운동이 침략자에 맞선 단결이라는 수사를 공유하는 가운데 근본적으로 다른 목표를 위해 투쟁했다는 것은 진실이다.

이것은 미하일로비치와 티토가 처음으로 만나는 자리에서 드러났는데, 그때 공산주의 지도자는 우정의 손을 내밀었다. 그는 나중에 이렇게 설명했다. "우리의 생각, 욕구, 의도가 침략자들과 맞선 투쟁에서 모든 세력을 통합해야 했다. 미하일로비치는 총명하고 야심만만한 사람이었다. 나는 그에게 최고 사령부를 제안했다."[31] 미하일로비치는 허세를 부리며 제안을 거부하고 나서, 토지 소유 기록을 파괴하고 무질서를 지원한다며 빨치산을 힐책했다.[32]

군사 협력마저 거부당했다. 미하일로비치는 체트니크와 빨치산이 합동 작전에 착수하는 것은 거의 의미가 없다고 주장했다. 먼저, 추축국의 패배는 아직 먼일 같아 보였다.[33] 두 번째로, 우스타샤의 폭력으로부터 세르비아인들을 지켜내라는 압박을 받고 있기는 했지만 미하일로비치는 나치와 맞서 활동하지 않는 것을, 독일인이 죽을 때마다 유고슬라비아인 100명을 희생시킬 것이라는 히틀러의 맹세를 언급하는 것을 통해 정당화했다. 미하일로비치는 20명의 독일인 사상자가 생긴 것에 대한 징벌로 크랄레비Kraljevi와 크라구예바츠Kragujevac에서 민간인 5000명이 학살된 것을 [그러한 사례로] 지목할 수 있었다.[34]

티토가 그러한 두려움을 털어냈다는 사실을 근거로, 한 비평가는 티토가 자신만의 목적을 위해 나치의 잔혹 행위를 이용했다고 비난했다. "그런 무시무시한 징벌을 피해 탈출하는 사람들은 쓸모 있는 신병을 구성했고 정상 사회의 붕괴는 혁명의 쐐기돌 중 하나다."[35] 이것은 근거 없는 비난이다. 공산주의자들은 추축국과 맞서 총력을 기울인 전투에 관여했는데, 그건 추축국의 지배가 길어질수록 무고한 민간인이 더 많이 죽을 것이기 때문이었다. 미하일로비치가 티토와 함께 행동하기를 거부한 것은 빨치산의 승리가 사회 질서를 위협할 것이라고 두려워했기 때문인데, [미하일로비치에게] 이 사회 질서는 민족해방을 바라는 것보다 우선하는 중요한 것이었다.

미하일로비치에 관해 이런 얘기가 있다. "그의 주적은 빨치산, 우스타샤, 무슬림, 크로아티아인이었고—그 차례대로였다—그들을 처리했을 때에만 그는 독일인과 이탈리아인으로 관심을 돌렸을 것이다."[36] 이 정책은 체트니크의 실천으로 사실임이 드러났고, 질라스가 1942년 3월에 다음과 같이 표현한 의혹을 정당화했다.

런던에 있는 대★세르비아 신사들이 자신들의 특권을 보호하기 위해 계급 전쟁을 시작했는데, 그들의 전술은 남아 있는 [다

른） 상대자들과 일시적으로 협력하는 동안 가장 위험한 상대자
—즉 공산당과 빨치산 운동—를 파괴하는 것이었다. …… 런
던 〔망명〕 정부 지지자들은 저 침략자와 맞서는 전국적 봉기의
힘과 범위 때문에 침략자와 공공연하게 협력하는 길을 걸어야
했다.[37]

체트니크와 빨치산의 중요한 차이는 그들의 운동을 뒷받침
하는 것에 있었다. 미하일로비치가 런던 망명 정부에 기대를 걸
었다면, 티토의 부대는 아래로부터 올라오는 대중의 지지에 의
지했다. 그 과정은 1941년 7월 몬테네그로에서 일어난 자발적
봉기에서 시작됐다. 질라스는 그 현장에 있었다.

—소총을 가진 사람이든 그렇지 않은 사람이든—전체 주민이
침략자에 맞서 봉기했다. 관례적인 회의장에 모여들었는데, 남
자들이—노소를 불문하고 가족, 마을, 씨족별로 무리를 지어—
왔고 소도시에 있는 이탈리아 주둔군을 향해 출발했다. 조직 수
준은 형편없었지만 열정적이었던 그들은 공산주의자의 지도를
받게 됐다. 모든 사람이 공산주의자의 지도에 동의한 것은 아니
었지만, 그것〔공산주의자의 지도〕에 이의를 제기할 만큼 강력한
사람은 아무도 없었다. 공산주의자들은 유일하게 조직된 세력
이었을 뿐만 아니라 타협하지 않은 새로운 세력이었다. 여당의
부패에 관한 공산주의자들의 선전은 최근의 전쟁에서 사실로
확인됐다. 〔공산주의 이외의〕 다른 어떤 정치운동도 투쟁을 벌일

수 없었는데, 왜냐하면 전부 지역적 한계에 갇히거나 과도한 종족적 민족주의에 휩쓸렸기 때문이다.[38]

점점 커지는 티토와 미하일로비치의 입장 차이를 좁히기 위한 추가 시도가 1941년 9월에 있었지만 실패했다. 11월 1일 체트니크 부대가 우지체Uzice에 있는 빨치산 사령부를 공격했다.

11월 12일 라브나 고라Ravna Gora에 있는 미하일로비치의 기지 1킬로미터 이내에서 반격이 이뤄졌다.[39] 바로 그다음 날 미하일로비치의 대리인은 공산주의와 싸우는 데 도움을 요청하기 위해 독일 정보부 책임자와 마주앉았다.[40]

주사위는 이미 던져졌고, 미하일로비치 진영은 곧 이러한 메시지를 보냈다.

공산주의자들의 세르비아 침투 시도는 이미 우리에게 격퇴됐고 이제 우리는 그들의 절멸까지 작전을 발전시키려 하는데, 우리 부대가 외부의 군대와 충돌하지 않으면 그것을 달성할 수 있다. 우리가 독일군과 (사전에) 접촉하거나 협정을 맺은 게 아닌데도 독일군은 이 마지막 작전에 끼어들어 우리를 방해하지 않았다. 공산주의자 집단에 맞서 마련된 작전들을 어렵게 또는 위태롭게 만들지 않기 위해서는 독일인들과 맞서는 작전을 모두 중지하는 것이 필수적이며, 그렇지만 (반독일) 선전은 계속해야 한다.[41]

빨치산 "절멸"은 무기를 필요로 했는데, 체트니크는 이것들이 어디서 생겨날 것인지에 대해 노심초사하지 않았다. 체트니크에 배속된 전략사무국OSS(영국의 SOE에 상당하는 미국 기구)의 한 장교는 독일 국방군이 트럭 몇 대 분량의 무기를 남겨놓고 간 사례를 보고했다.[42] 또 다른 사람은 체트니크가 "독일인, 이탈리아인과 손잡고 빨치산과 맞서 싸우고 있다"라고 주장했다.[43] 가로챈 자료들Intercepts은 "독일인들이 빨치산 군대의 위치와 움직임에 관해 몇몇 체트니크 부대로부터 정기적으로 정보를 받았다"라는 것을 입증하고, "빨치산과 맞서 독일인들과 합동 작전을 전개한 특정한 체트니크 지휘관들"을 확인해줬다.[44]

상황이 이렇기는 하지만 미하일로비치를 프랑스의 페탱 Pétain 원수나 유고슬라비아 자체의 네디치 같은 부역자들과 같은 범주로 보지 않는 것이 중요하다. 체트니크 지도자는 연합국 진영에 속한 망명 정부의 이해관계를 반영했고, 평행 전쟁 논리에 의해 [침략자와] 협력하는 처지에 빠졌다. 독일인들이 빨치산에 맞서 체트니크와 함께 일했을 수도 있지만, 그들은 6만 명에 이르는 체트니크 병사 수[45]가 늘어나는 것을 원치 않았다. 그래서 1941년 독일 정보부와 만난 후 오래지 않아 미하일로비치는 치명타에 가까운 독일의 공격에 직면했다.

나치즘에 맞선 행동으로 전환하[는 계기가 되]기는커녕 이것 [독일의 공격]은 연합국을 기다리겠다는 미하일로비치의 결심을 강화할 뿐이었고, 미하일로비치는 추종자들에게 그들의 마을에 돌아가서 명령을 기다리거나, 아니면 네디치의 군대에서 숨어

지내라고 지시했다. 역사가들은 이러한 조치가 공공연한 협력을 뜻하는 것인지, 아니면 자기방어를 뜻하는 것인지를 놓고 논쟁해왔다. 옹호하는 사람들은 네디치를 위해 무기를 드는 것이 얼마나 필연적인 "위장"[46]이었는지에 대해, 그리고 "이러한 부대에 속한 사람들은 대부분 미하일로비치에게 충성스러웠다"라는 것을 말한다.[47] 비판하는 사람들은 그것을 "체트니크와 네디치 정부가 빨치산과 맞선 투쟁에서 협력해야 한다"라는 정책으로 본다.[48] 정확한 해석이 무엇이든 간에 체트니크는 애초에 반파시스트가 아니었고, 제국주의적인 연합국 열강들과 작당해 낡은 질서를 다시 세우기 위해 싸웠다.

빨치산은 어떻게 됐는가? 그들은 2차 세계대전에서도 그 야만성이 충격적이었던 싸움에 관련됐다. 유고슬라비아에서 발생한 총 사망자 수는 170만 명, 즉 인구의 11퍼센트가 넘었다.[49] 자신이 방문한 빨치산 근거지에서 존스는 마음의 상처를 입은 여성들을 발견했다. "작업을 도와달라는 이탈리아인 관리들의 호소로 남자들을 지역 교회로 유인하고 교회에 가둔 다음 창문을 통해 휘발유를 부어 교회에 불을 지르고 누구도 빠져나가지 못하도록 장작더미 주위에 기관총을 설치"했는데, [이런 끔찍한 일을 겪은] "그들의 남자들에 대한 기억"으로 마음의 상처를 입은 여성들이었다.[50] 살기등등한 크로아티아 우스타시는 "독일과 이탈리아 당국조차 몸서리치게 한 흉포함"을 드러내 보였다.[51]

1943년 말까지 빨치산 30만 명이 약 20만 명의 독일인과 또 다른 16만 명의 지원군을 억제하고 있었다.[52] 그러나 그로 인해 큰 대가를 치러야 했다. 빨치산은 30만 5000명을 잃었고 40만 명 이상이 다쳤다.[53] 그러나 그들을 더없이 청렴결백한 존재로 그려서는 안 된다. 예를 들면 질라스 자신이 그들의 일부 방식에 불안감을 느꼈다. 왜냐하면 "굶주림과 전쟁 피로에 덧붙여 무분별하고 성급한 처형이 체트니크를 강화하는 데 도움을 주고 있었다. 일가친척을 죽이고 그 시신을 골짜기에 던져버린 것은 너무나 끔찍해서 상상조차 할 수 없는 일이었다".[54]

더욱이 티토 자신이 [경우에 따라] 점령군과 협상도 하고 있었는데, 점령군은 언제나 분할 통치 전술을 쓸 준비가 돼 있었다. 1942년 봄 독일인들과 진행하던 포로 교환 논의가 더 야심 찬 다른 것으로 발전했다. 빨치산은 계속 도주 중이었고, 네레트바 Neretva강에서 체트니크와 벌인 중대한 전투에서 이제 막 살아남은 참이었다. 빨치산은 자신들의 본래 근거지인 세르비아로 돌아가는 것을 용납하게 될 정전停戰을 독일 국방군이 받아들일지도 모른다는 희망을 품고 있었다. 질라스는 그 교섭을 맡은 사람 중 한 명이었는데, 티토의 접근 방식을 이렇게 묘사했다. "독일인들과 우리 사이에 전투 중지에 관한 말은 한마디도 없었지만 이것은 이해됐다."[55] 결국 어떤 정전도 실현되지 않고 포로 교환만 이뤄졌는데, "독일인들은 우리의 안정과 확장을 용납할 수 없었고 우리는 그들이 강해지는 것을 용납할 수 없었"기 때문이다.[56]

유고슬라비아에서 복무한 SOE 장교 베이질 데이비슨은 빨치산의 강점과 약점을 논하면서 이렇게 주장했다.

나는 그들이 성인군자였다고 말하는 것이 아니고, 전반적인 형세에서 비범하기까지 한 사람들이었다고 말하는 것도 아니며, 무서운 일이 일어나지 않았다고 말하는 것도 아니다. …… (그러나) 악에 저항하는 동지애에 참여한 것은 자연히 그리고 그 자체의 속성상 의지의 단순한 연결 이상의 것이 됐다. 그것은 새로운 마음가짐을 만들어냈다. 그것은 악과 겨루는 선에 대한 정신적·도덕적 헌신이 됐다.[57]

나치, 체트니크, 부역자들, 우스타시에도 불구하고 빨치산은 승리를 거뒀는데, 그것은 빨치산이 진정한 해방운동이었기 때문이다. 많은 설명이 빨치산의 인기를 입증하고 있다.

빈곤, 후진성, 그리고 전쟁으로 인한 대대적인 파괴가 어디나 있었다. 그러나 지역 소작농들은 그들 자신의 군대를 접대하는 것을 자랑스러워했는데, 그것이 자기 아이들에게서 우유와 옥수수 가루를, 자기 양에게서 새끼 양을 박탈하는 것을 뜻할지라도 그러했다. 지역 정부와 조직들의 나이 든 남성들과 젊은 미혼 여성들은—젊은 남성들은 모두 군대에 가 있었다—열심히, 능숙하게 일했다. 강압 없이 모든 사람이 그들을 따르며, 함께 공동체를 유지하고 전쟁을 계속했다.[58]

조직화된 국가 기구와 직면한 [다른] 모든 레지스탕스 운동과 마찬가지로 무기 공급이 중대한 문제였는데, 이것은 연합국의 인정〔을 받느냐〕에 달려 있었다. 한 가지 장애물은 합법적인 망명 정부의 대리인이라는 미하일로비치의 평판이었는데, 러시아조차 〔미하일로비치의〕 그러한 지위를 받아들였다. 티토는 이것이 정말 짜증나는 일임을 알게 되자 모스크바에 항의했다. "쉴 새 없는 전투로 우리 빨치산은 기진맥진한 상태이고 …… 남은 탄약도 없습니다. 드라자 미하일로비치를 통해 침략자를 원조하는 런던의 유고슬라비아 정부를 모든 민중이 저주합니다. 왜 소련은 〔우리를〕 지원하지 않는지 도처에서 민중이 묻고 있습니다."

공산주의 지도자는 침략자와 맞서는 빨치산과 체트니크의 '공동 전투'에 관한 BBC 토론에 반대했다. "그건 지독한 거짓말입니다. 이 끔찍한 배반을 폭로하고 그것에 대해 전 세계에 말할 수 있도록 당신이 할 수 있는 모든 일을 해주십시오."[59]

하지만 연합국들은 레지스탕스 운동 각각의 상대적 공헌도를 서서히 이해하게 됐다. 1943년 OSS를 이끈 도노반Donovan[+] 장군은 빨치산의 〔활동〕 기록이 "미하일로비치의 상대적으로 부족한 활동과 협소한 영역에 비해 좋은 쪽으로 대조적"이라는 결론을 내렸다.[60] 같은 해에 OSS 연락 장교는 빨치산 운동이 "바깥세상에서 흔히 인식하는 것보다 군사적·정치적으로 훨씬 더 중요"하며 추축국 군대와 맞선 그들의 투쟁은 "때때로 거의 상상 이

[+] 윌리엄 도노반William Donovan(1883~1959). 미국의 법률가, 정보 장교, 외교관. 2차 세계대전 시기에 중앙정보국CIA의 전신인 OSS의 초대 책임자였다. CIA 창립자로 여겨져, 랭리의 CIA 본부 건물 로비에 도노반의 조각상이 자리하고 있다.

상"이라고 보고했다.[61]

그러나 런던에서 이것은 이미 해묵은 소식이었다. 1942년 여름 영국 SOE는 냉소적으로 이렇게 보고했다. "우리가 알고 있는 것처럼, 유고슬라비아에서 전개되는 어떠한 활동도 실제로는 빨치산 덕분으로 봐야 한다. 그러나 대중에게 알릴 때 이 중에서 어느 정도는 미하일로비치가 칭찬받을 수 있게 하는 것이 나쁠 건 없다."[62] 1942~1943년 겨울 동안, 〔영국〕 외무부 장관이 선뜻 인정한 것처럼 미하일로비치가 "우리의 적들과 싸우지 않고" 있었는데도 그러한 노선은 여전히 유지됐다.[63] 미하일로비치를 지원해야 하는 이유는 "전후 무정부 상태와 공산주의자로 인한 혼란을 예방하기 위해서"였다.[64] 한 관리는 이렇게 덧붙였다. "우리가 느끼기에 이 지원은 **유고슬라비아에서 추축국 군대에 저항하고 그것을 공격하는 데서 더 적극적인 역할을 하는 것을 그가 계속 거부할지 여부와 관계없이** 이뤄져야만 한다."[65]

영국의 발칸 상륙 계획이 무르익었을 때, 나치를 물리친다는 가장 중요한 문제가 그제야 겨우 반공주의를 대체했다. 이것은 미하일로비치에게 점점 더 많은 책임을 지게 만들었다. 행동으로 능력을 입증할 최후의 기회가 미하일로비치에게 주어지고, 미하일로비치는 반反독일 사보타주 작전을 시작하라는 요구를 받았다. 체트니크 지도자는 잠시 하는 척하다가 곧 아무것도 하지 않는 상태로 복귀한 다음, 연합국이 지원한 군수품을 추축국보다는 빨치산과 맞서는 데 사용했다. 드디어 〔영국〕 외무부는 〔추축국과 맞서는〕 어떠한 전쟁도 없는 것보다는 민중의 전쟁이 낫다는 결론을 내렸다. "우리가 옳다고 주장할 수 있는 유일한 방법은, 영국 대중에게 제시할 수 있는 어떠한 타당한 이유도 찾을 수 없는 미하일로비치와 관련된 헌신에서 즉시 빠져나오는 것이다."[66] 처칠의 특사이자 보수당 소속 하원 의원인 피츠로이 매클린Fitzroy Maclean[+]의 '블록버스터' 보고서가 이 주장에 힘을 실었다. 체트니크와 대조적으로, 그는 빨치산을 "시민들의 전폭적인 지지"를 받으며 "유고슬라비아의 대부분"[67]을 지배하는 "우리가 상상했던 것보다 훨씬 더 큰 규모의 군사적·정치적 세력"[68]으로 그렸다.

그리하여 1943년 11월 테헤란 회담[++]에서 연합국이 마침내 발표했다. "유고슬라비아의 빨치산은 보급품과 물자를 가능한 범위에서 최대한 지원받게 될 것이다."[69] 그러한 결정이 나오기까지 오랜 시간이 걸렸다.

이 시점부터 빨치산은 영국으로부터 점점 더 많은 군수품

[+] 1911~1996. 스코틀랜드의 상류 지주 집안의 일원으로 이집트 카이로에서 태어났다. 이튼 칼리지와 케임브리지를 거쳐 외교관이 돼 모스크바 등에서 근무했다. 2차 세계대전 발발 후 외교관 생활을 그만두고 하원 의원이 되는 한편 자원입대(병사로 입대해 장군으로 진급)해 유고슬라비아, 중동 등지에서 특수 작전에 관여했다. 007 시리즈 원작자 이언 플레밍과 친분이 있었는데, 제임스 본드의 실제 모델이 피츠로이 매클린이 아니냐는 이야기가 세간에 많이 돌았다.

[++] 루스벨트, 처칠, 스탈린이 1943년 11월 28일부터 12월 1일까지 테헤란에서 연 회담. 3국(미국·영국·소련)의 전쟁 수행 협력, 프랑스 북부 상륙 작전 등이 결정됐다. 이 회담에서 스탈린은 독일 패배 후 소련의 대對일본 전쟁 참여 의사를 밝혔다.

지원을 받았다. 운의 변화는 무기 공중 투하에 반영됐다. 1941년부터 1943년 6월까지 미하일로비치가 유일한 수령자였는데, 이 시기에 23톤이 공급됐다.[70] 1943년 7월부터 9월까지는 미하일로비치에게 107톤, 티토에게 73톤이 배달됐다.[71] 1944년에는 후자만 공급을 받았다. 티토와 유고슬라비아 국왕 간 합의를 권하면서 정치 상황을 수습해보려는 뒤늦은 시도가 있었지만, 형식적인 합의에도 불구하고 왕족을 재건할 수는 없었다.

영국이 천천히 미하일로비치에게서 벗어나 활동적인 레지스탕스를 후원했다면, 미국은 훨씬 오랫동안 어물쩍거리면서 1944년 11월까지 미하일로비치와 함께하는 임무를 유지했다. 다시 한 번, 결정 요인은 어느 쪽 운동이 추축국과 가장 격렬하게 맞서 싸우느냐는 것이 아니었다. 영국의 지원이 티토의 공산주의자들 쪽으로 기울어졌을 때 미국 국무부는 체트니크 곁에 머물렀는데, 이제는 "러시아인들뿐만 아니라 영국인들도 발칸과 지중해 지역에서 우리가 지지하고 싶지 않은 이해관계를 갖고 있을 수 있기" 때문이었다.[72] 미국 국무부는 나중에 이렇게 덧붙였다. "세르비아인들(즉 체트니크)을 희생시키면서 티토의 군대를 키워주는 어떠한 계획도 우리는 못마땅하다."[73]

영국과 미국의 정책이 극심한 반공주의의 영향을 받는 동안, 러시아가 빨치산에 대해 〔영국, 미국과〕 똑같이 주저하는 모습을 보일 것이라고 사람들이 예상하지는 않았을 것이다. 그러나 러시아와 유고슬라비아공산당이 맺은 관계의 역사도 두 개의 전쟁 테제가 사실임을 보여준다. 스탈린은 외국 공산당들에 대해 전적으로 도구적인 태도를 취했다. 1930년대 후반 스탈린은 모스크바에 있는 유고슬라비아(공산당) 망명 지도부를 숙청을 통해 거의 전멸시켰고, 그것의 총체적 해산을 논의했다.[74] 유일한 생존자였던 티토는 "적어도 전쟁 중에는 당신의 적들이 어디에 있는지는 알고 있기 때문에 전쟁 기간 동안 더 쉬웠다"라고 여겼다. "모스크바에 갔을 때 난 내가 살아서 돌아올 수 있을지 전혀 알지 못했다."[75]

티토는 "붉은 군대의 승리들"을 신중하게 묘사했고 "소련과 사회주의 건설을 더 널리 알리는 것"과 같은 자기 정당의 과업에 착수했다.[76] 그러나 한 가지 문제가 남아 있었다. 스탈린의 계산을 추동한 것은 일반적인 정치 원칙들이 아니라 연합국과 좋은 관계를 유지해야 할 필요성이었고, 그래서 스탈린은 나치가 침략하기 전날 페타르 국왕의 행정부를 이미 승인했다. (하지만) 티토로서는 승리가 군주제(그것의 전쟁부 장관인 미하일로비치 포함)뿐만 아니라 파시스트들과 맞서는 대중투쟁에 달려 있다는 것을 깨달았다.

유고슬라비아 민중이 그것(우리의 투쟁)에서 파시즘에 대한 승리뿐만 아니라 그동안 유고슬라비아 민중을 억압해왔고 아직도 억압하려 하고 있는 모든 자들에 대한 승리를 보지 않았다면 …… 그것이 유고슬라비아의 모든 민중에게 자유, 권리의 평등, 형제애를 가져다주겠다는 목표를 세우지 않았다면, 우리의 투쟁이 그토록 완강하고 그토록 성공적이지는 못했을 것이다.[77]

모스크바는 이러한 접근법을 불편하게 여겼다. 1941년 8월 크렘린은 빨치산이 해방위원회Liberation Committee를 구성한 것을 비난했다.[78] 더 나아가 티토와 크렘린의 연결 고리인 디미트로프Dimitrov⁺는 "군주제 폐지 문제를 제기하지 말 것" 또는 "어떠한 공화주의 구호도 내세우(지 말) 것"을 티토에게 지시했다.[79] 오랫동안 모스크바에서 운영한 자유 유고슬라비아 라디오 방송국은 체트니크와 추축국의 협력에 대해 언급하거나 빨치산 투쟁을 알리는 것을 거부했다.[80] (빨치산 군대의 핵심부에서 기동 돌격 부대mobile shock troops로 편성된) 제1프롤레타리아 여단the First Proletarian Brigade이 결성됐을 때 러시아는 이것이 "유고슬라비아의 소비에트화를 목표로 하는, 공산주의 성격을 띤 빨치산 운동"이라는 영국의 의심을 불러일으킬 것이라고 불평했다.[81]

모스크바의 비난으로 인한 고통이 어떠한 실제적 지원으로 완화되는 (일이 생길) 것 같지도 않았다. 격분한 티토는 디미트로프에게 무전을 보냈다. "수십만 명의 난민이 굶어 죽을 위기에 처해 있습니다. 영웅적으로, 거의 초인적으로 20개월 동안 싸웠는데 어떻게 해서든 우리를 도울 길을 찾는 것이 정말 불가능합니까?" 얼버무리는 답변이 돌아왔다. "(그럴 수 있는) 상황이 되는 바로 그 순간 우리는 가장 시급한 모든 일을 할 것입니다. 당신이 설마 이것을 의심할 수 있습니까?"[82] 1942년 8월 티토는 "유

⁺　게오르기 디미트로프Georgi Dimitrov(1882~1949). 불가리아 공산주의자로 코민테른 서기장을 지냈다. 코민테른 7차 대회(1935년)에서 채택된 반파시즘 인민전선을 조직하는 데 주력했다.

고슬라비아 정부가 한 배반자 역할과 우리 민중이 겪는 초인적인 고통과 고난, 그리고 침략자들, 체트니크, 우스타시 등과 누가 맞서 싸우고 있는지"에 대해 왜 어떤 것도 방송되지 않는지 물었다. "당신은 우리가 날마다 당신에게 말하는 것을 믿지 않습니까?"[83]

크렘린이 옆에서 지켜보며 트집 잡는 수준을 넘어서는 데에는 테헤란 회담(이 열리기)까지의 시간이 필요했는데, 그때는 유고슬라비아 전투에서 최악의 상황은 지나간 때였다. 드디어 보급품이 마련되고, 베오그라드를 해방시키는 데 붉은 군대가 빨치산과 함께했다. 그 순간 평행 전쟁은 해방을 위한 마지막 행동을 하려는 빨치산들의 노력을 모두 지원한 영국, 미국, 러시아와 일시적으로 수렴됐다.

티토가 단일한 제국주의 권력에 의존한 것이 아니라 [제국주의 열강을] 서로 맞서게 해 균형을 유지할 수 있었다는 사실은 거대하고 완강한 민중의 전쟁의 성공과 결합하면서 궁극적으로 중요한 것으로 드러났는데, [이는] 1945년 이후 진정으로 독립적인 국가를 위한 기반을 제공했다. 유고슬라비아는 냉전에 얽히고설키는 것을 피하고 서방뿐만 아니라 러시아가 지배하는 진영의 바깥에 머물 수 있었다. 1990년대에 이러한 균형 잡기는 막을 내리고, 이 나라는 내부의 위기와 제국주의 간 경쟁에 의해 다시 한 번 갈가리 찢겼다.

3. 그리스: 레지스탕스와 교전하는 연합국

유고슬라비아와 마찬가지로 그리스 레지스탕스는 독일의 점령에 성공적으로 도전했지만, 그보다 더 다르게 하는 것이 거의 불가능할 만큼 그 결과는 (유고슬라비아와) 판이했다. 연합국은 티토의 승리를 축하하는 동안 가장 중요한 레지스탕스 운동—EAM(민족해방전선National Liberation Front)과 그것의 군사 부문인 ELAS(민족민중해방군National Popular Liberation Army)—을 파괴하기 위해 아테네를 폭격하고 있었다. 이러한 극명한 대조는 제국주의가 민중의 전쟁과 서로 다른 방식으로 상호 작용한 데서 비롯됐다.

오늘날에는 석유가 중동을 세계의 주요 전장으로 만든다. 19세기와 20세기 초에 가장 격렬한 충돌을 볼 수 있던 곳은 바로 발칸이었다. 러시아, 영국, 오스트리아-독일, 튀르크 제국의 지질구조판tectonic plates이 여기서 겹쳤다. 그리스는 이 불안정 지역 내에서 독특한 자리를 차지하고 있었다. 미국과 프랑스에서 일어난 자유주의 혁명에 고무돼 1821년(에 시작된 독립 전쟁을 계기로) 튀르크로부터 독립했으나 취약한 상태의 독립이었다.[+] 하지만

[+] 원문에는 1821년에 그리스가 독립을 얻어냈다고 돼 있지만, 실제로는 그렇지 않다. 1821년은 그리스 독립 전쟁의 시발점이 된 무장 봉기가 일어난 해이고, 그리스 독립이 열강의 승인을 얻어 국제적으로 공인되는 시기는 1830년이다.

러시아의 영향을 받는 슬라브족 이웃 국가들의 압력을 견뎌내기 위해 그리스는 영국과 맺은 긴밀한 동맹에 항상 의존했다. 인도로 가는 노선에서 그리스가 핵심적인 통과 지점이기 때문에 영국은 기꺼이 그리스를 지원했고, 그래서 런던은 아테네의 꼭두각시 군주정이 자국민을 억압하더라도 그 군주정을 두둔했다.[1]

1936년 그리스 국왕은 총파업을 미연에 방지하기 위해 메탁사스Metaxas✛ 장군을 파시스트 독재자로 지명했다. 이전의 통치자들과 마찬가지로, 메탁사스는 약 5만 명의 (그리스)공산당KKE 동조자를 구금하는 쪽으로 나아갔다.[2] 전간기에 (그리스공산당) 중앙위원회 구성원 중 한 명이었던 사람의 자서전에는 15번(이나) 별도로 체포된 사실이 기록돼 있는데, 그러한 체포는 흔히 장기간의 징역형과 구타, 고문을 수반했다.[3] 메탁사스는 '제3의 그리스 문명Third Hellenic Civilisation'을 주창하며 의식적으로 제3제국을 모방했고, "히틀러와 무솔리니가 자신들이 설파한 이데올로기를 위해 정말로 싸우고 있다면 그들은 모든 군대를 동원해 그리스를 지원하고 있어야 한다"라고 주장했다.[4] 영국의 이익을 도모하도록 전시 그리스에 파견된 연락 장교로서 표현이 분명했던

✛ 이오아니스 메탁사스Ioannis Metaxas(1871~1941). 귀족 가문 출신으로 장교가 돼 1897년 그리스-터키전쟁과 1912~1913년 발칸전쟁에 참가했다. 1차 세계대전 때 그리스에서는 3국 협상 편에 서려는 베니젤로스 총리 세력과 이에 반대하는 국왕 세력이 갈등을 겪다가 결국 국왕이 폐위되는데, 메탁사스는 국왕 편에 서서 1차 세계대전 참가에 반대했다가 망명길에 오르게 된다. 1920년대에 귀국한 후에는 왕당파 정치인으로 활동했다. 1936년 총리로 임명돼 1941년 사망할 때까지 독재 정치를 폈다.

우드하우스Woodhouse는 메탁사스가 "최고 권력을 맡기 위한" "자애롭고" "고결한 동기"를 갖고 있다고 여겼다. 우드하우스에게는 매우 실망스럽게도 독재자는 1941년에 세상을 떠났다. "그의 5년은 충분치 않았다."[5] 국왕이 "정치적이고 군사적인 …… 모든 활동 분야가 종전과 같은 정신에 따라 계속될 것이다"라고 선언했을 때 우드하우스는 틀림없이 안도했을 것이다.[6] 영국은 독재 정권을 지원했는데, 1944년에 또 다른 연락 장교가 설명한 것처럼 그건 그리스인들이 "측정 가능한 시간 내에 어떠한 분별 있는 삶의 형태에도 착수할 장래성이나 가망이 없는, 근본적으로 희망 없고 쓸모없는 사람들"이기 때문이었다. "(그들은) 자신으로부터 벗어날 능력도 없고 스스로 그럴 만한 가치도 없는 사람들이다. 또한 이것은 그 나라에 오랫동안 머문 모든 영국 연락 장교의 일치된 의견이다."[7]

파시스트 정부가 들어섰는데도 그리스는 2차 세계대전에서 연합국 편에 섰는데, 그건 이탈리아가 (그리스를) 손쉬운 정복 대상으로 여기고 침략했기 때문이다. 미사여구에도 불구하고 통치자들이 2차 세계대전을 파시스트와 반파시스트 간의 전쟁으로 여기지 않았음을 보여주는 추가 증거가 있다. 영국의 윌슨Wilson 장군은 그 역설을 알고 있었다. "전체주의에 맞선 투쟁에서 우리가 또 다른 파시스트 정부에 맞서 하나의 파시스트 정부를 지원하고 있어야 한다는 점에서" 그것은 "정말 역설"이었다.[8] 하지만 어떠한 파시스트 군대라도 겪었던 첫 번째 주요 (작전) 차질로 무솔리니 군대는 패퇴했다. 더 굴욕을 당하는 일을 막고자 히틀

1941년 독일군이
아테네 아크로폴리스에
제국전쟁기를 게양하고
있다. 나치의 점령으로
그리스는 55만 명이
희생되고 국부의
34퍼센트가 손실됐다.

1941년 독일군에게 학살된 크레타 민간인들.

러가 개입했고,[9] 그 결과 그리스 군주 일가는 (이집트) 카이로로 달아나 영국의 보호 아래 놓였다.

나치의 점령으로 그리스는 러시아, 폴란드, 유고슬라비아에 필적하는 고통을 겪었다. 인구의 8퍼센트에 달하는 인명(55만 명)이 희생되고 국부의 34퍼센트가 손실됐다. 집 40만 2000채와 마을 1770개가 파괴되고 120만 명이 노숙자가 됐다. 그뿐 아니라 도로의 56퍼센트, 자가용 차량의 65퍼센트, 트럭의 60퍼센트, 버스의 80퍼센트가 손상돼 작동하지 않았다.[10] 특별히 끔찍했던 사건 중 하나는 희생자가 약 25만 명으로 주장되고 특히 아테네를 강타한 1941~1942년 기근이었다.[11] EAM 대변인 디미트로스 글리노스Dimitros Glinos[+]는 얼마나 많은 사람이 "해골 같은 상태로 변했는지" 묘사했다. "갑자기 그들은 모두 늙었고 암울한 걱정거리와 치명적인 극도의 고통이 눈에 역력히 드러났다. 소득과 꼭 필요한 지출 사이의 간극은 끔찍했다. 임금을 다 털어도, 음식을 사기에도 충분치 않다."[12]

그리스 지배계급은 외국의 점령에 대응하는 과정에서 갈라졌다. 부역자로서 총리를 맡은 솔라코글루Tsolakoglou와 랄리스Rallis[++]

[+] 1882~1943. 철학자이자 교육자로 활동하다가 1930년대부터 정치에 활발하게 참여했다. 1936년 선거에서 하원 의원으로 당선되지만, 메탁사스 독재 정권이 수립되면서 국내의 한 섬으로 유형流刑을 가게 된다. 그 후 EAM 창설에 적극적으로 관여하고, 창설된 다음에는 대변인으로 활약했다. 원문에는 Dimitros Glinos로 표기돼 있지만 자료에 따라 Dimitris Glinos, Demetrios Glenos로 나오기도 한다.

[++] 게오르기오스 솔라코글루Georgios Tsolakoglou(1886~1948)는 1941년 그리

처럼 적에게 공공연하게 협력한 자들이 있었다. 지배계급 가운데 더 신중한 구성원들은 "승자가 될 가능성이 있는 쪽에 모두 조심스럽게 자금을 댐으로써 자신을 위해 재보험을 드는" 쪽으로 행동했다.[13] 국왕과 그 각료들은 대기주의에 의존했다. 글리노스는 이렇게 썼다.

이 지도자들의 태도를 최대한의 동정심을 발휘해 해석하면 수동적인 운명론이자 좋은 시기를 기다리겠다는 것이다. '다른 사람들이 우리를 해방시켜줄 때까지 기다립시다.' (왜냐하면) 그들은 무엇보다도 민중 그 자체를 두려워하기 때문이다. 그들은 민중의 자각을 두려워하고, 민중의 적극적인 참여를 두려워하며, 민중이 자유를 손에 넣음에 따라 아마도 미래의 정치 생활에서는 더 이상 자신들이 지도자가 될 수 없을 것이라는 점을 두려워한다. 그들은 지금까지 위로부터 (민중을) 지배하는 데 익숙하기 때문이다.[14]

지도자들과 달리 그리스의 보통 사람들은 수동적인 명상이라는 사치를 누릴 수 없었고, 레지스탕스 운동들이 모습을 드러

스 제1군 사령관이었는데, 독일군의 공세에 밀려 항복했다. 그 후 독일에 협력하는 괴뢰 정부의 첫 번째 총리가 됐다. 이오아니스 랄리스Ioannis Rallis(1878~1946)는 전 총리의 아들이고, 변호사로 활동했다. 그 후 하원 의원으로 거듭 선출되고 여러 부처의 장관도 맡았다. 독일에 협력한 괴뢰 정부의 세 번째이자 마지막 총리였다.

그리스 레지스탕스 운동
조직인 ELAS 대원들.

ELAS 대원들이 깃발을
들고 행진하고 있다.

"모두 무장하라." EAM
깃발을 그린 포스터.

냈다. 〔레지스탕스 운동 조직들 중〕가장 큰 것은 EAM/ELAS였다. EAM/ELAS는 영국으로부터 티토에게 훨씬 못 미치는 동정만 받았는데, 티토는 EAM/ELAS보다 〔영국에〕덜 순응하고 있었는데도 결국 독립적인 공화국을 세우는 것이 허용됐다. 언뜻 보기에 이러한 차이는 사람을 당혹스럽게 만든다. 공인된 공산당 지도자였던 티토는 영국의 지시를 결코 받아들이지 않았다. 반면에 ELAS 지도부는 세 사람으로 이뤄졌는데 그중 단 한 명(EAM 대표)만 그리스공산당과 긴밀하게 결부돼 있었다.[15] 나머지 사람들은 (처음에는) 공산당에 속하지 않은 육군 장교였던 스테파노스 사라피스Stephanos Sarafis와 **카페탄**kapetan인 아리스 벨루키오티스 Aris Velouchiotis였다.✛ 카페탄은 "무장 레지스탕스 가능성을 어느 누구보다 일찍 인식했던 용맹하고 카리스마 있으며 대단히 독립적인 (〔지방〕 우두머리들chieftains)"의 집단이었다.[16] 아리스는 명목상 공산주의자였지만 그 지시에 반발하며 전쟁 기간을 보냈고, 그 때문에 그리스공산당 총서기는 아리스를 "모험주의자이자 반동 세력을 돕고 있는 것은 아닌지 의심스러운 사람"으로 묘사했다.[17] 더욱이 유고슬라비아 빨치산과 달리 ELAS는 "그리스 정

✛ 스테파노스 사라피스(1890~1957)는 2차 세계대전 때 처음에는 ELAS와 대립하는 공화파 게릴라 조직을 지휘했다. 그러나 1943년 이 조직을 공격한 ELAS에 체포된 후 ELAS 지휘관을 맡아 군사 전략을 책임졌다. 아리스 벨루키오티스(1905~1945)는 독일 점령 시기 빨치산 투쟁의 전설적 지도자로 꼽히는 인물로, 1942년에 최초의 ELAS 부대를 창설했다. 본명은 클라라스이며, 아리스 벨루키오티스라는 가명은 그리스 신화에 나오는 전쟁의 신 아레스에서 유래했다.

부(와) 연합국 최고 사령관의 명령"을 따르겠다는 협정에 서명했다.[18]

영국은 ELAS가 잔혹 행위를 하고 있다고 비난했는데, 그 전형적인 사례로 제시된 아리스는 닭 절도,[19] 소 도둑질,[20] 성적 유혹과 강간[21]을 이유로 사람들을 처형한 "사디스트적으로 폭력적인 남성"으로 묘사됐다.[22] 하지만 처벌 경감을 위해 영국의 한 연락 장교는 아리스의 전술이 군율을 세웠고, "적과 맞서며 성장하는 레지스탕스 운동에 생기를 불어넣은 그의 효율적인 방식"임을 인정했다.[23] 도를 넘는 행위와 잔인함에서 민중의 전쟁이 불가피하게 책임져야 할 몫이 있긴 하지만, 그래도 이것들은 아우슈비츠나 히로시마에서 제국주의자들이 저지른 비인도적 행위에 비하면 무색하게 된다.

우드하우스는 ELAS에 대해 또 다른 반대 목소리를 냈다. 그는 ELAS의 주된 목표가 전후 권력을 독차지하고자 경쟁하는 레지스탕스 운동들을 파괴하는 것이라고 언명했다. 스탈린주의 방식이 정말 깊이 배어들어 ELAS가 바로 EKKA(민족·사회해방 National and Social Liberation)⁺⁺처럼 자신들보다 규모가 작은 레지스탕스 집단들을 합병하거나 해산하도록 강제했다는 것이다.[24] 그러나 이러한 비난을 도가 지나치게 해서는 안 된다. 경쟁 조직 중 가

⁺⁺ 1942년에 결성된 레지스탕스 조직. 공화주의, 반공주의, 반파시즘 그리고 왕정 반대 성향을 띠었다. 디미트리오스 사로스Dimitrios Psarros가 군을 지휘하고, 공화파인 게오르기오스 카르탈리스Georgios Kartalis가 정치 지도자를 맡았다. 1944년 ELAS의 공격으로 소멸됐다.

장 규모가 컸던 EDES⁺와 관련해 ELAS는 EDES 지도자에게 합동 총사령관 직책을 제시하며 통합을 제안했다.[25] 그가 거부했다. 이러한 사실을 무시한 채 우드하우스는 "독일과 싸우는 것"이 ELAS에 "무시해도 될 정도는 아니긴 하지만 부차적인 고려 사항"이라는 결론을 내렸다.[26] 진실은 다소 달랐다. ELAS에 대한 영국의 적대감은 그것이 독일인들과 맞서는 데 효과적이지 않아서가 아니라, ELAS가 훨씬 거대한 사업의 일부라는 데서 비롯됐다.

ELAS는 바로 1941년 9월에 창설된 광범위한 정치운동인 EAM의 군사 조직이었다. 이것은 레지스탕스를 사회의 심장부로 바로 인도했다. 글리노스는 그것의 "싸움이 매일 일어나고 존재의 모든 수준을 포괄한다. 그것은 민중의 시장에서, 무료 급식소에서, 공장에서, 도로에서 그리고 들판에서, 모든 유형의 직장에서 일어난다"라고 보고했다.[27] 전쟁이 끝날 무렵 EAM은 구성원이 200만 명에 이르고,[28] 700만 주민 가운데 약 70퍼센트의 지지를 받고 있다고 주장했다.[29]

우리가 살펴본 것처럼, 반대 세력은 EAM/ELAS가 그리스 공산당의 위장[조직]에 지나지 않는다고 비난했다. 유고슬라비아 빨치산보다는 공산주의와 덜 직접적으로 묶여 있긴 했지만, EAM/ELAS는 그리스공산당과 확실히 연관돼 있었다. 그 당은

⁺ 1941년 9월 그리스 서북부 산악 지대에서 창설된 공화파 우익 레지스탕스 조직. 창설 당시 주축은 1930년대에 퇴역한 장교와 병사들이었다.

단지 5000명의 구성원으로 전쟁을 시작했으나 전국적 조직, 비합법 운영에 대한 지식, 그리고 무엇보다도 대중투쟁에 대한 믿음을 갖고 있었기 때문에 1945년까지 당원이 35만 명으로 늘어났다.[30] 하지만 그리스공산당이 자기들만의 목적을 위해 주민을 그야말로 조종했다고 시사한 것은 부당했다. EAM 전체 회원의 단지 일부를 이루고 있었기 때문에[31] 그 당은 대중이 당의 정책들을 자유롭게 받아들일 경우에 한해 대중을 이끌 수 있었다. 더욱이 EAM에는 민중민주주의연합Union of Popular Democracy과 그리스사회주의당 같은 몇몇 다른 정당들도 포함돼 있었다. 1941년 9월 EAM이 창설될 때 그리스공산당이 [EAM의] 최대 구성 요소이긴 했으나, 1944년까지는 농민당이 그리스공산당을 앞지르게 된다.[32]

한 작가가 말한 대로, 결국 EAM은 "각각의 마을, 도시, 과수원에 있는 것으로 보이는" 다른 단체들의 방대한 네트워크를 위한 상부 단체였다.[33] 이것은 나치의 바로 코앞에서 작동하는 레지스탕스 국가를 집합적으로 형성했다. [그러한] 실체 중 하나가 EEAM(노동자민족해방선the Workers' National Liberation Front)이었다. 동조자가 결코 아닌[데도] 우드하우스는 "노동 인구가 있는 곳이면 어디서든 EEAM이 점령 당국과 맞서도록 고무했다"라고 썼다.[34]

이것의 가장 극적인 사례는 독일이 [제3]제국을 위한 노동력 징발을 시도했을 때 나타났다. 에우데스Eudes의 설명은 그 시기의 정신을 잘 포착하고 있다. "아테네 바다가 도시 중심부를 향해 사방팔방에서 흘러들었고 …… 아테네 주민의 4분의 1인 20만 명이 빗발치는 총탄을 뚫고 맨손으로 행진했다. …… 아테네 사람들은 단지 피만으로는, 소수의 죽음으로는 닿을 수 없었던 미친 듯이 싸우는 탄력을 받아, 제정신이 아니지만 억누를 수 없어 무아지경으로 목표를 향해 돌격했다."[35]

그 시위 결과 그리스는 나치의 노예 노동 징발이 가장 포괄적인 패배를 겪은 곳이 됐다.[36] EAM은 점령에 맞선 레지스탕스와 연결되는 다른 즉각적인 관심사들(과 관련된 활동)을 계속했다. 한 목격자에 따르면 "EAM이 설정한 첫 번째 목표는 배고픔에 맞서 사투를 벌이는 것이었다. …… 들려온 첫 번째 노래는 〈생명과 자유, 우리 민중을 위한 빵을 위하여〉라는 것이었다."[37]

비교해보면, 세계가 한창 크게 불타는 와중에 놀랍게도 집중을 방해하는 것처럼 보일 수도 있는 또 하나의 특징은 성별 관계의 변형이었다. 2차 세계대전 이전에 여성들은 사실상 노예로 간주됐다.[38] 그들의 삶은 (명예 살인으로 알려진 것으로) 엄격히 규제됐고, 시골 지역에서 4분의 3은 문맹이었다.[39] 1990년대에 견해를 밝힌 한 참가자는 레지스탕스에 감사하며 이렇게 기억했다. "우리 여성들은 지금보다 사회적으로 더 좋은 지위와 더 높은 수준에 있었다. …… 우리의 조직과 우리 자신의 정부가 …… 훨씬 나중에, 수십 년 후에야 우리가 받게 되는 많은 권리를 여성에게 부여했다."[40] 자유 그리스Free Greece[+] 임시 정부를 구

[+]   2차 세계대전 때 독일은 그리스를 점령하지만 그리스 전역을 장악하지는 못

남성들과 함께 행진하고 있는 EAM/ELAS
여성 게릴라들. 레지스탕스 조직 안에서
여성은 남성과 동등한 권리를 누렸다.

EAM/ELAS 여성 게릴라들. "모든 그리스인,
남성들과 여성들은 동등한 정치적 권리와
시민권을 갖는다." 자유 그리스 임시 정부를
구성하기 위한 비밀 선거에서 처음으로
여성들은 투표를 하고 일을 나눠서 함께했다.

성하기 위한 비밀 선거에서 처음으로 여성들은 투표를 하고 일을 나눠서 함께했다.[41] 이 조직은 이렇게 선언했다. "모든 그리스인, 남성들과 여성들은 동등한 정치적 권리와 시민권을 갖는다."[42] 여성 의원들과 판사들이 선출됐고 동일 임금이 법령으로 규정됐다.[43]

이것은 실질적인 정치였다. EAM/ELAS는 인구의 절반이 하는 기여를 간과할 형편이 아니었고, 일단 관여하게 되면 여성들은 자신을 변화시켰다.

내가 어디에 가고 있는지, 누구와 함께 가고 있는지, 언제 돌아올 것인지를 내 부모가 알지 못하는 상태에서는 나는 아무 데도 갈 수 없었다. 나는 어디든 혼자서 가본 적이 한 번도 없었다. 점령이 이뤄지고 내가 레지스탕스에 가담할 때까지, 그랬다. 그러는 동안 우리는 적의 한가운데에 있었기 때문에 지하 언론을 갖고 있었는데, 〔그 시설이〕 집에 있었다. …… 매우 위험〔했지만 내 부모는〕 우리를 도와야만 했다.[44]

평등은 가부장주의의 선물이 아니었다.

___

했다. 독일군은 몇몇 전략 지대와 주요 도시를 중심으로 배치돼 있었다. 레지스탕스 조직들이 독일군의 진압 작전에 맞서며 광대한 산악 지역 등을 장악했기 때문인데, 그 핵심이 바로 EAM/ELAS였다. EAM/ELAS는 장악한 지역을 해방구로 만들고 '자유 그리스'를 구축했다. 그리스에는 점령 국가와 비점령 국가라는 두 개의 국가가 있다는 얘기가 영국군 쪽에서 나올 정도로 '레지스탕스 국가'(두 문단 위에 나온 표현)는 힘이 있었다.

당신이 남자아이와 동일한 위험에 맞서는 순간, **당신 또한** 벽에 구호를 쓰는 순간, **당신 또한** 전단을 배포하는 순간, 당신 또한 남자아이들과 나란히 항의 시위에 참가하고 당신들 중 일부 **역시** 탱크에 의해 살해되는 순간, 그들은 더 이상 당신에게 "너, 넌 여자니까 내가 영화 보러 갈 동안 안에 틀어박혀 있어"라고 말할 수 없었다. 어려움, 위험, 희생을 포함해 모든 면에서 남자만큼 용감하게, 남자와 똑같은 정도로 교활하게 견딜 수 있다는 것을 당신이 보여줬을 때 당신은 평등을 얻어냈다. 저 낡은 사고들은 몰락했다. 다시 말해 레지스탕스는 여성을 남성의 뒤에 세우는 대신 그 **옆**에 두려 항상 노력했다. 그녀는 이중의 해방투쟁을 전개했다.[45]

이렇게 하여 (그리스에서는 **게릴라들**andartes로 알려진) 빨치산은 여성 연대를 포함했다.[46] 이것은 "많은 무기가 여자들 손에서 허비되고 있다"라고 런던에 투덜댄 우드하우스를 심란하게 만들었다.[47] 그러나 그리스 여성들의 새로운 역할은 민중의 전쟁에서 되풀이되는 양상을 반영했다. 다른 경우와 마찬가지로 유고슬라비아에서도 그것이 나타났는데, 그 싸움은 나치즘과 맞선 것일 뿐만 아니라 다른 세상을 향한 것이기도 했기 때문이다.

그리스 레지스탕스는 다른 무대에서도 대중 행동주의를 발생시켰다. EAM이 통제하는 무대에서 자치 정부가 대규모로 조직됐다. 마을 사람들은 대중 집회에서 지방자치 의원들과 판사들을 선출했다. 매우 인기 있는 조치는 법정에서 비싼 변호사들이 필요 없게 만든 것이었는데, 양측이 자신들의 논거의 정당함을 입증했고 당연한 정의감이 만연했다.[48] 자유 그리스 행정에서 **민중 언어**demotic, 말 그대로 보통 사람들이 쓰는 말이 **카타레부사**katharevousa, 즉 교육받은 엘리트의 공식 그리스어를 대체했다.

가장 극적인 성취 중 하나는 나치 점령군의 코앞에서 유권자 100만 명[49]을 참여시켜 진행한 총선이었다. 마조워Mazower는 "투표 절차가 평시 관행과 거의 관계가 없었다"라는 점에서 이 사건을 "이상화하지" 말라고 주의를 준다.[50] 투표소와 투표함을 설치할 수 없어서 집집마다 다니며 표를 모았다. 그럼에도 무기명 비밀 투표는 주목할 만했다. 그것을 통해 PEEA(민족해방정치위원회the Political Committee of National Liberation)가 탄생했는데, 이 위원회는 전쟁 이전에 있었던 공식 의회와 달리 사회의 전형적인 단면도였다. 대표자 250명에는 주교 2명과 사제 2명, 노동자 22명, 농민 23명, 언론인 10명, 과학자 10명, 교사 10명 등이 포함돼 있었다.[51]

레지스탕스 투쟁은 식량과 세금 면에서 치러야 할 대가가 컸다. 그래서 "게릴라들의 지배 아래에서 하나의 국가 형태가 식량 공급을 통제하기 위한 투쟁에서 다른 하나를 대체한 것으로 많은 사람에게 보였음이 틀림없"으며 "총을 가진 남자들과 맞닥뜨릴 때 당신은 다투지 않는다"라는 한 작가의 주장을 의심할 이유는 전혀 없다.[52] 그렇지만 우드하우스조차 다음과 같이 인정했다. "반란 운동의 성공은 마을들의 지지와 밀접한 관계가 있다. 마을들이 그 운동에 충실하지 않다면 그것[운동]은 성공적으로 출발하지 못했을 수도 있다."[53] 이익은 상호적이었다. 군사 조직인 ELAS에 존속할 수 있는 수단을 제공하도록 EAM의 개혁은 마을 사람들을 고무했고, 이것은 EAM의 개혁이 시행될 수 있게 해주는 방어용 방패를 지속시켰다.

많이 인용되는 구절에서, 훗날 우드하우스는 마지못해 감탄하며 이렇게 썼다.

EAM/ELAS의 주도권이 그들의 압제를 정당화하지는 못했지만 그들의 우위는 정당화했다. 독일인들이 사용하는 주요 통신 시설을 제외하고 전국의 거의 대부분에 대한 통제권을 장악하자, 그들은 그것에 이전에는 전혀 알지 못했던 상황을 부여했다. 무선, 배달원, 전화를 이용해 산에서 통신하는 것은 그 이전이나 이후에 그렇게 좋은 적이 없었다. …… 문명과 문화의 혜택이 처음으로 산에 흘러들었다. 전쟁으로 종말을 맞았던 학교, 지방 정부, 법정과 공익사업이 재개됐다. …… 그러한 실험의 모든 미덕과 악덕을 볼 수 있었는데, 전에는 누구의 도움도 받지 못했던 사람들이 자조自助하기 시작할 때 그 방식은 격렬하며 항상 좋은 것은 아니기 때문이다. '해방'과 '인민민주주의'라는 말이 특유의 함축된 의미를 지닌 채 대기를 채웠다.[54]

EAM이 정치투쟁을 상징했다면, ELAS의 작업은 민중의 전쟁의 군사적 측면을 구현했다. 1943년 7월에 나온 〈그리스의 정치 상황〉이라는 독일 보고서는 ELAS에 대해 "추축국과 맞서는 전체 레지스탕스 운동의 주된 전달자(이자) 점령군의 최대 위험 요소에 해당한다"라고 기술했다.[55] 우드하우스도 같은 의견이었다.

1943년 10월과 1944년 8월 사이에, 순전히 징벌적인 보복 외에도 (독일은) 암호명을 정당화하기에 충분할 만큼 심각한 작전을 9번 개시했는데, 모두 북부 그리스에서 전개됐다. (1944년 8월에 전개된) 마지막 사례를 제외하면 이 모든 작전은 …… 주로 ELAS를 겨냥했는데, 공격 작전을 삼가라는 (영국) 중동총사령부의 지시를 공산주의자들이 무시했기 때문이다.[56]

ELAS는 추축국이 안긴 모든 사상자의 5분의 4(에 해당하는 피해)를 겪었다.[57] 나치는 자체적으로 1만 9000명 사망으로 계산했는데, 모든 반反레지스탕스 부대의 약 10퍼센트를 ELAS 하나(를 상대하는 일)에 써야 했다.[58] ELAS가 원조를 거의 받지 못했다는 점에서 이는 더욱더 인상적이었다. ELAS 사령관은 만약 장비를 적절히 갖출 수 있었다면 배치된 게릴라 5만 명을 갑절로 만들 수 있었을 것이라고 확언했고,[59] 영국 수석 연락 장교로서 우드하우스의 전임자였던 마이어스Myers는 런던이 제공한 것은 ELAS 무기의 6분의 1에도 못 미친다고 산출했다.[60] 그는 "사실상 어떤 군수품도 얻지 못했음에도" ELAS가 그리스 본토의 5분의 4를 해방시켰다고 썼다.[61]

런던은 EDES(그리스민족공화연맹the Greek National Republican League)

에서 자신들의 전쟁을 도와줄 대안적인 레지스탕스 운동을 찾을 수 있기를 희망했다. ELAS와 달리 EDES는 사회적 급진주의와 대중 동원을 멀리했고, 군사투쟁에만 배타적으로 초점을 맞출 것을 주장했다. 그래서 EDES는 군주정과 그것의 파시스트적 과거라는 핵심 질문을 회피했다. EDES의 정치 고문에 따르면 강령을 정식화하려는 시도들은 항상 "완고한 반대"에 직면했다. "'지도자에 대한 믿음. 지도자를 위해 모든 것을. 모든 것은 지도자로부터'라는 구호만 들렸다."[62] 그 지도자는 나폴레옹 제르바스Napoleon Zervas[+]였는데, 영국 군사 사절단에 따르면 전투를 시작하게 하기 위해서는 "설득"이 필요한 사람이었다. 소브린 금화[++] 2만 4000개[를 주는 것으로]는 불충분한 전술임이 판명된 후,[63] 그를 싸우게 만들기 위해 "거의 갈취[를 당하는 것이]나 마찬가지[로 돈을 뜯기는 방법]"을 써야 했다.[64]

EDES의 게릴라 1만 2000명은 영국의 넉넉한 지원에 전적으로 의존했다.[65] ELAS가 대우의 불평등함에 대해 불평하자 한 영국 장교가 이렇게 답했다. "그는 우리 하인이기 때문에 우리가 제르바스를 강화해주는 것은 지극히 당연한 일이다."[66] EDES가 몇몇 진지한 반독일 작전을 개시하긴 했지만,[67] 유고슬라비아의

[+] 1891~1957. 1910년대 초반 이래 오랫동안 군대에서 경력을 쌓은 직업 군인 출신으로, 국왕 세력과 격렬한 갈등을 빚은 베니젤로스 총리를 광적으로 지지했다.

[++] 영국에서 발행된 금화의 명칭. 1816년에 제정된 화폐법에 따라 이듬해(1817년)부터 주조됐다.

— EDES의 지도자 나폴레옹 제르바스(가운데).

체트니크와 마찬가지로 EDES는 점령군과 기꺼이 협력했다. 독일 국방군에 보낸 한 편지에는 "우리는 당신들 독일인들과 싸우지 않고 있고, 우리는 공산주의자들과 싸우고 있다. 우리야말로 진정한 파시스트다"라고 적혀 있었고,[68] 우드하우스는 EDES가 아테네에서 "완전한 부역자들"을 숨겨줬다는 것을 발견했다.[69] 그래서 EDES가 독일인들과 맞서는 데에서 거의 진척을 보이지 않은 것은 놀라운 일이 아니었다. ELAS가 그들을 그리스에서 몰아낼 때까지 EDES는 "길이 35마일, 폭 25마일의 아주 작고 가느다란 조각 …… 그리스 산마리노San Marino"[***]만 보유했다.[70] EDES

_{***} 이탈리아반도 중북부에 있는 조그마한 도시 국가다. EDES가 장악한 지역이

의 연합국 후원자들이 있었음에도, ELAS가 짧은 내전에서 제르바스 세력을 완파하는 데 2주밖에 안 걸렸다. 결국 제르바스의 군대는 영국 배를 타기 위해 코르푸Corfu⁺로 퇴각했다.⁷¹

티토의 빨치산과 ELAS에 대한 런던의 대우 차이는 스탈린과 처칠 사이에서 '퍼센트 협정'⁷²을 낳은 그 계산에서 유발됐다. 퍼센트 협정은 유고슬라비아에서 영국과 러시아의 영향력을 50 대 50으로 했지만 그리스에서는 영국 90퍼센트, 러시아 10퍼센트로 정했다. 그래서 레지스탕스 운동으로서 ELAS가 가진 바로 그 힘이 런던으로 하여금 ELAS를 분쇄하기로 결정하게 만들었다. **그것은 너무나 효과적이었다!** 전략은 두 단계로 전개됐다. 처음에는 ELAS와 EDES가 비교적 동등한 관계로 다뤄졌다. 1942년 11월 고르고포타모스Gorgopotamos 고가 철교를 폭파하는 극적인 작전⁺⁺을 수행한 것은 4명의 영국 요원, EDES 게릴라 45명과 ELAS 게릴라 115명이었다. 그들은 롬멜Rommel에 대한 보급로를 6주 동안 차단해, 엘 알라메인El Alamein 전투⁺⁺⁺ 기간 동안 중대한 [보급품]

얼마 되지 않는다는 점을 부각하기 위해 '그리스 산마리노'라는 표현을 쓴 것으로 보인다.

⁺ 그리스 서북부의 섬이자 그곳에 있는 항구 도시를 말한다. 다른 이름은 '케르키라'다.

⁺⁺ 고르고포타모스강은 아테네에서 동쪽으로 100여 킬로미터 떨어져 있다. 이 작전의 성공은 그리스 전역의 레지스탕스 활동에 상당한 활력을 불어넣었다.

⁺⁺⁺ 엘 알라메인은 지중해 연안과 접한 이집트 북부 도시로 알렉산드리아 서쪽에 자리하고 있다. 2차 세계대전 당시 독일군과 영국군이 이곳에서 두 차례 (1942년 7월, 같은 해 10~11월)에 걸쳐 맞붙었다. 전투는 영국군의 승리로

배달을 그에게서 박탈했다.[73] 가장 높은 수준의 협업은 1943년 여름 '동물 작전Operation Animals' 기간에 나타났는데, 이 작전은 나치를 속여 연합군이 시칠리아보다는 그리스에 상륙할 것이라고 예상하게 만들기 위한 레지스탕스의 공격이었다.

하지만 영국의 태도를 좌우한 건 냉소적인 계산이었는데, 그것을 잘 서술한 영국 육군 준장 바커-벤필드Barker-Benfield[의 얘기]는 상세히 인용할 만한 가치가 있다.

> 그리스에 대한 우리의 장기적인 정책은 그리스를 영국의 세력권으로 유지하는 것이며 러시아가 지배하는 그리스는 지중해 동부에서 영국의 전략과 부합하지 않으리라는 것이다. …… 현재 우리의 정치·군사 정책은 언뜻 보면 모순된다. 전자前者[정치 정책]는 선전과 공개 연설을 통해 EAM에 대한 우리의 반감을 드러내도록 고안돼 있다. 그러므로 EAM이 권력에 도달하면 우리는 그들이 영국에 반대할 것이라고 예상할 수 있다. 하지만 군사적 고려 사항들은 우리가 ELAS를 최대한 지원해야 한다고 요구하는데, ELAS는 적을 괴롭히려는 우리의 시도를 진지하게 지원할 수 있는 위치에 있는 유일한 레지스탕스 조직이다. 따라서 우리의 군사 정책은 EAM을 북돋우는 것이다.
>
> 이 두 정책이 정반대처럼 보이기는 하지만, 실제로는 그렇지 않

막을 내렸다. '사막의 여우' 에르빈 롬멜의 독일군은 이 전투 이전까지 북아프리카에서 승승장구했지만, 보급 부족 등 불리한 상황에서 마주친 '사막의 생쥐' 버나드 몽고메리의 영국군을 넘어서지 못했다.

으며 단지 시기 선택의 문제다.

우리의 당면 정책은 그들이 자기 나라를 해방시키고 그리스가 반드시 영국의 세력권으로 지속되도록 돕는 것을 가능케 하도록 게릴라 조직들을 지원하는, 전적으로 군사적인 것이어야 한다. 해방이 달성되자마자, 이 정책은 EAM에 어떤 지원도 하지 않는 정치 정책으로 바뀌어야 한다.

하나(의 정책)에서 다른 하나(의 정책으)로 전환하는 것은 ELAS의 반대를 초래할 것이 확실하며, 적절한 시기에 영국군 부대를 그리스로 보내야만 성공적으로 수행할 수 있다. 이러한 부대의 역할은 두 가지일 터인데, 첫 번째는 독일인들의 가장 취약한 지점을 공격하는 것이고 두 번째는 온 나라에 대한 영국의 군사적 통제를 보장하는 것이다.[74]

"군사 정책"에서 "정치 정책"으로 "전환"은 1943년 중반으로 (그 시점을) 추정할 수 있다. 그 시기 이전에 윌슨 장군은 "게릴라들 잘한다!"라며 ELAS의 도움을 환영했다. 그 시기 이후에 그는 이렇게 명령했다. "모든 작전을 즉각 중단(하고) 모든 게릴라는 조용히 있어라."[75] 처칠의 태도 변화도 그와 똑같이 나타났다. 한때 그는 ELAS를 "적군 30개 사단을 억제하는 용맹한 게릴라들"로 묘사했다. (그러나) 이제 그들은 "많은 경우 산적과 분간이 안 되는" 존재였다.[76]

이집트에 있는 망명 그리스 군대는 1944년 4월 새 정책에 종속됐다. 영국과 미국은 (그리스) 국왕 복위를 고집했지만, 공화주의자들을 제외하면 "그리스에는 현미경 없이 볼 수 있는 다른 어떤 조직도 없다"라는 것을 대단히 잘 알고 있었다.[77] 2여단이 항의했을 때[78] 처칠은 "품위 없고 불결하기까지 한 기강 해이를 드러낸 것"이며 "많은 사람이 (그것을) 전선에 투입되는 것에 대한 부적절한 두려움 탓으로 돌릴 것이다"라고 그들을 비난했다.[79] 진실은 그와 정반대였다. 그들은 작전에 투입되게 해달라고 오랫동안 요청했는데 그 대신에 이제 무장 해제 위협을 당하고 있었다. 그들은 이렇게 답했다. "우리는 조국을 해방시키기 위해 무기를 보유하고 있다. 우리는 알바니아에서, 마케도니아에서, 크레타섬에서, 알라메인에서 우리의 피로 찬양한 이 무기들을 넘겨주고 싶지 않다. 무장 해제 명령을 철회하고, (우리가) 싸울 수 있도록 우리를 즉시 전선으로 보내줄 것을 요청한다."[80]

하지만 파시즘을 물리치는 것보다 제국주의 정치가 더 대단했다. 처칠은 여단을 "대포와 우세한 물리력으로 일망타진하고 굶주림이 제 역할을 하게 하라"라는 명령을 내렸다.[81] 식량 보급을 차단해 굴복시킨 다음 2만 명에 이르는 남성을 북아프리카 강제수용소에 보냈다.[82] 그리고 나서, 나머지 그리스 군대에서 모든 반대파를 숙청했다.[83]

ELAS를 패배시키기 위해 영국이 어떠한 일까지 했는지가 1944년 말 독일 국방군이 철수하기 시작했을 때 드러났다. 그리스에서 최고위 독일 관리였던 노이바허Neubacher는 연합국이 채택한 전략에 당혹감을 느꼈다.

그들은 지금까지 우리 군대가 섬들에서 본토로 바다를 통해 또는 공중으로 거의 아무런 저항도 받지 않고 이동하는 것을 용납해왔지만, 본토에서는 우리의 퇴로를 막아서기 위해 붉은 무리를 동원한다. 보아하니 이를 통해 그들은 자신들만의 작전이 가능할 때까지 그리스 본토에 독일군이 계속 있게 할 작정이고, 이렇게 해서 전반적인 혁명을 예방하고 싶어 한다.[84]

독일 F집단군 사령관은 "그리스 철수와 관련해 반복되는 협상 제의"에 대해 보고했다.[85] "전체 전쟁에서 가장 기이하고 잠재적으로 폭발력 있는 에피소드 중 하나"[86]라고 마조워가 부른 것에서, 카이로의 특수작전집행부SOE에 정통한 한 연합국 장교가 가능한 합동 작전을 논의하기 위해 (결과적으로 아무것도 도출하지 못하긴 했지만) 독일 비밀현장경찰German Secret Field Police[+] 책임자를 만났다.

영국 장교들의 진술은 독일 보고서들이 사실임을 확인해줬다. "그리스에서 독일인들이 즉시 항복하기를 열망한다면 (상황이) 매우 곤란하게 될 것인데, 우리 자신이 그리스에 영국군 부대를 보낼 준비가 될 때까지는 그들이 무너지기를 원치 않기 때문이다. 그렇지 않으면, EAM이 충분히 이용할 틈새가 생길 것이다."[87]

[+]   2차 세계대전이 끝날 때까지 독일 국방군에 존속한 비밀 군사 경찰. 대개 방첩 활동, 반역 활동 탐지, 역선전, 군사 시설 보호 등의 부문에서 사복 차림으로 보안 업무를 수행했다.

최종적으로, 이 미묘한 계획은 거의 파탄이 났는데 독일인 들이 적에게 등을 보이며 불명예스러운 퇴각을 했기 때문이다. 영국인들이 1944년 10월 14일이 돼서야 아테네에 도달한 데 반 해 ELAS는 그해 9월까지 넓은 지역을 장악했다.

그럼에도 영국인들이 자신들의 목표를 달성했다는 것은 EAM/ELAS와 그리스공산당의 정치에 대해 매우 흥미로운 사 실을 보여준다. 전시에 있었던 (다른) 많은 운동과 마찬가지로 그 조직들은 엄청난 인원을 투쟁에 동원했는데, 그 투쟁은 점령 에 맞서기 위한 것일 뿐만 아니라 전쟁 이후에 다른 세상을 지향 하는 것이기도 했다. 전자는 성공했는데 왜 지도부는 후자를 실 행하지 못했을까? 답은 앵글로 아메리카 동맹에 의해 외교 정책 이 형성된 모스크바에 있었고, (각) 지역 공산당들도 그것을 알 고 있었다. 그리스공산당 지도자 자카리아디스Zachariadis[++]는 "그 중심에 소련이 있는 유럽 발칸 그리고 영국에 그 중심을 둔 중동 이라는 양극" 사이에 그리스가 있으며 "올바른 정책은 이 두 극 을 묶는 것일 것"이라고 봤다.[88] 자카리아디스가 다하우Dachau 강 제수용소로 끌려간 후 (영국) 90퍼센트, (러시아) 10퍼센트 할당 이라는 갱신된 노선을 실행하는 것은 시안토스Siantos[+++]의 몫이 됐

[++] 니코스 자카리아디스Nikos Zachariadis(1903~1973). 1930년대 전반부터 1950 년대 중반까지 그리스공산당을 이끈 주요 지도자 중 한 사람. 오랫동안 총서 기를 맡았으나, 스탈린 사후 소련의 새 지도부와 불화한 끝에 1956년 당 총 서기 자리에서 쫓겨났다. 그 후 지지자들과 함께 그리스공산당에서도 축출 됐다.

[+++] 게오르기오스 시안토스Georgios Siantos(1890~1947). 1941년 독일의 점령 이

다. "그리스는 영국이 모든 책임을 맡는 유럽 지역에 속한다."[89] 1945년에 석방되자 자카리아디스는 다시 한 번 책임을 맡고 자랑스럽게 선언했다. "바로 첫날부터 민중해방운동은 진심 어린 노력을 쏟으면서 영국을 이해하고 영국과 협력하고자 했고 …… 그 나라가 직면한 큰 어려움, (즉) 지중해에서 겪고 있는 위기를 이겨내도록 돕고자 노력했다."[90]

그렇게 그리스 민중의 전쟁의 지도자들은 영국 제국주의 앞에서 정신적으로 무장 해제를 당했다. 비밀 총선을 통해 탄생한 조직인 민족해방정치위원회가 이것을 전형적으로 보여준다. 민족해방정치위원회는 유화적인 표현을 쓰면서 대서양헌장과 연합국들의 테헤란 회담에 대한 지지를 선언했고, 오로지 미래의 그리스 연립 정부에 포함되게만 해달라는 요청을 했다.[91]

이 시점에 산악 지대에 가설한 활주로 덕분에 레지스탕스 대표들이 해외여행을 할 수 있게 됐을 때, 국왕의 망명 정부와 게릴라들이 얼굴을 맞대고 접촉하는 것이 가능하게 됐다. 망명 정부와 만났을 때 (EAM/ELAS뿐만 아니라 EDES도 포함한) 그리스 레지스탕스는 각기 사는 세상이 다르다는 것을 발견했다.[92] 그리스 (망명 정부) 총리는 "레지스탕스 운동의 지속성에 대해 조금도 확신하지 않았다. …… 게릴라들에게 자기들 마을에 돌아가

후 그리스공산당 총서기 자카리아디스가 다하우 강제수용소에 끌려가고 다른 여러 인사도 투옥되거나 추방되는데, 그러한 위기 상황에서 그해 11월 총서기 대리를 맡아 당을 이끌었다. EAM/ELAS 창설과 레지스탕스 주도 등 독일 점령 시기 그리스공산당의 주요 활동을 지휘했다.

땅을 일구도록 강력히 권고하는 것이 더 나을 수도 있다(는 태도를 취했다).["93] 도움을 구할 수 있는 영국 관리들도 동의했다. "소극적인 사보타주 정책이 우리의 장기적인 정치적 이해관계에 더 도움이 될 것임은 의심의 여지가 전혀 없었다."[94] 이런 얘기를 들은 후 레지스탕스 대표단은 돌연 해산됐다. EDES 대표조차 격분했다. "우리는 마치 죄수들처럼 공항으로 이송됐다. …… 영국의 정책과 [그리스] 국왕의 계획을 방해했기 때문에 우리는 '바람직하지 않은 사람들'이었다."[95]

이제 EAM/ELAS는 민중의 전쟁의 열망에 바탕을 둔 자유 그리스 정부를 계속할 것인지, 아니면 영국과 협력할 것인지 선택해야 했다. EAM/ELAS는 후자를 택했다.[96] 군주정의 미미한 변화가 그 길을 닦았다. 본국에서 어떠한 지지든 회복하기 위해 군주정은 일시적으로 게릴라들과 함께 일해야 했다. 그 결과물이 카세르타Caserta 협정[+]이었는데, 이 협정에 따라 민족해방정치위원회 구성원들은 망명 정부(이제 '민족 통합 정부Government of National Unity'로 이름을 다시 지었다)에 합류했다. 그 대가로 레지스탕스는 다음 사항에 동의해야 했다. "그리스에서 작전을 펼치고 있는 모든 게릴라 부대는 그리스 민족 통합 정부의 명령을 따르며, (이는 결국) 그리스에 있는 부대를 지휘하는 장성으로서 연합국 최고 사령관으로 임명된 (영국의) 스코비Scobie 장군의 명령을 따른다

[+]　EAM/ELAS와 EDES, 그리스 망명 정부, 영국이 1944년 9월 26일 이탈리아 카세르타에서 체결한 협정.

〔는 것을 뜻한다〕."[97]

진정성을 입증하기 위해 EAM/ELAS는 "휘하의 모든 부대가 멋대로 제재를 가하는 어떠한 시도도" 금지했다. "그러한 행동은 범죄로 간주되고 그에 맞춰 처벌을 받을 것이다."[98] 러시아가 일익을 담당했다. EAM/ELAS는 큰 기대를 품고 소련 군사 사절단을 기다려왔는데, 분명히 공유하는 정치적 신념 때문뿐만 아니라 군사 원조의 대안적인 원천으로 여겼기 때문이다.[99] 도착했을 때 이 사절단은 "돌연한 충격"을 안겼다.[100] 사절단은 어떠한 지원도 하지 않으면서, 혐오 대상인 국왕의 정부에 들어가라고 레지스탕스에게 명령했다.[101]

이렇게 민중의 전쟁을 희생시키는 것에 대해 레지스탕스 자체 내에서 비판의 목소리가 나왔다. 1944년 여름에 열린 위기 대책 회의에서 EAM의 공산주의자 서기조차 배신을 맹렬히 비난했다.[102] 우드하우스는 이렇게 얘기했다. "그리스공산당 내부에서 아리스 벨루키오티스 아래에 있는 직접 행동의 사도들은 새로운 싸움을 하고 싶어 공공연하게 안달하고 있었고, 시안토스 아래에 있는 정치적 침투의 사도들은 망명 정부를 인내하며 계속할 것인지 궁금해하고 있었다."[103]

에우데스의 설명에서 논쟁은 창의적인 빨치산 전술과 교리적으로 올바른 도시 투쟁 정책 간 분열로 해석돼왔다. 게릴라들과 카페탄은 "스탈린주의 이상과 비교하면 …… 정통이 아니었고" "정통 혁명의 중앙집권주의와 유사 산업 조직에 자연 발생적으로 움찔"했다. 그리스공산당 중앙위원회는 "추상적 개념을 지키기 위해 결정적인 순간에 (게릴라들을) 포기할 준비가 돼" 있었다.[104] 진행 과정에 이것의 요소가 (이미) 있었을지도 모른다. 모든 반파시스트 레지스탕스에 내장된 긴장 중 하나는 그것의 사회적 추진 세력과 군사 전략의 요구들 사이의 긴장이었다. 클라우제비츠의 격언이 올바르긴 하지만, 정치와 그것의 군사적 표현은 동일하지 않다. 유럽의 많은 지역에서 공산주의 조직은 도시 노동계급에 바탕을 뒀지만, 최후의 결전 때까지 빨치산 전쟁은 도시에 위치하고 있는 독일 국방군 밀집 지역을 피했다. 그렇게 둘 사이에 괴리가 있었는데, 이는 게릴라 레지스탕스가 전통적인 프롤레타리아 모델을 따르지 않는다는 것을 뜻했다. 게릴라들이 산악 지대에서 작전을 펼친 그리스 본토에서 이것은 진실이었다.[105]

하지만 이러한 도시-시골 분열이 다른 무엇보다도 중요한 것은 아니었다. 더 중요한 요인은 민중의 전쟁과 제국주의 전쟁 사이에서 그리스공산당 지도자들이 점한 모순적 위치였다. 그것은 치명적 약점이라는 것이 나치가 철수하는 시점에 드러났다.

독일인들이 떠나고 딱 48시간 후 영국인들이 아테네에 도착했을 때, 국왕의 정부는 현지에 대리인으로 내세울 것을 사실상 전혀 갖고 있지 않았다. EDES가 통제하는 아주 작은 소수 민족 거주지 및 분쟁을 겪고 있는 접경 지역을 제외한 "그리스의 나머지는 EAM/ELAS 수중에 있었는데, EAM/ELAS는 도시들과 마을들, 주州들을 차지했다".[106] 연합국 측에 나치 붕괴는 좀 지나치게 갑작스러웠다. 그럼에도 그들은 이 순간에 대비한 계획을 꼼꼼하게 세워뒀다. 일찍이 1944년 5월에 처칠은 영국군 수천 명 파견을 준비하고 있었는데, 표면적으로는 "법과 질서를 회복"하기 위한 것이었다.[107]

그리스 총리 게오르게 파판드레우George Papandreou[+]는 이 사업에 참여하고 싶어 했다. 그는 EAM/ELAS의 성공으로 자신이 "몹시 불안"하다고 처칠에게 썼다. "그리스에, 그리고 터키 국경 지역까지 인상 깊은 영국 군대가 즉각 나타나야만 상황을 바꾸기에 충분할 것입니다."[108] 장관으로 포함된 EAM 구성원들과 함께 '민족 통합 정부'를 구성하고 나서 딱 3주 후에 이 전보를 보냈다!

하지만 모든 그리스인을 너무나 경멸했기 때문에 영국은 단독으로 쿠데타를 결행하기로 결정했다. 처칠의 관점은 다음과 같았다. "어떠한 분명한 예비 위기 없이 청천벽력 같이 타격하는 것이 가장 바람직하다. EAM에 선수를 치는 것이 가장 좋은 방법인데, 그리스 정부는 이 계획에 대해 아무것도 모르며 무슨 일이 있더라도 [그리스 정부에] 어떠한 것도 전해서는 안 된다."[109] 처칠이 '만나 작전Operation Manna[++]'을 정당화하기 위해 민주적 미사

[+] 1888~1968. 반왕정, 반공 성향으로 세 차례(1940년대 1번, 1960년대 2번) 총리를 지냈다. 1967년 군부 쿠데타 후 체포돼, 이듬해 가택 연금 상태에서 세상을 떠났다. 아들(안드레아스 파판드레우)과 손자(게오르게 파판드레우, 할아버지와 이름이 같다)도 그리스 총리를 지냈다. 그 때문에 파판드레우 가문은 그리스 현대 정치사에서 '왕조'에 비유되기도 한다.

[++] 1944년 10월 영국군 및 일부 그리스 무장 세력(신성중대와 산악 여단) 등이 전개한 그리스 '해방' 작전. 그해 9월부터 독일군이 그리스에서 점진적으로

여구의 연막을 치기는 했으나, 앨런 브루크Alan Brooke*** 장군은 연합군의 역할이 "우리가 생각하기에 가장 적합한 정부를 세우는 것을 보장하는 것이지만 그리스 사람들의 견해가 [우리와] 같을 것이라는 보장은 전혀 없다"라는 것을 확실히 알고 있었다.[110]

이것은 단순한 치안 유지 활동이라고 주장됐지만, 그게 아니라 고전적 제국주의였다. 영국은 타국을 물리적으로 지배하고 싶어 했다. 연합군 사령관들은 나치 방식을 모방하고 싶었을 테지만 그들 자신의 병사들의 반대를 두려워했다. 한 사람은 이렇게 말했다. "우리가 탱크로 거리에 쇄도하고 공습으로 모든 구역을 '로테르담처럼 만들어버렸다면',**** 비슷한 처지에 놓인 독일인들과 러시아인들은 아마도 그렇게 했을 텐데, 더 빨리 갈 수 있었다. 그러나 그러한 정책의 다른 난점을 제쳐두더라도 부대가 그렇게 하는 것을 거부했을 것이다."[111]

그럼에도 처칠은 스코비 장군에게 이렇게 말했다. "아테네

철수함에 따라 이 작전이 전개됐다.

+++ 1883~1963. 2차 세계대전 당시 영국 육군 참모총장. 군사 부문에서 처칠의 가장 중요한 조언자 역할을 한 인물로 꼽힌다. 충동적인 처칠의 비위를 맞춰가며 군사 전략을 짜고 실행하느라 애를 많이 먹은 것으로 얘기된다. 앨런 브루크는 일기에 "놀라운 것은 전 세계 인구의 4분의 3이 처칠이 역사적으로 위대한 전략가라고 믿고 있는 것이며 나머지 4분의 1은 처칠이 얼마나 골칫거리인지 전혀 모르고 있다는 것"이라며 이렇게 썼다. "그는 구체적인 것은 아무것도 모르고 머릿속에 그림의 절반밖에 없으며 터무니없는 소리만 하기 때문에 그가 하고 있는 이야기를 듣고 있으면 피가 끓는다."

++++ 로테르담은 2차 세계대전 초기(1940년)에 독일의 무차별 폭격으로 잿더미가 됐다. 2차 세계대전이 끝난 후, 도시 전체가 현대 건축 박물관 같다는 이야기를 들을 정도로 멋진 모습으로 재건됐다.

에서 영국 당국 또는 그리스 당국을 공격하는 어떠한 무장한 남자에게든 발포하는 것을 주저하지 마라. …… 마치 현지에서 반란이 진행 중인 정복된 도시에 있는 것처럼 〔여기고〕 행동하라."[112] 그리스 총리조차 질겁해서[113] 사임할 조짐을 보였다. 처칠은 아테네에 있는 자신의 대사에게 이렇게 얘기했다. "〔총리〕 파판드레우가 자신의 직무를 계속 수행하도록 강제하라. …… 사임하면 그는 정신 차릴 때까지 철창에 갇혀 있어야 한다."[114]

지배를 강화하기 위해 영국군 및 그들의 그리스인 조수들은 '보안대대Security Battalions[+]'를 고용했다. ELAS가 무장 해제에 동의한 이유 중 하나가 카세르타 협정의 다음 조항이었다. "보안대대는 적의 기구로 간주(되고) 적군 대형으로 취급될 것이다."[115] 그것은 지켜지지 않았다. 이 억압적인 부대는 나치 점령기에서 바로 나왔다. 이전의 부역 정권이 모집했는데, 독일인들이 그들에게 장비를 갖춰주고 지시를 내렸다. 〔보안〕대대의 충성 맹세에는 다음과 같은 것이 있다. "나는 독일군 최고 사령관 아돌프 히틀러의 명령에 절대복종할 것임을 신께 성스럽게 맹세합니다."[116]

이 민병대에 대한 처칠 개인의 관점은 기이했다. "내가 보기에 그리스의 〔나치〕 협력자들은 많은 경우 그리스 주민들을 독일의 탄압으로부터 보호하기 위해 자신들이 할 수 있는 최선을 다

[+] 보안대대는 2차 세계대전 당시 독일에 부역한 그리스 괴뢰 정부가 독일의 지원을 받아 창설한 친독 협력 부대다. 이와 달리 독일군이 직접 창설한 친독 협력 부대도 있었다. 친독 협력 부대들은 독일군을 도와 레지스탕스 세력과 맞서는 한편 민간인 학살, 약탈, 테러 등을 곳곳에서 자행했다.

레지스탕스를 방조했다는
죄로 처형된 사람 옆에
보안대대 요원이 서 있다.
지배를 강화하기 위해
영국군 및 그들의 그리스인
조수들은 나치 동조 세력인
보안대대를 고용했다.

한 것 같다."[117] 공개적으로 그는 다음과 같이 의회에 역시 기꺼
이 밝혔다. "보안대대는 …… 자기 나라의 구세주로 가장해 주
민들에게 붙어먹으면서 독일인들과는 거의 맞서 싸우지 않고
있는 자들 중 일부의 약탈로부터 그리스 촌민들을 보호하기 위
해 생겨났다."[118] 즉 그는 부역자들을 반파시스트들보다 선호했
고, 나치를 보조한 자들을 민중의 레지스탕스보다 선호했다! 이
용된 또 다른 반동적 군대에는 숙청 작업을 거친 그리스 군대
의 잔여 세력인 극우 성향의 신성중대와 산악 여단Sacred Company and
Mountain Brigades이 포함돼 있었다.[119] 이러한 부대들이 광분하는 동

안 ELAS는 (주민 70퍼센트의 지지를 그저 우연히 받게 된) "사적인" 민병대로서 해산하라는 명령을 받았다.

EAM 책임자는 "영국은 그리스인들에게 적어도 그들이 자유인이라는 인상을 줘야 합니다"라고 애원했지만,[120] 그리스공산당은 새 정부가 "파시스트들, 위장한 파시스트들 또는 메탁사스 독재 정권의 지지자들"을 효율적으로 활용하고 있다는 것을 이해했다.[121] 그럼에도 그리스공산당은 여전히 대치를 회피하고 싶어 했고, 영국과 그리스 정부의 노골적인 폭력에 직면해서도 구성원들에게 이렇게 밝혔다. "공산주의자들이여. 여러분은 민족적·민중적 봉기의 투사로 서 있었다. 이제는 …… ELAS 및 **우리의 연합 정부 아래에 있는 우리의 동맹들**과 그리스 해방의 완성을 위한 투쟁에서 연합하는 애국자로 서라."[122]

〔1944년 12월 3일〕 새로운 보안 부대에 관한 조건 위반에 항의하는 대중 시위가 일어났을 때 만나 작전이 완전히 개시됐다. 적어도 10명이 경찰에 사살됐는데, 희생자 중에는 무장하지 않은 어린아이들도 있었다.[123] 대소동 속에서 영국군은 정말로 "마치 현지에서 반란이 진행 중인 정복된 도시에 있는" 것처럼 행동했다. 처음 24시간 동안 영국군은 아테네의 주거 지역에 2500개의 포탄을 발사해 1만 3700명의 사상자를 발생시켰다.[124] 스코비는 다음과 같은 전단을 뿌렸다.

내일 오전 9시부터 도시에서건 주변 지역에서건 총포를 쏘는 모든 반역자를 내 뜻대로 쓸 수 있는 무기, 즉 육지의 대포, 함포, 비행기, 로켓과 폭탄을 전부 동원해 공격할 것임을 모든 시민에게 알린다. 총포가 파괴될 때까지 이 공격은 계속될 것이다. 관련된 지역의 모든 시민은 생명과 신체의 안전을 위해 어떠한 반군의 총포가 있는 곳으로부터도 500미터(545야드) 떨어지도록 즉시 대피해야 한다. 더 이상 경고하는 일은 없을 것이다.[125]

'12월의 사건들'[+]이 끝날 때까지 스코비는 자신이 공언한 것을 그대로 시행했다. 그리스인 5만 명이 죽고 2000명의 영국인 사상자가 발생했다.[126] 믿기 힘들지만, 처칠은 "우리 군대가 유혈 사태를 방지하기 위한 행동을 취하고 있다"라고 주장했다.[127]

두 전쟁(민중의 전쟁과 제국주의 전쟁) 간 충돌이 너무나 극명해 영국에서 격렬한 항의를 불러일으켰다. 한 하원 의원은 이렇게 지적했다. "영국 병사들과 그리스 애국자들이 각자의 심장에 연합국의 총탄이 박힌 채 나란히 시신으로 누워 있는데, (이 때문에) 영국의 정책이 이미 그 모습을 드러낸 민중의 군대와 맞서는 것으로서 유럽의 닳아 해진 체제들 중 다수를 지지하는 경향이 있는 것처럼 보인다." 또 다른 사람은 정부가 "유럽에서 진정

[+] 1944년 12월 3일 아테네 중심부에서 전개된 대규모 시위와 발포 사건은 EAM/ELAS 측의 총파업과 12월 봉기로 이어졌다. 영국은 탱크, 비행기, 군함까지 동원해 직접 공격에 나서는 한편 그리스 경찰 및 반공 성향 무장 세력들(독일 점령군에 협력했던 이들 다수 포함)을 보조 부대로 활용해 봉기 세력을 몰아붙였다.

으로 민주적인 운동들에 대한 승인을 지연시키는 반동적이고 흔히 부역자이기까지 한 부류"를 후원했음을 시사했다.[128] 《더 타임스》조차 "영국의 해방군이 …… 불과 몇 주 전에 독일인들과 맞서 적극적이고 용맹한 레지스탕스 활동을 전개한, 해방된 연합국 진영 민중의 한 부문을 강압하거나 정복하라는 요청을 받아야 한다는 것은 상상조차 할 수 없다"라고 여겼다. 아테네에서 이뤄진 탄압은 "독일을 상대로 한 전쟁을 희생시키면서" 자행됐는데, 바로 그때 그 군대가 '벌지Bulge 전투'⁺ 동안 아르덴Ardennes에서 대담한 돌파구를 마련하고 있었기 때문이다.[129] 고르고포타모스 급습이 북아프리카에서 들인 영국의 노력에 도움이 됐던 데 반해, 아테네에 대한 공격은 이탈리아에서 많은 부대를 빼내어 그곳에서 전개되는 연합국의 공세를 방해했다.[130]

미국인들은 나중에 그리스에서 제국의 아르바이터 역할을 맡게 되는데, 그것에 즈음해 그들은 진저리를 쳤다. 아테네에서 맥비McVeagh 〔그리스 주재 미국〕 대사는 "광적으로 자유를 사랑하는 이 나라(조용히 받아쓴 적이 아직까지 한 번도 없는)를 영국의 인도 통치 아래 있는 토착민들로 구성된 것처럼" 다뤘다고 처칠을 비난했다. 그는 갈등의 배후에 "한편에는 재산을 가진" 사람들이,

---

⁺ 1944년 12월 중순부터 1945년 1월 하순까지 아르덴(벨기에 남동부, 룩셈부르크, 프랑스 북동부를 아우르는 지역) 일대에서 전개된 일련의 전투. 서부 전선에서 연합군의 독일 본토 공격 작전(마켓 가든 작전, 1944년 9월 개시)이 실패한 후 독일군이 반격 작전을 전개하면서 벌어졌다. 최후의 대반격으로 얘기되는 이 전투에서 독일군은 성공을 거두지 못했다. 아르덴 대공세로도 불린다.

1944년 아테네에서 ELAS를 상대로 작전을 벌이고 있는 영국 군대. 처칠은 파시즘을 물리치는 것보다 제국주의 정치가 더 중요하다고 판단하고 그리스 레지스탕스를 진압했다.

"다른 한편에는 재산은 없지만 굶주리고 집이 없으며 무장한" 사람들이 있다는 것도 이해했다.[131]

아테네를 두고 벌인 싸움은 처칠이 희망했던 것처럼 간단하지 않았다. (1944년) 12월 21일 《더 타임스》는 "오늘 공식 발표된 대로 완전 무장한 여성들과 소년 소녀들을 포함한 세력이 …… 밤새 계속된 싸움 후" 영국 공군 본부에 "우글거렸다"라고 보도했다.[132] 우드하우스에 따르면 "ELAS는 한때 아테네의 몇 제곱마일을 제외하고 그리스를 거의 대부분 장악"했다.[133] 국내에서 사면초가에 몰린 처칠은 이렇게 한탄했다. "우리 자신의 나라에

— 1944년 12월 혼란을 수습하기 위해 그리스를 방문한 처칠.

서 중요한 언론 기관이나 우리 자신의 국민들에게 영국 정부가 그렇게 비방을 당하고 그 동기가 중상모략을 당한 것은 …… 내 경험상 한 번도 없었다."[134] 의회에서 신임 투표에 직면하자 그는 자신을 지원하는 중요한 원천 중 하나로 남아 있는 스탈린에게 과장된 표현을 쓰며 의지했는데, "아테네 중심부에서 끔찍한 학살을 막기 위한 투쟁"에 영국이 갇혀 있으며 [그러한 투쟁이 없다면] "모든 형태의 정부가 일소되고 적나라하며 득의양양한 트로츠키주의가 거기서 자리 잡았을 것"이라고 시사했다.[135]

결국 혼란을 수습하기 위해 처칠 본인이 그리스로 날아가야 했다. 그런데도 EAM은 군사적 이점을 활용하지 않았다. 그리

하여 그의 호텔을 폭파하는, 가이 포크스Guy Fawkes⁺ 스타일의 음모
는 버려졌고 ELAS 대대들은 무기를 포기했다.¹³⁶ EAM 중앙위
원회는 다음과 같이 설설 기는 메시지를 영국 총리에게 보냈다.
"각하, 그리스 민중은 당신께서 아테네에 오신다는 행복한 경우
에 즈음해 가장 깊은 안도감을 경험했습니다. …… 그리스 민중
은 우리의 위대한 연합국들, 그중에서도 특히 영국에 대해 흔들
림 없는 신뢰와 깊은 존경심을 가지고 보는 것을 잠시라도 그만
둔 적이 결코 없었습니다."¹³⁷

유고슬라비아와 달리 그리스에서 두 전쟁이라는 문제는 제
국주의에 결정적으로 유리한 쪽으로 정리됐다. 영국이 〔그리스〕
국왕의 복귀를 잠시 미룬 것, 그리고 1945년 2월 12일에 체결된
바르키자Varkiza 협정에 따라 "자유로운 표현", "정치 범죄에 대한
사면", 〔나치〕 협력자 "숙청", 그에 더해 "완전히 자유롭게 진행"
되는 "국민투표와 선거"〔를 실현하는〕 체제를 약속한 것은 사실이
다. 그러나 그 대가로 "레지스탕스 군대는 해산될 것이며 그중
에서도 특히 ELAS는 정규〔전력〕뿐만 아니라 예비〔전력〕도 〔그렇
게 될 것이다〕".¹³⁸ ELAS는 약속을 이행했고, 협정에 명시된 것보
다 더 많은 총을 넘겨줬다.¹³⁹ 〔협정을 맺은〕 다른 한쪽은 화답하지
않았다. 바르키자 협정 이듬해에 우익의 공포 정치로 그리스인
1289명이 살해됐고 6671명이 다쳤으며 8만 4931명이 체포됐고

✛   1570~1606. 가톨릭을 탄압하는 국왕 제임스 1세와 그 추종 세력을 살해하
     려 의사당을 폭파할 음모를 꾸몄으나 발각돼 공범들과 함께 처형됐다. 사후
     에 혁명가 이미지가 강해지면서 저항의 상징으로 자리매김했다.

— 전후 우익 정권하에서 열린 군사 재판. 나치 점령에 맞서 싸운 사람들은 처벌되고, 나치에 협력했던 사람들은 오히려 보상을 받았다.

3만 1632명이 고문을 당했다.[140] 자유선거 약속은 공허한 농담이 됐다. 영국 하원 의원 대표단은 이렇게 보고했다.

> 방문 기간 내내 우리는 극우를 제외한 모든 사람이 선거가 위조, 위증, 테러리즘, 암살, 그리고 가능한 모든 형태의 부패 행위를 통해 완수됐다고 말하는 것을 발견했다. …… 국가, 헌병대, 경찰의 공직을 적에게 협력한 악명 높은 사람들에게 주는 것은 공정 선거나 공정한 국민투표가 하나의 가능성이 되는 일 같은 건 없다(는 것을 뜻한다).[141]

EAM/ELAS 진중에서 해방을 잠깐 맛봤던 여성들은 이제 강간, 고문, 죽음에 직면했다. 예를 들면 1948년에서 1950년 사이에 17명이 〔국가〕 전복 혐의로 처형됐는데, 그중 가장 어린 사람은 16세였다.[142] 다른 사람들은 수감돼 1960년대까지 줄곧 갇혀 있게 된다. 그들을 박해한 사람들, 이제는 미국의 대게릴라전 부대와 함께 일하고 있는 이 박해자들은 영국 아래에서 번창했고 그 이전에는 추축국 아래에 있었다. 미국의 한 상원 의원은 그들이 하고 있는 일을 이렇게 묘사했다. "토착어로 간단히 말하면, 우리는 그리스에서 좋은 놈들이 아니라 나쁜 놈들을 후원해야 했다. 우리는 민중을 후원하지 않았다."[143] 현지에서 한 레지스탕스 여성은 이것이 사실임을 확인해줬다. "해방 후 …… 우리, 점령에 **맞서 싸웠던 우리**는 나쁜 놈들이 됐고, 나치와 협력했던 자들, 그들이 이제 좋은 사람이 됐다. 정부는 그들에게 보상하고 우리를 처벌했다."[144] 내전⁺으로 결국 15만 8000명의 그리

⁺ 내전을 전후한 시기의 그리스 역사는 한국 현대사와 여러모로 얽혀 있다. 예컨대 한국전쟁에 참전한 그리스 군대의 장교들은 대부분 자국 내전에서 미국의 지원을 받으며 미군 고문관들과 함께 작전을 벌인 경험이 있었다. 한반도와 마찬가지로 그리스 역시 산악 지형 위주라는 점도 주목할 만한 요소다. 내전 당시 그리스 주재 미국 합동군사고문기획단 단장이었던 밴 플리트(정부군을 훈련시키는 것을 넘어 대게릴라전을 사실상 지휘했다는 평가를 받는다)는 한국전쟁 시기에 미 8군 사령관으로 부임했다. 1951년 4월부터 1년 10개월 동안 재임했는데, 이는 한국전쟁 시기 전체(3년 1개월)의 절반이 넘는 기간이다. 덧붙이면, 한국전쟁 발발 이전부터 미국 측에서 그리스와 한국을 비교하는 경우가 종종 있었다(예컨대 1948년 4·3사건이 일어나자 제주도를 '동양의 그리스'로 비유).

스인이 목숨을 잃었지만,[145] 그 의미에 대해 1947년 미국 문서에는 다음과 같이 기록돼 있다. "처칠의 승리는 완벽하다—그리고 미국의 수억 달러에 의해 깔끔하게 인수됐다. 히틀러 자신이 그것을 획책했다면 조금 더 완벽할 수 있었을 텐데!"[146]

그리스에서 일어난 일은 단일한 세계의 갈등 내부에서 나타나는 의견 차이가 아니었다. 그것은 폭탄, 탱크, 고문, 강간, 감옥이 결과를 결정할 정도로 충돌한 두 유형의 전쟁이었다.

4. 폴란드 바르샤바 봉기

그리스의 경험은 2차 세계대전 기간에 연합국 측의 핵심 갈등이 평행하고 때로는 반대되는 전쟁들을 포함하기보다는 주로 공산주의자들과 비공산주의자들 사이에 있었음을 가리키는 것처럼 보일 수도 있다. 1944년에 일어난 바르샤바 봉기는 그러한 주장에 대한 유용한 시험장을 제공하는데, 연합국 제국주의의 최고 주인공이 러시아 자신이었기 때문이다.

17세기 초 폴란드는 프랑스와 비슷한 규모의 인구와 러시아에 필적하는 영토를 지닌 유럽의 중요한 강대국이었다. 그러나 한 역사가가 쓴 것처럼,

폴란드는 예컨대 스페인과 스웨덴이 팽창을 위한 노력이 일단 무산되면 단단하고 비교적 [외부의] 영향을 받지 않는 껍질 속으로 물러나는 것을 가능하게 해준 것과 같은 주변부의 지리적 위치의 자산이 부족했다. 폴란드의 위치가 훨씬 중심부이고 중심축이 되는 곳이기 때문에 폴란드는 18세기 후반에 국가로서 소멸되는 불행한 운명을 맞게 됐다.[1]

나라는 약탈 대상을 나눠 가진 러시아, 프로이센, 오스트리아에 의해 자그마치 세 번(1772년, 1793년, 1795년) 분할됐다. 일련

의 영웅적 봉기(1794년, 1830년, 1848년, 1863년, 1905년)에도 불구하고 분할 상태는 1차 세계대전 때까지 이어졌다.[2]

현대의 폴란드는 1917년 러시아혁명 이후에야 모습을 드러내기 시작했는데, 그때 레닌Lenin은 "모든 민족에 대해 전반적인 권리의 완전한 평등뿐만 아니라 독립 국가를 형성할 권리의 평등 즉 민족 자결, 분리 독립 권리도 인정하는" '민족 자결' 원칙을 적용했다.[3] 이 정책은 예상 밖 인물의 비판을 불러일으켰다. 폴란드 출신 혁명가 로자 룩셈부르크Rosa Luxemburg는 민족 독립을 추구하는 것이, 그것에서는 외국 지배에 반대하기 위해 부자와 가난한 사람이 결합하게 되는데, 공동의 적 자본가에 맞서 러시아와 폴란드의 노동자들이 연합하게 하는 사회주의적 국제주의보다 덜 진보적이라고 주장했다. 레닌은 후자가 궁극적 목표라는 데 동의했지만, 만약 폴란드 노동자들이 예전의 제국주의 억압자가 자신들이 독립할 권리를 부정했다고 느낀다면 그것〔사회주의적 국제주의〕을 성취할 수 없을 것이라고 주장했다.[4]

전반적으로 누가 옳았든 간에, 폴란드 민족주의의 반동적 잠재력에 대한 룩셈부르크의 경고는 독일제국과 오스트리아〔-헝가리〕제국이 붕괴한 후 그 나라〔폴란드〕가 완전히 재건됐을 때 열매를 맺었다. 〔재건된 폴란드의〕 첫 번째 지배자 피우수트스키 Pilsudski[+] 원수는 프랑스의 베이강Weygand[++] 장군(훗날 나치에 굴복해

[+]   유제프 클레멘스 피우수트스키Józef Klemens Pilsudski(1867~1935). 러시아가 패전해야 폴란드가 독립할 수 있다는 판단 아래, 오스트리아로 망명해 무장 집단을 조직하고 1차 세계대전에서 러시아와 맞서 싸웠다. 1차 세계대전 직후

악명을 얻게 되는)의 도움을 받아 소비에트 러시아를 공격해 우크라이나인 600만 명이 거주하는 지역을 장악했는데, 이는 1772년〔분할 당시〕국경이라고 본래 주장된 것을 훨씬 넘어선 곳에 있는 땅이었다.[5] 1939년에는 치에신^{Cieszyn}$^{+++}$을 차지하기 위해 독일의 체코슬로바키아 침공을 이용하기까지 했다.[6] 이렇게 하여 2차 세계대전 발발 시점에 폴란드 시민의 3분의 1은 소수 민족이었다.[7] 국내에서 피우수트스키는 **사나차**^{Sanacja}(정치적 치유〔라는 뜻의 정치운동〕)를 세웠는데, 〔그것을 매개로 확립된〕 독재 정권은 피우수트스키가 죽은 후에도 지속돼 2차 세계대전이 일어날 때까지 폴란드를 계속 운영했다.

역설적이게도, 체코슬로바키아 분할에 관여한 것은 바로 폴

폴란드 임시 정부 수반이 됐는데, 혁명운동을 탄압하고 소련을 공격했다. 한때 정계에서 은퇴했으나 1926년 쿠데타로 권력을 움켜쥐고 의회를 무력화하며 독재 정치를 폈다.
++ 막심 베이강$^{Maxime\ Weygand}$(1867~1965). 1차 세계대전에서는 주로 페르디낭포슈(프랑스군 참모총장, 연합군 총사령관 등을 지냄)의 참모로 복무했다. 2차 세계대전 당시 처음에는 독일군과 맞섰으나 그 후 항전을 포기하고 비시 정권에 협력했다.
+++ 체코 접경 지역에 있는 폴란드 남부 도시. 반대편에는 '체코의 치에신'으로 통하는 체스키 테신$^{Cesky\ Tesin}$이 있다. 치에신은 중세 시대에 치에신 공국의 수도가 된 이래 오랫동안 실롱스크(슐레지엔) 지역에서 중요한 도시로 여겨졌고, 그 후 합스부르크 왕가의 지배를 받았다. 1차 세계대전 후 독립을 얻은 폴란드와 체코슬로바키아가 이곳을 두고 영토 분쟁을 벌였고, 결국 도시는 둘로 나뉘었다. 독일이 뮌헨 협정을 통해 체코슬로바키아 서부를 집어삼키자, 폴란드는 이를 틈타 '체코의 치에신'을 병합했다. 2차 세계대전이 막을 내린 후 '체코의 치에신'은 다시 체코에 넘어갔고, 도시는 다시 둘로 나뉘었다.

란드 자신이 나치의 공격 표적이 되는 서곡이었다. 그 시점에 영국과 프랑스는 필요하다면 전쟁을 해서라도 폴란드 독립을 후원하기로 다짐했다. 하지만 스탈린은 "자신들을 위해 남들에게 위험을 무릅쓰게 하는 데 익숙한 전쟁광들이 빚은 갈등에 휘말리지" 않을 것이라고 말하면서 거리를 뒀다.[8] 그의 신중함은 볼셰비키의 반제국주의와 전혀 관계가 없었다. 스탈린주의 반혁명은 그것의 모든 흔적을 파괴했다. 그 대신 모스크바는 1939년 8월 히틀러-스탈린 〔불가침〕 조약〔을 체결할〕 준비가 돼 있다는 신호를 보내고 있었는데, 그것은 폴란드를 분할한다는 독일과 러시아 간 비밀 의정서를 포함하는 거래였다.[9]

영국과 프랑스의 유화 정책이 모스크바로 하여금 베를린을 회유하는 것 말고는 대안이 없다고 확신하게 한 것은 거의 틀림없다. 그럼에도 〔불가침〕 조약은 숨이 막힐 만큼 뻔뻔한 행위였다. 나치즘과 볼셰비즘은 정반대였다. 나치는 독일 공산주의자들을 수천 명이나 살해했다. 이 모든 것을 무시해버리고 소련은 무기에 대한 대가로 히틀러에게 필수적인 원자재를 제공했다.[10] 〔불가침〕 조약 조인 소식을 듣자마자, 득의만면한 히틀러는 "분명히 알아듣기는 어려운 고함을 지르며 주먹으로 벽을 쾅쾅 치기 시작했고, 마침내 의기양양하게 외쳤다. '세상이 내 주머니 속에 있다!'"[11]

폴란드 재정복이 시작됐을 때 러시아인들은 독일 국방군이 전투를 계속 치르도록 놔뒀는데, 이렇게 해서 자신들의 위험을 최소화하고 탐욕을 가리려 했다.[12] 나치는 "바르샤바 함락을 가

1939년 8월 23일
독소 불가침 조약을
맺고 악수를 하고 있는
스탈린과 리벤트로프.
이 조약의 비밀
의정서에는 폴란드를
분할 점령한다는 내용이
포함되어 있었다.

급적 거의 확신할 수 있을 때” 신호를 보내달라는 요청을 받았
는데, 이것이 러시아가 자기 몫을 차지하는 신호가 될 것이기 때
문이었다.[13] 그러나 그들은 잘못 판단했고 모스크바는 열흘이나
일찍 공격했다. 당혹스럽게도, 브레스트-리토프스크 Brest-Litovsk [+]

[+] 　오늘날 폴란드 접경 지역에 있는 벨라루스 서부 도시 브레스트의 옛 이름. 1
　　차 세계대전 말기인 1918년, 볼셰비키 정부는 이곳에서 독일제국을 축으로
　　하는 동맹국 진영과 강화 조약을 맺었다. 독일 쪽에 절대적으로 유리한 내
　　용이었지만, 러시아혁명(1917년)으로 집권한 직후여서 기반이 취약한 데다
　　독일군을 막아낼 힘이 없던 볼셰비키 정부는 이를 받아들일 수밖에 없었다.
　　러시아로서는 굴욕의 장소이던 바로 그 브레스트-리토프스크에서 스탈린

독일군 오토바이와 소련군 탱크가 브레스트-리토프스크 거리를 행진하고 있다. 나치와 소비에트가 합동으로 승리를 자축한 셈이다. 이 침공으로 폴란드인 21만 6000명이 희생됐다.

한 폴란드 소녀가 독일군의 폭격에 의해 숨진 가족의 시신을 보고 울부짖고 있다.

에서 나치와 소비에트가 합동으로 승리를 자축하는 시가행진을 9월 27일 수도 함락에 앞서 벌였다.[14] 그런데도 스탈린은 붉은 군대가 "그들의 어리석은 지도자들이 끌고 들어간 불행한 전쟁으로부터 폴란드 민중을 해방시키기 위해, 그리고 그들이 평화롭게 살 수 있게 하기 위해" 개입했을 뿐이라는 터무니없는 주장을 계속했다.[15] 사사로운 자리에서 그는 독일과 소비에트의 우정은 "피로 봉인"돼 있다고 자랑했다.[16] 그것은 폴란드인 21만 6000명의 피였다. 이 군사 작전에서 독일은 6만 명, 러시아는 1만 1500명의 병사를 잃었다.[17]

싸움이 끝나자마자 스탈린이 폴란드 영토의 52퍼센트, 히틀러가 48퍼센트를 차지했다.[18] 양측은 "상대방 영토에 영향을 주는 폴란드인의 어떠한 소요도" 용인하지 "않을" 것이며 "그와 같은 소요의 모든 출발점을 각자의 영토에서 진압한다"라는 데 합의했다.[19] 이것에도 불구하고 강력한 반격이 전개됐다. 그것은 **지역의 제국주의 정부와 반파시스트 레지스탕스의 간극이 최소한이었다는 점** 때문에 그리스뿐만 아니라 유고슬라비아 레지스탕스와도 뚜렷이 구분됐다. 차이의 근원은 폴란드의 공산주의자들과 지배 엘리트가 수행한 특이한 역할에 있었다.

그리스와 유고슬라비아의 공산당들이 민중의 전쟁에서 중심에 있었던 데 반해 폴란드 공산주의자들은 그렇지 않았다.

의 소련은 폴란드를 제물로 나치 독일과 함께 승전 자축 시가행진을 벌이는 기묘한 풍경을 연출했다.

1938년에 그들은 모스크바에 의해 물리적으로 청산됐고, 당은 폴란드 자체가 소멸되자마자 공식 해산됐다.[20] 한술 더 떠서, 소련에 있는 폴란드 민족 25만 명이 전쟁 시작 전에 제거됐다.[21] 1941년에 상황이 변했는데, 그해에 히틀러는 폴란드에서 스탈린 몫으로 돌아간 지역을 점령하고 러시아 자체를 침략했다. 이제 모스크바는 공산당 대용인 폴란드노동자당Polska Partia Robotnicza, PPR을 지원했지만, 예전의 점령국과 긴밀한 관계를 맺고 있는 점 때문에 이 당은 거의 진전을 보이지 못했다.[22]

점령된 다른 나라들에서 엘리트들은 민중의 전쟁을 피했고 적과 협력하거나 대기주의를 택하는 것에 찬성했다. 독일 점령 지구에서도, 러시아 점령 지구에서도 이것은 폴란드 지배계급에게 쉬운 선택이 아니었다. 히틀러는 모든 폴란드인이 "사람보다는 오히려 짐승에 가깝다"라고 간주했다.[23] 폴란드 서부를 식민지로 만들 때 그는 주민들을 제거하거나 노예로 전락시켰다. 집단학살에 가까운 접근법은 독일 국방군의 "대청소"를 수반해 약 90만 명을 살던 곳에서 쫓아냈다. 일부 지역에서는 공개 석상에서 폴란드어로 말하는 것조차 금지됐다.[24] 아이들은 자기 이름 쓰는 법과 최대 500까지 셈하는 방법만 배우고 "그들이 독일에 순종해야 하는 것은 신의 명령이다"라는 것을 알아야 했다.[25]

폴란드 동부는 러시아 지배의 야만성을 경험했다. 여기서 스탈린을 추동한 것은 인종주의적 광신이 아니라 절대적 지배에 대한 갈망이었다. 그러나 나치가 점령한 폴란드와 마찬가지로 "정치적 구분이 전혀 없었고, 폴란드 공산주의자들은 …… 가

— 1939년 10월 히틀러가 바르샤바에 입성한 독일군의 행진을 지켜보고 있다.
히틀러는 모든 폴란드인이 "사람보다는 오히려 짐승에 가깝다"라고 간주했다.

톨릭 사제들과 대학 교수들, 농부들 및 철도 관계 종사자들과 나
란히 일하고 목숨을 잃었다".[26] 러시아 점령기의 가장 악명 높은
사건은 카틴Katyn[+]에서 폴란드 장교 수천 명을 처형한 것이었다.[27]

[+] 카틴(러시아 스몰렌스크 근교) 학살은 2차 세계대전 때 소련이 자행한 폴란
드인 대량 학살 사건이다. 카틴 숲만이 아니라 지금의 러시아, 벨라루스, 우
크라이나의 여러 지역에서 자행된 폴란드인 학살을 통칭하는데, 희생자가
약 2만 2000명에 달한다. 포로로 잡힌 폴란드군 장교들에 더해 점령지에서
체포된 경찰들, 그리고 지식인을 비롯한 엘리트 인사들이 주로 희생됐다. 학
살된 후 암매장된 시신 수천 구가 1943년 카틴 숲에서 발견되면서 세상에
알려지는데, 소련 쪽에서는 독일군이 저지른 짓이라고 오랫동안 강변했다.

1940년 스탈린의 지시에
따라 카틴 숲에서 학살된
폴란드인의 시체. 희생자가
약 2만 2000명에 달한다.

소련군에 잡힌 폴란드인 포로들.

또 200만 명(인구의 9퍼센트)에 이르는 사람들이 강제 노동력으로 차출돼 국외 추방됐다.[28] 대부분의 사람들이 결코 돌아오지 못했다.

독일과 러시아의 점령을 비교하는 최근 연구는 후자가 덜 폭력적이기는 했지만 "유사점들이 지속됐는데 특히 표적을 겨냥한 집단 테러의 적용"이라는 점에서 그러했다는 결론을 내린다.[29] 실제로 나치 친위대SS와 러시아 비밀경찰(게페우GPU)은 그들의 접근 방식을 조정했다.[30] 진퇴양난에 빠진 폴란드는 600만 명 이상 살해되는 고통을 겪었는데, 2차 세계대전 기간 동안 다른 어떤 나라보다도 사망률이 높았다. 이들 중 90퍼센트는 민간인이었고[31] 절반은 유대인이었다. 1940년에 나온 한 레지스탕스 전단에는 이렇게 쓰여 있었다. "역사는 폴란드 민족에게 끔찍한 교훈을 주었다. 우리에게, 이제, 자유를 향한 길은 고문실, 게슈타포 그리고 (러시아) GPU를 관통해 이어진다."[32] 그래서 폴란드인들은 "부역자들, 협력, 타협이 존재한다는 것은 불가능(했다)"라고 주장할 수 있었다.[33] 공동의 재앙이 사회의 모든 부문을 사로잡았다.

그리하여 폴란드의 레지스탕스는 전쟁 이전 사나차 독재 정권의 핵심 기관인 군대에서 시작됐다.[34] 피우수트스키 추종자인 토카셰프스키Tokarzewki 소장이 지하 조직인 폴란드 국내군Armja

---

그러나 스탈린의 지시에 따라 소련 비밀경찰이 학살을 자행했음을 입증하는 기밀문서와 희생자 명단 등이 소련 붕괴 이후인 1992년 공개됐다.

Krajowa, AK이 되는 단체를 조직했다.[35] 이는 레지스탕스의 미래 전개 형태를 형성했다. 한 작가는 이렇게 썼다. "폴란드 국내군이 존재하는 내내 주로 전쟁 이전 폴란드 군사 기관의 구성원들이 (AK를) 지휘·통솔했는데, 이들은 전쟁 이전에 군에 복무하는 동안 습득한 생각, 태도, 전통, 전문적인 교리와 표준을 레지스탕스에 가져왔다."[36] 다시 말해 폴란드 국내군의 지휘는 반동적인 독재 정권과 제국주의 정책들의 전통에 묶여 있었다.

폴란드 국내군의 중요성을 올바르게 강조하는 것에 반해 노먼 데이비스Norman Davies는 전체 반파시스트 운동을 이 군사적 형성물로 포괄하기까지 한다. "유럽 최대의 레지스탕스 운동, 1940년 1월 무장투장연맹ZWZ이라는 이름을 택하고 1942년 2월에는 폴란드 국내군(으로 이름을 바꾼 이 조직은) …… 폴란드 정규군 지부였다."[37] 그 성취는 두드러졌다. 38만 명의 전사들[38]이 딱 3년 동안 사보타주 행위를 2만 5000번 실행했고[39] 1945년까지 독일인 15만 명을 죽였다.[40]

하지만 이것이 이야기의 전부라면 민중의 전쟁의 여지가 거의 없었을 것이다. 그러나 상당히 중요한 두 가지 다른 요소가 있었다. 하나는 사나차에 반대한 인사인 시코르스키Sikorski[+] 장군

[+] 브와디스와프 시코르스키Władysław Sikorski(1881~1943). 1차 세계대전 이전에는 오스트리아 군대에 복무했고, 1차 세계대전에서는 러시아군과 맞서 싸웠다. 20대일 때 피우수트스키와 함께 폴란드 독립을 위한 군사 조직을 만들기도 했지만, 폴란드 독립 이후인 1926년 피우수트스키가 쿠데타로 권력을 장악하자 시코르스키는 2년 후 국방부 장관 자리에서 쫓겨났다.

이 이끈 폴란드 지하 국가the Underground State였다.[41] 시코르스키는 이렇게 주장했다. "운동이 그저 (군사적) 저항 기능에 국한돼서는 안 되며, 사실상의 국가로서 형태를 갖춰야 한다. 어떤 희생을 치르더라도, 아무리 조악할지라도 국가의 모든 기구를 창출하고 유지해야 한다."[42]

결과는 인상적이었다. 그 본부가 런던에 있기는 했지만, 정부 기관의 완전한 묶음이 폴란드에서 다시 만들어졌다. 예를 들면 교육부는 크라쿠프Krakow, 리비우Lwow, 빌뉴스Vilno에서 대학을 운영했을 뿐만 아니라 어린이 100만 명을 교육했다. 가용 자금의 30퍼센트가 사회 복지에 쓰였다.[43] 〔지하〕 국가에는 '정치적 대표'라는 그림자 의회가 있었다. '민간레지스탕스부Directorate of Civilian Resistance'는 적에게 협력한 자들을 심리해 형을 선고하는 사법 체계 역할을 했다.[44] 표제가 다양한, 방대한 비밀 언론도 운용됐다.[45]

레지스탕스의 세 번째 블록은 사회주의·농민·기독노동·민족민주 정당들로 이뤄졌다. 처음 세 가지가 사나차의 왼쪽에 있었던 반면 민족민주당 구성원들은 드모프스키Dmowski[✢✢] 추종자들이었다. 그는 "도움이 되는 건 전혀 없을 수 있지만 큰 해를 끼치

✢✢ 로만 드모프스키Roman Dmowski(1864~1939). 당대 폴란드 정치인 및 이데올로그 중에서 가장 영향력 있는 인물 중 한 명이었다. 다민족 연방 국가를 구상한 피우수트스키와 달리, 폴란드어를 사용하고 로마 가톨릭교를 생활화하는 균질적인 국가를 추구했다. 그러면서 폴란드에 사는 소수 민족 구성원들(유대인, 리투아니아인, 우크라이나인 등)을 주변화했다.

는 것은 당연한 국제 세력을 대표하는 유대인 요소에서 비롯되는 위협뿐만 아니라 국내에서 사회주의의 위협"을 맹렬히 비난한 우익 반유대주의자였다.[46] 1939~1945년의 참혹한 경험 이후에조차 폴란드 국내군 사령관 부르-코모로프스키Bor-Komorowski[+]가 자신의 회고록에 유대인들은 "의심할 여지가 없이 폴란드 공동체 안에 들어온 이물질이었다"라고 쓰면서 반유대주의에 영합한 것은, 드모프스키의 지속적인 영향력을 보여주는 표시였다.[47] 이러한 정치 정당들은 정치적으로 적극적인 폴란드인들의 대부분을 함께 대표했다.

사나차가 통제하는 군대의 외부에 있는 레지스탕스 요소들을 고려할 때조차, 아직도 폴란드 레지스탕스에는 민중의 전쟁이 포함돼 있지 않은 것처럼 보일 수도 있다. 최근의 역사학은 이러한 인상을 논박한다.

수백 개의 지하 조직들이 …… 가족, 일자리, 교우 관계, 이웃이라는 기존의 유대 관계와 함께 '아래로부터' 형성됐다. 이렇게하여 수백 개의 음모의 네트워크가 치욕에 맞선 자발적인 반란의 표현으로서 그 모습을 드러냈는데, 두 유형의 조직들 간 수적 비율이 결코 명확할 수는 없겠〔지만〕'위로부터' 창출된 것은

[+] 타데우시 부르-코모로프스키Tadeusz Bor-Komorowski(1895~1966). 1차 세계대전 당시 오스트리아-헝가리제국 군대의 장교였고, 2차 세계대전 시기에는 바르샤바 봉기 당시 폴란드 국내군 사령관이었다. 2차 세계대전이 끝난 후에는 런던에 있는 망명 정부의 총리를 맡기도 했다.

바르샤바 게토 봉기는 유대인들이 나치 독일과
맞서 전개한 무장투쟁으로 1943년 4월에
발생했고, 그해 5월에 진압됐다. 사진은 봉기가
진압된 뒤 유대인들이 끌려가는 장면이다.
이 봉기로 1만 3000여 명의 유대인이
사망했으며, 이 중 절반가량은 산 채로 불에
타거나 질식사했다.

— 불에 타고 있는 바르샤바 유대인 거주 지역.

아니었다.[48]

직접 참여했던 한 사람은 이렇게 보고했다. "조금의 상상력, 약간의 야망과 진취성, 그리고 많은 용기를 가진 사람은 누구라도 자신만의 팀을 가동시킬 수 있었고 보통 그렇게 했다."[49]

레지스탕스에서 우익과 좌익의 균형이 뜨겁게 논쟁돼왔다는 것은 제국주의 전쟁과 민중의 전쟁 요소들이 복잡하게 섞여 있다는 표시다. 한 유대인 여성은 이렇게 공표했다. "나는 독일인들을 두려워하지 않았고, 폴란드인들을 두려워했다."[50] (그러나) 그와 동시에 레지스탕스 구성원들은 1943년[+] 4월에 일어난

[+] 원문에는 1932년으로 돼 있지만, 1943년이 타당하다. 바르샤바 게토 봉기는 유대인들이 나치 독일과 맞서 전개한 무장투쟁으로 1943년 4월에 발생했고, 그해 5월에 진압됐다.

유대인의 바르샤바 게토 봉기를 도왔고, 생존자들에게 피할 곳을 제공했다.[51] 약 1만 5000~2만 명의 유대인이 게토 장벽 너머 바르샤바에 숨었고,[52] (유대인을 구하기 위한) 제고타Zegota[++] 조직은 폴란드 망명 정부와 긴밀하게 연계돼 있었다.[53] 한 책은 "폴란드인에 관한 것만큼 (흔히 모순되는) 보고와 판단이 많은 민족 집단은 없다"라는 결론을 내린다.[54]

폴란드는 상층계급 세력과 하층계급 세력이 레지스탕스에 적극적으로 관여했다는 점에서 독특했지만, 강력한 내적 긴장이 작용하고 있었다.[55] 민중의 전쟁과 제국주의 전쟁이 겹친 것은 결코 편안하거나 완벽하지 않았다. 좌익 정당들과 우익 정당들, 그리고 '위로부터' 운동과 '아래로부터' 운동의 분열에 더해 군대의 사나차 지지자들이 폴란드의 수치스러운 패배가 그 체계 때문이라고 탓하는 민간인들과 나란히, 거북하게 앉아 있었다.[56] 그러한 긴장 사례가 바르샤바 봉기 발전 과정의 임계점에서 발생했다. 폴란드군 최고 사령관 소스노프스키Sosnowski[+++]는 민간인

[++] 독일에 점령된 폴란드 지역에서 1942~1945년에 유대인 구조 활동을 전개한 폴란드인들의 비밀 조직. 제고타의 도움을 받은 유대인 수에 대한 추정치는 논자에 따라 엇갈리는데, 약 3만 명으로 보는 경우도 있고 6만 명으로 추정하는 경우도 있다.

[+++] 카지미에시 소스노프스키Kazimierz Sosnowski(1885~1969). 부유한 상류층 출신으로 독립투쟁에 뛰어들었고, 독립 후에는 군의 주요 지휘관이자 외교관으로 활동했다. 2차 세계대전이 발발하자 침공에 맞서다가 국외로 탈출했고, 1943년 시코르스키 사망 후 그 뒤를 이어 최고 사령관 자리에 올랐다. 1944년에는 바르샤바 봉기를 개시하는 데 반대하면서 망명 정부의 새 총리 미코와이칙과 대립했다. 봉기가 개시된 후 소스노프스키는 처칠의 압력으로 그

〔망명〕정부의 수반인 미코와이칙Mikolajczyk에 맞선 쿠데타를 모의하기 위해〔봉기에〕불참했다. 소스노프스키는 러시아인들과 타협하는 방안이 준비 중임을 우려했다.[57] 또 다른 문제는 1939년 이전 국경 안쪽에 사는 인구의 3분의 1에 이르는 비폴란드계를 소외시킨 폴란드 민족주의에 대한 레지스탕스의 강조였다.

위에서 언급된 대기주의에 대한 장애물에도 불구하고 폴란드 국내군은 그것을 시도해보라는 유혹을 당했는데, 그 이유는 다른 '공식적인' 레지스탕스 운동들과 같았다. 대중 행동이 위험한 사회 세력을 불러일으킬 것을 주로 우려하지만 나치의 보복(폴란드에서 특히 참혹했다)을 피하기 위해서이기도 했다. 이렇게 해서 부르-코모로프스키는 자신의 초기 전략을 "조만간 독일 서부전선에 균열이 생겨 우리에게 반란 성공에 유리한 기회를 줄 것이라는 추정"에 근거해 세웠다.[58] 다시 말해, 진지한 행동을 취하기에 앞서 영국과 프랑스가 성공해야 한다〔는 것이었다〕. 그는 1940년 프랑스의 패배를 "우리의 모든 계획이 무너지고 있다(는 점에서) 우리 조직의 종말"이라고 느끼고, "장기적인 정책"을 취하기로 결정했다. "우리의 주된 과업은 정보 작업과 언론 그리고 선전 활동일 것이다."[59]

하지만 대기주의는 옹호될 수 없다는 것이 드러났다. 나치가 식민지로 이주하는 독일 민족에게 자리를 내주기 위해 루블린Lublin과 자모시치Zamosc 지역에서 모든 폴란드인을 쫓아내기 시

해 9월 최고 사령관 자리에서 좌천됐다.

작했을 때, 빨치산 부대 편성을 재가하지 않을 수 없었다. 그들의 활동이 추방을 중단시켰다. 그렇지만 폴란드 국내군은 더 과감한 조치를 취하는 것에 계속 저항했다.[60] 그것은 결국 사건들의 압력에 의해 민중의 전쟁의 전술을 채택하는 쪽으로 끌려갔다.

〔그렇게 된〕 하나의 요인은 망명 정부가 있는 곳이자, 대기주의자들이 희망을 건 나라인 영국이 폴란드의 대의명분을 배반한 것이었다. 폴란드의 주권을 수호하는 것이 1939년 전쟁〔을 선포한 행위〕의 표면적인 이유이긴 했지만, 영국은 히틀러-스탈린 불가침 조약에도 불구하고 동료 열강으로서 모스크바에 구애하는 것에 더 관심을 보였다. 일찍이 1939년 10월에 런던은 러시아가 부당하게 취한 이득의 90퍼센트를 그대로 가지고 있어야 한다는 믿음을 내비쳤다.[61] 러시아가 연합국 진영에 합류했을 때 처칠은 이 정복을 암묵적으로 인정하는 조약을 스탈린과 체결하도록 시코르스키를 압박했다.[62] 카틴 학살 소식이 강요된 우정을 좌절시켰지만, 영국의 전반적인 정책에 어떠한 변화도 가져오지 못했다.

미국의 많은 폴란드계 유권자를 고려해볼 때 루스벨트는 레지스탕스를 후원했을까? 그는 처칠보다 스탈린을 훨씬 더 세심하게 배려했다. 1944년까지 어떠한 지원책도 마련되지 않았다. 바르샤바 봉기〔시기〕가 다가오자 미국은 1000만 달러를 할당했는데(폴란드인들은 9700만 달러를 요청했다), 그들〔폴란드인들〕이 붉은 군대와 협력한다는 조건을 붙여 그렇게 했다. 봉기가 일어나고 세 번째 주가 돼서야 비로소 자금이 방출됐다.[63]

연합국에 그 존재를 드러내기 위해 큰 위험을 무릅쓰고 서방에 도달한 폴란드 지하 국가의 특사 카르스키Karski[+]는 그들의 공감 부족에 대해 비통하게 논평했다. "바깥세상에서는 〔폴란드 상황을〕 이해할 수 없다는 것을 나는 곧 깨달았다. …… 우리가 전국적으로 협력을 거부하는 것에 수반되는 희생과 영웅주의를 바깥세상은 결코 이해하거나 추산할 수 없었다. …… 폴란드 지하 국가에 대한 온전한 개념은 그들로서는 흔히 이해할 수 없는 것이었다."[64] 이러한 몰이해를 초래한 것은 상상력 부족이 아니라 연합국 제국주의자들 공동의 이해관계였다.

연합국 측의 부정적 태도는 폴란드 레지스탕스의 투쟁 잠재력을 약화시켰다. 지하 군대가 자체의 비밀 작업장에서 일부 장비를 얻기는 했지만,[65] 1944년에 지하 군대의 수십만 지원병이 보유한 총포는 3만 2000정에 지나지 않았다.[66] 러시아가 무기를 추가 공급할 것 같지 않았기 때문에 폴란드 국내군은 영국에 의지했다. 지리적으로 떨어져 있다는 것이 〔무기 공급 요청〕 거부에 제시된 변명이었지만, 영국과 러시아의 첩보 기관들 사이의 직접적인 논의가 아마도 더 결정적이었을 것이다. 이렇게 해서 바르샤바 봉기에 이르는 기간에 폴란드 국내군이 받은 보급품의 총 톤수는 그리스와 프랑스로 보낸 양의 각각 10분의 1, 18분의 1이었다.[67]

+ 얀 카르스키Jan Karski(1914~2000). 폴란드 외교관이었던 그는 2차 세계대전 당시 나치의 홀로코스트를 목격한 후 미국, 영국 등 연합국 측 지도자들에게 이를 폭로했다.

폴란드인의 열망에 대한 그와 같은 무시는 연합국과 긴밀하게 묶여 있는 런던의 망명자들과 국내에서 민중의 압력을 받아야 하는 폴란드 국내군 사령관들 간 의견 충돌을 초래했다. 정부 성명서를 봉기 전야에 바르샤바에서 나온 성명서들과 비교해보라. 전자는 정확히 영국-프랑스 진영에 속해 있었다. "자유로운 폴란드는 …… 서구적 소양이 있는 슬라브 국가들 및 독일과 러시아 사이에 위치한 다른 작은 국가들의 효율적인 버팀목이 될 것이다."[68] 이 성명은 의도적으로 급진주의와 거리를 뒀다.

바르샤바에서, [이것과] 비슷한 어조로 얘기할 것이라고 부르-코모로프스키 장군에게 기대했을지도 모른다. 그는 우익 관점으로 알려진 귀족적인 기병대 장교였기 때문에 폴란드 국내군 사령관으로 선출됐다.[69] 더욱이 그는 파시스트적인 NSZ**를 자신의 부대에 포함하려는 시도를 상당히 늦은 시기까지 했는데, 그들이 공산주의자들뿐만 아니라 망명 정부 지지자들 중 좌익도 살해하고 있었는데도 그렇게 했다.[70] 하지만 부르-코모로프스키는 시간이 지날수록 공산주의적인 폴란드노동자당PPR이 전진하기 시작할 수 있게 해주는, 참을 수 없는 감각을 붉은 군대의 성공이 창출했다는 사실과 씨름해야 했다.[71] 한 역사가는 폴란드가 "전후에 더 깨끗한 세계, 사회 평등과 완전 고용을 위한 유럽의 모든 레지스탕스 운동의 갈망을 공유하는 …… 급진적 정서

** 국민군. 폴란드 지하운동 조직 가운데 하나인데, 유대인을 폴란드인의 적으로 간주하는 등 우파 성향이 강했다.

폴란드 국내군 사령관
부르-코모로프스키 장군.

의 고조"를 경험하고 있었다고 쓴다.[72] 그러한 분위기의 징후는 1943년 8월, 하고 많은 세력들 중에서도 우익인 민족민주당이 "계획 경제 …… 국가가 공공 기업체, 수송, 기간산업, 은행 업무를 국유화할 권리를 갖는 …… 50헥타르 이상의 모든 사유지 징발 …… 완전 고용, 건강, 교육, 그리고 사회 복지"를 제안하는 성명에 동의한 것이었다.[73]

부르-코모로프스키 장군이 방금 나온 패와 같은 패를 냈다. 그는 "자족적인 전문 집단"인 우익 장교들과 "온갖 계층과 직종 출신의 민중"인 폴란드 국내군 사병들 간의 균열을 두려워했다.[74] 1944년 7월 부르는 활동 부족 상태에 대해 런던에 경고했는데, "그렇게 되면 독일인들과 맞서 싸우는 일의 주도권을 (공산주의자인) 폴란드노동자당이 쥐기 쉽고 잘 모르는 시민들 중

상당 부분이 그들에게 합류할 수도 있다. 그 경우 나라는 소련과 협력하는 방향으로 움직이기 쉽고 아무도 그것을 막을 수 없을 것"이기 때문이었다.[75]

민중의 전쟁의 선두에 서기 위해 부르-코모로프스키는 "광범위한 노동 대중의 이익을 위해 통치되는" 폴란드를 요구했다.[76] 그는 망명자들처럼 폴란드를 "서구적 소양이 있는 슬라브 국가들의 효율적인 버팀목"으로 만들기 위해 목숨을 걸라고 민중에게 요청하지 않았다. 그 대신 그는 광범위한 농촌 사유지 무상 몰수, 복지 국가, 산업 국유화, 노동자 평의회를 요구했다.[77]

치에하누프스키Ciechanowski가 설명한 대로 1944년까지 폴란드 국내군은 "위험한 일촉즉발 상황"에 직면해 있었다. "그들은 폴란드노동자당이 더 강력해지는 것을 막고, 반독일 작전을 늘려 대중의 충성을 유지하기 위해 노력했다. 그들은 반독일 반란을 준비하는 것을 자신들의 최대 과업으로 여겼다."[78]

이제 부르는 이렇게 강조했다. "뭔가 얻을 수 있는 기회는 오직 마지막까지, 노력을 아끼지 않고, 모든 역경에 굴하지 않고 독일과 싸우겠다는 우리 의지를 끊임없이 보여주는 것뿐이었다."[79] 러시아는 우호적이지 않고 영국과 미국의 군대는 디데이 방식의 상륙을 개시하기에는 너무 멀리 떨어져 있어서, 망명 정부들의 도피처인 대기주의는 바르샤바에서 자연스럽게 사라져 갔다.

하지만 적극적인 대중의 레지스탕스를 상기하게 하는 것은 폴란드 국내 지도부를 러시아로 대표되는 연합국 제국주의와 충돌하는 것이 불가피한 상황에 놓이게 만들었다. 이는 폭풍 작전Operation Burza('Tempest')⁺ 동안 처음으로 분명하게 드러났다. 폴란드 국내군 부대들은 붉은 군대가 폴란드에 들어오는 순간 바로 지하에서 나와 소련군 지휘관들을 다음과 같은 말로 맞이할 계획이었다. "폴란드공화국 정부의 명령에 따라 나는 …… 폴란드 공화국 영토에 들어온 소련군과 함께 공동의 적에 맞서 군사 작전을 조정하는 것에 관한 제안을 가지고 …… 당신에게 다가갑니다."⁸⁰

부르-코모로프스키 장군은 폭풍 작전이 "독일인들과 맞선 우리의 투쟁을 드러낼 우리의 의지", 그리고 "공화국의 주권을 상징하는 요소들의 현존을 소련에 드러낼 우리의 의지"를 입증할 것이라고 설명했다.⁸¹ 민중의 반파시스트 전쟁에 부여된 상대적 중요성이나 전쟁 이전 폴란드의 복원은 이 정식화定式化에서 불분명했다. 부르는 아직 그 둘 사이에서 불편하게 균형을 잡고 있었다.

폭풍 작전은 볼히니아Volhynia 지역에서 시작됐는데, 이에 대해서는 보로지에이Borodziej가 상세히 논했다. 이 지역은 인구의 6분의 5가 우크라이나인이었고 6분의 1만 폴란드인이었다. 이 불운한 지역은 몇 세기에 걸쳐 제국주의를 견뎌내야 했는데 그 제국주의는 대부분 차르에 의한 것이었고 그다음에 폴란드, 이

⁺ 1944년 1월부터 이듬해 1월까지 폴란드 국내군이 전개한 일련의 반나치 봉기들.

제는 독일의 제국주의였다. 현지의 협력을 얻고자 베를린은 폴란드인 이웃들에 대한 우크라이나인들의 적대감을 교묘히 이용했고, [그 결과] 그들 중 5만 명이 살해됐다.⁺⁺ 폭풍 작전 이전에 폴란드 국내군이 볼히니아에서 맡은 역할은 독일인들을 공격하는 것이 아니라 보복성 테러를 통해 폴란드인 소수 집단을 방어하는 것이었는데, 그 결과 우크라이나인 2만 명이 비명횡사했다.[82] 폴란드 국내군이 "(폴란드)공화국의 주권" 재건을 제안한 것이 바로 여기, 그리고 이 끔찍한 사건 이후였다!

국제주의로 고취되고 **모든** 지배계급에 반대하는 보통 사람들의 공동의 이해관계를 강조(아니면 적어도 다민족 레지스탕스에 대한 티토주의의 강조)하는 진정한 민중의 전쟁은 볼히니아에서 폭풍 작전에 대한 대중적 지지를 이끌어낼 수도 있었을 것이다. 폴란드 국내군은 거기까지 나아갈 생각이 없었고, 그래서 그것이 현장에 나타났을 때 붉은 군대는 레지스탕스 전사들을 손쉽게 무시했다.

볼히니아에서 설정된 유형은 다른 곳에서 다시 나타났다. 붉은 군대 사령관들은 독일인들과 맞서 싸우는 동안에는 폴란

⁺⁺ 볼히니아는 오늘날의 우크라이나 서부, 폴란드 남동부, 벨라루스 남서부에 걸친 지역을 가리킨다. 폴란드가 나치 독일에 점령된 시기인 1943년 우크라이나 민족주의를 내건 조직이 이곳은 물론 그 주변에 있는 갈리치아(우크라이나 북서부에서 폴란드 남동부에 걸친 지역) 등에서 소수 민족이던 폴란드인을 학살했다. 학살은 1943년 7~8월에 정점에 이르렀는데 이 학살로 볼히니아에서 4~6만 명, 갈리치아에서 3~4만 명의 폴란드인이 희생된 것으로 추정된다.

드 국내군의 도움을 환영했지만, 싸움에서 승리하는 순간 그들은 레지스탕스에게 해산하거나 베를링Berling⁺ 장군 휘하에 있는 꼭두각시 폴란드 군대에 합류하라고 요구했다. 거부한 사람들은 억류되거나 처형됐다.⁸³ 스탈린은 전후에 동부 폴란드를 돌려받기를 원했고, 경쟁 파벌들이 무장하는 것을 원치 않았다. 폴란드 국내군은 군사 장비 면에서 취약했을 뿐 아니라 동부 지역에서는 폴란드 민족주의에 호소할 수도 없었다. 그래서 폭풍 작전은 시도된 모든 곳에서 실패했다.

바르샤바는 또 다른 문제였다. 수도는 민족적 다양성이 덜했는데, 상당한 유대인 공동체를 제거한 후에는 특히 더 그랬다. 그러나 폭풍 작전 내내, 그리고 정말로 바르샤바 봉기가 분출하는 바로 그 순간까지 아무도 거기서 대규모 투쟁을 제안하지 않았다.⁸⁴ 부르-코모로프스키가 터놓고 얘기했다. "나는 (적의 주의를 돌리기 위한) 우리의 견제 활동이 악조건에서 무장 반란을 개시하려는 즉흥적인 시도가 되지 않도록 막는 것을 목표로 하는 명령을 내렸다."⁸⁵ 폴란드 국내군 지도부가 봉기를 미리 계획하지 않았다는 증거는 그에 앞서 몇 주 동안 귀중한 무기를 바르샤바 밖으로 내보냈다는 사실이다.⁸⁶ 7월 14일 부르는 이렇게 말했

⁺ 지그문트 베를링Zygmunt Berling(1896~1980). 폴란드군 장교였던 그는 2차 세계대전 발발 후 소련 비밀경찰에 체포됐다. 감옥에 갇혔으나, 소련에 협력하는 데 동의하고 풀려났다. 1943년 친소련 성향의 폴란드 인민군이 창설되자 베를링은 폴란드 인민군 지휘관으로 활동했다. 전후에는 군에서 퇴역하고 (1953년) 정부 관료로 일했다.

다. "현재 폴란드에 있는 독일군 및 봉기에 맞선 준비 상황을 고려하면 (그것(봉기)이) 성공할 가망은 전혀 없다. 우리가 의지할 수 있는 것은 독일인들이 무너지고 그 군대가 허물어지는 경우뿐이다."[87]

하나의 단일한 요소보다는 변화무쌍한 압력들이 이 노선을 변화시켰다. 독일인들이 많은 바르샤바 젊은이들을 국외로 강제 추방하려는 참이라고 믿겼는데, (그 경우) 폴란드 국내군은 심각한 손상을 입게 될 것이었다. 붉은 군대가 이 도시에 다가오고 있었고, 7월 29일에는 폴란드 공산주의자 성명이 방송됐다. "행동의 시간이 이미 도래했다." 그것은 "최종적인 해방의 순간을 앞당겨 우리 형제들의 목숨을 구할" 수 있도록 "거리에서 직접적이고 적극적인 투쟁"을 벌일 것을 호소했다.[88] 그다음 날, 표현이 더 강력해졌다. "바르샤바는 총포가 울부짖는 소리로 뿌리부터 흔들리고 있다. 소련군이 힘차게 진군하며 프라가Praga(비스와Vistula강 맞은편에서 바르샤바 중심부와 마주보는 지구)에 근접하고 있다. 당신에게 자유를 가져오기 위해 그들이 오고 있다. …… 수도의 민중이여! 전투 준비!"[89] 부르의 부하인 몬테르Monter 대령은 폴란드 국내군 지도부의 중요한 회의에서 같은 내용의(사실이 아닌 것으로 판명되는) 주장을 보고했다.[90] 바르샤바에서 봉기를 일으킨다는 결정이 내려졌고, 1944년 8월 1일 그것이 시작됐다.

그날 폴란드 국내군과 시민들은 2차 세계대전 전체에서 가장 규모가 큰 반란에 투신했다. 역사가들은 그것의 타당성에 대해 의견을 달리한다. 데이비스는 그것을 연합국의 반파시스트

1944년 8월 1일
바르샤바 봉기가
시작됐다.
화염방사기와 총을
들고 싸우는 폴란드
저항군.

미사여구가 구체적인 지원으로 바뀔 것이라는 합리적인 기대에 근거해 독일이 씌운 멍에를 벗어던지려 한 정당한 시도로 본다. 콜코Kolko는 폴란드 국내군 지도부와 망명 정부가 국가 권력 체계 안에서 자신들의 역할을 보존하기 위해 계책을 부리고 있었다고 시사한다. "봉기는 실제로는 독일인들뿐만 아니라 러시아인들과도 맞서는 것이었고, 따라서 처음부터 실패할 운명이었다. 그 것은 런던뿐만 아니라 폴란드 국내군에 있는 폴란드인들도 자신들의 장엄함의 외교diplomacy of grandeur의 일부로서 몇 년 동안 이용하려 한 논리의 끔찍한 결과였다."[91]

두 가지 해석 모두 증거가 있다. 예를 들면 부르-코모로프스키 장군은 이렇게 믿었다. "독일인들 밑에서 몇 년간 겪은 비극과 굴욕에 대해 복수하려는 전반적인 욕망이 너무나 강력해서 그것을 억제하는 것은 사실상 불가능했다. 도시 전체가 전투 준비 명령을 숨죽여 기다리고 있었다."[92] 그러나 그도 반란을 "조국의 독립이 걸린 게임에서 우리가 가진 마지막 비장의 무기"로 묘사할 때 "장엄함의 외교"에 대해 암시했다.[93]

폴란드 국내군은 4만 병력 중 일부만 무기를 갖고 있었고, 버틸 수 있는 기간은 일주일 남짓이었다.[94] 하지만 붉은 군대가 가까운 곳에 있었고 폴란드 총리가 바로 이틀 전에 모스크바에 도착했기 때문에 러시아의 지원이 곧 이뤄질 것으로 여겨졌다.[95] 폴란드 국내군에 외부의 도움이 필요하다는 것은 명백했다. 바로 교전 첫날 폴란드 국내군은 동원 인원의 10퍼센트를 잃었는데, 독일인 한 사람당 4명의 전사가 희생됐다.[96]

이것이 나치를 심판하겠다는 대중의 열정을 수그러들게 하지는 않았다. 한 목격자는 이렇게 썼다.

우리가 그 당시 느낀 환희. 그것은 점령으로 인한 고뇌의 결과로, 거의 5년 동안 겪은 고통과 굴욕의 결과로 생겨났다. 우리는 무엇이든 할 준비가 돼 있었다. …… 점령된 다년간은 매 순간 우리를 위협했던 위험들에 무관심할 것을 우리에게 일깨워줬다. 그러나 무엇보다도 폴란드인의 무장운동이 소련군의 바르샤바 횡단 시기를 앞당기고 독일인들이 즉시 도시를 떠날 수밖에 없게 만들 것이라는 믿음이 우리의 활기를 북돋웠다.[97]

폴란드 국내군의 한 장교는 이렇게 묘사했다.

주민들이 대전차용 바리케이드를 치고, 병사들과 자기 집으로 돌아갈 수 없는 사람들을 먹이기 위해 급박하게 무료 급식소를 조직하고, 봉기가 그들을 놀라게 한 곳에서 보여준 열정. 거리 분위기는 연휴를 연상하게 했다. …… 모든 사람이 각자의 방식으로, 자기 능력의 한계 내에서 이 결정적인 투쟁에 참가했다.[98]

봉기 사흘 만에 부르-코모로프스키는 얼마나 여성들과 남성들이 폴란드 국내군에 합류하기 위해 쇄도하고 있는지, 그리고 화재 진압, 전사들을 먹이기, 무기 부족을 벌충하기 위해 집에서 화염병 만들기 같은 모든 종류의 역할을 자원하는지에 대

— 독일군 전차를 탈취한 폴란드 저항군들.

해 보고했다.[99] 다른 많은 것들 중에서도 '회색 계급Gray Ranks'+—
폴란드 스카우트 운동—이 두드러진 역할을 하고 그 대가를 치
렀다.[100]

　행동을 취한다는 결정 뒤에 있는 다른 요인들이 무엇이든
간에, 폴란드 국내군의 한 장교는 바르샤바에서 민중의 전쟁의
결정적인 측면을 목격했다. "전사들과 참가자들 간 경계는 소거
됐다."[101] 영국인 관찰자도 이것에 공명共鳴했다. "오늘날, 내가 생
각하기에 영국 국민이 이해하기가 매우 어려운 전투가 벌어지

+　2차 세계대전 당시 지하에서 준군사 조직 역할을 한 폴란드스카우트협회의
　암호명. 독일의 침공을 당한 그달(1939년 9월)에 전시 조직을 창출해, 1945
　년 1월까지 독일 점령군에 적극적으로 저항하고 폴란드 지하 국가의 레지스
　탕스 작전에 기여했다.

— 폴란드의 젊은 병사들. 많은 보통의 여성들과 남성들이 폴란드 국내군에 합류했다.

고 있다. 그것은 폴란드 국내군이 치르고 있는 전투일 뿐만 아니라 주민들이 수행하고 있는 전투이기도 하다."[102] 전투원 7명 중 1명은 여성이었고, 부르-코모로프스키에 따르면 "다수는 노동자들, 철도 관계 종사자들, 장인들, 학생들과 공장, 철도, 사무실의 사무원들"이었다.[103] 그래서 폴란드 국내군의 방법은 "어떠한 정규군의 공격과도 비교"할 수 없었다. "그것은 혁명적 봉기의 모든 추동력과 열정을 가지고 있었고, 우리는 처음 며칠 동안 우리가 거둔 성공을 최초의 이 맹공격에 대한 충동적인 열정 덕분이라고 봤다. 그것이 우리 무기의 형편없는 품질을 그 이상으로 벌충했다."[104]

이것이 나치 지배에 대한 보편적인 증오로 접합된 '위로부터' 운동과 '아래로부터' 운동의 연합이 해소될 수 없었다는 것을 의미하지는 않는다. 바르샤바 내부에서 망명 정부에 올린 보고서는 많은 사람이 폴란드 정부가 사회 개혁 약속을 지킬 수 있을 것인지 여부보다 그것이 서방 연합국 또는 러시아와 연관돼 있는지에 대해 관심을 덜 가진다는 것을 보여줬다. 그렇기 때문에 보고서는 급진적 약속들을 취소해서는 안 된다고 경고했다.[105]

이제 모든 것은 러시아인들의 태도에 달려 있었다. 악명 높은 파란색 연필로 체크된 문서[+]와 그 퍼센트에 의해 폴란드의 운명이 미리 결정된 건 아직 아닌 상황에서, 다른 곳에서 공산주의자들이 그랬던 것처럼 그들이 반란을 일으킨 사람들과 공동 노력을 기울이고 민중의 전쟁을 촉진할 것인가, 아니면 처칠이 아테네에서 그랬던 것과 똑같은 적대감을 가지고 스탈린이 바르샤바를 대할 것인가? 두 사람을 비교할 때 우리는 〔처칠의 책〕《2차 세계대전의 역사》에 담긴 영국 총리의 내부자 설명을 활용할 것이다.

8월 4일 처칠은 스탈린에게 이것이 "당신의 작전에 도움이 될 수도" 있기 때문에 영국이 폴란드 국내군을 지원하고 있다고 통지했다.[106] 그다음 날 스탈린은 "그들에겐 대포도, 항공기도, 탱크도 없다"라는 점에서 봉기가 "대단히 과장돼 있고 신뢰감을 주지도 못한다"라고 답했다.[107] 정확히 이게 요점이다. 붉은

✦   처칠과 스탈린의 퍼센트 협정(1944년 10월) 문서를 말한다.

군대의 대포, 항공기, 탱크의 예상 도착 시간과 일치하도록 봉기가 일어나는 시기를 맞췄다. 폴란드 국내군이 견딜 수 있는 한계로 예견했던 일주일이라는 기한이 지나도록 러시아의 진군 또는 원조 징후는 전혀 없었다. 그래서 반란을 일으킨 사람들은 다수의 독창적인 기술을 즉석에서 만들어냈는데, 전사자들에게서 총포를 회수했기 때문에 사망자가 많은 것이 실제로는 폴란드 국내군 병력의 무기 보유 비율을 높이는 데 기여했다. 그러는 동안 대중 감정의 힘이 사기를 유지했다.[108]

그러나 나치의 결의도 더 강화됐다. 독일 명령서에는 이제 이렇게 적혀 있었다. "1. 모든 반역자는 체포 후 총으로 쏴버릴 것 2. 주민 중 비전투 부분을 무차별적으로 학살할 것."[109] 이 지역의 나치 지배자 한스 프랑크Hans Frank[*]가 덧붙였다. "바르샤바는 완전히 파괴되는 운명에 처할 만하다."[110]

8월 12일 처칠은 바르샤바에서 전해진 호소를 제시하며 스탈린의 태도를 누그러뜨리려 했다.

우리는 당신들에게서 소량(의 보급품)을 단 한 번 받는다. 독일-러시아 전선은 지난 3일 이후 적막하다. 그리하여 우리는 (런던에 있는) 폴란드 부총리의 짧은 연설을 제외하면 아무런 물질적 또는 도덕적 지원이 없는 상태며, 당신들로부터 우리 행동에 대

---

[*] 1900~1946. 독일 정치인이자 변호사. 2차 세계대전 발발 후 독일에 점령된 폴란드 지역의 총독으로 임명됐다. 전후 뉘른베르크 재판에서 사형 판결을 받고 처형됐다.

— 바르샤바를 폭격하고 있는 독일 전투기.

한 인정조차 받지 못했다. 병사들과 주민들은 연합국의 도움을 기대하면서 절망적으로 하늘을 쳐다본다. 〔그러나〕 그들은 연기를 배경으로 독일 항공기만 본다. 그들은 놀라고, 매우 의기소침하며, 욕을 하기 시작한다. …… 무기와 군수품 투하, 적이 장악한 목표물에 대한 폭격, 공수 착륙으로 구성된 지원이 즉각 이뤄지지 않으면 우리의 싸움은 며칠 내로 실패로 돌아갈 것임을 나는 강조해서 거듭 말한다.

처칠은 애원했다. "당신이 그들에게 추가적으로 도움을 줄 수는 없겠습니까?"[111] 16일 스탈린의 회답이 왔다. "바르샤바〔에서 전개된〕 행동이 무모하고 끔찍한 모험을 대표한다는 것을 나

━ 독일군의 폭격을 맞고 폐허가 된 바르샤바 시내.

는 확신합니다."[112]

폴란드 전선의 붉은 군대 사령관 로코숍스키Rokossovsky[+]가 이

[+] 콘스탄틴 로코숍스키Konstantin Rokossovsky(1896~1968). 바르샤바에서 태어났
다(아버지는 폴란드, 어머니는 벨라루스 출신). 1차 세계대전 때 러시아군
에 복무하던 중 러시아혁명이 일어나자 볼셰비키 편에 섰다. 내전에서 공을
세워 최고 훈장을 받는 등 붉은 군대에서 승승장구했으나, 1937년 스탈린의
대숙청에 휘말려 반역자로 낙인찍혔다. 체포돼 고문(평생 그 후유증에 시달
려야 했을 만큼 혹독했다)을 당하고 감옥에 갇혔는데, 2차 세계대전 발발 후
풀려나 군에 복귀했다. 그 후 모스크바 방어전, 스탈린그라드 및 쿠르스크에
서 전개된 반격 등 독소전쟁의 주요 전투에서 중요한 역할을 하며 게오르기
주코프와 더불어 붉은 군대를 대표하는 지휘관으로 떠올랐다. 전후 폴란드
주둔 소련군 사령관이었다가 스탈린의 명령에 따라 그곳에 남아 폴란드 국

시기에 독일 국방군의 심한 저항에 직면했던 것은 사실이다. 〔바르샤바〕 봉기에 가장 동정적인 역사가인 데이비스조차 처음에는 "비스와강 동쪽에 대한 독일의 완강한 반격"으로 "로코솝스키가 비스와강을 대규모로 손쉽게 건널 수 있는 가능성은 거의 없었다"라고 여긴다.[113] 하지만 봉기는 10월 2일까지 계속됐고, 그 시기에 러시아인들이 원조를 제공할 수 있는 기회가 많이 생겼다.

공중 투하가 하나의 선택지였고, 처칠과 루스벨트는 스탈린에게 공동으로 호소했다. "우리는 바르샤바에서 전개되는 반나치 활동이 사실상 버려진다면 세계 여론〔이 어떠할지〕에 대해 생각하고 있습니다. …… 우리는 당신이 바르샤바에 있는 폴란드 애국자들에게 보급품과 군수품을 즉각 〔공중에서〕 떨어뜨려주기를 희망하는데, 아니면 우리 비행기들이 그 일을 매우 빠르게 할 수 있도록 돕는 것에 당신이 동의해주겠습니까?"[114] 소련은 영국과 미국의 보급 비행기가 이탈리아에 있는 그들의 가장 가까운 기지에서 1250킬로미터를 날아가는 길은 전혀 방해하지 않았지만, 그 비행기들이 러시아에 착륙하거나 러시아에서 재급유하는 건 허용하지 않았다. 그와 동일하게, 러시아인들은 바르샤바를 지원하기 위해 자신들의 위치에서 30킬로미터를 비행할 의도가 전혀 없었다.[115] 서방 연합국들이 거의 자살 행위나 다름없는 일련의 임무를 시작했지만, 그것이 근본적으로 결과를 바꿀 수는

방부 장관을 지냈다. 1956년 폴란드에서 반소 움직임이 확산되자 로코솝스키는 소련으로 돌아가 소련군에 복귀했고, 1968년 소련에서 생을 마쳤다.

없었다.[116]

9월 중순 러시아인들은 결국 제한된 지원을 마지못해 제공했다. 처칠은 이 뒤늦은 움직임(의 본질)을 꿰뚫어 봤다. "그들은 공산주의자가 아닌 폴란드인들이 최대한 파괴되기를 바라지만, 그들이 구하러 가고 있다는 생각을 살려두는 것 또한 바란다."[117] 모스크바 주재 미국 대사 해리먼Harriman[+]은 크렘린의 접근 방식에 기겁했다. "이 사람들은 권력으로 부풀어 있고, 우리와 모든 나라에 자신들의 의지를 강요해 자기들이 내린 결정을 덮어놓고 받아들이게 할 수 있기를 기대한다."[118]

두 달 후, 반란을 일으킨 사람들은 결국 굴복했다. 폴란드 정부는 처참한 결과를 이러한 말로 설명했다. "우리는 실질적으로 어떠한 지원도 받지 못했다. …… 우리는 루마니아, 이탈리아, 핀란드에 있는 히틀러의 동맹들보다 더 나쁜 대우를 받았다. …… 해외에 있는 우리 군대가 프랑스, 벨기에, 네덜란드 해방을 돕고 있는 그 시기에 (우리의) 봉기는 가라앉고 있었다."[119]

그리스 레지스탕스를 분쇄하기 위해 아테네를 폭격했던 영국 총리가 역설적 상황에 대한 어떠한 느낌도 없이 그들의 주장에 공명했다.

[+] 윌리엄 해리먼William Harriman(1891~1986). 철도왕으로 통한 E. H. 해리먼의 아들이다. 철도 회사 사장 등으로 활동하다가 1934년 루스벨트 대통령에게 발탁된 것을 계기로 미국 정·관계에서 일했다. 1943~1946년에 소련 주재 대사를 지내며 대소 강경론을 주장했다.

— 1944년 10월 한 병사가 독일군에게 항복하고 있다. "폴란드 지하 국가에 속한 남녀 4만 명 가운데 약 1만 5000명이 전사했다. 100만 주민 중 거의 20만 명의 〔인명〕 피해가 발생했다."

불멸하는 것은 그와 같은 보편적 영웅주의를 동원할 수 있는 국가다. …… 이 단어들은 지워지지 않는다. 바르샤바에서 투쟁은 60일 이상 계속됐다. 폴란드 지하 국가에 속한 남녀 4만 명 가운데 약 1만 5000명이 전사했다. 100만 주민 중 거의 20만 명의 〔인명〕 피해가 발생했다. 반란 진압으로 인한 손실로 독일군 1만 명이 살해되고 7000명이 행방불명됐으며 9000명이 다쳤다. …… 석 달 후 러시아인들이 도시에 들어왔을 때 그들은 작지만 산산이 부서진 거리들과 매장되지 않은 시신을 발견했다. 그들이 지금 지배하는 폴란드를 그들이 해방시켰다는 것이 그러한 것이다.[120]

바르샤바 봉기의 비극적 종말은 폴란드 국내군의 계산 착오, 독일 국방군의 예상치 못한 힘을 비롯한 많은 요인이 작용한 결과였다. 하지만 도이처Deutscher의 러시아 고발이 정확했다는 것은 의심의 여지가 없다. 바르샤바에 대한 지원을 차단한 것은 "서방에서 스탈린을 찬미하는 사람들조차 경악하게 한 냉담함의 과시(로) 연합국 국가들을 공포로 전율하게 했다".[121]

정치적 맥락이 매우 다른데도, 그리스에서 나타난 유형이 폴란드에서 되풀이됐다. 관련된 연합국 정부들의 공식적인 이념적 태도와 관계없이, 제국주의자들은 레지스탕스 운동들이 자신들의 목적에 맞지 않으면 그것에 반대했다. 이것은 2차 세계대전이 서로 정반대 방향에 있는 제국주의 전쟁과 민중의 전쟁을 평행하게 겪었다는 생각을 강화해준다. 그리스에서 영국은 주민들을 공격했다. 폴란드에서 러시아는 나치가 그들을 위해 더러운 짓을 하도록 내버려뒀다. 각각의 경우에 결과는 같았다. 한 폴란드 방송에서 얘기한 대로 "적어도 독일인들이 바르샤바를 다시 취할 수는 없다. 남은 건 돌무더기뿐이다. …… 바르샤바는 더 이상 존재하지 않는다"라는 것이 쓰라린 위안거리였다.[122]

5. 라트비아: 역사를 전도시키기

2차 세계대전이 뚜렷하게 다른 두 개의 충돌을 아우르고 있기는 하지만, 그것들이 모든 곳에서 드러난 것은 아니었다. 라트비아는 제국주의 전쟁만 겪었고, 그래서 한 작가가 얘기한 것처럼 "좋은 전쟁이라는 서사가 단순하게 작동하지는 않을 것이다".[1] 유고슬라비아, 그리스, 폴란드와 나란히 인식될 때 민중의 전쟁의 전제 조건이 드러나기 때문에 라트비아는 유용한 정보를 주는 사례다.

라트비아가 맡은 역할의 특이한 점은 2차 세계대전에 관한 전통적인 범주들을 자기 나라의 과거에 적용하기만 하면 현대사학자들이 빠져드는 수렁으로 확인된다. '라트비아역사가위원회'가 최근에 낸 선집에는 "서유럽적 의미에서 레지스탕스 운동에 가까운" 유일한 정당이 천둥십자당Perkonkrusts⁺이었다고 서술돼 있다. 이 단어는 만卍자무늬Swastika를 뜻하는 라트비아어인데,[2] 인구의 4분의 1이 소수 민족 집단인 나라에서 천둥십자당 지도자 첼민쉬Celmins의 정책은 "**라트비아인의 라트비아**에는 소수 집단이 존재하지 않을 것이기 (때문)에 라트비아인만 있게 될 것이다"라는 것이었다.[3] 천둥십자당 구성원들은 나치 명령에 따라 악명 높은

⁺ 1933년 첼민쉬(1899~1968)가 창설한 극우 정당.

1941년 라트비아 시민들이 소련이 조직한 메이데이 행사에서 행진을 하고 있다.

1941년 독일군이 라트비아의 수도 리가에 진입하자 몇몇 시민들이 환영하고 있다. 라트비아는 1939년부터 1941년까지, 그리고 1944년부터 1991년까지 러시아에 점령됐다. 이 때문인지 일부 역사가들은 러시아에 반대한 사람들을 진정한 "저항자들"로 여긴다.

보조 경찰 대대와 특공대 분대를 조직하는 것을 통해 그 목표를 추구했다. 그들은 라트비아 유대인 7만 명을 도륙했다.[4] 그러한 만자무늬 정당을 "서유럽적 의미에서 레지스탕스 운동"으로 묘사하는 것이 이상하지 않은가?

발드마니스Valdmanis[+]는 또 다른 저항자로 제시된다. 나치가 임명한 라트비아 부역자 정권의 각료로서 그는 "유럽의 해방을 위한 전쟁에 참가하고 라트비아 사람들의 운명을 아돌프 히틀러의 손에 맡길 것"을 자기 동포들에게 공공연하게 요청했다.[5] 사사롭게 그는 이렇게 썼다. "우리는 다른 열강 대신 독일로부터 우리 라트비아의 독립을 받는 것을 더 좋아한다."[6] 발드마니스의 전기 작가는 "〔적에게〕 협력〔한 것〕이 점점 더 레지스탕스와 구별하기 어렵게 됐다"라고 여긴다.[7] 공식 역사는 "한 사람이 동시에 부역자뿐만 아니라 적극적인 레지스탕스 구성원도 될 수 있었다"라고 의견 일치를 봤다.[8]

그와 같이 기이하고 정말 으스스한 접근법은 오로지 라트비아가 1939년부터 1941년까지, 그리고 1944년부터 1991년까지 러시아에 점령됐다는 것 때문에 (더 정당한 것이 전혀 아니기는 하지만) 설명된다. 그런 이유로 이 역사가들은 러시아에 반대한 사람들을 진정한 "저항자들"로 여긴다. 정반대로, 나치즘과 맞서

[+] 알프레드 발드마니스Alfred Valdmanis(1908~1970). 경제학자로서 1930년대 라트비아 사업과 정치에서 현저한 역할을 했다. 2차 세계대전 때 독일이 라트비아를 점령하자 발드마니스는 독일에 협력했다. 2차 세계대전이 끝난 후에는 영국, 미국 쪽과 함께 일한 다음 캐나다로 건너가 대학 강단에 섰다.

싸운 라트비아인들은 "레지스탕스 운동의 구성원들이라기보다는 부역자들"이라는 별명이 붙었다.[9] 역사가들은 "뉘른베르크 합의"를 거부하면서, 나치 전범 재판이 소련의 악행을 무시한 "승자들의 태도"를 대변했다고 믿는다.[10]

이러한 뒤죽박죽 주장이 오늘날까지도 영향을 끼치고 있다. 라트비아의 한 반체제 역사가는 이렇게 경고한다. "독일〔점령〕시기에 라트비아에서도 발생한 홀로코스트와 대량 살육의 진실이 고의적으로 혹은 무심결에 아직도 무시되고 있다."[11] 2010년 5월만 하더라도 라트비아 정부의 재촉으로 유럽〔인권〕재판소는 반나치 빨치산 가운데 전쟁 범죄로 성공적으로 기소된 유일한 사람인 코노노프Kononov[+]에 대한 유죄 판결을 확인했다. 그는 독일에 부역한 사람들을 숨겨준 혐의가 있는 마을에 대한 공격을 이끌었는데, 이 공격으로 임신한 여성을 비롯해 9명이 살해됐다. 라트비아 국가는 "재판소가" 소련의 점령을 포함해 "2차 세계대전 전후의 역사적·정치적 사건들을 더 폭넓게 고려해야 한다"라고 주장했다.[12]

[+] 바실리 코노노프Vasilijs Kononov(1923~2011). 2차 세계대전 당시 소련 빨치산이었다. 나치 독일과 맞서는 과정에서 코노노프가 이끄는 빨치산 부대가 1944년 독일에 부역한 사람들을 숨겨준 혐의가 있는 마을(마지에 바트) 주민 9명을 살해하는 사건이 발생했다. 이 사건으로 코노노프는 라트비아가 독립하고 소련이 무너진 후인 1998년 검찰에 전쟁 범죄 혐의로 기소됐다. 몇 차례 판결이 뒤집히고 검찰이 다시 기소하는 우여곡절을 거쳐 2004년 라트비아 법원에서 유죄가 확정됐다. 2008년 유럽인권재판소에서 이를 뒤집고 무죄를 선언하자 라트비아 정부가 항소했고, 2010년 판결이 다시 뒤집혀 유죄로 최종 확정됐다.

라트비아에 민중의 전쟁이 부재했다는 것 때문에 혼란이 유발되는데, 이는 라트비아의 지리적·역사적 위치에 그 뿌리를 두고 있었다. 땅덩어리가 러시아의 264분의 1, 독일의 7분의 1인 라트비아는 오랫동안 이 강력한 이웃들에게 탄압을 받았다. 튜턴 기사단**이 13세기에 (이 지역을) 장악했고, 발트 독일인이 20세기가 시작될 때까지 인구의 4퍼센트에 불과하기는 했지만 그럼에도 경제적·사회적으로 지배했다. 러시아화 정책을 공격적으로 밀고 나간 권위주의적인 차르 체제가 그들 위에 있었다. 1918년 독립한 이후에도 소수 민족 집단들이 사기업의 4분의 3을 지배했다.[13]

이러한 상황에서 제국주의에 대한 태도가 대단히 중요했다. 이 나라의 최초·최대 정당인 라트비아사회민주노동자당LSDWP이 택한 접근법은 좌파 국제주의였다. 라트비아사회민주노동자당의 정책은 룩셈부르크의 정책과 유사했다. 그것은 러시아 또는 독일 제국주의가 존재하는 한 라트비아처럼 약한 나라에서 독립 요구는 비현실적이라고 주장했다. 이러한 제국주의 열강을 내부에서 뒤엎기 위해 싸우고 있는 혁명적 노동자들과 동맹을 맺어야만 성공할 수 있었다. 그래서 라트비아사회민주노동자당 지도

** 독일 기사단으로도 불린다. 십자군 전쟁 시기인 12세기 말에 모습을 드러냈고, 그 후 프로이센 지역 및 그 동쪽의 발트해 연안 등을 정복했다. 무력으로 정복한 다음 그 지역 주민들을 기독교로 강제 개종하고 정복지에 집단 식민을 추진하는 방식으로 독일인 세력을 확장시켰다. 15세기에 폴란드 왕과 벌인 전투에서 패하면서 쇠퇴했다.

자 스투치카Stucka는 "민족들의 투쟁"이 아니라 "계급들의 투쟁"을 원했다.[14] 이 정책은 1905년 (1차) 러시아혁명 기간에 (라트비아 수도) 리가Riga에서 노동자들이 차리즘에 충격을 준 대중 파업에 참여한다는 것을 뜻했다. 그와 동시에 (최대 사회 집단인) 소작농들이 지역의 독일 지주들의 권력에 도전했다.[15]

그러나 제국주의는 회복됐고, 1차 세계대전 시기에 라트비아는 독일과 러시아가 맞붙은 싸움터가 됐다. 1917년 볼셰비키 반란으로 러시아가 전쟁에서 발을 뺐을 때 비로소 라트비아는 대학살에서 벗어났다. 이 사건이 있는 중에 라트비아 소총수들은 볼셰비즘의 '근위대'로서 주요한 역할을 했다. 하지만 1918년 브레스트-리토프스크 조약에서 모스크바는 발트 국가들, 즉 라트비아, 리투아니아, 에스토니아를 독일에 할양하라는 강요를 받았다. 볼셰비키가 너무나 허약해서 (할양 이외의) 다른 어떤 것도 할 수 없기는 했지만, 아마도 이 행위가 라트비아에서 민중의 폭넓은 지지를 받는 성공적인 혁명을 막았을 것이다.[16]

1918년에 좌익의 영향력이 줄어드는 가운데 주도권이 라트비아 민족주의자들에게 넘어갔는데, 이들은 중간계급 및 상층계급 성향을 띠었다. 그들은 라트비아 노동자들과 그 국제주의를 두려워했고 일자리를 가진 상태, 지위, 그리고 국내의 반대파를 억누를 권력을 자신들에게 보장하는 어떠한 자본가 권력과도 동맹을 맺을 것이었다. 영국은 공산주의뿐만 아니라 독일 황제에게도 적대적이어서, 10월에 라트비아를 외교적으로 승인하는 첫 번째 국가가 됐다.[17] 독일이 항복하고 나서 며칠 후 1차 세계대전의 승자들이 〔라트비아의〕 완전한 독립을 승인했다.

라트비아는 전간기에 의회 민주주의로 시작했지만, 울마니스Ulmanis⁺ 대통령이 1934년 나치 독일을 방문한 후 파시즘이 도입됐다.[18] 그의 첫 번째 표적은 공산주의자들이었는데, 외국 정부에 대한 공산주의자들의 지원은 "비애국적"이라고 불렸다. 최종적으로 (천둥십자당과 울마니스 자신이 만든 조직을 포함해) 모든 정당이 금지됐다. 맹렬한 반유대주의를 회피하기는 했지만 울마니스는 "라트비아인을 위한 라트비아",[19] "라트비아는 라트비아인의 국가다"[20] 같은 구호를 고취하는 것을 통해 천둥십자당의 일반적인 표어에 명백히 동조했다.

히틀러와 스탈린의 불가침 조약은 러시아에 발트 국가들〔의 병합〕을 승인했고, 1940년 소련군은 울마니스를 실각시켰다. 오웰에게 어울릴 법한 성명서에서 새로 수립된 '라트비아의 자유로운 시민들의 민중 정부'는 이렇게 주장했다. "라트비아 영토 안에 있는 붉은 군대, 그리고 우리 주민들이 붉은 군대에게 열어준 행복한 환영 연회는 우리와 소련의 안정적인 관계와 형제 같은 우정의 확고한 증거이자 그것을 보장해주는 것이다."[21] 선거가 '노동자연합Working People's Bloc'에 대해 98퍼센트라는 압도적인 신임 투표 결과를 만들어냈다. 하지만 이것은 라트비아공산당의 집단이자, 입후보가 허용된 유일한 집단이었다. 그 시기에 〔공

⁺ 카를리스 울마니스Kārlis Ulmanis(1877~1942). 라트비아 독립 후 총리 자리에 올라 1940년 실각할 때까지 20년 넘게 라트비아를 이끌었다. 라트비아 민족주의자였고, 1934년 의회를 해산하고 독재 정권을 수립했다.

— 1940년 라트비아 수도를 점령한 소련군. 히틀러와 스탈린의 불가침 조약에 근거해 소련은 손쉽게 발트 국가들을 병합했다.

산)당 구성원은 단지 400명뿐이었고, 그 가운데 50명만 라트비아 민족이었다.[22] 1940년 8월 라트비아는 소련과 그것의 "형제와 위대한 사회주의의 땅과 행운의 민족들의 공동체" 가입을 허락받았다.[23]

일부 라트비아인은 미사여구를 사실로 받아들였다. 다우가우필스Daugavpils[+] 도시에 대한 스웨인Swain의 탁월한 역사서는 그들이 어떻게 해서 러시아의 지배가 소비에트, 즉 노동자들과 병사들의 평의회에 대한 허가라고 믿었는지를 보여준다. 이탈리아

[+] 라트비아 제2의 도시이자, 오늘날 러시아에서 라트비아로 들어올 때 첫 번째로 만나는 도시. 대다수 주민이 러시아어를 사용한다.

작업장에서 소비에트는 [노동]시간을 단축했고, 파시스트 체제에서 희생양이 된 노동자를 복귀시켰으며, '혁명'의 나날에 대한 임금 지급을 보장했다. 병영에서 음식의 질이 나아졌고, '파시스트 요소들'이 숙청됐으며, 진급과 휴가에서 모든 민족의 동등한 권리가 반포됐다.[24] 하지만 환상은 신속하게 파괴됐다. 러시아인의 라트비아는 스웨인이 "5개월 안에 5개년 계획"이라고 부른 것으로 주어졌다.[25] 공장 관리자의 권력은 회복됐고 당 위원회들이 광범위한 소비에트들을 대체했다.[26] 배급 제도는 음식 가격 300퍼센트 인상을 수반했다. 스타하노프 운동[**]을 통해 노동자들은 생산성을 대폭 증대하라는 명령을 받고 비밀경찰의 감시를 받았다.[27] 히틀러와 스탈린의 불가침 조약이 유지되는 동안 공산주의자들은 다음과 같은 얘기를 들었다. "그들의 과업은 더 이상 파시즘에 맞선 공산주의의 전 세계적 투쟁의 일부가 되는 것이 아니라, 소련에 편입되는 것의 편익에 회의적인 대중을 설득하는 것이다."[28]

발트 지역의 경제들은 소련의 전쟁 준비[과정]에 빠르게 통합될 예정이었다. 1940년 7월 정부는 모든 주요 기업들과 은행들을 장악('국유화')했다.[29] 토지 소유권 변화가 그 뒤를 이었는데, 완전한 집산화에 미치지는 못했지만 많은 소농들로 하여금 국가가 곧 자신들의 농장을 몰수할 것이라고 의심하게 만들었다.[30]

[**] 노동 생산성의 획기적 증대를 도모하며 소련에서 전개된 운동. 1935년 소련 광부 스타하노프가 놀라운 채탄량 증가를 기록한 것을 계기로 추진됐다.

발트 국가들이 레닌그라드와 가깝고 히틀러가 침략을 정당화하기 위해 활용할 수도 있는 독일계 소수 민족을 포함하고 있었기 때문에[31] 그들은 물론이고 다른 '위험 요소들'도 제거한다는 결정이 내려졌다. 시민 수천 명이 극심한 비통함을 초래하며 강제 추방됐다. 그 과정에서 4번의 풍파가 일었는데,[32] (10세 미만 아동 2400명을 포함한) 1만 5000명이 시베리아로 쫓겨나 지독한 상황에 놓이게 된 1941년 6월 13~14일에 절정을 이뤘다.[33] 이것이 체제에서 취한 마지막 주요 조치였다.

오늘날 공식적인 라트비아계는 강제 추방 시기를 '공포의 해'로 분류하고[34] 몇몇은 이미 일어난 일에 대해 은연중에 유대인을 탓했다. 한 사람은 이렇게 썼다. "유대 주민의 일부, 특히 유대 사회주의 운동 구성원들은 소비에트 권력을 환영하며 그것에 적극적으로 협력했다."[35] 나치 지배의 대안을 고려해볼 때 이것은 거의 놀랄 일이 아니었다. 또 다른 사람은 "(라트비아 인구에서 다수를 차지하는) 레트인들Letts이 유대인 공동체 전체를 미움받는 소련 체제와 동일시하게 만든, 새 체제에서 유대인들의 튀는 위치"를 시사한다.[36] 세 번째 사람은 "보안 기관의 주요 인물 중 3명이 유대인 출신이었고 이 사실이 점령된 라트비아에서 공통의 고정관념을 창출했다"라고 지적한다. 더 신중한 해석은 "라트비아에서 라트비아인들은 가해자들이 러시아인들과 라트비아인들뿐만 아니라 유대인들이기도 하다—'또 그 유대인들!'—는 것만 의식했다"라는 것을 주목한다.[37]

늘 그렇듯이 고정관념은 사실이 아니었다. 라트비아의 유대인들은 상대적으로 가장 많은 고통을 겪었다. 유대인은 인구의 5퍼센트였지만 강제 추방된 사람의 11퍼센트에 이르렀다.[38] 〔인구에서 차지하는 비중보다〕 더 많은 수였던 것은 경제 구조에서 그들의 위치 때문이었는데, 유대인은 러시아의 독점에 장애물로 여겨졌다. "소련은 모든 피정복 민중을 위협이 될 가능성이 있는 존재로 보고 공산주의 체계에 강제로 통합시켰다." 소비에트 이데올로기에서 하나의 국가 지위가 인정되지 않은 유대인에 관한 목표는 유대인의 공동·종교 조직들을 뿌리 뽑아 가능한 빨리 동화시키는 것이었다.[39]

그런데도, 제국주의에 대해 실행 가능한 대안의 부재로, 하나의 압제자(러시아)가 취한 조치가 라트비아 주민 다수를 또 다른 압제자(독일)의 품에 바로 밀어넣었을 때 유대인들은 한 번 더 희생자가 돼야 했다. 한 책은 강제 추방의 결과를 다음과 같이 설명한다. "독일인들('흑기사들')을 라트비아의 주적으로 여긴 공통된 견해—몇 세기에 걸쳐 발달한—가 아주 짧은 시기에 갑자기 주적은 러시아와 공산주의자들이라는 견해로 대체됐다. 이러한 관점 변화가 독일인들이 침략했을 때 독일인들이 받은 환영을 규정했다."[40]

라트비아 소비에트 체제는 1941년 6월 독일 국방군의 맹공격으로 무너졌다. 울마니스 체제가 전복되던 그때와 마찬가지로 어떠한 제국주의도 완전한 지배권을 갖지 못한 짧은 과도기가 있었다. 하지만 나치즘에 대한 레지스탕스와 유사한 어떠한 것도 나타나지 않았다. 좌익 가운데 울마니스의 파시스트 지배에

— 1943년 독일군이 라트비아의 수도 리가에서 행진을 하고 있다. 라트비아 소비에트 체제는 1941년 6월 독일 국방군의 맹공격으로 무너졌다.

와해되지 않았던 이들은 스탈린주의 국면에서 갈피를 못 잡거나 신임을 잃었다. 그 대신 '민족 빨치산' 운동이 자생적으로 출현해, 퇴각하는 붉은 군대를 괴롭히고 독일의 진군을 돕고 공산주의자들과 유대인들을 체포했다.[41] 나치 동조자들은 지역 수준에서 권력을 잡고자 라트비아조직센터Centre for Latvian Organisations를 세웠지만, 새 주인들은 이를 무시했다.[42]

나치는 노르웨이의 크비슬링Quisling+부터 프랑스의 페탱 등까

+ 비드쿤 크비슬링Vidkun Quisling(1887~1945). 노르웨이의 육군 장교 출신 정치인이다. 1931~1933년에 농민당 정권의 국방부 장관을 지냈고, 그 후 파시즘 운동을 이끌었다. 2차 세계대전 때 노르웨이가 독일에 점령된 이후 노르웨이 총리로 임명돼 나치 독일에 적극적으로 협력했다. 2차 세계대전이 막을

지 자신들이 점령한 대부분의 국가에서 자발적인 협력자들을 발견했다. 하지만 발트 국가들, 우크라이나나와 같이 근래에 소련의 강제 추방을 겪은 긴 띠 모양의 영토에서 이 현상은 특히 강렬했다. 미국 작가 딘Dean은 여기서 "나치가 그들의 끔찍한 정책들을 수행할 준비가 돼 있는 사람들을 현지에서 모집하는 것이 비교적 쉬웠다"라고 쓴다.[43] 라트비아 역사가들은 자기 동포들이 외부의 고무 없이는 집단학살에 의존하지 않았다고 지적하기 위해 노심초사한다. 대부분의 장소에서 러시아 지배와 독일 지배 사이의 '공위空位'는 지속 기간이 하루도 안됐고, 그 짧은 시기 동안 유대인에 대한 자발적인 대량 살육이 이뤄졌다는 어떠한 증거도 없는 것으로 보인다.[44] 하지만 사건들의 속도는 그럼에도 아주 놀라웠다.

홀로코스트는 일반적으로 1941년 늦여름으로 거슬러 올라가고 10월부터 대규모로 이뤄졌다[고 얘기된다]. 하지만 라트비아에서 최종 해결책Final Solution은 독일인들이 담당하고 나서 딱 이틀 후인 6월 23일에 진행 중이었다. 8월 중순까지 높은 비율의 유대인들이 농촌 지역에서 사망했다. [라트비아 남부] 젬갈레 Zemgale 지역에서는 100퍼센트 사상자가 발생했다. 이러한 철두철미함은 긴밀한 협력과 현지에 대한 지식이 있어야만 가능했다. 딘이 더 광범하게 주장한 대로 "섬뜩한 친밀함을 대학살에

내린 후 체포돼 재판을 받고 처형됐다. 'Quisling'이라는 말은 부역자 또는 반역자의 대명사로 자리 잡았다.

— 1941년 12월 처형되기 직전의 유대인. 사진은 나치가 찍었다고 알려져 있다.

부여한, 희생자들을 개인적으로 아는 가해자들의 요소"가 있었다.[45] (다시 한 번 오웰식으로 들리는 (이름인)) '라트비아자기방어부대Latvian Self-Defense Commands'가 희생자들을 확인해 일제 검거했다. 그와 같은 부대 700개가 단 몇 주 만에 결성됐다.[46] 명백하게 침략자들은 자발적으로 나선 (협력)자들을 찾는 데 별로 어려움을 겪지 않았다. (라트비아 동남부) 크루스트필스Krustpils 지역에 대한 한 연구는 미시적 수준에서 상황이 어떻게 진행됐는지를 다음과 같이 묘사한다.

처형하는 사람들뿐만 아니라 명령을 내리는 사람들도 크루스트필스나 인접한 교구들에서 왔다. 독일인들은 보통 소규모 집단의 유대인들을 연루시키는 그와 같은 작업에는 참석하지 않

유대인 학살은 일부 라트비아인의 적극적인 협력이
있어서 가능했다. 사진은 라트비아 자위대원들이
유대인들에게 압력을 행사하는 장면.

앗다. 그 대신 현지 똘마니들의 '주도권'을 용인하고 그들에게 '무제한의 자유'를 줬다. 라트비아의 모든 지역에서 현지 살인 범들은 '최고의 인종' 병사 출신 유언 집행자들의 심리적 압박을 완화하는 것을 거들었다. 유감스럽게도, 그들은 자주 자신들에게 기대된 것보다 더 많은 것을 해서 점령 당국의 비위를 맞추려 노력했다.[47]

라트비아인의 협력은 자체적으로 조직됐다. 독일의 아인자츠그루펜Einsatzgruppen[+] 옆에 과거의 천둥십자당 구성원이 이끄는 1600명의 아라이스 특공대Arajs Commando[++] 같은 단체들이 있었다.[48] 그것은 2만 6000명 살해에 직접적인 책임이 있었고 그에 더해 3만 4000명의 죽음에 연루돼 있었다.[49] 탐욕, 사디즘, 반유대주의 같은 요인들이 아라이스 특공대에 동기를 부여했을지도 모르지만 한 자발적 참여자의 법정 증언이 그것을 효과적으로 보여주고 또한 전형적이다. 그는 "낙오한 붉은 군대 부대들과 맞서 싸우기 위해, 소비에트 활동가들 및 여타의 소련 체제 지지자들과 맞서 싸우기 위해" 가담했다.[50]

전 주민이 '자기 방위' 분대들의 집단학살 의도를 필연적으

[+] 특수작전집단이라는 뜻의 학살 전문 부대. 나치 독일 친위대 산하 조직으로 2차 세계대전 때 다수의 유대인을 비롯해 민간인을 대량 살육했다.

[++] 독일 점령기에 라트비아인으로 구성된 경찰 보조 부대. 점령 당국에 종속된 조직이었고, 유대인 학살로 악명 높다. 부대명은 지휘관(빅토르스Viktors 아라이스) 이름에서 비롯됐다.

로 공유한 것은 아니었다. 아라이스 특공대의 또 다른 대원은 그 구성원들이 "무수한 사람이 죽임을 당할 것임을 알아차리기는" 했지만, 반유대주의가 널리 퍼졌다고 하더라도 여성들과 아이들을 살해하는 것은 더 폭넓은 주민들 사이에서 지지를 받지 못할 것이라는 점도 알았음을 시사했다.[51] 독일 관리들은 라트비아인들이 "유대인들에 대해 소극적으로 행동하며", 기대하는 것과 반대로 현지 부대들이 겨우 "몇천 명"만 자발적으로 제거했다고 불평했다.[52] 실제로, 약 400명의 라트비아인 개개인이 커다란 개인적 위험을 무릅쓰고 유대인을 박해로부터 보호한 것으로 확인됐다.[53]

나치와 라트비아의 관계는 발트 국가들이 동유럽에서 유일하게 '독일화'('인종적으로 적합'하다고 여겨진 50퍼센트를 동화시키는 것과 나머지는 추방 또는 절멸하는 것의 결합) 후 (제3)제국에 포함시킬 작정이었던 지역이라는 사실에 의해 결정됐다.[54] 그런 까닭으로 나치 당국은 다른 동유럽인들에 비해 라트비아인들에게 특혜를 줬지만, 같은 이유로 그들의 독립은 반대했다. 민족적 열망을 이렇게 가로막은 것이 민중의 전쟁을 위한 기반이 될 수 있었을까?

리가에서 독일인들은 당케르스Dankers*** 장군 휘하에 '자치

+++ 오스카르스 당케르스Oskars Dankers(1883~1965). 1차 세계대전(이때는 러시아군 소속)에 참여하고, 1919년부터 라트비아 군인으로 활동했다. 2차 세계대전 때 나치 점령 당국이 통제하는 라트비아 자치 행정부 수반으로 임명됐다.

행정부'를 세웠다. 대부분의 역사가들은 그러한 단체들을 부역자 체제로 취급하지만, 일부 라트비아 역사가들은 자치 행정부를 '레지스탕스'의 원천으로 묘사한다. 이것이 사실일까? 점령군이 경찰 대대를 모으라고 요구했을 때 각료 발드마니스는 라트비아인들이 협력의 대가로 독일 측의 양보를 요구해야 한다고 제안했다.[55] (공짜로 제공하는 것과 대조적으로) 협력에 값을 매기는 것이 보통 얘기하는 레지스탕스와 매한가지라고 주장하기는 어렵지만, 당케르스는 어쨌든 발드마니스의 주장을 기각했다. 전쟁이 끝날 무렵 1만 5000명으로 이뤄진 49개 대대가 운용 중이었다. 사실, 그들이 수행한 임무에 동부전선에서 전투, 바르샤바 게토 경비, 트레블링카 '죽음의 수용소'로 유대인 수송이 포함돼 있었기 때문에 '경찰 대대'는 부적절한 명칭이다.[56]

당케르스가 옹호한 비겁한 접근 방식이 라트비아가 견디〔어야 하〕는 착취를 줄이지는 않았다. 나치는 러시아인들만큼 잔혹하게 라트비아를 다뤘다. 〔라트비아 동부〕 아우드리니Audrini 마을이 붉은 군대 병사들을 숨겨주자, 235명의 주민이 모두 살해되고 건물들이 불탔다.[57] 라트비아와 러시아의 국경 지역에서 전개된 겨울 마법Winter Magic 반빨치산 작전은 40킬로미터의 완충 지대를 부수는 작업을 수반했다. 떠나지 않은 모든 여성들과 아이들이 강제수용소나 독일로 〔끌려〕간 데 반해 남성들은 강제 추방되거나 총에 맞았다.[58] 경제적 착취도 동일하게 파렴치했다. 독일인들은 소련 점령기에 압수된 자산을 "전리품으로" 계속 보유했다.[59] 독일이 라트비아에 6억 6000만 달러의 비용을 발생시켰고

(러시아가 10억 달러를 그렇게 한 것과 비교된다)[60] 라트비아인 26만 5000명이 〔제3〕제국에서 노동력으로 이용된 것으로 그 후 추산됐다.[61] 자발적인 참가자가 고갈된 후 스웨인이 "인간 사냥"이라고 부른 것이 있었다. "소란 주모자 색출 체포반Snatch squads이 가장 가까이 있는 누구라도 붙잡아 총으로 위협해 그들을 대형 트럭에 태우곤 했다."[62]

동시대인들은 러시아 시대와 직접적으로 비교했다. 한 독일 관리는 자국의 "활동들이 매우 잔혹해서 〔그렇게〕 사용된 방법은 틀림없이 (러시아) 체카의 방법에 비유될 수 있다"라고 여겼다.[63] 수감된 한 공산주의자는 간수들에게 이렇게 말했다. "우리는 우리 민중을 안 좋게 대했는데, 너무나 안 좋게 대했기에 그것보다 더 나쁘게 대하는 것은 진짜 기술일 것이다. 당신들 독일인들이 그것을 해냈다." 또 다른 사람은 나치가 "독일인이 전혀 아니고 그저 다른 제복을 입은 러시아인들인 건 아닌지" 의심했다.[64] 이 모든 것이 독일인들과 맞서 싸울 충분한 이유를 제시했어야 했다.

그렇지만 〔나치 독일에 대한〕 반대는 발견하기 어렵다. 그것을 발굴하려는 필사적인 노력의 일환으로 일부 라트비아 역사가들은 힘러Himmler[+]가 1943년 5월에 제안한 조직으로 15만 명에 달하는 부대인 '라트비아 나치 친위대 자원자 군단Lativian SS Volunteer Legion'에서, 찾기 어려운 반파시스트 요소를 발견했다고 주장한다.[65] 이

[+] 하인리히 힘러Heinrich Himmler(1900~1945). 나치 친위대장이었다. 강제수용소를 전체적으로 관리하면서 유대인 절멸을 광적으로 밀어붙였다.

것은 "독일의 지배에 맞선 레지스탕스의 합법적 중심"으로 묘사됐다.[66] 왜? 제일 먼저 그들은 그 군단의 대부분이 징집됐기 때문에 자원자 부대가 아니었다고 주장한다.[67] 설령 〔그 말이〕 정확하다고 해도 이것이 징집병들을 저항자들로 만들지는 않는다. 두 번째 술책은 라트비아인들이 그것의 형성을 두고 독일과 맞섰다고 시사하는 것이다. 힘러의 제안을 처음에 숙고했을 때 자치 행정부는 "양보의 대가로서 더 많은 신병인가, 아니면 더 많은 신병에 대한 보상으로서 양보인가"에 관한 그 이전 시기의 논쟁을 재개했다.[68] 발드마니스는 병사 10만 명을 모으는 것에 대한 대가로 독일이 라트비아에 향상된 괴뢰 지위를 부여할 것을 원했지만,[69] 자치 행정부는 그보다 얌전한 제안—라트비아의 방겔스키스Bangerskis[+] 장군에게 지휘권이 부여돼야 한다—을 내놓았다. 이것이 거부됐지만 자치 행정부는 굴복하고 그 군단을 어쨌건 승인했다. 그 대가로 나치는 할 수 있는 최소한의 양보만 했다. 방겔스키스는 나치 친위대 집단 지도자SS-Gruppenführer 겸 무장 친위대Waffen-SS 중장 계급의 군 감사관으로 임명됐다.[70]

그러면 "레지스탕스의 합법적 중심"에서 무엇이 남아 있을까? 이것뿐이다. "라트비아 정신이 처음부터 그 군단에 팽배했다. 예를 들면 명령이 라트비아어로 내려졌고 계급, 점호, 기

✛　루돌프 방겔스키스Rudolf Bangerskis(1878~1958). 러일전쟁, 1차 세계대전에 러시아군 장교로 참가했고 러시아혁명 후 내전에서는 백군의 일원으로 볼셰비키 정부와 맞서 싸웠다. 그 후에는 독립한 라트비아의 군대에서 장성으로 활동했고, 2차 세계대전 때에는 나치 독일에 협력했다.

도·찬송가가 예전 라트비아 군대와 같았다."[71] 찬송가가 라트비아어로 불리는 한 나치 독일과 함께 싸운 것이 레지스탕스였다고 우리가 믿어야 하는 것으로 돼 있다!

그 군단에 대한, 아주 조금은 더 믿을 만한 설명은 다음과 같다. "원치 않는 동맹과 함께 싸우기는 했지만 그래도 라트비아 병사들은 공산주의자들이라는 더 큰 적과 맞서 영웅적으로 싸웠다."[72] 이것은 무장 친위대의 외국인 참전 용사들에 대한 연구에 의해 공식화됐는데, 이 연구는 나치의 "볼셰비즘과 맞서는 십자군"에 열광한 핀란드인들과 노르웨이인들이 소수였던 데 반해 라트비아인은 전부 자신에게 동기를 부여한 것으로 반공주의를 댔다는 것을 보여준다.[73]

독일이 주요한 라트비아인들 중 일부를 억압했다는 사실을 통해 레지스탕스 개념이 눈곱만큼이라도 타당성을 얻을까? 나치가 협력에 값을 매긴 사람들을 싫어한 것은 사실이다. 첼민쉬가 자신의 천둥십자당이 금지되는 것에 반대했을 때 그는 플로센뷔르크Flossenburg 강제수용소로 보내졌다. 발드마니스는 1943년에 국외로 강제 추방됐다. 그러나 첼민쉬는 수용소에서 살해된 라트비아인 1100명과 달리[74] "명예로운 수감자" 대우를 받았다.[75] 발드마니스에 대한 국외 강제 추방은 베를린에서 가장 명망 높은 호텔에 그의 새집이 마련되고 있다는 것을 뜻했다.[76] 이런 사람들을 고문과 죽음에 직면했던 다른 지역의 진짜 레지스탕스 전사들과 비교하는 것은 확실히 웃기는 일이다.

우리의 마지막 반나치 레지스탕스 후보는 라트비아중앙평

의회Central Council of Latvia, CCL다. 전쟁 발발 이전에 미국 주재 라트비아 대사였던 빌마니스Bilmanis는 그것이 "대서양헌장의 원칙들"을 옹호했고 "영국과 미국의 다가오는 승리에 기반을 둔 정책을 따랐다"라고 단언했다.[77] 전쟁 이전 라트비아에서 규모가 가장 컸던 네 정당의 지지를 받은 CCL은 현재 공식 역사에 따르면 "가장 규모가 크고 가장 영향력 있는 레지스탕스 조직으로, 제일 중요한 저항은 …… 나치와 소비에트라는 두 점령 권력과 모두 맞서 싸운 것이었다". 불행하게도, 그처럼 전체주의에 대해 공명정대하게 반대했다며 제공되는 증거는 빈약하다. 그 주장을 하는 사람들조차 "군사행동은 나치 독일을 약화시키는 데 도움이 될 뿐이며 그렇게 해서 소비에트 체제의 귀환을 앞당길 것이기" 때문에[78] CCL이 나치와 싸우지 않았다고 인정한다.[79]

저명한 개인 190명이 서명한 CCL의 정책 성명은 많은 찬사를 받지만 인용되는 일은 드물다. 사실 그것은 나치즘에 대한 반대 선언이 결코 아니었다. (이 성명은) 시작 부분에서 이렇게 경고한다. "동쪽에서 적이 또다시 위협적으로 라트비아에 다가오고 있다." 그러고 나서 민족주의 열망을 나치가 차단한 것이 "라트비아 주민들을 독일 군대로 완벽하게 동원하는 것"을 저해하고 있었다고 불평한다.[80] 그리고 성명은 다름 아닌 바로 라트비아 자체의 나치 친위대 집단 지도자 겸 무장 친위대 중장 방겔스키스에게 보내는 간청이었다. 이 사람이 바로 독일인들이 "그들의 불법 행위들에 대한 위장막 역할을 할 수 있었던 '대용품' 행정부"를 이끌게 하며 자신들의 마지막 시간에 의지했던 그 사람이었다.[81] 독일 자체가 항복하고 그렇게 해서 유럽에서 2차 세계대전이 공식적으로 끝나고 나서 하루가 **지나서야** 라트비아〔서부〕쿠를란트Kurzeme 지역에서 나치가 항복했다는 것은 바로 레지스탕스의 취약성을 확실하게 보여주는 표시다.

라트비아에서 레지스탕스 역할을 〔했다고〕 주장하는 또 하나의 세력이 있는데, 친소비에트 빨치산이 바로 그것이다. 그들이 리가, 리예파야Liepaja 같은 도시들 및 러시아와 국경 지역인 라트갈레Latgale 너머에 뿌리를 내리는 데 큰 어려움을 겪었음을 보여주는 상세한 연구는 그들이 모스크바의 도구였고 그 결과 신병 충원에 문제가 있는 상태에 이른다는 것을 시사한다.[82] 추방된 라트비아공산당 중앙위원회가 나라 안에 근거지 수립을 시도했을 때 현지에서 빨치산들은 이것이 불가능하다고 선언했고, 그래서 오랫동안 작전은 인접한 벨라루스에서 개시됐다.[83] 결국 나치의 잔혹성이 〔빨치산〕 신병 충원을 불러왔는데, 처음에는 주민 가운데 러시아 민족에서 충원되다가 나중에는 그 범위가 더 넓어졌다.[84] 1943년쯤에는 자원병들이 그들에게 장비로 지급될 무기보다 수가 많았는데, 그 이유에 대해 한 빨치산 보고서에는 이렇게 기록돼 있다. "라트갈레에서 모든 사람이 붉은 군대가 돌아오기를 기다리고 있는데 이는 세금, 높은 물가와 독일인들의 요구 때문이다."[85] 전쟁이 끝날 때까지 붉은 군대의 낙하산 부대원들, 라트비아 공산주의자들, 그리고 라트비아 나치 친위대 자원자 군단의 탈영병들로 이뤄진 붉은 화살Red Arrow 같은 부대들이 여러 지역에서 공세를 취했다.[86] 스탈린주의 시대에는 빨치산 운동에 대해 2만 명이라는 수치가 인용됐지만,[87] 더 현실적인 수치는 빨치산 운동이 해산한 1944년 10월에 바로 이 운동의 참모가 제시한 5900명이다.[88]

마지막으로, 붉은 군대의 라트비아 소총수 사단Latvian Riflemen Division과 다른 부대들에서 병사로 싸운 4만 명 이상의 라트비아인들을 언급해야 한다. 그러나 그들이 라트비아 나치 친위대〔자원자〕군단보다 제국주의에 더 독립적이지는 않았다. 그러한 점에서 제국주의 간 충돌과 민중의 대안 결핍은 양측이 외국 압제자를 대신해 자기 동포들을 죽이는 라트비아 내전을 불러왔다.[89]

2차 세계대전 후 나치를 대체한 친소비에트 체제는 현지의 지지가 너무나 분명하게 부족해, 사무실 직원으로 일할 모국어 사용자들을 충분히 찾는 데 심각한 어려움을 겪었다. 다우가우필스 지구에서 요직에 있는 사람의 절반은 러시아인이었고 겨우 6분의 1만 민족적으로 라트비아인이었다.[90] 그리고 인기를 얻기 위한 어떠한 조치도 취하지 않았다. 강제 추방이 다시 시작돼, 1945년의 첫 다섯 달 동안 15만 명이 시베리아로 보내졌다.[91]

평범한 민간인들의 경험은 민중의 전쟁이 결핍된 이유를 명료하게 드러낸다. 그들은 두 개의 강력한 제국주의 블록 사이에 끼여 있었다. 할아버지 한 명은 〔라트비아〕 나치 친위대 〔자원자〕 군단 소속이고 또 다른 사람은 붉은 군대 소속이었던 한 여성과 리가에서 한 인터뷰는 저자에게 이것을 뼈저리게 느끼게 했다. 그녀 할머니의 농장에 1940년에는 소련 측이, 1941년에는 독일 국방군이 들끓었다. 각각 농장을 약탈했고, 전쟁의 마지막 날들에 빨치산들이 합류했다. 또 한 명의 여성은 나치 도착 후 자신의 가족사를 다음과 같은 용어로 묘사한다.

내 아버지는 옥에 갇혀 있었고 막내 오빠는 열여덟 나이에 독일로 강제 추방됐다. 얼마 후 그는 단치히Danzig에 있는 슈투트호프 Stutthof 강제수용소에 수감됐다. 나는 열일곱 나이에 독일로 강제 추방돼 땅을 일구게 됐다. 1944년에 공산주의자들이 두 번째로 라트비아를 차지했다. 전쟁의 혼란 속에서 나는 내 가족에 관해 아무것도 들을 수 없었다. 나중에 나는 연세가 71세인 아버지가 러시아로 강제 추방돼 그곳까지 걸어가야 했고 길옆 어딘가에서 돌아가셨다는 소식을 접했다.[92]

라트비아에서 2차 세계대전에 덧붙은 기록은 마찬가지로 음울했다. 제국주의를 상쇄하는 민중의 전쟁이 없는 상태에서 제국주의가 민중의 운명을 전적으로 결정했다. 라트비아 민족주의자들은 연합국의 동정 어린 반응을 발견할 것이라는 희망으로, 패배한 독일인들에 대한 충성을 막판에 철회했다. [그러나] 그것은 전혀 영향을 끼치지 못했다. 테헤란 회담과 포츠담 회담⁺은 스탈린이 히틀러와 맺은 불가침 조약을 통해 얻은 이익을 잘 살펴보지도 않고 인가했다. 그것은 1944년 이후 소비에트 지배

⁺ 미국(트루먼), 영국(처음에 처칠이었으나 중간에 애틀리로 바뀜), 소련(스탈린)의 최고 권력자가 1945년 7월 17일부터 8월 2일까지 독일 포츠담에서 연 회담. 주요 의제는 독일 문제를 비롯한 이런저런 전후 처리 방안이었다.

1944년 10월 리가를 점령한 소련군. 라트비아는
다시 소련의 지배를 받게 되었다.

에 도전한 약 2만 명으로 이뤄진 '민족 빨치산'의 기반을 약화시켰다. 그중 많은 사람이 독일 방첩 부대에 의해 훈련됐고 1953년까지 붉은 군대 병사 3242명을 죽였는데, 이는 ('민족 빨치산') 자신들의 병사들에게 발생한 인명 손실과 거의 맞먹는 숫자다.[93]

독일인들과 나란히 싸우고 있었던 라트비아인들은 포로로 잡힌 비독일인 적군 인원 가운데 최대 규모의 단일 집단을 구성했다.[94] 냉전이 궤도에 올랐을 때 영국은 그와 같은 발트의 무장 친위대 참전 용사들이 결국에는 전범이 아니라 "난민"이라고 발표했다. 그것은 아라이스 같은 사람들이 "위대한 민족적 애국자들, 수입이 정말 대단치 않은 남자들이고 물론 반볼셰비키이지만 확실히 파시스트로 묘사되지는 않았다"라는 전쟁 이전 라트비아 대사의 주장을 받아들였다.[95] 미국은 발드마니스가 "정치에 결코 참여하지 않았고 그의 성격과 배경이 훌륭하다"라는 이유로 발드마니스를 고용했다.[96]

라트비아 역사가들은 '레지스탕스'를 자국의 과거에 덧붙이려는 시도를 통해 자국의 경험을 정상화하려 노력했다. 이것은 수행될 수 없는데, 다른 대부분의 장소와 달리 어떤 종류이든 제국주의로부터 독립적인 운동이 전혀 없었기 때문이다. 그 결과는 유대인 말살 그리고 살아남은 지역 주민들에 대한 대대적인 파괴였다. 라트비아는 평행 전쟁 논쟁에 대한 일종의 부정적인 증거다. 그것은 바로 2차 세계대전이 얼마나 나빠질 수 있었는지, 그리고 다른 곳에서 민중의 전쟁이 얼마나 중요했는지를 보여준다.

결론

이 1부에서 우리는 민중의 전쟁과 제국주의 전쟁의 연관성의 매우 다른 네 가지 유형을 살펴봤다. 공통되는 맥락은 각국이 추축국에 점령됐다는 것인데, 그렇기는 해도 그 문제에 대한 반응은 엄청나게 달랐다.

스펙트럼의 한쪽 끝에는 민중의 전쟁이 제국주의 내의 분열을 이용해 승리할 수 있었던 유고슬라비아가 있었다. 그리스에서 ELAS는 추축국 제국주의와 성공적으로 맞섰지만, 영국 제국주의에 승리가 강탈됐다. 폴란드의 민중의 전쟁—바르샤바 봉기—은 도움을 받지 않고 나치를 물리치기에는 무기가 부족했고, [이들을] 도와줄 수도 있었던 제국주의 권력에게 냉소적으로 버림받았다. 라트비아 사례는 규모 면에서 최대는 아니지만 아마도 가장 비극적일 것이다. 제국주의의 연이은 침략이 안긴 치명적인 부담이 민중의 대안이 모습을 드러내는 것을 불가능하게 만들었다. 그 결과가 끔찍하고 축소된 형태의 홀로코스트인데, 여기서 지역 인구의 [특정한] 집단들은 제국주의 진영 중 하나, 즉 나치가 유대인 살해를 통해 러시아 제국주의를 징벌할 수도 있다는 믿음으로 나치를 잘못 편들었다.

고려될 다음 사례들은 연합국 진영의 국가들이다. 영국도, 미국도 유고슬라비아, 그리스 또는 폴란드와 같이 추축국의 점령을 견디〔는 일을 겪〕지 않았다. 그렇지만 두 개의 전쟁이라는 현상은 거기서도 나타났다.

2부

연합국
진영 내의 분열

프랑스
영국
미국

2차 세계대전 동안 서유럽에서 제국주의 전쟁과 민중의 전쟁이 공존한 것은 1차 세계대전 결과와 밀접한 관련이 있는데, 1차 세계대전에서는 기성 열강인 영국, 프랑스, 러시아와 야심 있는 신참 독일 간에 기념비적인 투쟁이 벌어졌다. 부자들과 권력자들의 그러한 충돌은 보통 사람들에게 엄청난 고통을 안겼고, 그래서 프롤레타리아계급과 소작농들이 1917년 러시아 자본가들과 지주들의 재산을 장악했을 때 그것은 국제적인 혁명의 물결을 고무했다. 러시아 이외의 다른 어떤 나라에서도 노동계급이 권력을 획득하지는 못했지만, 기득권층이 겁을 먹고 우익의 반발을 후원하게 하기에 충분했다.

  제국의 야심이 좌절되고 전후 계급투쟁이 특히 집중됐던 독일과 이탈리아에서는 광적인 반혁명 운동들이 정권을 장악했다. 히틀러와 무솔리니는 이중의 목표를 세웠는데, 오래된 제국을 희생시켜 새로운 제국을 건설하는 것과 노동계급 조직을 산산이 부수는 것이 그것이었다. 따라서 서유럽에서 추축국의 공세는 헤게모니를 잡으려는 노력의 재개뿐만 아니라 노동에 대한 노골적인 공격을 의미했다. 쌍둥이 위협은 제국주의 간 전쟁과 민중의 반파시스트 전쟁이라는 쌍둥이 반응을 고무했다.

6. 프랑스: 제국의 영광 대 레지스탕스 이데올로기

1940년 프랑스가 독일에 당한 너무나 충격적인 패배는 20세기의 가장 극적인 사건들 중 하나였다. 강력한 유럽 강대국이 단 6주의 전격전Blitzkrieg에 맥없이 무너졌다. 최신 기술보다는 1차 세계대전 측면에서 참호를 생각했던 프랑스 장군들의 보수적 사고방식에 대한 많은 비판이 이뤄졌다. 히틀러의 군대는 이러한 장애물들을 놀라울 정도로 손쉽게 극복하는 비행기와 장갑차 종대에 의존했다. 하지만 〔프랑스의〕 완패를 단순히 군사적 측면에서 이해할 수는 없다. 결국에는, 서로 맞선 두 군대는 호각지세였다. 독일은 114개 사단에 탱크 2800대를, 프랑스는 104개 사단에 탱크 3000대를 투입했다.[1]

프랑스의 운명은 본국에서 전개된 계급 전쟁 역사의 영향도 받았다. 1934년 2월 6일 극우 집단들이 프랑스 의회 급습을 시도했으나 경찰에 가로막혔다. 아수라장 속에서 15명이 죽고 1400명이 다쳤다.[2] 목표를 달성하지 못하기는 했지만 폭동은 달라디에Daladier[+] 총리를 실각시켰다. 좌파 연합의 항의 시위가 뒤따랐

[+] 에두아르 달라디에Édouard Daladier(1884~1970). 역사학 교수 출신 정치가로 세 차례(1933년, 1934년, 1936년)에 걸쳐 프랑스 총리가 됐다. 영국 총리 체임벌린과 함께 뮌헨 회담(1938년)을 통해 히틀러의 독일에 유화 정책을 폈으나, 나치의 침략을 예방하지 못하고 1940년 총리에서 사임했다.

전격전을 벌이고 있는 독일군. 1940년 프랑스는
이 전격전으로 맥없이 무너졌다.

1934년 2월 6일 프랑스 좌파 연합의 항의 시위 모습. 450만 명이 참가한
총파업은 파시즘에 저항하는 노동계급의 결의를 보여줬다.

다. 운동은 막을 수 없게 됐고, 450만 명이 참가한 총파업은 파시즘에 저항하는 노동계급의 결의를 보여줬다.[3] 이것은 단지 훨씬 거대한 파업의 전주곡일 뿐이었다. 1936년 6월에만 1만 2142건의 서로 다른 파업이 발생했다. 한 참가자는 자신의 느낌을 이렇게 묘사했다. "파업에 들어가는 것은 기쁨 그 자체다. 어떠한 단서도 없는 순수한 기쁨 …… 고개를 높이 들고 사장 앞에 서는 기쁨 …… 인간다운 삶의 리듬이 회복되는 가운데 조용한 기계들 사이에서 걷는 기쁨."[4] 같은 해, 인민전선 정부가 선거로 선출됐다.

반파시즘, 노동자들의 투쟁과 공산주의의 긴밀한 연관성은 기득권층의 중요한 부류들로 하여금 프랑스의 국가 주권에 대한 히틀러의 위협이 두 악 중에서 그래도 나은 쪽이라는 결론을 내리게 했다. 훗날 프랑스의 지도자가 되는 드골은 그 현상을 이렇게 묘사했다. "일부 모임에서는 히틀러보다 스탈린을 더 적으로 간주하는 경향이 있었다. 그들은 독일에 대항할 방법보다 …… 러시아를 공격할 수단에 관심이 훨씬 더 많았다."[5]

이것은 2차 세계대전 초기에 프랑스가 주저한 이유를 설명해준다. 1939년 9월 폴란드에 대한 공식 교전 선언에도, ([독일에 대한] 유화 정책을 이제 막, 마지못해 포기한) 영국뿐만 아니라 프랑스도 '가짜 전쟁drôle de guerre'(개전 휴전 상태)을 벌였다. 이는 독일에 대한 정말 이름뿐인 군사행동을 수반했다. [그와 달리] 멀리 떨어진 핀란드에 대한 러시아의 공격을 반대하는 것에 관한 한, 그러한 소심함은 조금도 없었다. 가믈랭Gamelin[+] 장군의 파병 계획은

핀란드인들이 1940년 초 화평을 청하자 그제야 좌절됐다.[6]

그 사이에 프랑스 정부는 공산주의 정당(프랑스공산당PCF)을 마녀사냥 했다. 나치 침략 직전 의원이 2778명에 이르는 공산주의 시의회 300개가 중단됐다. 경찰 1만 1000명의 현장 급습 이후 발행 부수가 많은 신문인《뤼마니테L'Humanité》와《스 수아르Ce Soir》가 다른 공산주의 출판물 159종과 함께 금지됐다.[7] 처음으로, 제3공화국의 선출된 대표들이 축출되고 수감됐으며, 공산주의 지도자 7명은 사형 선고를 받았다.[8] 고용주들은 1936년의 활동가들과 파업 참가자들을 희생시키기 위해 이러한 겁박 분위기를 이용했다.[9]

독일이 1940년 여름에 공격한 것은 바로 이것을 배경으로 이뤄졌다. 독일의 전술은 놀랄 정도로 효율적이었지만 더 중요한 것은 프랑스 정부가 곤경에 빠져 있었다는 것인데, 전투를 피해 온 한 난민은 그것을 다음과 같이 적절히 요약했다.

> 어떠한 민주주의 국가에서든 지배계급은 …… 국가 전체의 군대에 의존해야 하고, 모든 계급에 요청해야 하며, 무엇보다도 노동계급에 호소해야 한다. 그렇지 않으면 지배계급은 사회 구조가 어떠한 충격도 받지 않도록 하기 위해 …… 위협적인 침략자를 받아들이는 법을 배우려 하고, 그의 요구를 들어주며, 그

✛ 모리스 가믈랭Maurice Gamelin(1872~1958). 2차 세계대전 당시 사령관으로서 서부전선의 연합군을 지휘했다. 1940년 프랑스군이 독일군에 무너지면서 면직되고, 재판에 회부됐다가 독일로 이송·억류됐다.

와 타협을 보려 노력할 수도 있다.[10]

프랑스 지도자들은 선택 가능한 범위를 의식하고 있었다. 총사령관 베이강 장군은 나라의 군사 조직이 "갑자기 무너지고 무정부 상태와 혁명으로 치달을 수도 있다"라는 자신의 두려움을 드골에게 말했다.[11] 그는 (적에게) 굴복할 준비가 돼 있었지만, 없어지지 않는 의심이 하나 남아 있었다. "아! 질서를 유지하는 데 필요한 부대를 독일인들이 내게 남겨줄 것이라고 확신할 수 있으면 좋을 텐데."[12] 마침내 이것을 잊게 됐을 때, 베이강은 프랑스공산당 지도자 모리스 토레즈Maurice Thorez[**]가 혁명을 시작해 대통령궁을 장악했다고 주장—순전한 날조였다!—하며 동료들에게 항복을 재촉했다.[13]

한창 혼란스러울 때 페탱 원수가 프랑스 역사에 대한 확실한 감각을 드러냈다. 1789년 혁명 이래 줄곧 정부들은 외국의 위협을 격퇴하기 위한 대중 동원, 아니면 계급 지배를 유지하기 위한 주민 진압 사이에서 결정을 내려야 했다. 1871년에 급진적인 파리코뮌이 독일 침략자들과 타협하는 것을 거부했을 때 티에르Thiers[***]는 파리 노동계급을 피로 물들이기 위해 후자(독일 침략자

[**] 1900~1964. 광부 출신으로 사회당원이 됐다가, 사회당을 떠나 프랑스공산당 창립에 참여했다. 1930년대에 공산당 서기장을 거쳐 반파시즘 인민전선 구축에 힘을 쏟았고, 2차 세계대전 당시 프랑스가 독일에 점령되자 저항운동을 벌이다가 모스크바로 망명했다. 파리 해방 후 귀국해 다시 공산당을 이끌었다.

[***] 루이 아돌프 티에르Louis-Adolphe Thiers(1797~1877). 프랑스의 정치가로 1836

━ 1940년 10월 24일 히틀러와 악수를 하는 페탱. 계급 지배를 유지하기 위해 그는 프랑스의 북부 지역을 히틀러에게 넘겨주었다.

들)와 함께 일했다. 70년 후 페탱은 히틀러에 직면해 이렇게 주장했다.[14] "단지 문제는 끝내고 협상하는 것이며, 사건이 발생하면 같은 상황에서 이미 티에르가 꼭 그렇게 했던 것처럼 코뮌(즉 대중적인 레지스탕스)을 으스러뜨리는 것이다."

약간의 근성을 불어넣으려는 시도로 처칠은 모든 이를 위한 공동 시민권을 갖는 프랑스-영국 연합을 제안했다.[15] 프랑스 내각은 다음과 같은 논평으로 반응했다. "나치의 한 주州가 되는 게 낫겠다. 적어도 우리는 그게 무엇을 의미하는지는 안다."[16] 이 소

─────────────

~1840년에 총리를 지냈고, 1871년 파리코뮌을 유혈 진압한 후에는 대통령이 됐다. 프랑스대혁명, 나폴레옹 집권기 등에 대해 다수의 저서를 남긴 역사가이기도 하다.

망은 이뤄졌다. 1940년 6월 22일 [프랑스는] (나라의 약 55퍼센트를 포함하는) 북부 지역을 나치에 넘겨 나치의 직접 지배를 받게 하는 휴전 협정을 독일과 조인했다. 페탱의 비시 부역자 정권이 남부를 운영했다.

1934년 시위와 1936년 파업 이래 노동계급 사이에서 다른 관점이 분명하게 드러났다. 영국과 프랑스 정부가 체코슬로바키아를 두고 히틀러에게 유화 정책을 썼을 때, 이는 프랑스 의회에서 중도파와 우파의 우레와 같은 환호를 끌어냈다. 프랑스공산당 지도자는 이렇게 반박했다. "프랑스는 갈취에 굴복했고, 동맹국을 배신했으며, 독일 지배로 가는 길을 열어줬고, 아마도 프랑스 자신의 이해관계를 돌이킬 수 없이 위태롭게 했을 것이다."[17] 535명의 의원들이 정부의 태도를 지지한 데 반해 75명(그중 73명은 공산주의자였다)은 반대표를 던졌다.

하지만 좌파는 히틀러와 스탈린의 불가침 조약으로 인해 혼란에 빠져들었다. 러시아와 독일이 폴란드를 흉포하게 공격하는 동안 프랑스공산당은 히틀러와 평화롭게 지낼 것을 요구했다. 이 일이 일어나고 나치 군화[소리]가 파리 거리에 울려 퍼질 때 프랑스공산당은 이렇게 썼다.

프랑스 제국주의가 역사상 최대 패배를 당했다. 어떠한 제국주의 전쟁에서도 적은 국내에서 발견될 수 있는데, 그 적이 전복됐다. 프랑스와 세계 나머지 지역의 노동계급은 이 사건을 승리로 간주하고, 이제 적이 하나 줄어든 상태에 직면해 있음을 이해해야 한다. 프랑스 제국주의의 몰락이 최종적임을 보장하기 위해 모든 것을 한다는 것이 중요하다.

이 놀라운 성명에 다음과 같은 단서가 덧붙었다.

고려해야 할 문제는 프랑스 민중의 투쟁이 프랑스 제국주의와 맞선 독일 제국주의의 투쟁과 결과적으로 목표가 같은지 여부다. 독일 제국주의는 일시적인 동맹국이라는 의미에서만 그것은 사실이다.[18]

이 허튼소리를 모든 공산주의자가 받아들인 것은 아니었다. 프랑스공산당의 하원 의원 가운데 3분의 1은 프랑스가 이제 "일시적인 동맹국"에 의해 점령됐다는 발상을 거부했다.[19]

한 가지 점에서는 프랑스공산당이 맞았다. 프랑스 제국주의는 독일 제국주의에 패배했는데, 그렇기는 하지만 그 종말이 "최종적"이지는 않았다. 런던으로 탈출한 젊은 프랑스군 준장 샤를 드골은 6월 18일 BBC를 통해 '자유 프랑스Free France'의 존재를 발표했다. "어떤 일이 있더라도 프랑스 레지스탕스의 불길은 빛나고 활활 타오른다."[20]

이 레지스탕스가 무엇으로 이뤄지는지에 대한 드골의 발상은 좀 이상했다. 그는 북아프리카 주둔 프랑스군 총사령관, 시리아-레바논 고등 판무관, 프랑스령 인도차이나 총독에게 '제국 방어를 위한 협의회'를 구성할 것을 호소했다.[21] 일주일 후 그는

BBC를 통해 '자유 프랑스'의
존재를 발표한 샤를 드골.

"강력한 레지스탕스 군대를 프랑스 제국에서 느낄 수 있다"라고
말했다. 8월 3일 드골은 다음과 같이 보고했다. "제국의 많은 지
점에서 용감한 사람들이 일어서고 있고 프랑스의 식민지를 지킬
각오를 하고 있다."[22]

 총사령관들, 고등 판무관들, 총독들이 서둘러 응답하지 않
은 것은 놀라운 일이 아니며, 하는 수 없이 드골은 어떻게 하면
프랑스 제국주의를 구할 수 있을지에 대해 다시 생각해야 했다.
그는 자신의 전략에 새로운 요소를 두 가지 덧붙였다. 첫째로,
나치는 반드시 축출돼야 하며 (그렇게 하기 위해서는) 대중을 동원
하는 것 이외에 다른 대안이 없었지만, 대중이 도를 넘지 못하게

해야 한다. 그는 자신이 초기에 품었던 제국 방어를 포기하지 않았다. 여기에 드골 자신이 정식화한 것이 있다.

적의 세력이 있을 텐데, 오직 긴 과정을 거쳐야만 그것을 분쇄할 수 있을 것이다. …… [체제] 전복을 목표로 하는 쪽에서는 국민적 레지스탕스를 곁길로 새게 해 혁명의 혼돈 쪽으로 향하게 하려는 결정이 있을 것이다. …… 마지막으로 강대국들은 프랑스를 희생양 삼아 자국의 이익을 추구하고자 우리의 나약함을 이용하는 경향을 띨 것이다.[23]

드골은 프랑스의 식민지 관리자들에게 "직접적으로는 적과 맞서 프랑스의 소유물을 방어하고 영국—그리고 아마도 언젠가는 미국—이 자국의 이익을 위해 그것들을 확보하려는 유혹에 빠지지 않도록 막을 것"을 요청할 때 [위 인용문의] 마지막 사항에 대해 상세히 설명했다.[24]

준장[드골]이 명목상 최고위에 있게 될 것이기는 하지만, 프랑스에서 레지스탕스는 독립적으로 발전했다. 그것은 점령군에게서 달아나는 포로들을 위한 탈출 경로인 '연대의 띠'로 시작됐다. 그다음에 '네트워크들'이 연합국에 정보를 넘겨준 것으로 보인다. 비밀 신문들 주위에 조직된 운동들이 곧 그 뒤를 이었다.[25]

1941년 히틀러가 러시아를 공격한 후 프랑스공산당이 투쟁에 합류하면서 직접 행동과 사보타주 수준이 극적으로 올라갔다. 예를 들면 공산주의자들은 석 달 동안 [기차] 탈선 158건, 기관차 180대와 화차 1200대 분량의 물자나 병력 파괴, 열차 엔진 110개와 다리 3개 사보타주, 독일 병사 800명 살상 등 단독으로 1500건에 이르는 행동을 취했다고 주장했다.[26] 1942년에는 독일을 위해 프랑스 노동력을 징발하려는 시도가 많은 젊은 남성들을 **마키**maquis[+] 게릴라 무리에 합류하도록 내몰았다. 마지막으로, 1944년에 레지스탕스는 공격 개시일에 노르망디 상륙 작전을 돕기 위해 (독일군의) 주의를 딴 데로 돌리기 위한 중요한 견제 행동을 했다. 이러한 수준의 행동은 용기를 필요로 했다. 저항자들은 북부에서는 게슈타포에게, 남쪽에서는 비시 정부의 잔인한 **프랑스 민병대**Milice[++]에게 사냥을 당했다. 고문, 강제수용소, 혹은 처형은 실제적인 가능성이었는데, 프랑스공산당 구성원 중 6만 명이 살해됐다.[27]

레지스탕스는 '운동으로서'뿐만 아니라 '조직으로서'도 기능했다.[28] 운동으로서 그것은 엄청난 추종자를 갖고 있었다. 그것이 내는 신문의 하루 발행 부수는 1944년에 60만 부였는데, 비밀 신문을 갖고 있다는 것이 게슈타포에게 체포될 수 있음을 뜻하는데도 그러했다.[29] 조직된 저항자들은 그보다 소수여서 성

[+] 2차 세계대전 당시 독일에 점령됐을 때 프랑스 시골 지역에서 활동한 게릴라 집단. 주로 산악 지역을 중심으로 작전을 전개했다.
[++] 1943년 1월 비시 정부가 독일의 도움을 받아 창설한 준군사 조직. 레지스탕스 세력과 맞서 싸우는 데 활용하기 위한 목적이었다. 일반적으로 밀리스라고 불렸다. 지역 사정은 물론 방언에도 밝은 현지 출신들로 구성됐기 때문에 레지스탕스 세력에게는 게슈타포와 나치 친위대보다 더 상대하기 껄끄러운 존재였던 것으로 얘기된다.

— 1944년 7월 프랑스 민병대에게 사로잡힌 레지스탕스 대원들. 프랑스공산당
구성원 중 6만 명이 살해됐다.

인 인구의 2퍼센트에 지나지 않았다.[30]

영향력 있는 북부의 한 신문이 쓴 것처럼 "전혀 타협하지 않
은" 이 개인들, "독일 점령 아래에서 자신들의 가치를 입증한 사
람들"은 누구였는가?[31] 프랑스 레지스탕스에 대한 연구가 철저
히 이뤄지기는 했지만 그래도 이것은 답하기 어려운 문제인데,
누구도 회원증을 들고 다니지 않았기 때문이다. 그것에 대한 증
거는 모순적인 것처럼 보인다. 사회적 구성에 대해 전국레지스
탕스협의회National Resistance Council, CNR 회장 조르주 비도Georges Bidault[+]는
이렇게 썼다.

[+] 1899~1983. 2차 세계대전 시기에 레지스탕스로 활동했고, 전후에 외무부
    장관을 거쳐 총리가 됐다. 알제리 독립에 반대하며 테러를 거듭 자행한 극우
    비밀 군사 조직 OASOrganisation de l'armée secrète에 가담하기도 했다.

— 프랑스 여성 레지스탕스. 니콜 미네라는 이름으로 활동한 그녀의 나이는 1944년 당시 18세였다. 레지스탕스에는 아주 다양한 유형의 사람들이 모여 있었다.

레지스탕스는 모든 유형, 모든 계급, 모든 정당을 포함했다. 소작 농들, 교사들, 저널리스트들, 공무원들, 귀족들, 사제들, 그리고 더욱 많은 이들과 나란히 노동자들이 있었다. 대개 그들은 자신의 양심에서 비롯된 개인적인 선택을 한 후 반란에 합류했다.[32]

이 다양성은 지배계급이 추구한 제국주의 전쟁과 대중이 지지한 민중의 전쟁이 있었다는 주장에 도전하는 것처럼 보인다. 하지만 그러한 결론은 맞지 않다.

민족 독립을 위한 투쟁이자, 지배계급이 그것을 배신했다는
점이 인구의 많은 부문을 격분하게 했기 때문에 레지스탕스 구
성은 이질적이었다. 민족적 투쟁과 계급투쟁이 겹쳤다. 그러나
레지스탕스의 사회적 구성과 사회관은 동일하지 않았다.

그 구성원의 폭이 아무리 넓다 해도 관점에서는 뚜렷하게
좌익이었는데, 프랑스 기득권층이 "비시 정부에, 그리고 그 결과
독일의 지배에 단단하고 공공연하게 들러붙는 것을 통해" 철저
히 "굽혔기" 때문이었다.[33] 고립된 저항자들은 우익, 심지어 극우
의 신념을 지녔지만 파시즘과 싸운다는 것은 좌익 모임들에 더
자연스러웠다.[34]

> 그것은 그들이 이미 관여하고 있는 전투를 계속해나가는 문제
> 이기 때문이었다. …… 프랑스에서 인민전선을 지지하는 투표
> 를 했고 스페인에서 공화파가 승리하기를 바랐던 사람들은 히
> 틀러의 유럽뿐만 아니라 페탱의 프랑스도 즉각 적대했다.[35]

〔레지스탕스의 여러 구성 요소 중〕 프랑스공산당 요소가 급진
적인 언어를 사용할 것으로 예상되겠지만, 프랑스공산당만 그
런 것이 아니었다. 레지스탕스의 나머지가, 한 역사가가 말한 것
처럼 "사실상 모두 한뜻으로 혁명을 예견하고 선언하는" 문서들
을 생산해냈다.[36] 레지스탕스 출판물들은 점령과 굴복이 〔사회
를〕 급진화한 효과를 몇 번이고 분명히 보여줬다. 〈이 전쟁은 혁
명적이다〉라는 제목이 붙은 한 기사는 그것이 "권위와 자유라는

레지스탕스가 제작한
출판물.

······ 세계에 대한 두 구상 간의 싸움"이라고 설명했다.[37] 그러고
나서 이렇게 계속된다. "대중은 목표가 무엇인지 알지 못하면 행
동하지 않을 것이고, 그 목표는 그들의 노력이 옳다는 것을 보여
줄 이상이 되고 지고한 희생을 고무하기에 충분할 만큼 위대할
필요가 있다. ······ **인류 해방**〔이 바로 그것이다〕."[38] 이것은 나치를
축출하는 것보다 훨씬 더 멀리 나아가는 조치들을 수반했다.

- 물질적 노예 상태로부터 해방: 굶주림, 불결함, 기계
- 경제적 노예 상태로부터 해방: 부의 불공평한 분배, 위기와
  실업

- 사회적 노예 상태로부터 해방: 돈, 편견, 종교적 편협성
- 그리고 소유자들의 이기심 ……[39]

노조 및 사회주의자 모임들과 연결된 군 출신 귀족 다스티에[d'Astier+]의 신문인《리베라시옹-Libération》도 비슷한 태도를 취했다.

우리는 내부뿐만 아니라 외부에 있는 적들의 전쟁과 민족적 제국주의, 돈의 힘과 국가적이든, 사회적이든, 종교적이든 간에 어떠한 종류의 경제적 제국주의 독재로부터도 해방을 얻기 위해 손에 무기를 들고 싸우고 투쟁할 것이다.[40]

그러한 정서는 본능적으로 철저히 권위주의적인 드골과 더 동떨어질 수 없을 만큼 달랐다. 그의 자칭 좌우명은 다음과 같았다. "숙고는 많은 사람이 하는 일이다. 행동은 혼자 하는 것이다."[41] 하지만 그는 그 운동을 통제할 어떠한 희망이라도 갖고자 한다면 급진적 언어를 자신이 프랑스 제국주의를 방어하는 데 섞을 필요가 있음을 이해했다. 그래서 그는 연설에 이런 구절을 많이 섞었다. "승리를 위해 연합할 때 (프랑스 민중은) 혁명을 위해 연합한다. …… 우리에게 종전은 우리의 국토와 제국의 완벽

✛ 엠마뉘엘 다스티에 드 라 비주리Emmanuel d'Astier de La Vigerie(1900~1969). 프랑스의 저널리스트이자 레지스탕스 활동가였다. '군 출신'으로 돼 있는 건 해군 경력 때문인데, 다스티에는 해군 사관학교에 들어갔다가 23세에 해군을 떠났으나 2차 세계대전 발발 후 재입대해 해군 정보 계통에서 일했다.

한 회복뿐만 아니라 완벽한 민중 주권도 의미할 것이다."⁴² 그러나 그의 말에는 신념이 결여돼 있었고, 망명 중인 드골과 프랑스에 있는 레지스탕스 간에 권력투쟁이 전개됐다.

1943년 게슈타포 손에 죽기 전까지 드골의 특사는 장 물랭 Jean Moulin⁺⁺이었다. 그는 존경을 받았는데, 나치가 전쟁 발발 당시 외르에루아르 Eure-et-Loire주의 지사였던 그를 훼손된 한 여성의 몸통과 함께 방에 가둬놓고 프랑스의 흑인 병사들에게 책임을 전가하는 문서에 서명하라며 고문했기 때문이다. 압력에 굴복할지도 모른다는 점을 우려해 그는 자살을 시도했다.⁴³ 드골은 물랭이 반드시 레지스탕스가 민중보다는 제국 프랑스의 이익을 위해 일하게 하기를 원했다. 그의 지시는 이러했다. "프랑스를 교전국으로 회복시킬 것, [체제] 전복을 예방할 것 …… ."⁴⁴

첫걸음은 통제권을 쥐는 것이었다. 물랭의 명령은 수많은 저항자 집단을 "단일한 중앙 당국" 아래에 있게 하는 것을 의도했는데,⁴⁵ 그게 없으면 그들은 "'대단한 단체들'의 무정부 상태 또는 …… 공산주의자가 지배력을 행사하는 상태에 빠져들" 수 있었다.⁴⁶ 그는 먼저 남부의 비공산주의 집단들을 연합레지스탕

⁺⁺ 1899~1943. 프랑스가 독일에 점령된 후 전국레지스탕스협의회의 첫 번째 의장을 지냈고, 여러 레지스탕스 세력의 힘을 모으는 데 상당한 역할을 했다. 드골과 지나치게 가깝고 자금·무기를 독단적으로 처리한다는 비판도 받았다. 오늘날 레지스탕스의 주요 지도자 중 한 사람으로 추앙을 받고 있다(그의 이름을 딴 거리가 프랑스 곳곳에 있다). 한편 독일 점령 초기 장 물랭은 프랑스 북부에서 독일군이 벌인 가혹 행위를 아프리카 외인부대 소행으로 처리하라는 나치의 요구를 따르지 않다가 체포돼 고문을 당했다.

스운동United Resistance Movement, MUR으로 합병했다. 1943년 5월 그는 전국레지스탕스협의회를 결성했는데, 이 단체에는 공산주의자들을 포함했다.

물랭의 두 번째 과업은 이데올로기 논쟁과 논의를 배제하는 것을 통해 군사 영역에서 드골의 정치적 권위를 확보하는 것이었다. "운동의 정치적·군사적 활동을 분리하는 것은 런던과 연계돼 그곳으로부터 명령을 받아 수행하는 자율적인 군사 조직을 낳을 것이 틀림없다."[47] 이것은 위계적인 '비밀 군대Secret Army'가 될 것이었는데, 드골은 이것으로 급진적 부류의 유효성을 상쇄하기를 희망했다.

레지스탕스는 조직화된 행동을 위해 더 통합된 구조를 받아들였지만, 군사적·정치적 기능을 분리하는 것은 격렬히 반대했다. MUR의 프르네Frenay[+]는 이렇게 주장했다. "MUR가 그 요소를 모두 창출했고, 그 구조와 그 방향을 결정했으며, 그 간부단을 형성했고, 그 부대를 모집했기 때문에 비밀 군대는 연합(레지스탕스) 운동의 필수 요소다."[48] 전쟁에 대한 프르네의 시각은 드골의 그것과 뚜렷이 달랐다.

[+] 앙리 프르네Henri Frenay(1905~1988). 육군 장교 출신의 레지스탕스 지도자였다. 프랑스가 독일에 항복하게 되자, 프르네는 1차 세계대전의 영웅 페탱이 이끄는 비시 정부를 지지했다. 그러나 오래지 않아 비시 정부에 대한 환상이 깨지면서 레지스탕스 활동에 뛰어들었다. 우파 성향으로 좌파를 불신한 인물로 거론된다.

우리에게 규율은 믿음과 우정을 통해 달성된다. 그 용어의 군사적인 의미에서 복종 의식은 없다. 우리 위계의 어떤 수준에서건 장교들(의 뜻)을 강요하는 것은 가능하지 않다—그리고 우리에게는 이에 대한 충분한 경험이 있다. (군대의) 연대나 관공서에서 될 수 있는 것이 여기서는 달성될 수 없다.[49]

또 다른 레지스탕스 지도자가 설명한 대로, 다른 군대들은 다른 기법을 사용한다.

한편에는 대개 예전의 장교들이 있었는데, 이들은 …… 전형적이고 관습적인 군대에서 …… '그들의 병사들'을 만들어내는 것을 명예와 관계된 일로 여겼다. 다른 사람들은 혁명전쟁에 참가한 것을 의식하고 있었고, 그들 중 일부에게는 진정한 국제 내전이었으며 …… 전술 분야에서는 오로지 게릴라 방식만 썼다.[50]

어느 쪽도 논쟁에서 완전히 승리하지 못했고 독립된 민병대들이 지속됐는데, 그 범위가 드골의 비밀 군대에서 프랑스공산당이 이끄는 '의용-유격대Franc-Tireurs et Partisans, FTP'††에 이르렀다.

---

†† 프랑스공산당이 나치 독일의 소련 침공을 계기로 노선을 바꿔 창설한 무장 레지스탕스 조직. 처음에 세 집단이 형성됐는데, 이것들이 1942년 초 의용유격대로 통합됐다. 의용유격대는 프랑스의 여러 레지스탕스 집단 가운데 가장 잘 조직되고 가장 효율적인 무장 세력이었다는 평가를 받는다.

MUR 같은 다른 조직들이 그 사이에 있었다. 각각 다른 전략을 택했다. 비밀 군대는 드골의 도구로 복무할 운명이었고 전형적인 대기주의 접근법을 택했다. 그것은 준장이 디데이(프랑스어로 'Jour J')에 영국해협을 건너오기를 기다렸다.[51] 이것은 레지스탕스 정신에 역행하는 것이어서 물랭이 "의도는, 디데이를 기다리는 동안 비밀 군대 투사들의 어떠한 행동도 금하는 것이었고 …… 어쨌든 실질적으로 불가능한 뭔가가 있다"라는 풍문을 부인하도록 강제됐다.[52]

공산주의자가 주도한 운동들은 이처럼 기다리며 관망하는 태도를 무시하고 세간의 이목을 끄는 행동에 착수했는데, 극도로 큰 희생을 무릅쓰고 자주 그렇게 했다.[53] 미국이 주도한 북아프리카 침입(횃불 작전Operation Torch)이 1942년[+] 11월에 발생하지 않았다면, 드골이 두려워했고 (유고슬라비아와 그리스 같은 곳에서는 이미 손에 넣은) '지배력을 행사하는 상태'를 그것들〔공산주의자가 주도한 운동들〕이 달성하는 것도 당연한 일이었다.

알제Algiers에서 드골주의를 지지하는 장교들이 유대인 아불커Aboulker[++] 형제가 이끄는 레지스탕스 운동과 결합해 병영과 전

[+] 원문에는 1943년으로 나와 있지만, 실제로는 1942년이다. 횃불 작전은 1942년 11월 미군과 영국군이 알제리와 모로코에 상륙해 비시 정부 휘하의 프랑스군을 물리치고 그 지역을 장악한 작전을 말한다.

[++] 조제 아불커José Aboulker(1920~2009). 유력한 유대계 가문의 일원으로 알제에서 태어났다. 2차 세계대전 시기에 프랑스령 알제리에서 레지스탕스 활동을 주도했다. 전후에는 신경외과 의사로 살아가는 한편 프랑스에서 알제리 무슬림의 정치적 권리를 주장하는 활동을 전개했다.

투 지휘소를 장악했을 뿐만 아니라 비시 정부 측 고위 관료들을 체포했기 때문에 횃불 작전은 순조롭게 진행됐다.[54] 미국인들은 상륙하자마자 포로 중 한 명인 다를랑Darlan[+++] 제독과 회담을 시작했다. 이것은 놀라울 정도로 둔감한 결정이었다. 그 반쪽은 미국의 행동을 변명하는 인사인 펑크Funk조차 다음과 같이 인정해야 했다.

페탱 정책의 주요 설계자로서 다를랑은 나치의 새로운 질서에 프랑스가 자진해서 협력한다는 것을 추축국이 납득하게 하기 위해 있는 힘을 다했다. …… 그는 라발Laval,[++++] 페탱, 그리고 다른 비시 정부 지지자들이 훗날 기소되고 라발이 사형을 당하게 되는 것과 정확히 똑같은 정책들을 밀고 나갔다. 프랑스 저항자에게 다를랑은 부역과 굴복의 전형이 됐다.[55]

더욱이 다를랑이 페탱의 기름 부음을 받은anointed 후계자였는데도 미국은 그를 풀어주고 북아프리카 정부를 그의 손에 돌

[+++] 프랑수아 다를랑François Darlan(1881~1942). 프랑스의 군인이자 정치가로, 비시 정부의 해군 장관 등을 지내며 페탱과 함께 나치 독일에 협력했다. 1942년 11월 프랑스령 북아프리카가 미국과 영국에 장악되자 연합군 측으로 돌아섰으나, 레지스탕스 세력에게 암살됐다.

[++++] 피에르 라발Pierre Laval(1883~1945). 프랑스의 정치가로 2차 세계대전 이전에 이미 총리를 지냈고, 프랑스가 독일에 항복한 후에는 비시 정부에서 부총리 등을 지내며 나치 독일에 적극적으로 협력했다. 전후에 전범으로 처형됐는데, 원문에는 라발이 '교수형을 당했다was hanged'라고 나와 있지만 실제로는 총살형을 당했다.

려쳤다! 미국 재무부 장관 모겐소Morgenthau⁺는 "우리가 가만히 앉아서 이 파시스트들을 편들 것"이라면 "그런 부류의 사람들을 그저 권좌에 도로 앉히는 (결과를 초래하는) 싸움이 무슨 소용이 있겠나?"라고 개인적으로 툴툴거렸다.[56]

레지스탕스 운동은 망연자실했지만, 그렇기는 해도 이것은 예견할 수 있었던 결과이기는 했다. 루스벨트는 1941년 무역 협정에 조인하며 처음부터 비시 정부와 긴밀한 관계를 유지했다.[57] 미국이 다를랑을 그런 자리에 앉힌 것은 프랑스 레지스탕스를 극도로 화나게 만들었다. "우리는 우리의 정치적·군사적 배신에 대해 책임을 져야 할 사람들의 180도 전향을 그들이 과거에 저지른 범죄들에 대한 변명으로 고려하는 것에 어떤 경우에도 동의하지 않을 것이다."[58] (다를랑) 제독이 레지스탕스 전사에게 암살됐을 때 복수가 이뤄졌다.[59] 미국은 이제 지로Giraud⁺⁺ 장군에게 눈을 돌렸는데, 지로는 적어도 나치의 환심을 사려 한 적이 없었고 그들의 감옥에서 극적으로 탈출해 존경을 받았다. 하지만 펑크에 따르면 "페탱, 비시 정부, 민주주의, 반유대주의에 대한 지로의 태도는 다를랑의 태도와 구별할 수 있을 정도로 다르지 않았다".[60] 루스벨트의 행동에 대한 너그러운 해석은 그가 비시 정

⁺ 헨리 모겐소Henry Morgenthau(1891~1967). 1934년부터 1947년까지 재무부 장관을 지냈다. 전후 독일 처리 원칙으로 철저한 비군사화·비공업화를 제시한 모겐소 계획(1944년)을 입안했으나 채택되지는 않았다.

⁺⁺ 앙리 지로Henri Giraud(1879~1949). 프랑스의 군인이다. 2차 세계대전 때 독일군의 포로가 됐지만 1942년 탈주해 알제리로 건너갔고, 1944년에는 프랑스군 총사령관이 됐다.

부를 비틀어 독일에서 떼어내기를 바랐다는 것일 것이다. 더 그럴듯한 해석은, 미국이 영국의 보호를 받는 드골의 대안으로 가동할 준비를 마친 자신만의 의뢰인을 원했다는 것이다. 확실히 루스벨트는 "정부를 자칭하는 반체제 인사 집단들"과 어떠한 거래를 하는 것도 거부했는데,[61] 그것은 드골에 대한 암호였다. 분명히 미국은 프랑스에 (자국과) 경쟁하는 제국주의가 복원되는 것을 보기보다는, 자신들이 명령하는 대로 할 사람이라면 누구든 택했을 것이다.

횃불 작전은 '자신이 살아갈 정부 형태를 선택할 모든 사람의 권리'라는 대서양헌장의 약속을 불러오지 않았다. 지로 아래에서 알제리인 700만 명은 미국이 지원하는 프랑스 식민주의와 프랑스 정착민 60만 명이라는 멍에를 계속 쓰고 있었다.[62] 선출된 공산주의자 의원들을 수용한 강제수용소들이 그러했던 것처럼, 비시 정부의 반유대주의 법률은 온전히 남아 있었다. 이제 드골 지지자들, 그리고 연합군의 상륙을 도왔던 바로 그 레지스탕스 전사들이 그들과 합류했다.[63]

프랑스 본토에서 나치는 눈가림용이던 비시 정부를 털어내고 전국을 장악하는 것으로 횃불 작전에 반응했다.[64] 같은 시기에 다를랑 사건의 충격이 모든 레지스탕스 집단을 드골에게 결집하게 만들었다. 이것은 그에게 지로를 하찮은 존재로 만들고 북아프리카에 임시 프랑스 정부를 세우기에 충분한 강력한 기반을 마련해줬다. 새롭게 형성된 전국레지스탕스협의회가 부여한 합법성이 드골을 국가적인 명목상 최고위 책임자로 만드는 데

- 1944년 노르망디 상륙 작전을 앞두고 연합군 낙하산 부대원과 이야기를 하고 있는 프랑스 레지스탕스 대원(오른쪽).

- 1944년 독일군에게 잡힌 저항군.

결정적이라는 점이 판명됐다. 그러나 일단 자신의 헤게모니를 확고하게 하자 그는 자신의 추종자들을 완전히 무시했다. 물랭은 게슈타포에게 살해됐고, 그 후임인 비도는 자신이 "프랑스 망명 정부에 …… 암호화된 전문電文 수백 편"을 썼지만 "나는 하나의 회신, 단 하나를 받았는데 내게 도달한 유일한 답신은 '통신 줄여라'라는 것이었다"라고 이야기한다.[65]

드골은 결국 1944년 여름 노르망디 상륙 시기에 '그의' 레지스탕스 운동과 황송하게도 연락을 주고받았다. 아이젠하워 Eisenhower 장군은 독일 국방군을 프랑스 안에서부터 최대한 붕괴시키고 싶어 했다. 엄청난 개인적 희생을 치르면서 모든 레지스탕스 운동은 전투에 몸을 던졌다. 불평등한 전투에서 수천 명이 베르코르Vercors[+] 같은 곳에서 목숨을 잃었다. 그런데도 6월에서 9월 사이에 '프랑스 국내군interior forces'[++]이 14만 명에서 40만 명으로 늘어날 정도로 더욱더 많은 사람이 싸움에 가담했다.[66] 반란은 연합국의 무기 인도에 아주 많이 의지했지만, 무기는 매우 선별적으로 분배됐다. 공산주의보다 드골주의와 훨씬 가까운 사람인 프르네조차 행동보다는 대기주의에 전념했던 드골의 직접적인 대리인들만이 디데이 직전까지 필수적인 라디오, 돈, 무기를

[+] 프랑스 남동부 산악 지역. 나치 독일은 레지스탕스 소탕 작전에 프랑스 극우 민병대 '밀리스'를 앞세우는 경우가 많았는데, 그와 달리 베르코르에서는 레지스탕스를 상대로 독일 정규군을 투입했다.

[++] 2차 세계대전 후반부에 프랑스 국내에서 활동한 레지스탕스 전사들을 통칭하는 용어로 드골이 이를 정식 명칭으로 사용했다.

받았다고 불평했다.[67] 더욱이 낙하산 투하가 가속화되기는 했지만[68] 그럼에도 보급품은 부족했는데, 미국이 레지스탕스에 대해 품은 '본능적 불신' 탓으로 여겨졌다.[69]

코르시카Corsica는 (햇불 작전과 대조적으로) 민중의 전쟁에 의한 해방의 짧은 경험을 제공했다. 이 섬은 독일군과 이탈리아군에 공동 점령됐다. 무솔리니가 몰락하고 (추축국의 일원이던) 이탈리아 정부가 진영을 바꿨을 때, 공산주의자가 개시한 광범위한 레지스탕스 운동이 전개됐다. 이탈리아군과 연합한 빨치산 무리가 독일 국방군과 맞섰고 1943년 9월 9일에서 10월 4일 사이에 독일인 1000명을 죽였다(마키에서는 170명의 인명 손실 발생).[70] 주도州都 아작시오Ajaccio에서 일어난 봉기는 다를랑에 상당하는 코르시카의 어떠한 것과도 상대하기를 거부한 지도자들의 대중 집회에 의한 선거를 겪었다. "입증된 애국자들이 힘의 지렛대를 장악하지 않으면 우리는 효율적인 섬 방어에 착수할 수 없다. 우리는 1940년에 아무런 저항도 하지 않은 지방 정부를 믿을 수 없다. …… 비시 정부 지지자들을 쫓아내자!"[71]

드골은 경악했는데, (그들이) 비시 정부를 거부했기 때문이 아니라 자신이 통제권을 쥐고 있지 않았기 때문이었다. 그는 "이러한 선례가 미래에 프랑스의 주요 도시에서 뒤이어 나오는 것을 보고" 싶지 않다고 발표했다.[72] 그의 전쟁과 코르시카인들의 전쟁 간의 이러한 차이는 파리 해방 동안에 더 장대한 규모로 발생했다.

1944년 8월까지 나치 당국은 들썩이는 주민들에 직면해 프랑스 수도에서 와해되고 있었다.[73] 드골은 제국주의 군대가 도달하기 전에 레지스탕스가 파리를 해방시키는 것을 우려했다. 경찰, 우편·지하철 노동자들의 대중 파업이 8월 중순 분출했을 때[74] 드골은 그들에게 이렇게 명령했다. "즉각 일터로 돌아가서 연합군이 도착할 때까지 질서를 유지하라."[75] 이 명령은 무시됐고 8월 19일에 전면적인 반란이 시작됐다. 스페인내전 참전 용사인 공산주의자 롤 탕기Rol-Tanguy[+]가 이끄는 2만 명의 전사들(이들 중 불과 10분의 1만 무장했다[76])이 8일에 걸쳐 수도를 해방시켰다.

독일군 사령관 폰 콜티츠von Choltitz[++]는 파리를 잃느니 허물어 뜨리라는 명령을 받았다. 스탈린그라드Stalingrad 참전 용사인데도, 그리고 바르샤바에서 끔찍한 대학살을 자행한 사람인데도[77] 그는 이 정책이 시행될 수 없으며 더 그럴듯한 결과는 자신의 군대가 레지스탕스의 함정에 빠져 파괴되는 것임을 깨달았다. 위기 일발의 순간에 드골주의 대리인들이 폰 콜티츠에게 구명 밧줄을 던져줬다. 무조건 항복이 연합군 정책이었는데도 그들은 그에게 휴전을 제의했다. 도시를 약탈하지 않을 것이라고 약속하면 그는 질서정연하게 철수할 수 있었다. 그에 맞춰 레지스탕스는 "점

[+]　앙리 롤 탕기Henri Rol-Tanguy(1908~2002). 프랑스 공산주의자로서 2차 세계대전 시기에 활약한 레지스탕스 지도자 중 한 사람이다. 당시 의용유격대가 되는 집단을 조직하고 파리 해방 과정에서 맹활약하는 등 레지스탕스 운동에서 중요한 역할을 했다.

[++]　디트리히 폰 콜티츠Dietrich von Choltitz(1894~1966). 2차 세계대전 당시 폴란드, 네덜란드, 소련, 이탈리아 전장을 거쳐 프랑스 파리의 마지막 점령군 사령관으로 복무했다.

령군에 대한 사격을 중지하라"라는 명령을 받았다. 레지스탕스 지도자들은 격분했는데, 한 사람은 이렇게 썼다. "대중이 지속시킨 행동과, 그들[대중]과 적 사이에 자기 자리를 잡은 집단 간의 [이보다] 더 거대한 단절을 상상하는 것은 불가능했다."[78]

혼란을 틈타 독일인들이 처음으로 우위를 되찾았다. 8월 20~21일 밤에 독일인 5명이 사망한 것과 대조적으로 레지스탕스 전사 99명이 목숨을 잃었다.[79] 그래서 그다음 날 봉기가 재개됐고, 그토록 위험하게 방해를 받았던 일을 끝마쳤다. 프랑스 정규군(르클레르Leclerc✢ 장군의 제2기갑 사단)은 8월 24일 저녁이 돼서야 도시의 심장부에 도달했다. 파리 해방을 위한 최종 기록을 보면 독일인이 2788명 희생된 것에 비해 프랑스인은 1483명 희생됐다.[80]

미움을 받던 적이 처리됐으니 이전의 차이들은 국민 통합의 불빛 속에서 이제 사라지게 됐을까? 천만의 말씀! 큰 승리를 거둔 레지스탕스가 지난 300년 동안 파리 사람들의 반란의 상징이었던 파리시 청사Hotel de Ville에서 드골을 기다리는 동안 준장은 다른 곳에 있었다. 먼저 그는 폰 콜티츠의 부관을 만났고, 그다음에는 굴지의 금융업자들을 만났으며, 그러고 나서 전쟁부로 향하기 전에 인도차이나은행 이사를 만났다.[81] 나치의 질서 유지를 도왔던 파리 경찰을 환영한 후에야 그는 황송하게도 파리시 청

✢ 1902~1947. 귀족 가문 출신으로 2차 세계대전 당시 자유 프랑스 군대의 사령관을 맡아 활약했다. 르클레르는 본명(필립 프랑수아 마리)이 아니라 항전 당시 프랑스에 남아 있던 가족이 해를 입을 것을 염려해 지은 이름이다.

1944년 8월 26일 르클레르 장군이 이끄는 프랑스
정규군이 파리 시내를 행진하고 있다.

사를 방문했다.[82] 드골은 전사들을 축하하기 위해서가 아니라 롤탕기가 르클레르의 '합법적인' '정규' 병사 옆에서 동등하게 독일의 항복을 접수하는 만용을 부렸다고 불평하는 데 그 행사를 이용했다.[83]

이것은 도래할 상황의 맛보기였다. 사흘 후 드골은 다시 레지스탕스를 만났다. 드골 본인의 설명에 따르면 그는 모임에서 이렇게 얘기했다. "민병대에게는 더 이상 목표가 없다. 기존 조직들은 해산될 것이며, (전국레지스탕스협의회) 구성원들의 합치하거나 항의하는 논평을 기록한 다음 나는 청중이기를 끝냈다."[84] 오래지 않아 레지스탕스는 무장 해제를 당했다. 그리스에서 일어난 일보다 덜 난폭하긴 했지만, 그 과정은 본질적으로 동일했다. '프랑스는 서구 자본주의 진영에 계속 있게 된다'라는 스탈린의 견해를 가장 큰 레지스탕스 정당인 프랑스공산당이 받아들임에 따라 그 전사들은 드골의 요구를 그저 받아들였다.[85]

2차 세계대전에 대한 다른 구상은 서구에서 전쟁이 끝난 바로 그날 추가로 표현됐다. 1945년 5월 8일 축하 행사가 한창인 가운데 프랑스군은 알제리 세티프Sétif에서 승리감에 젖은 군중에게 발포해 수천 명을 죽였다.†

---

† 2차 세계대전 당시 프랑스는 알제리인의 협력을 끌어내기 위해 '북아프리카 작전에 동참하면 해방으로 보상하겠다'고 약속했으나, 그 약속을 지키지 않았다. 1945년 5월 1일 세티프의 알제리인들이 약속 이행을 요구하자 프랑스인들은 폭력으로 진압했다. 여러 명의 사상자가 발생하자 세티프의 알제리인들은 5월 8일 봉기를 일으켜 일주일 동안 백인 100여 명을 죽였다. 프랑스는 대규모 보복 작전을 전개하며 대량 학살을 자행했다. 이때 목숨을 잃은

— 1945년 5월 8일 프랑스군은 알제리 세티프 주민에게 총을 난사했다. 이 사태로 1만 5000~4만 5000명에 달하는 사람들이 목숨을 잃었다.

프랑스 제국주의가 민중의 전쟁을 완파한 것처럼 보일 수도 있지만, 후자의 영향력은 오래 지속됐다. 저항자 중 한 명인 스테판 에셀Stéphane Hessel [*]의 말에 의하면 전국레지스탕스협의회의 1944년 강령은 경제, 복지, 교육에서 폭넓은 개혁을 수반한 "우리 현대 민주주의의 기반을 형성한 원칙과 가치를 확립했다".

알제리인이 자료에 따라 '1만 5000~4만 5000명' 또는 '약 4만 명' 등으로 나온다. 세티프 봉기와 학살의 기억은 알제리민족해방전선 결성(1954년) 및 1962년까지 이어진 무장 항전의 동력으로 작용했다는 평가를 받고 있다.

[*] 1917~2013. 독일에서 태어나 프랑스로 귀화한 유대인. 2차 세계대전 당시 레지스탕스에 동참했다가 체포돼 수용소에 수감됐으나 극적으로 살아남아 전후 유엔 주재 프랑스 대사 등을 지냈다. 노년에 낸 책《분노하라》로 세계적인 열풍을 불러일으켰다.

2010년 에셀은 65년이라는 시간이 경과했음에도 그 유산의 마지막 흔적을 위협하기 위해 지금의 경제 위기를 필요로 했다고 시사했다.[86] 이러한 서술은 1945년 이래 전후 '사민주의 합의'가 팽배했고 오늘날 다시 한 번 싸움이 벌어지고 있는 서유럽의 대부분 지역에서 사실이다.

7. 영국: 통합의 신화

프랑스와 달리 영국은 나치에 점령되지 않았다. 따라서 공식 망명 정부와 관계없이 급진적인 레지스탕스 운동이 성장하는 일도 전혀 없었다. 계급 간 긴장의 전조들은 수습됐다. 이렇게 해서 전쟁 전야에 노동당의 아서 그린우드Arthur Greenwood[+]가 (나치 독일에) 유화 정책을 쓰는 주된 인사이자 보수당 소속 총리인 네빌 체임벌린을 맹렬히 비난했을 때, 반대파인 보수당 하원 의원들은 "영국을 대변하라"라고 소리친 데 반해 노동당 하원 의원들은 "노동자를 대변하라"라고 외쳤다.[1] 1940년 양측이 결합해 새로운 총리 처칠과 함께하는 연립 정부를 지지했다. 그가 단언했다. "이것은 족장이나 왕자의 전쟁도, 왕조나 국가의 야망을 위한 전쟁도 아니다. 그것은 국민의 전쟁이자 대의명분이 있는 전쟁이다."[2] 노동당 기층 출신으로 예전에 노조 지도자였던 베빈 Bevin[++]은 "영국 노동당은 제국주의 전쟁을 치르지 않을 것이다"라

[+] 1880~1954. 경제학 교수를 거친 노동당 정치인으로 당내 보수파였다. 2차 세계대전 시기에는 처칠 거국 내각의 무임소 장관으로서 전후 계획과 재건 문제 등을 담당했다.

[++] 어니스트 베빈Ernest Bevin (1881~1951). 빈농의 아들로 태어난 그는 10대 초반에 학교를 그만두고 일해야 했다. 20대에 노동운동에 뛰어들었고, 그 후 노동운동에서 우파의 주요 지도자로 자리 잡았다. 그것을 발판 삼아 하원 의원이 되고 외무부 장관 등도 맡게 된다.

━ 영국 왕 조지 6세와 엘리자베스 왕비가 독일 공군의 대공습으로 폐허가 된
사우샘프턴을 방문했다.

━ 독일군 폭격으로 집을 잃은 이스트엔드 아이들. 이스트엔드는 극빈층 노동자가
모여 사는 빈민가다.

고 약속했다.[3] 또한 국민 총화가 〔독일의〕 영국 대공습을 그림으로 기록한 《포화 속 영국Britain Under Fire》의 주제였다. 그것의 앞면은 "똑같은 시련과 기회의 지배를 받는 …… 버킹엄Buckingham 궁전 밖 양兩 폐하"라는 설명이 붙은 사진으로 돼 있었다.[4]

마음이 따뜻해지는 이 사진은 양 폐하가 사우샘프턴Southampton의 잔해를 방문했을 때 사실로 확정되는 것처럼 보였다. 저널리스트들은 이렇게 보도했다. "환호성이 연발된 후 다시 연발되며 메아리치고 '국왕 폐하 만세' 외침이 반복된 겨울 거리에 늘어선 흥분한 군중."[5] 하지만 대중의 분위기를 판단하기 위해 미디어를 동원한 홍보를 넘어서서 〔상황을〕 살펴본 사우샘프턴의 포기할 줄 모르는 '대중 관찰' 자원봉사자들은 다음과 같은 논평이 더 전형적이라고 여겼다. "그들이 새 가구와 좋은 음식을 주고 야단법석은 떨지 않았으면 우리가 정말 고마워했을 것이다."[6]

현대전의 본질은 점령되지 않은 영국의 민중조차 제국주의와 그들 자신의 요구가 분리된 상태를 프랑스와 전적으로 다르지는 않은 방식으로 경험한다는 것을 뜻했다. 한 작가가 말한 것처럼 "전선은 멀리 떨어진 전장에 있는 것이 아니라 우리 일상생활의 일부다. 대피호와 응급 처치소가 모든 거리에 있다. 참호와 야영지가 모든 도시의 공원과 모든 마을의 잔디밭 구역을 차지한다".[7]

런던에서 대공습이 통합의 신기루를 떨쳐버릴 조짐을 보였다. 한 고위급 외교관은 정부 모임 분위기가 다음과 같았다고 개인적으로 언급했다. "모든 사람이 이스트엔드East End⁺ 정서를 우려하는데, 거기는 아주 신랄하다. 국왕과 왕비조차 파괴된 지역을 일전에 방문했을 때 야유를 받았다고 한다." 그래서 그는 독일 공군이 훨씬 부유한 웨스트엔드West End를 표적으로 삼았을 때 매우 안도했다. "독일인들에게 런던 브리지 서쪽을 폭격하지 않을 정도의 분별력이 있었다면 이 나라에서 혁명이 일어났을지도 모른다. 현 상황에서는 그들이 본드 스트리트Bond St와 파크 레인Park Lane⁺⁺ 여기저기를 산산조각 내고 균형을 조정했다."⁸

'아무리 부유하거나 특권을 가졌다고 해도' 모든 사람이 '거기 함께 있었다'라는 신화를 그럴듯하게 만들기 위해서는⁹ 기억상실을 배양하는 것이 필요했다. 총리가 되자마자 처칠은 동료들에게 경고했다. "우리가 과거와 현재 간의 다툼을 열어젖히면 우리는 미래를 잃었다는 것을 발견하게 될 것이다."¹⁰ 신중해야 한다고 한 것은 그가 맞았다. 그는 체임벌린과 핼리팩스Halifax⁺⁺⁺ 같은 악명 높은 유화 정책 지지자들을 포함해 내각 각료들을 뽑았는데, 각료 자리 36개 중 21개가 이전 총리 밑에서 일했던 사람들에게 돌아갔다.

⁺ 런던 북동부, 템스강 북안에 있는 구역의 속칭. 산업혁명 이후 극빈층 노동자가 모여 사는 빈민가로 유명했다.

⁺⁺ 본드 스트리트는 고급 쇼핑 거리다. 파크 레인은 하이드 파크 동쪽에 있는데, 예전엔 고급 주택지였고 지금은 빌딩가다.

⁺⁺⁺ 1881~1959. 제1대 핼리팩스 백작인 에드워드 프레드릭 린들리 우드는 인도 총독(1925~1931), 외무부 장관(1938~1940), 주미 대사(1941~1946) 등을 역임한 보수당 정치인이다. 체임벌린과 함께 유화 정책을 주도한 인물이다.

처칠에게는 또한 그만의 비밀이 있었다. 1927년 무솔리니를 방문한 후 처칠은 "그토록 많은 다른 사람들이 그랬던 것과 마찬가지로" 자신이 "그(무솔리니)의 온화하고 소박한 태도와 차분하고 사심 없는 침착함에 매혹되지 않을 수 없었다"라고 썼다. 그는 파시즘의 창안자에게 "내가 이탈리아인이었다면 나는 레닌주의와 …… 맞서 큰 승리를 거둔 당신의 투쟁에서 처음부터 끝까지 온 마음을 다해 당신과 함께했어야 할 것이라고 확신한다"라고 말했다.[11] 9년 후, 이탈리아가 아비시니아를 침략하는 동안 처칠은 이탈리아에 대한 제재에 반대하고 호어-라발 협정 Hoare-Laval pact[****](그 나라의 많은 부분을 넘겨 파시스트들에게 유화 정책을 펴려는 시도)을 "매우 기민하고 선견지명이 있는 협정"으로 묘사했다.[12] 자신을 존경하지 않도록 무솔리니가 처칠을 설득하기 위해 할 수 있는 것은 아무것도 없었다. 엘 알라메인 전투로 절정에 이르는 북아프리카의 격렬한 전투에도 불구하고, 처칠은 1943년 두체 Duce[*****]가 몰락했을 때 이렇게 단언했다. "전쟁 문제

[****] 영국 외무부 장관 사무엘 호어와 프랑스 외무부 장관 피에르 라발이 1935년 이탈리아에 제안한 협정. 핵심은 아비시니아를 분할해 영토의 상당 부분을 이탈리아에 넘기되 아비시니아가 국가로 존속하게는 한다는 것이었다. 독일 편에 서지 않도록 이탈리아를 회유하기 위해 영국과 프랑스가 아비시니아를 제물로 삼으려 한 것인데, 전황이 지지부진해 고민하던 무솔리니에게는 솔깃한 제안이었다. 그러나 관련 내용이 언론에 보도되고 비난 여론이 고조되자, 호어와 라발은 사임하고 협정 체결은 무산됐다. 덧붙이면 이 협정을 추진한 라발은 훗날 비시 정부 부총리 등을 지내며 나치에 부역했다가 전범으로 처형되는 바로 그 사람이다.
[*****] 무솔리니의 칭호로 '수령'이라는 뜻이다.

— 1941년 처칠이 폭격을 맞고 폐허가 된 코번트리 대성당을 둘러보고 있다. 2차 세계대전 동안 그는 파시즘 격퇴보다는 제국의 이익을 위해 싸웠다.

가 확실해졌을 때조차 무솔리니는 연합국의 환영을 받았을 것이다."[13] 명백히, 파시즘과 맞서는 단호한 행동은 2차 세계대전 동안 그의 주된 동기가 아니었다.

마찬가지로 약소민족들의 권리도 그런 요인이 아니었다. 우리는 그가 인도 민족주의를 경멸하며 묵살한 것을 나중에 숙고하게 될 것이지만, 아일랜드 독립 요구에 대해 1921년 그가 말한 것 역시 흥미로운 사실을 보여줬다. "정말 바보 같고 정말 흉측한 전망이 우리 눈앞에 펼쳐져 있다. 걱정과 갈등을 잠깐 동안 경감하기 위해 우리가 우리 자신 그리고 우리 이후에는 우리 아이들을 그러한 불행에 처하게 만든다면, 우리는 정말 죄를 짓는 것일 것이다. 우리가 대영제국을 갈가리 찢고 있는 것일 것이다."[14] 그러므로 에이레Eire는 "요새의 저지선과 가시철사로 꽉 묶여야 하며, 체계적인 뒤짐과 모든 개인에 대한 의심이 반드시 시행돼야 한다".[15]

그렇지만 처칠은 히틀러와 그의 "테러리즘과 강제수용소 지배"에 유화 정책을 펴는 것은 맹렬히 반대했다.[16] 총통에 대한 그의 반대는 확고했지만, 그건 오로지 독일이 영국의 권력을 직접적으로 위협하기 때문이었다.[17] 처칠의 전시 연설은 정당화돼 유명해졌지만, 친숙하게 울려 퍼지는 구절들은 맥락에서 분리되고 핵심 문장들은 불완전하게 남았다. 마음을 뒤흔드는 호소 뒤에는 모두 제국에 대한 언급이 있었다. 여기 몇 가지 사례가 있다.

내가 내놓을 수 있는 것은 피, 노역, 눈물 그리고 땀뿐입니다. …… 왜냐하면 승리가 없으면 어떠한 생존도 있을 수 없기 때문이고,— 그것이 실현되면—대영제국을 위한 어떠한 생존도, 대영제국이 대표하는 모든 것을 위한 어떠한 생존도 있을 수 없기 때문입니다.[18]

영국 전투 Battle of Britain+**가 막 시작되려는 참입니다.** 이 전투에 기독

+ 　1940년 프랑스를 굴복시킨 후 영국 본토 공격에 나선 나치 독일의 공군과

교 문명의 생존이 달려 있습니다. 그것에 우리 영국인 자신의 생명과 우리 제도의 오랜 연속성과 우리 제국이 달려 있습니다.[19]

그러므로 마음을 다잡고 우리 임무에 임하고 그렇게 행동해서 영연방과 제국이 1000년 동안 지속된다면 사람들은 "**이것이 그들의 황금시대였다**"라고 말할 것입니다.[20]

처칠은 방어적인 영국 전투에서 승리하자마자 "그다음은 제국의 전투다"라고 선언했던 애머리처럼 드러내놓고 직설적으로 표현하지는 않았다.[21] 하지만 그는 이렇게 고집했다. "우리는 우리의 지위를 고수할 작정이다. 나는 대영제국 청산을 주재하기 위해 국왕의 총리가 된 것이 아니다."[22]

영국 정부가 치른 전쟁의 제국주의적 성격은 그저 개인적인 선호의 문제가 아니라 과거와 현재의 대전략에 의해 구조화된 것이었다. 여러 세기에 걸쳐 해외 식민지로 인해 영국은 강한 해군이 필요했고, 그것에 맞춰 군사 예산이 할당됐다.[23] 〔해군〕 다음 차례는 공군이었고, 이에 반해 독일 같은 대륙의 강대국과 치르는 어떠한 전쟁에서든 핵심 요소인 육군은 〔예산 규모에서 해군, 공군에〕 많이 뒤떨어진 3등이었다. 이렇게 해서 1923년에서 1933년까지 10년간 해군력에 58퍼센트, 공군에 33퍼센트를 지출하고 육군에는 단지 8퍼센트만 지출했다.[24] 2차 세계대

이에 맞선 영국 공군이 벌인 전투. 브리튼 전투로도 불린다.

전이 시작됐을 때 영국군 38만 7000명 중 10만 7000명만 본국에 주둔하고 있었다.[25] 그래서 대륙에 투입된 영국의 해외 파견군은 고작 프랑스인들과 함께 개전 휴전 상태가 끝나기를 기다리는 보조적인 지원만 제공할 수 있을 뿐이었다. 1940년 '교착전 Sitzkrieg'이 끝났을 때 해외 파견군은 됭케르크Dunkirk✛ 해변에서 벗어나기 위해 급히 움직여야 했다.

이렇게 된 후 독일 전쟁 기계를 멀리서 마모시키려 애쓰는 것 이외에는 선택의 여지가 거의 없었다. 한 역사가는 "어느 곳에서든 독일 육군과 **어떠한** 대치라도 하는 위험을 회피하는 것"이 본질이었다고 시사한다.[26] 그러므로 독일 국방군과 벌인 소규모 접전은 의도한 것이라기보다는 우연히 이뤄진 것이었다. 한 가지 사례가 노르웨이인데, 영국은 나치보다 먼저 노르웨이를 장악할 작정이었으나 도착했을 때 노르웨이가 이미 점령됐다는 것을 알게 됐다. 런던의 주된 지상 작전은 유럽에서 멀리 떨어진 곳에서, (즉) 인도로 가는 길을 이탈리아인들로부터 지키기 위해 리비아 사막에서 전개됐다. 후자(이탈리아인들)가 롬멜의 기갑 사단을 불러들였을 때 그제야 그곳에서 독일 육군과 교전하게 됐다.

히틀러가 러시아를 공격하고 미국이 참전한 1941년 이후 더 유리한 조건에서 독일과 대치하는 새로운 기회가 (영국에) 찾

✛ 프랑스 북부의 항구 도시로 1940년 5월 26일부터 6월 4일까지 영국·프랑스·벨기에군 33만여 명을 이곳에서 영국으로 철수시키는 작전이 전개됐다.

— 1940년 됭케르크 전투에서 영국 병사가 독일 전투기를 향해 총을 쏘고 있다.

아왔다. 나치의 240개 사단이 동부전선에서 전투를 벌임에 따라(단지 50개 사단이 서부전선을 경비한 것과 비교되는데), 스탈린은 영국해협 너머에 병사들을 보내 제2전선을 열어달라고 간청했다. 영국이 얼버무렸을 때 일부에서는 "러시아인이 마지막 피 한 방울을 흘릴 때까지 싸우게 돼서" 행복하다고 말했다. 기술적으로 정확하기는 하지만 심통 사나운 처칠의 답변은 러시아인들에게는 "우리를 책망할 권리가 분명히 없다"라는 것이었다. "히틀러가 폴란드에서 마음대로 돌아다닐 수 있게 해주는 〔독소 불가침〕 조약을 그들이 리벤트로프Ribbentrop⁺와 맺은 것에 의해, 그리고

✛ 요아힘 폰 리벤트로프Joachim von Ribbentrop(1893~1946). 1938년 독일 외무부 장관에 취임해 오스트리아 및 체코 병합, 독소 불가침 조약 체결 등에서 역할을 했다. 패전 후 전범으로 처형됐다.

그렇게 전쟁을 시작했을 때 …… 그들은 자신들의 운명을 자초했다."[27]

더 나아가 그는 "영국과 프랑스가 자국뿐만 아니라 약소민족들을 위해 싸우는데〔소련은〕약소민족들의 권리를 무시하고 무자비하게 사리사욕을 채우는 노선"을 따른다고 소련을 비난했다.[28] 영국군이 "지브롤터에서 콜카타까지 약 6300마일에 걸쳐 퍼져" 있다는 이유로 제2전선을 미룬 정부로부터 어처구니없게도 이런 얘기가 나왔다.[29] 그리고

우리는 중동에서 우리 군대를 유지하고 카스피해부터 〔이집트〕서부 사막까지 전선을 지켜야 한다. …… 중동, 인도, 그리고 다른 해외 주둔지들, 예를 들면 아이슬란드, 지브롤터, 몰타, 아덴, 싱가포르, 홍콩에 징집병을 공급하는 동안 본국에서 기존 인원을 유지하기 위해서는 엄청난 노력이 필요할 것이다.[30]

처칠이 프랑스령 북아프리카에 〔연합군이〕상륙한 횃불 작전이 "연합국으로서 러시아에 대한 우리의 의무를 완벽하게 이행하는 것"인 양 행세하려 했을 때 어느 누구도 납득하지 않았다.[31]

영국의 주된 전략은 제국주의 전쟁의 전형적인 특징을 지니고 있었는데 사람 목숨, 특히 민간인들〔의 목숨〕을 개의치 않는 것이 바로 그것이었다. 그것은 '지역 폭격area bombing'을 수반했는데, 특정한 군사 표적보다는 독일 도시들을 초토화하기 위해 영국 공군이 이 방법을 사용했다. 이 전술은 1932년 당시 총리이

던 볼드윈Baldwin⁺에 의해 예견됐다. 그는 "폭격기가 항상 통과"하기 때문이라며 간결하게 선언했다. "유일한 방어책은 공격에 있는데, 이는 당신이 자신을 구하고 싶다면 적보다 더 신속하게 더 많은 여성들과 아이들을 죽여야 한다는 것을 뜻한다. 나는 단지 …… 다음 번 전쟁이 다가올 때 그들을 기다리고 있는 것이 무엇인지를 사람들이 알아차릴 수 있도록 …… (이것을) 언급한 것이다."[32]

처음에 의문을 품었음에도 처칠은 1940년에 이 방법으로 돌아서는데 그 이유는 다음과 같았다. "우리에게 독일 군사력을 패퇴시킬 수 있는 대륙군은 없(지만) 독일을 다시 데려와 붕괴시킬 수 있는 것이 한 가지 있는데, 그것은 중량폭격기로 극도로 파괴적이고 전멸시키는 공격을 가하는 것이다."[33] 전략폭격사령부는 이를 실천으로 옮겼다. "조준점은 예컨대 조선소나 비행기 공장이 아니라 시가지여야 한다. …… 이것을 아주 명확히 해야 한다."[34] 폭탄의 4분의 3은 민간 표적에 떨어졌는데,[35] 궁극적 의도는 2500만 명을 집 없는 사람으로 만들고 90만 명을 죽이며 100만 명 이상을 부상자로 만드는 것이었다.[36]

현실적인 요인들 때문에 지역 폭격이 불가피했다는 주장이 처벌 경감을 위해 제기돼왔다. 군사 시설을 대낮에 공격하면 독일의 대공 방어 때문에 너무나 희생이 컸지만, 야간 공격은 군사

⁺　스탠리 볼드윈Stanley Baldwin(1867~1947). 보수당 정치인으로 1923년부터 1937년 사이에 영국 총리를 세 번 맡았다.

1945년 폭격으로 폐허가 된 드레스덴 시가지.
이 폭격은 아서 '폭격기' 해리스의 지휘 아래
무자비하게 계속됐다. 이 폭격으로 3만
5000명에서 7만 명 사이의 사람들이 죽은 것으로
알려져 있다.

— 드레스덴에 폭탄을 퍼붓고 있는 영국 폭격기. 폭탄의 주요 표적은 군사 시설이 아니라 시가지와 민간인 주거 지역이었다.

표적을 정밀하게 타격할 수 없었다. 그래서 큰 도시들이 더 현실적인 목표물이 됐다.[37] 그렇기는 하지만 영국군의 기술적 역량은 제국에 의해 형성됐고 그것과 떼어놓을 수 없었다.

지역 폭격이 유일하게 실행 가능한 전술로서 쉽게 옹호될 수 있었다고 하더라도 1944년 여름 노르망디 상륙 이후에는 모든 신빙성을 잃었다. 그런데도 그것은 전략폭격사령부의 아서

'폭격기' 해리스Arthur 'Bomber' Harris* 지휘 아래 무자비하게 계속됐다. 그는 자신의 장병들이 "독일의 가장 중요한 60개 도시 중 45개를 사실상 파괴했다. **침략으로 전환했음에도** 우리는 한 달에 2.5개의 도시를 완전히 파괴한 우리의 평균을 지금까지 그럭저럭 유지하거나 심지어 초과해왔다"라고 뽐냈다.[38] 1945년 2월 13일 영국과 미국의 폭격기들은 병원 19곳, 학교 39곳 및 주거 지역과 함께 드레스덴Dresden의 문화 중심지인 구시가지Altstadt를 파괴한 불기둥을 만들어냈다. 핵심 군사·수송 시설은 온전히 남아 있었다. 3만 5000명에서 7만 명 사이의 사람들이 죽었는데 그중 단지 100명만 군인이었다.[39]

〔지역 폭격이 계속되면〕 승리한 후 약탈할 것이 아무것도 남아 있지 않을 것임을 처칠이 깨달았을 때 그제야 폭격 작전은 중단됐다.[40] "…… 우리는 완전히 폐허가 된 땅을 지배하게 될 것이다. 예컨대 독일인들 자신을 위한 임시 공급을 일부 해야 할 것이기 때문에 우리는 우리 자신의 필요를 충족하기 위해 독일에서 주택 자재를 받아낼 수는 없을 것이다."[41] 뒤늦게 그는 "아무리 인상적이라 하더라도 테러와 악의적인 파괴에 불과한 행동보다는 눈앞의 전투 지대 배후에 있는 석유와 통신 같은 군사 목표에 대한 더 정밀한 집중"을 지지하는 주장을 폈다.[42]

적어도 이 모든 고통이 나치즘의 종말을 더 빠르게 했다고

---

* 1892~1984. 2차 세계대전 당시 영국 공군 사령관으로서 수많은 민간인 희생을 초래한 지역 폭격 전술을 실행하는 데 앞장섰다. '폭격기 해리스' 또는 '도살자 해리스'로 불렸다.

주장하는 것이 가능했을까? 폭격이 사기를 꺾고 무기 생산 속도를 늦췄다는 주장이 제기됐다. 그러나 독일의 생산량은 쏟아지는 폭탄 아래에서 실제로 증가했는데 1942년 1월 지수를 100이라고 하면 1943년 7월에 153, 1944년 7월에는 332를 기록했다.[43] 사기가 꺾이기는커녕 오히려 독일 주민들은 마음을 단단히 먹게 됐다. 히틀러의 군수 담당 장관은 "우리 생산 능력의 9퍼센트로 추산되는 손실은 증대된 노력으로 충분히 상쇄됐다"라고 썼다.[44] 맥스 헤이스팅스Max Hastings는 이렇게 결론을 내린다. "전략폭격사령부의 주된 과업과 주된 성취는 적에게 손상을 입히기보다는 영국 민중과 그들의 연합국들에게 깊은 인상을 심어준 것에 있었다."[45]

독일이 패배에 이르렀을 때 그것은 주로 붉은 군대 때문이었는데, 붉은 군대는 (1942~1943년에) 스탈린그라드와 쿠르스크Kursk에서 가장 결정적인 전투를 치렀다.[+] 소련군 사망자는 무장한 2000만 명 가운데 1360만 명에 이르렀다(소모율 68퍼센트). 영국군 병력은 470만 명이었는데 그 군대는 27만 1000명의 죽

[+] 스탈린그라드(오늘날 볼고그라드) 전투(1942년 7월~1943년 2월)는 나치 독일과 소련의 치열한 공방전 끝에 소련의 승리로 막을 내렸다. 독소전쟁을 넘어 2차 세계대전 전반의 흐름을 바꾼 역사적인 전투이자, 가장 참혹하고 처절한 전투였다는 평가를 받는다. 쿠르스크 전투(1943년 7월)는 스탈린그라드에서 패한 독일군이 전쟁의 주도권을 되찾고자 선제공격하면서 시작됐다. 독일군은 2차 세계대전 중 최대 규모의 공격군을 동원했지만, 소련군의 방어선을 뚫지 못하고 물러나야 했다. 그 후 독일군은 동부전선에서 다시는 공세로 전환하지 못하고 소련군에 줄곧 밀리게 된다. 쿠르스크 전투는 역사상 최대 규모의 전차전으로도 유명하다.

음을 견뎌야 했다(소모율 6퍼센트).[46] 최소한의 군사적 효과를 위해 민간인들을 의도적으로 살육한 것뿐만 아니라, 러시아가 혼자 힘으로 승리(하고 서유럽 쪽으로 행군)할 때까지 제2전선을 여는 것을 거부한 것은 처칠이 수행하고 있는 전쟁의 본질을 보여주는 오싹한 증거였다. 무엇보다도 그의 정부는 영국의 강대국 지위에 대해 적과 아군에게 깊은 인상을 심어주겠다는 욕구에서 추진력을 얻었다.

영국 민중 대부분의 동기는 그들 정부의 그것과 동일하지 않았다. 여러 작가가 다음과 같은 생각을 표현했다. "세계는 휴머니즘과 반휴머니즘이라는, 화해할 수 없는 두 이상 간의 충돌에 직면해 있다."[47] 전쟁은 "권력보다는 사랑에 의해 결정되는 삶의 방식을 받아들이는 것"에 관한 것이었다.[48] '대중 관찰'에서 일한 사람들Mass Observers은 민중이 1차 세계대전의 맹목적 애국주의에서 대체로 자유롭다는 것을 발견했다. "솟구치고 휩쓸어버리는 '애국심' 발전기도, 원초적이고 폭력성이 숨어 있으며 독일놈들hun에 반대하고 '돼지들을 말살해라'에 만족스러워하는 폭발도 전혀 없다."[49] 이것을 냉담하게 거리 두는 것으로 받아들여서는 안 된다―그와는 정반대다. 1938년, 외교 문제에 대한 질문을 받은 이들 중 75퍼센트가 당혹스러워하거나 아무런 논평도 할 수 없었다. 1944년에는 85퍼센트가 확고한 관점을 가지고 있었고 "압도적 다수가 국제 협력을 지지했다."[50]

보통 사람들은 1930년대에 해외에서 편 유화 정책이 국내에서 생활 수준에 대한 공격과 밀접히 연관된 상태에서 추진됐다는 것을 기억했다. 그래서 유화 정책이 신뢰를 잃었을 때 그들은 노동에 대한 전격전을 수행한 국내산 '작은 히틀러들'과 맞서고 싶어 했다.[51] 1941년 글래스고Glasgow에서 이뤄진 '대중 관찰' 연구에는 다음과 같은 보고가 담겨 있었다.

노동자들은 고용주들이 사람들에 대해, 또는 마침내 선박, 금속을 생산하고 화물을 배출함으로써 이제 위기를 모면하는 것 이외의 다른 무언가에 대해 신경을 쓴다고 믿지 않는다. 그리고 …… 놀랄 만한 수의 사람들이 고용주들이 위기를 모면하는 것에 실제로 마음을 쓴다는 것조차 믿지 않는데, '그들은 히틀러 밑에서도 〔지금처럼〕 행복할 것'이기 때문이다―여기에서는 좌익의 선전이 고용주를 파시즘의 친구와 동일시하는 데 확실히

효과가 있었다.[52]

1914~1918년 전쟁 이후의 경험에 근거해 대부분의 사람들
은 2차 세계대전이 무엇을 가져올 것인지 우려했다. 1940년에
나온 풍자적인 책《리츠크리크Ritzkrieg》는 기득권층이 다시 한 번
자기들 마음대로 한다면 다음과 같이 될 것이라고 경고했다. "민
중의 전쟁은 상류층 사람들의 전쟁the Best People's War이 될 것이고,
그 뒤를 따라올 평화는 …… 조금의 변화도 없이 옛 잉글랜드
와 귀족 체제로 복귀하는 것[일 것]이다."[53] '대중 관찰'은 "노동
자들이 [단순히] 전쟁에 반대하거나 평화에 찬성하는" 것이 아님
을 발견했다. "그들은 어느 누구 못지않게 그것을 원한다. ……
(그러나 그들은) **또한** 자신만의 전쟁을 치르고 있다."[54] 그리고 이
것이 문제의 핵심이었다. 대부분의 사람들은 1930년대의 영국
또는 식민지 지배를 방어하기 위해 싸우고 있는 것이 아니었다.
1944년, 한 '대중 관찰' 구성원은 이렇게 언급했다. "사람들이 **맨
먼저** 바로잡고 싶어 하는 상황은 지난번에 잘못됐던 상황이다.
…… 이것들 가운데 주된 것은 일자리의 확실성이고 그다음은
들어가 살, 제대로 된 집의 확실성이다."[55]

그래서 지역 폭격과 제국을 대신해 보통 사람들은 정의와
품위를 위한 싸움에 초점을 맞췄다. 놀랍게도, [독일의] 영국 대
공습으로 가장 많은 피해를 본 도시들의 주민들이 보복에 가장
덜 호의적이었다. (6명 중 1명꼴인) 140만 명이 집을 잃은 런던에
서 오직 소수만이 똑같은 방식으로 반격하고 싶어 했다.[56] '대중

관찰'에서 일한 사람들이 기록한 각각의 논평은 보통 사람들의
관점이 정부의 접근 방법과 어떻게 충돌하는지를 보여줬다.

평화 목표: 사회주의에 선행先行하는 무장한 국제연맹.
국내 재건: 노동자였던 모든 사람에게 남은 삶을 안락하게 살기
에 충분할 만큼 허용돼야 한다.
종전: 금융업자들이 …… 전쟁을 운영하고 있고, 그들이 원하는
만큼 돈을 벌어들였을 때 전쟁이 끝날 것이다.[57]

다소 혼란스러운 베빈의 다음 의견이 보여주듯이, 노동당은
제국주의 전쟁과 민중의 전쟁의 커져가는 간극을 좁히려 했다.
"자유를 주는 영역에서 영국의 경험이 아마도 가장 위대할 것이
다. 우리는 지난 300년 또는 400년에 걸쳐 위대한 제국을 건설
해왔다."[58] 아무리 터무니없다고 하더라도, 그와 같은 서술은 바
로 두 개의 전쟁을 의식하고 있었음을 보여준다.
　영국 공산주의의 처지는 훨씬 복잡했다. 전쟁이 발발했을
때 해리 폴릿Harry Pollitt[+]은 영국 공산주의의 지도자이자, 민중의 전
쟁을 열렬히 옹호한 인물이었다.

영국과 프랑스의 현재 지배자들의 동기가 무엇이든 간에 ……

[+]　1890~1960. 10대부터 보일러공으로서 노동 현장에서 일했다. 노조 활동가
　　를 거쳐 1929년 영국공산당 서기장이 됐다.

이 충돌에서 한쪽으로 비켜서는 것, 짐승 같은 파시스트가 유럽을 마구 짓밟는 동안 혁명적으로 떠벌리는 구절들만 기고하는 것은 우리 선조들이 자본주의와 맞선 투쟁의 긴 세월 동안 성취하기 위해 싸워온 모든 것에 대한 배신이 될 것이다.[59]

이것은 히틀러와 스탈린의 불가침 조약과 모순됐기 때문에 폴릿은 [다른 사람으로] 대체됐다. 1939년 10월 [영국]공산당은 성명서에서 "즉각적인 종전을 강제하고, …… 체임벌린 정부를 붕괴시키며, 새 선거를 강제해 즉각적으로 평화를 이룰 새 정부 수립을 준비하는 민중의 연합 운동"을 요구했다.[60]

1941년 6월 모스크바의 노선이 다시 바뀌었고 당은 반파시스트 투쟁을 지원하는 것으로 되돌아갔지만, '자본주의와 맞선 투쟁'에 대한 모든 언급은 삭제됐다. 폴릿은 "히틀러의 패배에 찬성하는 모든 사람"과 통합하는 것을 다시 촉진하기 시작했다. "우리의 싸움은 처칠 정부와 맞서 싸우는 것이 아니다. …… 이제 그것은 민중의 전쟁이다."[61] 그가 내린 정의는 이 책에 사용된 것과 부합하지 않지만, 이렇게 교차하는 공산당의 해석은 민중의 전쟁과 제국주의 전쟁을 조화시키는 것이 얼마나 어려웠는가를 보여준다.

사장들도 분열했다. 이것은 노동자와 고용주의 협력을 권장하기 위해 세운 단체인 합동생산위원회Joint Production Committees에 관한 논쟁에서 모습을 드러냈다. 공학고용주연맹Engineering Employers' Federation 이사는 자신이 "공장의 생산 및 생산과 관련된 문제들을 직장위원들shop stewards이나 다른 누군가에게 이양하는 데 관여하지 않을 것"이라고 고집했다.[62] 또 다른 상무 이사는 이와 모순되는 관점을 가졌다. "산업이 혁명에 대한 계획을 세우지 않으면 혁명이 일어날 것이다. …… 그리고 우리는 그것을 예측하고, 사람들과 시대의 필요를 충족시키며, 우리 스스로 하지 않으면 어떻게든 우리에게 강제될 거대한 변화들을 받아들이는 것에 의해서만 그것을 피할 수 있다."[63]

노동자 쪽에서는 연합공학노조Amalgamated Engineering Union 맨체스터 지구 위원회가 다음과 같이 통찰력 있게 경고했다.

우리는 착취를 위해 더 고도로 조직화된, 심지어 평화 시기보다 더 그러한 자본주의 체제 아래에서 일하고 있다. 고용주들이 협력과 (노조 경계의) 이완에서 얻어낼 수 있는 모든 이점은 산업 도처에서 무자비하게 획득될 것이고, 지금도 획득되고 있다. …… 노동자들에게 그것은 진정으로 두 개의 전선 즉, 뭐랄까, 앞뒤에서 벌어지는 전쟁이다.

이러한 불안감이 있었음에도 도출된 결론은, 생산을 증가시키고 나치의 승리를 막기 위해 합동생산위원회를 지원해야 한다는 것이었다.[64] 아마도 수수께끼는 1944년 '대중 관찰'의 한 자원봉사자가 들은 이 의견에 의해 해명될 것이다. "이기적인 것에서 벗어났다. 영국의 공장들에서 남성들과 여성들이 사장을 위한 것도 아니고 어느 한 사람의 사적인 이로움을 위한 것도 아닌, 모든 사람을 위해 장시간 일했다."[65]

민중의 의지가 2차 세계대전에 새겨질 수 있다는 강한 믿음이 착상에만 의존한 것은 아니었다. 남성 노동력의 30퍼센트가 징집되고[66] 산업 산출량 요구를 충족시킬 수 없게 됨에 따라 보통 사람들은 경제적 영향력과 자신감을 새롭게 얻게 됐다. 이러한 징후는 어디나 있었다. 집이 없는 런던 사람들이 피난처로 활용하기 위해 지하철역에 난입했을 때 정부는 반대했지만 결국 굴복했다.[67] 어떻게 해서 그렇게 됐는지에 대해 칼더는 이렇게 얘기했다.

'영국 대공습'의 역사적 인물들 중 한 사람인 존 그로서John Groser✝ 신부는 법에 구애되지 않았다. 그는 지역의 창고를 부수어서 열었다. 그는 자신의 교회 바깥에 모닥불을 피우고 굶주리는 사람들에게 먹을 것을 줬다. 감히 그의 전쟁을 방해하거나 이 '불법' 행위에 도전할 엄두를 내는 각료나 공무원은 없었다. 마찬가지로, 런던의 또 다른 자치구에서 식품부Ministry of Food의 한 지방 공무원은 한 무리의 집 없는 사람들이 보살핌을 받지 못하고 방치된 것을 발견했다. 그는 아파트 한 동을 [문을] 부수고 열었다. 그는 그들을 거기에 들여놓았다. 그는 수단과 방법을 가리지 않고 가구를 구했고 전기, 가스, 물 공급이 이뤄지게 했으며 그들

✝ 1890~1966. 영국 성공회 신부이자 저명한 기독교 사회주의자였다. "(빈민가로 유명한) 이스트엔드에서 가장 유명한 신부", "20세기 영국의 가장 중요한 기독교 사회주의자 중 한 사람"이라는 평가를 받았다.

에게 음식을 가져다줬다.[68]

두 개의 전쟁 간의 충돌이 가장 강하게 표출된 부문은 바로 산업이었다. 최대치 생산을 위한 공산당의 운동은 공산당이 "조업 중단을 피하기 위해 온 힘을 다해" 분투하도록 이끌었고[69] 기업가들은 고마워하면서 긍정적인 기념물로 사례했다.[70] (이에 대해) 대안적인 분석이 제기됐다. 직장위원들이 모인 한 회의에서 발표자 한 사람이 1938년 뮌헨에서 이뤄진 히틀러에 대한 유화정책을 언급했다. "뮌헨 협정으로 상징되는 독일에 대한 유화 정책 옹호와 관련된 사람들Municheers이 여전히 정부에 있었고, 그런 사람들이 여전히 사업체를 운영하고 있었다."[71] 이러한 불신은 분명히 공통적인 시각이었고, 노동 쟁의 기간에 일반 대중은 흔히 노동자를 편들었다.[72]

(영국)공산당이 러시아와 맺은 연계가 파업 반대로 입은 손실을 벌충하는 것 이상의 위신 상승을 공산당에 가져오기는 했지만, 공산당의 태도는 노동자들의 불만을 전달할 수 있는 길을 다른 정치 세력들에게 열어줬다. 트로츠키 운동은 아주 작은 규모였지만, 전쟁에 대해 이 운동이 취한 태도는 그 숫자를 훨씬 뛰어넘어 일련의 파업을 이끄는 것을 가능케 했다.[73] 그 운동을 다룬 역사가들에 따르면, 영국 트로츠키주의자들은 "자본가들의 방어주의defencism와 노동자들의 그것을 구분했는데 (후자는) '그들 자신의 계급 조직들과 민주적 권리들을 파시즘의 손에 파괴되지 않도록 보호하려는 전적으로 진보적인 동기에서 주로 생

겨난' 것이다."[74]

전쟁 발발 후 처음 몇 달 동안에 900건의 파업이 발생했다. 1944년까지 그 숫자는 2000으로 늘어났다(생산 손실 370만 일). 노동당, 공산당, 그리고 "1799년 조합법Combination Acts 이래 역대 정부가 보유했던 반反파업 무기 중 가장 강력한"이라고 묘사되며 조업 중단을 사실상 불법화한 1AA 규정Regulation 1AA⁺의 노력이 결합됐는데도 이러한 결과가 나왔다.[75] 한 역사가는 이에 대해 이렇게 쓴다. "활동과 토론의 속도가 극적으로 높아져서 때때로 일부 극좌 성향의 정치 선동가들에게 발판을 제공했는데, 이러한 선동가들 중 일부가 그랬던 것처럼 '국내에서 제2전선'에 대해 말하기에는 너무 이른 시점(이었는데도) 그러했다."[76]

2차 세계대전의 '모순되는 이중성' 때문에 급진주의는 1차 세계대전에서 모습을 드러냈던 것과는 결코 들어맞지 않았다.[77] 그럼에도 "국내에서 제2전선"이라는 바로 그 생각은 많은 것을 말해줬다.

영국의 중동군Middle East Army도 평행 전쟁을 겪었다. (이들의) 임무는 이집트, 그리고 제국의 '왕관에 박힌 보석'이라는 인도로 가는 뱃길을 보호하는 것이었다. 그 지휘관들은 다음과 같은 용

⁺ 1799년 조합법은 노동조합과 단체 교섭을 금지했다. 1AA 규정(1944년 4월 17일 통과)은 '필수 공익사업 부문에서 조업 중단에 참여하거나 그것을 촉진하기 위해 행동하도록 선동'하면 최대 5년의 징역형을 선고할 수 있게 했다. 이 규정이 만들어진 것은 당시 노동부 장관이던 어니스트 베빈이 '파업이 늘어난 것은 외부 세력이 그것을 부추기기 때문'이라고 생각한 것과 관련 있다.

어로 묘사됐다.

장교들은 거의 모두 키가 컸고, 크림반도에서 군 복무를 할 때 입었던, 몸에 딱 달라붙는 진홍색 바지를 똑같이 입고 공식 만찬에 오는 영국의 상류층 남성이었다. 그들은 거의 모두 영국에서 최고로 꼽히는 6개 사립학교public school를 똑같이 다녔다. ······ 근거지가 노팅엄에 있고 야버러Yarborough 백작이 지휘하는 셔우드 레인저스Sherwood Rangers⁺는 그들과 함께 브로클스비 사냥Brocklesby Hunt 소속 [사냥개] 폭스하운드 무리를 팔레스타인에 데려가려는 시도까지 했다.[78]

이튼Eton⁺⁺의 운동장은 총력전을 준비하는 데 형편없다는 것이 입증됐다. [1942년] 싱가포르에 이어 [리비아 북동부 항구 도시] 투브루크Tobruk가 함락된 것은 2차 세계대전에서 영국이 겪은 최대 규모의 항복이었고,[79] [이로써] 독일의 기갑 부대가 카이로에서 10킬로미터 이내로 들어왔다. 영국 '사막 쥐들'의 사기를 신속히 원상태로 복구해야 했고, 그래서 몽고메리Montgomery 육군 원수는 그들에게 각자의 목숨을 걸 목적을 제공하는 것을 통해 자신의 부대에 동기를 부여했다. 새로 설립된 육군 시사국Army Bureau of Current Affairs에서 그들에게 이것을 설명해줬는데, 이는 2차 세계

⁺　영국 육군의 경기병 연대에 속한 부대 중 하나.
⁺⁺　이튼은 런던 서쪽에 있는 도시다. 영국에서 가장 널리 알려진 사립학교이자 세간에서 '귀족 학교'로 통하는 이튼 칼리지로 유명하다.

대전을 민중의 전쟁으로 만드는 데 헌신하는 급진적 성향의 강사들이 주로 운영하는 조직이었다.[80] 군인 행동 규정에는 병사들의 정치 활동이 금지돼 있었지만, 팽팽한 긴장감이 돌던 당시 분위기에서 시사와 정치의 경계선은 쉽게 흐릿해졌다.

기층 병사들의 운동이 성장했는데, 이 운동은 다량의 정보지와 벽신문을 통해 의견을 표명했다. 그들은 제국주의 전쟁과 반대되는 것으로서 민중의 전쟁을 지지했다. 예컨대 '병사들의 반파시스트 운동'은 설립 성명서에서 이렇게 밝혔다.

> 우리는 최대한의 전쟁 노력을 기울이기 위한 운동을 벌이고, 육해공군에서 느슨함과 반동분자의 영향력에 대해 폭로할 것이다. 국제 문제에 대한 우리의 뉴스는 반파시스트 관점에서 제시될 것이다. …… 파시즘에 대한 승리를 가속화하기 위해 우리가 할 수 있는 모든 것을 할 것인데, 그것은 민중의 평화가 뒤따르는 승리여야 한다.[81]

병사들이 군사 정책을 공공연히 논의한다는 바로 그 사실 자체가 반항이었는데, 처칠이 질질 끄는 것에 반대하면서 제2전선을 광범하게 요구한 것도 마찬가지였다.[82]

그렇지만 그것은 거기서 멈추지 않았다. 관련된 수사修辭는 이것이 민주주의를 위한 싸움임을 확고히 했다. 그렇다면 전투를 하고 있는 사람들이 민주주의를 실천할 수 있고 실천해야만 한다고 일부 병사들은 결론을 내렸다. 병사들의 모의 의회가

1943년 말 카이로에 설립됐다. 다른 곳에서 다른 것들이 나타나기는 했지만, 이집트의 경험을 특별하게 만든 것은 장교의 영향력이 부족하다는 점이었다. 그것은 "영국혁명의 전통에 서 있는, 장교 이외 계급들Other Ranks의 의회"였다.[83]

그것이 '통과시킨' 법안들을 통해 일련의 행위의 취지를 판단할 수 있다. 첫 번째 것은 사업체의 공공 소유를 요구했다. 12월 1일에는 유통업이 국유화됐다. 상속 제한법이 그 뒤를 이었다.[84] 인도의 독립을 승인하고 사립학교를 폐지하며 석탄, 철강, 수송, 은행 부문을 국유화하는 계획들도 있었다.[85] 대중 집회에 의한 '선거'가 실시됐다. 노동당과 공산당이 연합 공천한 후보자들이 119석을 얻었고 영연방Commonwealth(처칠이 주도하는 연립 정부를 좌파 쪽에서 반대하는 새로운 정당)이 55석, 자유당이 38석을 얻었으며 보수당은 17석에 그쳤다.[86] 동시에, 웨스트민스터의 '진짜' 의회에서는 근무 중이 아닌 병사들에게 정치 관여를 허용하는 조치를 다름 아닌 보수당 하원 의원이 제안했다. 그는 그것이 "해를 끼치지 않고 많은 도움이 될 수도 있으며, 당연히 그(병사)의 것이 돼야 하는, 다시 말해 우리가 정말 민주주의를 위해 싸우고 있다면 그렇게 돼야 하는 것"이라고 주장했다.[87]

이러한 '진짜' 제안이 패배한 것은 놀라운 일이 아니다. 제국의 전쟁은 의문을 품지 않고 지배계급의 명령을 따르는 길들여진 군대를 필요로 한다. 민중의 전쟁을 옹호하는 사람들이 끽소리도 내지 못하게 해야 했다. 1944년 2월 중동군 총사령관이 명령했다. "의회라는 이름을 써서는 안 된다. 어떠한 종류의 홍보도 있어서는 안 되는데 여기에는 종군 기자 차단까지 포함되며, 일련의 행위는 육군 교육 장교의 감독과 지시를 받아야 한다."[88]

카이로 의회에 이 내용을 소리 내어 읽어줬을 때 병사들은 600 대 1로 항의했다. (600대 1에서) 그 한 표는 명령을 제시한 준장(의 것)이었다. 조직위원회 구성원들을 즉각 다른 곳으로 이동시키는 조치가 내려졌는데, 새로운 '총리'에게도 마찬가지였다. 은행 국유화를 제안한 그 사람, 레오 아브세Leo Abse[+]는 '가벼운 근신' 상태에서 낚아채여 영국으로 강제 송환됐다.[89]

이렇게 군대 의회는 해산되고 구질서가 복구됐다. 하지만 불만이 다시 끓어올랐다. 1945년 노동당의 선거 승리 소식이 이집트에 닿자 병사들은 약 열흘 동안 장교에 대한 경례를 중단했다.[90] 진정한 격분은 1945년 8월 대일 전승 기념일 이후 터져 나왔는데, 그때 병사들은 추축국을 물리친 것이 종전을 가져오지 않았다는 것을 깨달았다. 정부가 2차 세계대전을 반파시스트 전쟁으로 여겼다면, 적이 항복한 그날 동원 해제가 시작됐어야 했다. 하지만 노동당은 지친 부대를 고국으로 데려오는 것을 거부했다. 베빈은 1945년 11월 하원에서 이렇게 말했다. "영국의 이익을 발견할 수 있는 세계의 어느 지역에서건 그것을 보호하는 것이 폐하의 정부가 의도하는 것이다."[91] 영국군은 대영제국을

[+] 레오폴드 아브세Leopold Abse(1917~2008). 웨일스의 유대인 가문 출신 변호사이자 정치가. 2차 세계대전 후 29년 동안(1958~1987) 웨일스 노동당 소속 하원 의원을 지냈다. 남성 동성애 관계를 법적 처벌 대상에서 제외하고 이혼법을 자유화하는 데 노력한 것으로 유명하다.

위해, 거기에다가 혼자 힘으로 싸울 능력이 없는 제국들, 즉 프랑스와 네덜란드를 위해 계속 싸워야 한다(는 것이었다). 그 나라들의 베트남·인도네시아 식민지는 '적법한' 소유주들에게, 폭력을 동원해 돌려줘야 할 것들이(라는 주장이)었다.[92]

일부 군인들의 생각은 달랐다. 그들은 네덜란드 군인들을 태우고 인도네시아로 항해하기보다는 파업을 했다.[93] 영국 공군 700명은 인도 조드푸르Jodhpur에서 잠시 동안 반란을 일으켰다.[94] 1945년 말까지 몰타에서 항의 운동이 일어났고[95] 새로운 군대 의회가 재구성됐던[96] 실론Ceylon, 이집트, 그리고 다시 인도에서 그 뒤를 이었다.[97] 1946년 3월 한 레이더 기사가 싱가포르에서 일어난 영국 공군의 파업과 관련해 10년 형을 받았고, 5월에는 일련의 군법 회의를 초래한, 총력을 기울인 반란이 말라야Malaya에서 일어났다.[98]

영국의 산업에서 일어난 파업과 군대 반란은 평행 전쟁의 존재를 드러내 보이기는 했지만 한정된 사건이었다. 더 자주 있었던 일은 명령을 내리는 사람들과 그것을 수행하는 사람들 간의 충돌이 가려진 것인데, 이는 사람들의 머릿속에 상이한 생각으로 존재했다. 사실 많은 보통 시민들은 두 개의 전쟁 중 어느 하나를 택하는 일 없이 그저 그럭저럭 해내고 싶어 했다. 정치나 전략보다는, '불쌍한 피투성이 보병'을 위한 추진력은 흔히 '강압, 유인, 혼수상태'의 결합으로 묘사돼왔다.[99] 이 요크셔Yorkshire 여성과 같은 정서가 민간인들 사이에 아주 많았다는 것은 틀림없다.

우리는 우리 폭격기들이 일정한 간격을 두고 한 번에 수백 대 출격하는 것을 바라보곤 했다. …… "그것들은 영국의 끝을 넘어갔고 그중 많은 수는 결코 돌아오지 못할 것이다. 그것들은 이제 거기에 죽으러 가고 있다"라고 나는 말하곤 했다. 그러고 나서 우리는 저쪽에서 우리에게 파괴될 모든 무고한 사람에 대해 생각했다. 그것은 언제 끝날까? 모두 너무나 절망적이었다. 그런데 무엇을 위해? 당신은 그 모든 것의 공허함과 이 지옥 같은 전쟁에 휘말린 모든 인간에 대한 비애를 느꼈고, 그것이 끝나기를 진심으로 바랐다.[100]

그렇기는 하지만 상당히 많은 수, 아마도 다수가 전쟁을 기득권층과 매우 다르게 봤다는 명백한 증거들이 있다. 한 가지 사례는 전후 복지 국가와 국민보건서비스National Health Service의 기반을 다진 1942년 베버리지Beveridge[+] 보고서가 받은 환영이었다. 칼더가 "계획은 베버리지보다도 훨씬 덜 혁명적이었고 그의 찬미자들 중 일부는 (그것을) 제시하는 것을 좋아했다"라고 주장한 것은 정확하다.[101] 예를 들면 계획에 대한 개인 분담금이 정액이어서 가난한 사람들이 부유한 사람들만큼 지불해야 했고, 그것은 단지 안전망을 제공하는 것에 지나지 않았다. 그럼에도 "처음에 눈부시게 각광받은 후 정부는 보고서에 대한 모든 공식 홍보

[+]   윌리엄 베버리지William Beveridge(1879~1963). 영국의 경제학자로서 '요람에서 무덤까지'로 널리 알려진 전후 영국의 사회 보장 체계 확립 과정에서 중요한 역할을 했다.

를 억누르기 위해 엄청나게 노력했다".[102] 베버리지가 군인들을 위해 쓴 요약본은 이 보고서가 "논란이 많고 따라서 군인 행동 규정과 반대"[103]된다는 이유로 발행 이틀 후 취소됐는데,[104] 처칠은 보고서를 전투에 집중하는 것을 방해하는 요소로 여겼다.

대단히 흥미로운 것은, '대중 관찰'이 발견한 것처럼 이 모든 것에도 불구하고 보통 사람들이 그것을 "영국의 전쟁 목표들의 상징"으로 받아들였다는 점이다.[105] 정부의 공식 출판물 중 (베버리지 보고서 이외의) 다른 어떤 출판물도 63만 5000부가 팔리거나 여론조사에서 90퍼센트의 찬성률을 기록하지 못했다.[106] 《더 타임스》조차 대중은 "이러한 목표들과 승리의 목표 사이의 그릇된 구분을 받아들이는 것을 거부한다"라고 지적했다.[107]

전쟁의 궁극적 목적—복지 국가에 구현된 것으로서 더 좋고 더 평등하며 더 공정한 세계인가, 아니면 전쟁 이전 구조로 돌아갈 것인가—은 1945년 총선의 주된 쟁점이었다. 처칠은 1차 세계대전 당시 총리인 로이드 조지Lloyd George를 선출한 것 같은 '카키 선거khaki election'⁺를 숨김없이 바랐다. 처칠은 대중에게 "국가를 위해 투표하라Vote National"고 촉구했다. 그의 기조연설의 예봉은 은근한 용어를 사용하며 복지를 겨냥했다. "여기 고대 잉

⁺ 애국주의가 고양되는 경향이 있는 전시 또는 전쟁 직후의 독특한 정서를 활용해 치르는 전략 선거. 2차 보어전쟁(1899~1902)이 한창이던 1900년에 치러진 총선, 1차 세계대전이 막을 내린 1918년에 치러진 총선 등이 주요 사례로 꼽힌다. 로이드 조지(1863~1945)는 1차 세계대전 승리 분위기를 이용해 1918년 총선에서 대승했다. 카키는 2차 보어전쟁 당시 영국 육군의 군복 색깔이다.

글랜드가 있습니다. …… 세계 도처에 있는 자유 민주주의의 발상지이자 요새인 이 영광스러운 섬에서 우리는 대오를 엄격히 갖추고, 이래라저래라 자꾸 참견을 당하며, 우리 삶에서 행동 하나하나가 규정돼 있는 것을 좋아하지 않습니다." 그는 노동당의 복지 국가가 "어떠한 형태의 게슈타포에 기대야만 할 것"이라고 예견했다.[108]

그것에 대한 답으로 애틀리Atlee⁺⁺는 '민중의 전쟁' 개념에 호소했다.

> 저는 당신이 결정해야 하는 근본 문제에 대해 다시 말하고자 합니다. 이 나라가 **전시처럼 평시에도** 사적 이해관계보다 공공복지가 우선한다는 원칙에 따라 통치돼야 합니까? …… 아니면 이 나라가 구태로 돌아가야 합니까? …… 저는 여러분, 영국의 유권자들, 치명적인 위험에 직면한 위대한 민중이 어떻게 자신을 구해내는지에 대해 그처럼 훌륭한 본보기를 세계에 보여준 남성들과 여성들에게, 평화로운 세상과 공정한 사회 질서로 나아가는 길에 앞장설 노동당에 힘을 주실 것을 요청합니다.[109]

노동당이 자신들의 약속 중 많은 부분을 이행하지 않기는

⁺⁺ 클레멘트 애틀리Clement Atlee(1883~1967). 20대에 변호사로서 사회주의 운동에 참여했다. 1922년 하원 의원에 처음 당선됐고, 1935년에는 노동당 당수가 됐다. 1945년 총선에서 처칠의 보수당에 압승하며 총리가 됐다. 한국전쟁 때 미국이 원폭을 사용할 뜻을 내비치자 그것에 반대했다.

했지만, 중요한 점은 노동당이 민중의 전쟁의 역할을 주장했다는 것이다. 그리고 결과가 무언의 웅변을 하고 있었다. 처칠의 보수당은 하원 의석수가 213석으로 줄어든 반면, 노동당은 하원에서 393석을 얻으며 낙승을 거두고 처음으로 과반수를 차지한 상태에서 행정부를 구성했다. (노동당을 포함한) 연립 정부는 제국주의 전쟁을 수행했지만, 수백만 유권자들의 마음속에서 〔전쟁으로 표출된〕 충돌의 목표는 상당히 달랐다.

8. 미국: 민주주의 무기고의 인종주의

미국은 2차 세계대전 결과에 중대한 기여를 했다. 40만 5000명의 미국인이 목숨을 잃었고 3300억 달러라는 믿기 어려운 비용을 지출했다.[1] 사망자 수가 소련과 비교할 때 무색해 보인다면, 무기의 원천으로서 미국의 역할은 두드러졌다. 무기 대여lend-lease를 통해 미국은 산더미 같은 군사 장비와 식량을 공급했다. 소련은 장비의 약 10분의 1을 미국으로부터 얻었고,[2] 영국은 그 2배를 얻었다.[3]

몇몇 측면에서 미국의 처지는 동맹국들과 정말 달라 보였다. 미국은 대규모 식민지가 부족했고,[4] 〔그래서〕 민중의 전쟁의 언어로 더 손쉽게 말했다. 1940년 루스벨트 대통령은 미국이 "민주주의의 거대한 무기고"라고 주장하는 유명한 연설을 했다. 그는 〔나치가〕 "다른 모든 인종은 그들보다 열등하며 따라서 그들의 명령에 복종해야 한다고 몇 번이고 되풀이해서 선포했다"라며 나치를 크게 책망했다.[5] 일주일 후 그는 "국가 정책"은 "당파성을 고려하지 않"으며 "모든 사람을 위한 시민적 자유의 유지"를 수반한다고 선언했다.[6]

하지만 미국과 그 동맹국들의 차이가 과장돼서는 안 된다. 워싱턴이 2차 세계대전에 개입한 것은 앰브로즈Ambrose+가 '글로벌리즘의 흥기'라고 부른 것의 일부였다.

— 미국의 폭격기 B-17. 2차 세계대전 때 미국의 역할은 산더미 같은 군사 장비와 식량을 공급하는 것이었다.

1939년 …… 미국에 18만 5000명의 육군이 있었는데 그것의 1년 예산은 5억 달러에도 못 미쳤다. 미국은 어떤 나라와도 군사 동맹을 맺지 않았고, 어떠한 미군 부대도 외국에 주둔하지 않았다. …… 30년 후 미국(의 방위비 예산)은 1000억 달러가 넘었다. 미국은 48개 국가와 군사 동맹을 맺었고 육해공군 150만 명이 119개 국가에 주둔했다.[7]

✣   스티븐 앰브로즈Stephen Ambrose(1936~2002). 미국의 역사학 교수이자 전기 작가로 대통령 아이젠하워와 닉슨의 전기를 썼다. TV 시리즈 〈밴드 오브 브라더스〉의 원작자로 유명하다.

2차 세계대전 이전에 미국이 유럽 열강과는 다른 길을 따랐다면 그것은 외부보다는 내부를 식민화한 곳 중 하나라는 것이었는데, [식민화는] 서부 [진출] 충동과 아메리카 원주민 말살뿐만 아니라 그 땅에 실려와 노예가 된 아프리카인들에 대한 착취를 통해 이뤄졌다. 따라서 미국의 전쟁 노력이 제국주의적 성격을 띠는가 아니면 민중적 성격을 띠는가 하는 문제에서 중대한 시금석이 국내 인종 문제였는데, 그것은 '미국인의 강박 관념'으로 불렸다.[8]

일본인

이것은 먼저 일본인과 관련해 발생했다. 1941년 12월 진주만을 공격한 것이 도쿄의 아이디어이기는 했지만, 연방 당국은 미국에 있는 일본인에게 달려들었다. 루스벨트의 행정 명령 9066호Executive Order 9066(1942년 3월)는 서부방위사령부 지역(캘리포니아, 오리건, 워싱턴, 애리조나)에서 "일본 혈통을 지닌 모든 사람"을 강제 수용[하게]했다.[9] 이것은 12만 명에게 영향을 끼쳤는데 그중 7만 명은 미국 시민이었다.[10]

아시아인들은 19세기 중반 이래 미국 서부 해안 지방에서 착취를 당해왔는데, 그들의 임금을 억제하기 위해서뿐만 아니라 모든 노동자를 분열시키고 그들 사이에서 백인과 비백인을 갈라 놓기 위해서도 인종주의가 조장됐다. 일본인은 공통의 표적이었다. 1912년 대선 후보로 나섰을 때 우드로 윌슨Woodrow Wilson은 일본인이 "백인종과 섞일 수는 없다"라고 선언했고, 몇 년 후 캘리포니아 주지사는 "인종의 자기 보호 원칙"을 고집했다. 악명 높은 법정 소송 사건에서 한 사람은 단지 그가 "분명히 백인이 아닌 인종 출신"이라는 것 때문에 귀화를 거부당했고,[11] 1924년까지 그 선례는 국법으로 굳어졌다. "인종적 우세"를 유지하기 위해 이제 "자유로운 백인들"만이 그렇게 할 자격이 있었다.[12]

행정 명령 9066호의 설계자이자 서부방위사령관이었던 드윗DeWitt*은 자신의 동기가 유전학적인 것임을 분명히 알고 있었다.

> 일본 인종은 적의 인종이고, 미국 땅에서 태어나고 미국 시민권을 보유한 많은 일본인 2세대와 3세대가 '미국화'되는 동안 인종 계통은 희석되지 않았다. 그와 다르게 결론을 내는 것은 일본 땅에서 백인 부모에게서 태어난 아이들이 인종적 친밀감을 모두 잘라버리고 일본의 충성스러운 신민이 되기를 기대하는 것이[나 마찬가지]다.[13]

행정 명령 9066호를 담당한 관리자들은 그것이 과잉 반응이라고 생각했지만 다음과 같은 견해는 받아들였다. "그런 사람

＋ 존 드윗John DeWitt(1880~1962). 수십 년 동안 미군에서 장교로 복무했다. 가장 널리 알려진 역할은 2차 세계대전 시기에 나온 행정 명령 9066호와 관련된 것이다. 미국의 지배에 맞선 필리핀인들의 반란(1899~1902) 진압, 1910년대 멕시코혁명 시기에 이뤄진 미군의 '판초 비야 토벌 원정'에도 관여했다.

— 1942년 4월 미군의 감시 아래 일본인들이 열차 앞에 모여 있다. 행정 명령 9066호는 서부방위사령부 지역에서 "일본 혈통을 지닌 모든 사람"을 강제 수용하게 했다.

— 행정 명령 9066호의 설계자 존 드윗.

들의 평범한 백인 얼굴은 평균적인 미국인이 얼굴의 작은 특징
을 구별하는 것을 통해 특정한 개개인을 알아보는 것을 가능케
하(지만), 서양인의 눈은 한 일본인 거주자를 또 다른 일본인 거
주자와 손쉽게 구별할 수 없다." 이것은 "불충하다는 의심을 받
는 특정한 일본인 거주자들의 움직임에 대한 효율적인 감시"를
사실상 불가능하게 만들었다.[14]

행정 명령 9066호를 공적으로 정당화한 것은 군사적 필요
성이었다. 드윗은 미국에 있는 일본인들이 예민한 미국 정보를
방송으로 내보내고 있다고 소리 높여 주장했지만 그는 그것이
사실이 아님을 알고 있었고,[15] 반동적 인사로 악명 높은 FBI 두목
후버Hoover[+]는 그 주장이 완전한 허구임을 의식하고 있었다.[16] 증
거 부족 문제를 해결하기 위한 목적으로, 도널드 럼즈펠드Donald
Rumsfeld[++]에게 어울릴 만한 놀라운 증거가 제출됐다. "지금까지 사
보타주가 전혀 발생하지 않았다는 바로 그 사실이 [저들이] 그러
한 조치를 취할 것임을 보여주는 충격적이고 그것을 확증하는
조짐이다."[17] [일본계] 강제 수용이 인기를 얻고 있다고 당국이
시사하기는 했지만, [이 정책의] 영향을 받는 지역에서 실시된 비
밀 여론조사는 [응답자의] 14퍼센트만 그 전략에 찬성했음을 보

+   에드거 후버Edgar Hoover(1895~1972). 1924년부터 1972년 사망할 때까지 48
     년 동안 FBI 국장으로 군림했다. 정치인들의 스캔들 관련 정보 등을 손에 쥐
     고 배후에서 막강한 권력을 휘둘렀다.
++   미국은 이른바 대량 살상 무기와 관련된 거짓 정보를 퍼뜨리며 2003년 이라
     크 침공 전쟁을 일으켰다. 럼즈펠드는 당시 국방부 장관으로서 그 과정을 주
     도한 핵심 인물 중 한 명이다.

여줬다.[18] 민중은 정치인들과 언론의 유언비어 조장을 간파할 수 있었다.

행정 명령 9066호는 나치의 '아리안화Aryanisation'***를 연상시키는 방식으로 시행됐다. 일본인은 아이다호Idaho주 미니도카Minidoka에 있는 황량한 수용소처럼 더 장기간 머무는 '재배치 센터'로 이동하기에 앞서 예전에 마구간, 축사, 돼지우리였던 곳으로 이송됐다.[19] '강제수용소'라는 용어는 조용히 (사용이) 중단됐다. 휴대할 수 있는 것만 가져가게 한 것과 마찬가지였기 때문에 그들은 4억 달러의 가치가 있는 집과 재산을 잃었다.[20] 한 수용소에서 일어난 폭동은 군인들에게 진압됐는데, 군인들은 2명을 죽이고 그보다 많은 사람을 부상자로 만들었다. 시위한 사람들이 뒤쪽에서 총을 맞았다고 한 의사가 폭로했는데, 그러고 나서 그 의사는 파면됐다.[21]

강제 수용에 대한 비판이 예상 밖 인사에게서 나왔다. 전시 재배치 당국War Relocation Authority 책임자는 자신이 수행해야 하는 정책에 경악했다. 그는 그것이 "우리가 인종 전쟁을 수행하고 있고, 이 나라가 민주주의를 설파하면서 인종차별을 하고 있다는 적의 주장에 무게를 더한다"라고 믿었다.[22] 행정 명령 9066호의 피해자들도 정부의 위선적 자세를 지적했다. "우리 피부가 노랗기는 하지만 우리도 미국인이다. (그래서) 특히 어떠한 범죄 혐의

*** 나치 독일과 그 동맹국들에서 이른바 '경제의 탈유대인화'라는 명목으로 유대인을 실업계에서 강제로 내쫓거나 유대인의 재산을 빼앗은 것을 가리킨다.

로도 기소되지 않았음에도 우리 아버지들, 어머니들, 가족들이 강제수용소에 있을 때 어떻게 우리가 군대에 있는 백인 미국인 친구들에게 '우리는 민주주의의 영속을 위해 싸우고 있다'라고 말할 수 있겠는가?"[23]

미국이 유럽과 아시아에서 전쟁을 수행한 방식의 차이도 인종의 영향력을 보여줬다. 한 참전 용사는 자신의 훈련 교관이 어떻게 언명했는지를 잊지 않았다. "너희는 유럽으로 가고 있는 것이 아니라 태평양으로 가고 있다. 더러운 일본 놈들Japs과 싸우는 것을 주저하지 마라."[24] 한 종군 기자는 이렇게 기억했다. "우리는 냉혹하게 포로들에게 총을 쏘고, 병원을 쓸어버리고, 구조선에 기총 소사를 가했으며 …… 다친 적을 죽여버렸다."[25] 때때로, 그렇게 하는 목적이 한낱 그들의 금니를 뽑기 위한 것인 경우도 있었다.[26] 동일한 참전 용사가 자신이 들은 총격에 대해 물었을 때, 이런 얘기를 들었다. "그저 늙은 동남아시아 년old gook woman이었어. 짐작건대, 그 여자는 안락사를 당해 자기 조상들에게 가고 싶어 했어. 그래서 내가 그 여자에게 도움을 베푼 거야."[27]

영국의 전략폭격사령부가 미국〔육군〕제8항공대Eighth US Air Force[+]에 베를린 사람을 약 27만 5000명 죽이는 것을 목표로 하는 '천둥소리 작전Operation Thunderclap' 참여를 요청했을 때, 미국의 카벨Cabell[++] 장군은 이렇게 항의했다. "아기를 죽이는 계획은 항공대

[+] 이때까지 미국에서 공군은 독립적인 군종이 아니었다. 미국 공군은 2차 세계대전 종료 2년 후인 1947년 육군 항공대를 모태로 창설됐다.

[++] 찰스 카벨Charles Cabell(1903~1971). 미국 육군 항공대를 거쳐 공군에서 장성

— 1943년 타라와 전투에서 잡힌 일본군 포로. 미국은 일본을 상대로 한 전쟁에서 특히 더 인종적으로 잔인했다.

와 미국의 역사에 오점을 남길 것이다."[28] 이것이 미국의 드레스덴 폭격[***] 참여를 막지는 못했지만, 거기에는 전략적인 이유가 있었다. 영국과 마찬가지로 미국의 상급 지휘관들은 자신들의 항공대가 "전후 조약 논의 석상에 다가갈 때 가져갈 블루칩"이

<hr />

으로 활동했고, 1953~1962년에는 CIA 부국장을 지냈다.

[***] 1945년 2월 영국과 미국은 엄청난 규모의 융단 폭격으로 독일 드레스덴을 초토화했다. 덧붙이면, 흥행에서 시쳇말로 대박이 터진 영화를 뜻하는 블록버스터라는 용어는 이 작전 당시 영국 공군이 드레스덴에 투하한 폭탄 이름에서 비롯됐다.

고, 반드시 "그들의 힘을 러시아가 알게" 하는 것이 중요하다는 점을 의식하고 있었다.[29]

일본을 상대로 한 전쟁에서 인종적 함축은 더 두드러졌다. "아기를 죽이는 계획"은 아시아 전역戰域에서 통상적인 미국의 정책이었고 이러한 것들이 "비미국적"이라고 말하는 사람들은 맹비난을 받았는데, 〈주간 정보 검토Weekly Intelligence Review〉가 스탠리 볼드윈을 연상시키는 어조로 시사한 것처럼 그 이유는 다음과 같다. "우리는 그 또는 그녀가 어디에 있든, 가능한 최대 규모를, 가능한 최단 시간 내에 적을 찾아내서 파괴할 작정이다. 우리에게, **일본에는 민간인이 전혀 없다.**"[30]

이것이 실제로 무엇을 의미하는지를 보여주는 한 사례가 1945년 3월 10일 도쿄 대공습이었다. 이 공습으로 10만 명이 죽었다. 〔훗날〕 공군 대장〔이 되는〕 커티스 르메이Curtis LeMay*는 그것을 "군사 역사에서 어떠한 적이 초래한 단일한 재난 가운데 최대 규모"라고 불렀다. "세계사에서 다른 어떤 군사행동으로 생긴 것보다 많은 사상자가 발생했다."[31] 미국 원자력위원회 의장 데이비드 릴리엔솔David Lilienthal**은 전쟁이 일본과 맞서면서 어떻게 진

✛ 1906~1990. 전쟁광이라는 이야기를 들을 정도로 호전적이었던 미국 공군 장성. 2차 세계대전 때 도쿄 대공습을 지휘해 일본을 불바다로 만들었고, 전후에는 쿠바 미사일 위기(1962년) 등에서 강경책을 주장했다. 한국전쟁 당시 한반도의 많은 부분(특히 북한 지역)을 초토화한 미국의 무차별적 전략 폭격을 주도한 인물이기도 하다.

✛✛ 1899~1981. 미국의 법률가이자 행정가로 대공황기에 테네시계곡개발공사 이사가 됐고, 2차 세계대전 이후에 원자력위원회 의장을 지냈다.

— 폭격기 B-29가 도쿄에 폭탄을 떨어뜨리고 있다.

— 1945년 3월 도쿄 대공습으로 10만여 명이 죽었다. 죽은 사람 대부분이
민간인이었다. 사진은 폭격으로 불에 탄 시체. 등에 아이를 업고 있었던 것으로
보인다.

히로시마(왼쪽)와 나가사키에 떨어진 핵폭탄.

전됐는지를 압축적으로 묘사했다.

그다음에 우리는 도쿄를 불태웠는데, 군사적 표적뿐만 아니라 그곳을 무차별적으로 완전히 파괴하기 시작했다. 원자폭탄은 이 방향의 결정판이다. 전쟁의 모든 윤리적 제한이 사라지는데, 파괴 **수단**이 전투원들에게 끼치는 영향 면에서 더 잔혹하거나 고통스럽거나 그렇지 않으면 흉측하기 때문이 아니라 개개의 전투원이 전혀 없기 때문이다. 울타리는 사라진다. 그리고 규범 없는 행동을 극한까지 밀어붙인 것이 바로 우리, 문명화된 사람들이었다.[32]

이것은 히로시마와 나가사키에 대한 타당한 평가다. 미국은 일본이 화평을 청하고 있음을 완전히 알고 있긴 했지만,[33] 국무부 장관—스팀슨Stimson[+]—은 원자폭탄 배치를 원했고 "가장 바람직한 표적은 많은 노동자를 고용하고 있고 노동자 주택이 그 주위를 빽빽이 에워싸고 있는, 필수적인 전시戰時 공장일 것"(이라고 여겼다). 한 역사가는 이렇게 덧붙인다. "의례적인 완곡 표현을 벗겨내고 보면, 그것은 노동자들과 그 가족들, 그들의 집에 거주하는 사람들을 대량으로 죽이겠다는 뜻이었다."[34]

✤ 헨리 스팀슨Henry Stimson(1867~1950). 공화당 소속 정치인으로 1929~1933년에 국무부 장관을 지냈다. 2차 세계대전 때에는 민주당 소속 루스벨트 대통령에 의해 전쟁부 장관으로 임명돼 원자폭탄 개발 계획(맨해튼 계획) 및 투하 전반을 감독했다.

루스벨트 후임인 해리 트루먼은 원자폭탄이 "민간인에게 영향을 끼치고 그들을 대량 살해한다는 점에서 독가스전이나 생물학전보다 훨씬 더 나쁘다"라는 것을 인식했다.[35] 핵폭탄은 단기적으로 약 20만 명을 죽였고, 민간인 사상자들에게 도움을 줬을 수도 있는 바로 그 의료 서비스를 완전히 파괴했다. 히로시마에서,

> 도시에 있는 의사 150명 가운데 65명이 이미 사망했고 나머지는 대부분 다쳤다. 간호사 1780명 가운데 1654명이 죽거나 중상으로 일할 수 없게 됐다. 규모가 가장 큰 병원인 적십자 병원에서는 의사 30명 가운데 6명만 역할을 할 수 있었고, 간호사의 경우 200명 이상 가운데 10명만 그러했다.[36]

[핵]폭탄이 사람들에게 끼친 영향은 사실상 묘사하는 것이 불가능하다.

> 그들을 보는 것은 거의 견딜 수 없는 일이었다. 그들의 얼굴과 손은 불타고 부어올랐고, 피부는 온통 벗겨져 허수아비 위 넝마 조각처럼 피부 조직에서 늘어져 있었다. …… 그리고 그들은 얼굴이 없었다! 그들의 눈, 코, 입은 타서 없어졌고 귀는 녹아버린 것처럼 보였다.[37]

유대인

홀로코스트 종료는 아마도 2차 세계대전이 '좋은 전쟁'이라는 가장 강력한 논거일 것이다. 그러면 연합국은 유대인의 역경에 어떤 태도를 취했나? 1938년 히틀러가 오스트리아를 합병했을 때 런던은 유대인이 탈출하기 어렵게 만드는 비자 제한을 가했다.[38] 전쟁이 발발할 때까지 망명을 요청한 유대인 60만 명중 7만 명만 수용됐다.[39] 1939년 이후 그 문은 탁 닫혔는데, 추축국 영토에서 온 사람은 이제 누구라도 '적국 출신 외국인 체류자enemy alien'로 낙인찍혔기 때문이다. 영국 외무부 장관은 (미국 유대인 공동체가 전액을 지원한) 루마니아 유대인 7만 명 구조 작업을 거부했는데, 그 이유는 다음과 같았다. "우리가 그렇게 한다면, 그다음에는 전 세계의 유대인이 우리가 폴란드와 독일에서 비슷한 제의를 하기를 바라고 있을 것이다. 히틀러가 우리〔제의〕를 받아들이는 것도 당연한 일이다."[40]

"놀라운, 가장 놀라운 자세"라고 한 미국 관리가 외쳤는데[41] 이는 미국이 더 나은 접근 방식을 갖고 있었음을 보여준다. 1944년 1월 미국은 유대인 생명을 25만 명까지 구하게 되는 전쟁난민위원회War Refugee Board를 설립했다.[42] 하지만 흥분하기 전에, 정부가 이 위원회 기금의 불과 9퍼센트만 제공했다는 것에 주목하는 것이 중요하다. 나머지는 민간에서 충당했다.[43] 더욱이, 와이먼Wyman이 자신의 탁월한 책《유대인 버리기The Abandonment of the Jews》에서 명확히 밝힌 것처럼, 1944년은 매우 늦은 시점이고 이 위원회 설립에 이르는 길은 험난했다. 일찍이 1941년에 미국 당국

— 1938년 미국 로스앤젤레스의 유대인들이 반나치 시위를 하고 있다. 미국
정부는 유럽의 유대인을 구출하려는 의지가 별로 없었다.

은 유럽에서 진행되고 있는 절멸에 대해 알았다. 사실 1942년
7월 홀로코스트에 항의해 2만 명이 모인 뉴욕 집회에 루스벨트
뿐만 아니라 처칠도 동조 메시지를 보냈다.[44]

그런데도 루스벨트는 (자신의 부인) 엘리너Eleanor 루스벨트가
'파시스트'[45]로 묘사한 브레킨리지 롱Breckinridge Long[+]을 이민 규정
을 감독하는 자리에 임명했다. 그의 정책은 "비자 발급을 미루고
미루고 또 미루고", 그렇게 해서 "(이민을) 무기한, 일시적으로 지
연시키고 실질적으로 막는" 것이었다.[46] 이 과정을 지원하기 위

+ 1881~1958. 미국의 외교관이자 정치가. 윌슨 행정부와 루스벨트 행정부에
   서 일했다.

해 미국 비자 신청서는 길이가 4피트였는데,

난민을 후원하는 사람들(혹은 난민 지원 기관) 중 한 명에 의해 양쪽에 작성되고, (사실이 아닐 경우) 위증죄로 처벌을 받을 수 있다는 선서가 있어야 하며, 사본 6부가 제출돼야 했다. 그것은 난민에 대해서뿐만 아니라 미국인 후원자 2명에 대해서도 상세한 정보를 요구했는데, 두 후원자가 자신이 미국에 어떠한 위험도 야기하지 않을 것임을 증명하는 것이 필요했다. 각 후원자는 자기 주거지와 앞선 2년 동안의 고용인 목록을 작성하고, 과거 활동을 손쉽게 점검할 수 있고 평판이 좋은 미국 시민 2명의 추천서를 제출해야 했다.[47]

그다음에 잔혹한 진퇴양난 상황Catch-22[††]이 진행됐다. 추축국이 지배하는 유럽에는 비자를 발행하는 영사가 전혀 없었지만, 거기서 스페인과 포르투갈 같은 곳으로 탈출한 사람들은 '치명적인 위험 상태에 놓이지 않은' 것으로 여겨졌고 그래서 비자가 거부됐다.

그러한 조치들은 폴란드전국협의회Polish National Council에 속한 저명한 유대인 사회주의자를 자살에 이르게 했다. 그는 자신의

[††] 모순적인 규칙이나 제한 때문에 개인이 탈출할 수 없는 역설적인 상황을 가리킨다. 1961년 조지프 헬러Joseph Heller가 발표한 소설(《캐치-22》)에서 만들어진 용어다. 포스트모더니즘의 걸작으로 통하는 이 소설은 2차 세계대전 당시 육군 항공대 폭격수였던 작가의 경험이 녹아 있다는 평가를 받는다.

결정에 대해 이렇게 설명했다.

> 폴란드의 유대인 인구 전체를 살해하는 이 범죄에 대한 책임
> 은 우선 가해자들에게 있지만 …… 방어력이 없는 수백만 명
> 에 대한 살해와 아동, 여성, 노인에 대한 학대를 수동적으로 관
> 찰하는 것을 통해 (연합국은) 범죄자들의 공범이 됐다. …… 살
> 아 있는 동안 나는 아무것도 하지 못하기는 했지만, 아마도 나
> 의 죽음으로 그러한 무관심을 깨부수는 데 이바지할 수 있을 것
> 이다.[48]

종전이 가까운 시기에 전쟁난민위원회를 반갑게 설립한 것
은 아우슈비츠 가동을 중단시키는 것을 미국이 거부한 것과 대
조되면 그 빛을 잃는다. 이 죽음의 수용소에 대한 상세한 정보를
1944년 초 그곳에서 탈출한 두 사람, 브르바Vrba와 베츨러Wetzler[+]
가 제공했다. 와이먼은 아우슈비츠 철도 선로와 화장터를 폭격
했다면 최대 43만 7000명의 목숨을 구할 수도 있었을 것임을 보
여주지만,[49] 미국 육군성War Department은 이것이 "실행 불가능"하다
고 선언했다.[50] 사실 1944년 7월에서 10월 사이에 "총 2700대의
폭격기가 블레히함머Blechammer[++]-아우슈비츠 지역의 표적으로 가

[+] 루돌프 브르바Rudolf Vrba(1924~2006)와 알프레드 베츨러Alfréd Wetzler(1918~
    1988)는 슬로바키아 출신 유대인으로 아우슈비츠에 수용됐다가 1944년 4
    월 탈출했다. 탈출 후 작성한 브르바-베츨러 보고서는 지옥 같은 아우슈비
    츠의 실상을 세계에 알리는 데 중요한 역할을 했다.

는 도중에 있는 두 철도를 따라서 혹은 두 철도에 쉽게 닿을 수 있는 곳을 통해 이동했고",[51] 실제로 수용소는 몇 차례나 인근 시설에 대한 공격으로 흔들렸다.

와이먼의 의견은 뜨거운 논쟁거리가 됐다.[52] 반론, 즉 서구 연합국은 오로지 독일을 물리치는 것에만 초점을 맞춘 상태에서 주의를 딴 데로 돌리는 것을 원치 않았다는 주장은 내전 기간에 스페인 아이들을 대피시키거나 바르샤바 봉기에 [지원품을] 공급하기 위해 그들이 값비싼 노력을 한 것과 대조되면 무너진다. '인도주의적 행동'은 정치적으로 편리할 때에만 이행됐던 것으로 보인다. 투철한 어느 "루스벨트 지지자"는 "미국의 자원과 그 자신의 영향력을 전부 전쟁에서 이기는 데 쏟아 넣는 것이 필수적이었다"라는 대통령의 "진실한 믿음"을 강조하는 것을 통해 그의 영웅을 옹호한다.[53] 문제는 이것이다. 그는 어떤 전쟁에서 이기려 했는가?

민중의 전쟁은 정치적 이점을 얻는 것이 아니라 공동의 품위를 지키고 인명을 보호하는 데 초점을 맞췄다. 덴마크 사례는 '유대인을 구하기 위해 할 수 있는 일은 아무것도 없었다'거나 '이것은 주의를 딴 데로 돌리게 하는 것'이라는 주장이 틀렸음을 입증한다. 독일에 점령되기는 했지만 덴마크의 유대인 주민 7000명 가운데 474명만 나치의 수중에 들어갔는데,[54] 일제 검거가 시작됐을 때 다수의 시민들이 그들을 숨겨줬기 때문이다.[55]

✝✝ 나치 독일의 화학 공장, 포로수용소, 강제노동수용소가 있었다.

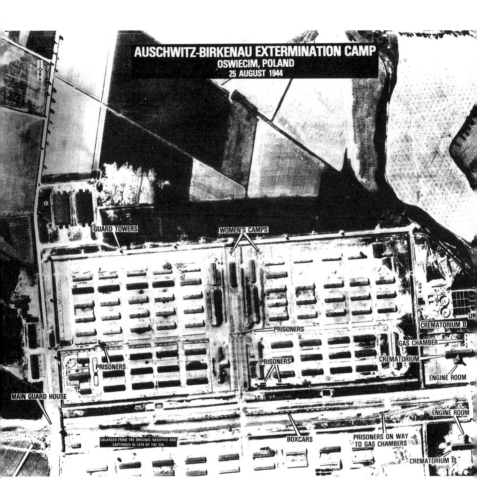

1944년 8월 미국 공군이 찍은 아우슈비츠 수용소.

그다음에는 레지스탕스가 소형 배들의 선단을 조직해 외레순 Oresund해협을 가로질러 중립국 스웨덴으로 그들을 몰래 실어 날랐다.[56] 불가리아에서는 사회의 중요한 집단들이 "히틀러를 지지하는 의회의 파시스트 다수파로부터 불가리아 유대인들을 보호한다는 뛰어난 결정에 연합했다". 그 결과 "가축 운반차는 …… 계속 비어 있었다. 불가리아 유대인은 강력한 빨치산 운동에서 비유대인 동포들과 나란히 함께 싸웠다."[57]

이러한 유대인 구출은 무의미한 일이 아니었다. 한 참가자가 주장한 대로 많은 역사가들은 "유대인 구출을 레지스탕스의 나머지 부분에서 분리하려 할 (때) 실수한다. 그것은 모두 한 세트로 돼 있다."[58] 탈출한 [이들 중] 많은 사람이 훗날 싸우러 돌아왔다.[59] 150만 명으로 추산되는 유대인 남녀가 추축국과 맞선 전투에 참여했는데, 미국과 러시아의 군대에 각각 50만 명씩 있었다.[60] 동유럽에는 주요 게토 7곳과 작은 게토 45곳에 지하 조직이 있었다. 강제수용소 5곳과 강제노동수용소forced-labour camps 18곳에서 봉기가 일어났다.[61] 믿기지 않을 정도의 역경에 맞서 아우슈비츠, 트레블링카, 소비보르Sobibor '죽음의 수용소'에서 무장 반란이 일어났다.

유대인 레지스탕스조차 두 개의 전쟁 양상을 띠었다. 많은 경우, 기성 유대인 조직들은 협력을 통해 나치즘의 침투를 제한하려 했다. 추르Tzur는 유대인 인구가 남들과 마찬가지로 갈라졌음을 보여준다. "(레지스탕스는) 그 신봉자들에게 현재 상황과 대조적으로 제시하고 문화적·정치적 생태를 변화시킬 가능성을 믿는 적극적인 이데올로기에서만 성장할 수 있었다. 따라서 저항자들에게는 보통 기득권층에 반대하는 집단의 구성원이었던 전력前歷이 있었다."[62]

반대 사례가 "홀로코스트 연대기에서 가장 비극적인 장 중 하나"인 빌나Vilna[+] 게토에서 발생했다.[63] 유대인 조직의 우두머리가 게토의 무장 레지스탕스 집단의 지도자를 게슈타포에 팔아먹었고 그 직후 그곳 거주자 5만 7000명 가운데 3만 3500명이 인근 구덩이에 묻혔다.[64]

'이중의 승리': 미국 흑인과 전쟁

미국에서 흑인 인구는 두 개의 전쟁을 의식하고 있었고, 그렇게 말했다. 루스벨트가 미국이 "자유와 민주주의"를 옹호하고 있다고 발표했을 때 인구의 8분의 1을 이루는 아프리카계 미국인은 12개 남부 주에서 선거권 취득 연령 흑인 중 겨우 2퍼센트에게만 투표할 자격이 주어졌다는 것, 혹은 흑인의 중간 소득이 백인 중간 소득의 단지 40퍼센트일 뿐임을 자각하지 않을 수 없었다.[65] 그들이 1933년에 있었던 수십 건의 린치에 대한 대통령의 반응을 기억해낸 것도 당연한 일이다. 전미유색인지위향상협회National Association for the Advancement of Colored People 지도자가 린치 반대 법안을 지지해달라고 요청했을 때, 그(루스벨트)는 인종주의적인

+   리투아니아 수도 빌뉴스의 옛 이름.

남부 백인 민주당원들이 "상원과 하원의 위원회 대부분에서 전략적 위치를 차지하고 있다"며 그래서 "나는 정말 그런 위험을 감수할 수 없다"라고 말했다.[66] 훗날 그의 후임이 되는 트루먼은 1940년에 이렇게 말했다. "내가 깜둥이Negro를 위한 사회적 평등을 호소하고 있는 것이 아님을 분명히 하고 싶다. 깜둥이 자신이 그 정도로 어리석지는 않다."[67]

미국의 군대가 수십만에서 1400만 명 이상으로 팽창했을 때 인종주의 체계에 균열이 생겼다. 국가는 이 나라의 900만 흑인에게 호소하는 것 말고는 방법이 없었다. 1940년 '선발 징병 및 훈련에 관한 법Selective Service and Training Act'은 "인종이나 피부색과 상관없이 어떤 사람이든" 입대할 수 있도록 군대의 문을 열었고 "어떠한 차별도 없을 것"이라고 약속했다.[68] 그렇지만 군대는 여전히 철저히 (인종적으로) 분리돼 있었다. 루스벨트가 말한 것처럼 "육군성의 정책은 (비백인) 유색인과 백인 병사들을 같은 연대 조직에 섞지 않는 것이다."[69] 짐작건대, '어떠한 차별도 없다'는 것은 흑인과 백인 부문 사이에서가 아니라 분리된 흑인 부문과 백인 부문 내에서만 (각각) 적용됐을 것이다.

육군성 장관이 내놓은 정당화 논리는 흑인들이 "기본적으로 농업 전문가"라는 것이었다.[70] 그 결과 "깜둥이 부대는 …… 현대 무기 기술을 완전히 익힐 수 없었다"(라는 주장이었다).[71] 해군에서 흑인은 급식 담당 부사관과 요리사가 되는 것만을 열망할 수 있었는데, 해군성 장관에 따르면 그 이유는 다음과 같다. "인종과 피부색 때문에 더 높은 등급을 적절히, 효율적으로

— 2차 세계대전에 참전한 흑인 병사. 군대에서는 인종차별이 전혀 없을 것이라고 했지만, 차별은 여전했다.

충족시킬 수 없었던 (사람들을 훈련시키는 것은) 시간과 노력을 낭비하는 일일 것이다." 니미츠Nimitz[+] 제독은 인종 분리 폐지가 "미국식이 아니라 소련식"이라고 경고했다.[72] 육군에서 흑인 병사의 95퍼센트는 서비스로 역할이 제한됐는데,[73] 그 이유는 마셜Marshall[++] 장군이 말한 것처럼 통합이 "육군성의 엄청난 과업을 더 복잡하게 만들고 그렇게 함으로써 규율과 사기를 위태롭게 하

[+] 체스터 니미츠Chester Nimitz(1885~1966). 미국의 해군 제독으로 2차 세계대전 당시 태평양 함대 사령관으로 활약했다.

[++] 조지 마셜George Marshall(1880~1959). 미국 육사 출신 장교로 2차 세계대전 시기에 참모총장을 지냈다. 전후에는 국무부 장관을 맡아 마셜 플랜을 주창했다.

도록 내버려둬서는 안 되는 짜증나는 인종 문제의 정착"을 의미했을 것이기 때문이었다.[74] 인종주의자들의 사기가 우선권을 가졌기 때문에 백인은 흑인에게 명령할 수 있었지만, 흑인은 결코 백인에게 명령할 수 없었다. 그래서 1940년에 흑인 육군 장교는 겨우 2명뿐이었다.[75]

분리는 심지어 헌혈에도 적용됐다. 시위자들은 이것을 "이 전쟁이 내세우는 원칙에 혐오감을 자아내는" 것이자 "히틀러 같은 정책"이라고 불렀다.[76] 그러나 (이것 이외에도) 격분하게 만드는 다른 것들이 많이 있었다. 다음은 한 흑인 병사가 겪은 일이다. "나는 독일인 포로들이 흑인 병사들과 달리 막사에서 여기저기 자유롭게 움직이는 것을 봤는데, 흑인 병사들은 제한을 받고 있었다. 독일인들은 다른 어떠한 미국 백인과 마찬가지로 그 빌어먹을 곳으로 바로 걸어갔다. 같은 제복을 입고 있었지만 우리는 거부됐다."[77] 도시에서 흑인들은 버스 뒤쪽으로 밀려난 반면 독일인 포로들은 앞쪽에 앉았다.[78] 그는 미국이 "하나는 흑인, 다른 하나는 백인으로 이뤄진 두 개의 군대"를 내보내고 있다고 결론을 내렸다.[79] (인종적으로) 분리된 방공호에 대한 제안이 워싱턴 DC에 모습을 드러냈을 때 한 신문은 이렇게 비꼬아 논평했다. "미국 백인들에게 '죽음보다 더 나쁜 운명', 그러니까 깜둥이 방공호에 뛰어들기를 고르게 하는 것은 딱 히틀러 같지 않을까?"[80]

일부 급진적인 흑인들은 참전을 완전히 거부하는 것을 통해 상황에 대응했다.

루스벨트의 미국을 위해 …… 전부 흑인을 차별하고 깜둥이를 증오하는 남부를 위해, 깜둥이들이 얻고자 분투해야 하는 저임금의 더러운 일자리를 위해, 더 자유로운 북부에서조차 깜둥이들이 처한 현실인 몇 달러의 구호품과 모욕, 차별, 경찰의 만행과 영구적인 가난을 위해 내가 왜 피를 흘려야 하나?[81]

'민주주의 구하기'라는 연설에 대한 답으로 한 흑인 신문은 이렇게 썼다. "**존재하지 않는** 것을 우리가 구할 수는 없다."[82] 의미 있는 소수에게 2차 세계대전은 '백인 남성의 전쟁'이었다.[83] 흑인의 38퍼센트는 독일인과 일본인을 이기는 것보다 '민주주의가 국내에서 작동하게 만드는 것'이 더 중요하다고 믿었다.[84] 출처가 불분명한 한 묘비명에는 당시 느낀 쓰라림이 이렇게 압축돼 있다. "여기, 백인 남자를 보호하기 위해 황인 남자와 싸우다 죽은 흑인 남자가 누워 있다."[85]

하지만 다수에게 2차 세계대전은 두 개의 분리된 전쟁을 구현했다. 흑인에게 가장 많이 팔리는 주간지인 《피츠버그 쿠리어 The Pittsburgh Courier》가 대중적으로 전개한 '이중의 승리Double V' 운동에서 이것을 명확히 했다. "'이중의 승리'는 해외에서 적들에게 거두는 승리와, 국민 생활의 모든 단계에서 흑인의 완전하고 자유로운 참여를 부인하는 국내 세력들에게 거두는 승리를 뜻한다. 따라서 흑인은 두 개의 전선에서 싸우고 있다."

그러나 운동 내부에 모순과 불화가 있었다. 《쿠리어》의 한 기사는 "이중의 승리는 …… 루스벨트 대통령이 표현한 …… 이상에 대한 전통적인 애국심의 표현으로서 흑인이 채택한 승리 구호다"라고 주장했다.[86] 하지만 다른 기사들은 그가 대통령으로 재임하는 동안 "린치, '짐 크로우' 법, 고용 및 훈련 차별, 참정권 부정"이 계속됐다고 지적했다. "편견에 빠진 육해군"과 함께 "(우리의) 나라는 추축국 선전원들과 그들의 끈적끈적하고 효과적인 방법에 자신을 스스로 취약하게 만드는 것을 아직도 고집한다. …… 우리가 국내에서 민주주의를 실행할 수 없다면, 우리의 도움을 필요로 하는 사람들과 차례차례 우리를 도와야 하는 사람들에게 우리가 어떻게 효과적으로 운동을 일으킬 수 있겠는가?"[87] 한 흑인 병사가 그것에 대해 훨씬 더 간단명료하게 말했다. 그것은 "린치 대 사기士氣"의 문제였다.[88]

두 전쟁 간 충돌이 사회의 여러 부문에서 나타났다. 한쪽에서는 미국 재계가 유례없는 이익을 얻었다. 방위 산업이 급성장해, 전쟁 이전 수준에 비해 이윤이 250퍼센트 늘고 물가는 45퍼센트 올랐다. 하지만 임금은 1941년 수준보다 15퍼센트 높은 선에서 동결됐다.[89] 방위 산업에서 아프리카계 미국인에 대한 고용 차별은 충격적인 수준이었다. 노동력이 부족한데도 1941년에 새로운 방위 산업 일자리의 절반 이상은 공식적으로 흑인들에게는 개방되지 않았고, 그에 반해 일자리를 정말 얻은 사람의 90퍼센트는 저임금 서비스 또는 미숙련 직종에 고용됐다. 백인들의 경우 그것에 상당하는 (상황에 놓인 사람들의) 수치는 단지 5퍼센트였다.[90]

그해 1월 침대차짐꾼조합 Brotherhood of Sleeping Car Porters Union의 지

도자인 사회주의자 A. 필립 랜돌프Philip Randolph⁺는 흑인들이 "국방 부문 고용과 나라의 군대에서 그들의 권리를 요구"할 것이라고 선언했다.[91] 그의 '워싱턴 행진 운동'은 "연방 관리들을 겨냥한 아프리카계 미국의 최초의 대규모 시위",[92] "미국의 전 역사에서 가장 유망한 (흑인 운동들) 중 하나", 그리고 "노동조합원들이 주도적 역할을 한 최초의 대규모 흑인 조직"으로 묘사돼왔다.[93]

랜돌프 자신은 이렇게 주장했다. "국방 부문의 전 체제가 인종적 편견, 증오와 차별로 지독한 악취를 풍기고 있다." (개선하겠다는) 약속이 있긴 했지만 "모든 것은 거기서 끝난다. 차별을 막기 위해 실제로 하는 일은 전혀 없다". 그러므로 흑인들은 공손히 간청하지 말고 행동해야 한다. "힘과 압력은 소수, 지식층에게 있는 것이 아니라 대중에게 있고 대중으로부터 나온다. …… 워싱턴 쪽으로 …… 그들이 아주 작은 마을, 촌락, 도시로부터 무리 지어 가게 하자. …… 그들이 자동차로, 버스로, 기차로, 트럭으로, 그리고 걸어서 오게 하자. 그들이 불어오는 바람을 뚫고 오게 하자."[94] 본래 1만 명으로 예측됐던 행진 참가자는 곧 10만 명으로 늘어났다.

루스벨트는 (이 행진을) 조직한 사람들이 추축국을 돕고 있

⁺ 1889~1979. 미국의 노동운동 및 민권운동 지도자. 연방 정부 및 국방 부문에서 인종차별 철폐를 규정한 행정 명령(1941년), 군대 내 인종차별을 금지하는 대통령령(1948년)이 공포되는 과정에서 중요한 역할을 했다. 민권운동의 역사에 한 획을 그은 1963년 8월 워싱턴 대행진("나에게는 꿈이 있습니다"라는 마틴 루서 킹 목사의 연설로도 널리 알려진 행진)을 촉구하고 흑인뿐 아니라 백인 단체까지 참가하도록 이끌어낸 인물이기도 하다.

— 민권운동 역사에 한 획을 그은 1963년 워싱턴 행진 당시 A. 필립 랜돌프(가운데).

다고 비난하는 것으로 응수했다.

> 오늘날 우리 국가 안보에 대한 위협은 군사 무기만의 문제가 아
> 니다. ⋯⋯ 방법은 간단하다. 불협화음 유포, 처음에 하는 일이
> 그것이다. 아주 크지는 않은 한 그룹, 파벌적이거나 인종적이
> 거나 정치적일 수도 있는 한 그룹이 거짓 구호와 감정적 호소를
> 통해 그 편견을 이용하도록 고무된다. ⋯⋯ 이러한 기법들의 결
> 과로 군비 프로그램들이 위태롭게 지연될 수 있다. 국가적으로
> 일심전력하는 것의 기반이 약화될 수 있다.[95]

그렇기는 하지만 루스벨트는 자세를 바꿨다. 그는 차별에 대한 "불평을 조사"하고 "불만 사항을 시정"하기 위한 공정고용실천위원회Fair Employment Practice Committee를 설립했고, 행진은 취소됐다. 공정고용실천위원회는 "이 나라의 역사에서 고용 차별을 없애기 위한 가장 중요한 노력"이라는 찬사를 받았으나,[96] 그 조짐이 걱정스러웠다. 위원회 의장으로 임명된 마크 에스리지Mark Ethridge[+]는 "남부 백인들로 하여금 사회적 분리 원칙을 이제 포기하도록 강제할 수 있는" 힘은 없다는 것을, "지구의, 연합국과 추축국의 기계화된 모든 군대조차" 그러하다는 것을 발견했다.[97] 환멸을 느낀 랜돌프는 공정고용실천위원회가 "히틀러의 나치즘, 무솔리니의 파시즘, 히로히토의 군국주의와 같은 부류"의 상황에 직면해 있음을 깨달았다.[98] 행진 위협이 사라지자마자 루스벨트는 공정고용실천위원회를 무력화하는 조치를 취했고, 에스리지는 넌더리를 내며 사임했다.

미국에서 민중의 전쟁과 제국주의 전쟁의 충돌은 또한 총탄, 칼, 돌의 형태를 취할 수 있었다. 비백인 고용이 엄청나게 확대됐는데, 공정고용실천위원회 때문이라기보다는 순전히 필요에 의해 생긴 현상이었다. 예를 들면 1941년에는 로스앤젤레스 조선소들에 멕시코계 미국인이 사실상 전혀 없었다. (그러나) 3년 후에는 1만 7000명이 있었다.[99] 같은 시기에 전국적으로

✦   1896~1981. 자유주의 성향의 언론인으로 《루이스빌 쿠리어 저널Louisville Courier-Journal》 등에 몸담았다. 1981년 《뉴욕타임스》는 부고 기사에서 "미국 저널리즘에서 가장 존경받는 인물 중 한 명"이라고 평가했다.

— 1941년 노예 출신으로 남북전쟁 시기 여걸이었던 소저너 트루스의 이름을 따서
명명한 흑인 주택 공급 프로젝트가 시작됐을 때 백인들이 폭동을 일으킨 장면.

100만 명이 집을 옮겼다.[100] 샌프란시스코에서는 흑인 인구가 백
인 (증가) 비율의 20배로 늘어났다.[101] 이 모든 것은 주택 공급에
압박을 가했고, 그것이 초래한 긴장이 1943년 한 해에만 47개
도시에서 242건의 인종 간 싸움을 발생시켰다.[102]

가장 극적인 사건은 공학 도시 디트로이트에서 발생했다.
전쟁 중반까지 흑인들과 남부의 백인들이 매주 1400명 비율로
도착하고 있었다.[103] 노예 출신으로 남북전쟁 시기 여걸이었던
소저너 트루스Sojourner Truth[++]의 이름을 따서 명명한 흑인 주택 공급

[++] 1797~1883. 노예로 태어나 어린 시절 여러 차례 노예로 팔려 다녔다. 20대

프로젝트가 시작됐을 때 백인들은 폭동을 일으켰다. 지역 경찰은 손을 떼고 물러섰는데, 그 이유에 대해 경찰서장은 이렇게 말했다. "내 부하들은 당연히 백인 군중에게 공감하고 있다."[104] 그 결과 입원한 사람 38명 중 33명이 흑인이었다. 그런데도 체포된 104명 중 101명이 흑인이었다.[105] 그러나 이것은 1943년에 훨씬 큰 규모로 발생하는 충돌의 전주곡이었다. 분열을 극복하려는 시도들이 있었고, 4월에는 흑인과 백인 노동자 1만 명이 차별에 맞서 함께 행진했다.[106] 아아, [그렇지만] 인종주의는 그렇게 쉽게 극복되지 않았다. 두 달 후 흑인과 백인 젊은이들 간의 싸움이 도시의 4분의 3에 퍼졌다. 다시 한 번, 국가는 인종 간 충돌에서 중립을 지키는 구경꾼이 아니었다. 34명이 죽었는데 그중 25명이 흑인이었다. 체포된 1500명 가운데 85퍼센트가 흑인이었고, 흑인 17명은 경찰에게 사살됐다.[107]

이러한 사건들은 제국주의 성격을 띤 정부와 민중의 다수 간의 분열보다는 대중 사이의 불화 때문이라고 주장할 수 있을까? 인종주의가 백인 노동계급을 오염시켰다는 것은 사실이다. 예컨대 흑인 노동력을 배제한 파업이 많이 있었다.[108] 하지만 이러한 파업들조차 사회적으로 약간 구별되는 모습을 보여줬다. 노동자들 가운데 더 많은 특권을 가진 [숙련]기술[공] 엘리트에서 기원한 미국노동총연맹American Federation of Labor, AFL과 기반이 더 폭

___

후반에 딸을 데리고 탈출했고, 40대부터 본격적으로 노예제 폐지와 여성 인권 향상을 위한 활동을 전개했다. 정규 교육을 받지 못했고 글도 몰랐으나 누구보다 설득력 있는 연설을 한 인물로 얘기된다.

넓었던 산업별조합회의Congress of Industrial Organizations, CIO는 분명한 차이가 있었다. AFL의 몇몇 노조가 흑인[의 가입]을 공식적으로 금지한 데 반해 CIO는 그들을 환영했고,[109] 인종주의에 적극적으로 반대하기 위해 차별 반대 위원회를 85개 이상 설립했다.[110] 1943년 미시간주 CIO 대회에서 한 대표자가 문제의 근원을 정확히 짚었다. "보통 사람들을 분할 통치하는 것이 그간 미국의 경제적 운명을 지배한 사람들의 경제적 핵심이었다."[111]

상황을 악화시킨 것은 최상층이었다. 정치인들, 사업가들, 그리고 군부 최고위층이 표명한 태도가 시민 사회에 흘러들었다. 예를 들면 주택 공급에서 부동산위원회전국협회는 흑인을 주류 밀매업자, 여자 포주, 깡패와 같은 범주로 봤고, "거래가 일종의 어두운 그림자를 부추길 것 같다면 매입자가 되려 하는 사람의 동기나 성격이 어떻든 간에" 아프리카계 미국인들에게 파는 것은 피하라고 부동산 중개인들에게 충고했다.[112] 랜돌프는 행정부가 인종 간 충돌을 부채질한 방식을 이렇게 요약했다. "군대, 정부 부처, 그리고 방위 산업에서 연방 정부 자체가 행하는 흑인에 대한 공식적인 차별 정책이 나라를 휩쓰는 인종 폭동 물결의 주요 원인이다."[113] 때때로 정부가 전시 생산을 위해 폭동을 진압할 수도 있지만, 이것은 그러한 충돌이 분출할 조건을 정부 정책이 만들어내는 방식을 무효로 만들지는 않았다.

디트로이트 대치의 규모와 장소, 그리고 뒤이어 뉴욕 할렘에서 발생한 대치의 규모와 장소는[114] 국가의 지속적인 인종주의를 보여줬지만 흑인들이 반격할 준비가 돼 있다는 것도 보여쳤다. 이러한 사건들은 북부에서 발생했다. 그렇지만 남부에서도 '다른 전쟁'이 분출했다. 린치 증가를 배경으로[115] 흑인 병사들의 저항이 나타났다. 그들은 대부분 북부 도시에서 옮겨왔고, 흑인 차별 정책에 익숙하지 않았으며 그것을 받아들이기를 거부했다. 흑인 병사들과 군 및 민정 당국 간에 통틀어 200건 이상의 대치가 발생했는데, 그중 3분의 2가 남부에서 일어났다.[116] 이것은 전미유색인지위향상협회 같은 흑인 공동체 집단이 우후죽순처럼 늘어난 것의 뒤를 이었다[117] (1960년대 흑인 권력 운동black power movement✛에 비해 온건한 것으로 보였지만, 2차 세계대전 시기 소요의 최첨단을 종종 대표했다).

그에 덧붙여 자기 조직화도 있었다. 육군 주둔지 중 규모가 가장 큰 포트 브래그Fort Bragg✛✛[118]에서 흑인병사협의회A black Soldier's Council가 구성됐는데, 흑인 병사와 백인 헌병이 죽은 싸움에 뒤이어 생긴 일이었다.[119] 조지아주 스튜어트Stewart 기지의 흑인 병사 '반란'에 대한 상세한 연구는 새로운 교전 상태가 어떻게 발생하는지를 보여준다.[120] 스튜어트 기지의 상태는 전미유색인지위향상협회 책임자에게 보내는 편지에 이렇게 묘사됐다. "제발 우리를 도와주세요. 우리 위에 있는 이 낡은 남부 장교들은 우리를

✛ 흑인 권력(블랙 파워)은 1960년대 중반 스토클리 카마이클이 급진적 흑인 해방운동을 이끈 맬컴 엑스의 영향을 받아 제창한 개념인데, 그 후 운동으로 확산됐다. 흑인과 백인이 대등한 관계가 되려면 우선 흑인이 권력을 획득해야 하며, 그것을 위해 백인의 자유주의적 협력을 거부하고 폭력도 불사한다는 태도를 취했다. 널리 알려진 구호로 '검은 것은 아름답다'가 있다.

✛✛ 노스캐롤라이나주에 있는 기지로 4개 카운티에 걸쳐 있다.

노예처럼 격리하고 내려와서 봅니다. …… 그들은 유색 인종을 정말 증오합니다. 제발 우리 처우에 관해 즉시 육군성에 호소해 주세요. 우리는 노예가 아닙니다."[121]

이 기지에서 온 많은 편지가 물리적 격리, '이루 말할 수 없는' 위생 상태, 흑인 병사들에게 발길질하는 백인 장교들, 의료 부족을 언급했다. "인종 폭동의 결과로 매달 적어도 3명이 죽고 …… 무리한 노력over-exertion의 결과로 매달 적어도 2명이 죽는다" 라고 주장됐다.[122]

흑인 여성에 대한 백인 병사들의 폭력이 보고된 후 소총, 총검, 곤봉으로 무장한 '군사 대형'의 흑인 100명 종대가 정렬하고, 자신들과 합류하라고 다른 사람들에게 외쳤다.[123] 그때 헌병대가 발포하기 시작했고 기지는 "전투의 소란스러움에 휩싸였다."[124] 결국 약 6000발의 30구경 탄환이 발사된 후 헌병 1명이 목숨을 잃었다.[125] 스튜어트 기지 전투는 미국뿐 아니라 해외에서도 벌어진 수많은 인종 간 충돌 사례 중 하나일 뿐이었다.

미국에게 2차 세계대전 결과는 상반된 두 가지로 이뤄져 있었다. 국가는 초강대국으로 부상했다. 국내에서 민중의 승리에 대해 이야기하는 것이 가능하지 않다 하더라도, 적어도 정의와 민주주의를 위한 전선에서는 진전이 있었다. 1943년부터 군대에서 백인과 흑인이 같은 후생 시설을 이용하는 것이, 시간대는 달랐지만, 허용됐다.[126] 1944년에 일부 흑인 소대가 백인 중대에 배치됐고,[127] 1948년에는 군대에서 인종 분리가 공식적으로 폐지됐다.[128] 모든 장애물에도 불구하고 민중의 전쟁은 매이지 않은, 멈출 수 없는 힘을 갖고 있었다. 마틴 루서 킹Martin Luther King 같은 인물들이 이끄는 흑인 평등을 위한 운동이 곧 다시 불을 붙이고, 오래지 않아 맬컴 엑스Malcolm X와 블랙 팬서Black Panthers+ 주위의 새로운 세력이 그것을 더 진전시키기 위해 무기를 들게 될 것이었다.

+ 1965년에 결성된 미국의 급진적 흑인 운동 단체. 마틴 루서 킹의 온건한 노선이 아니라 맬컴 엑스의 강경 투쟁 노선을 따랐다. 흑표당으로도 불린다.

3부

추축국 진영의 민중의 전쟁

독일
오스트리아
이탈리아

추축국들에서 민중의 전쟁은 고문실 문 뒤 어둠 속에서 수행됐다. 자기 정부의 노여움에 직면했을 뿐만 아니라 이 반파시스트 운동들에는 자국의 전쟁 노력에 거역해 덧붙은 정치적 장애물도 있었고, 이 운동들에 대한 연합국의 동정 어린 반응은 부족했다.

9. 독일: 보수주의자들과 안티파 Antifa

히틀러의 통치 기간 동안 독일인 300만 명이 정치범이 됐고, 수만 명이 목숨을 잃었다. 한 작가가 말한 것처럼 "이 숫자들은 독일 사회에서 대중적 저항의 가능성, 그리고 어떤 일이 일어났는지를 드러내 보인다".[1]

연합국 정부들과 계급적·정치적 태도를 공유하는 일부 기득권층 인사들은 저항의 길을 갔지만, 그들이 어떤 종류의 문제에 직면했는지가 1938년 체코슬로바키아 위기 때 드러났다. 총통이 이길 수 없는 세계 전쟁을 시작할 것을 두려워해, 육군 총사령관을 비롯한 영향력 있고 보수적인 음모 가담자들이 그를 체포하는 방안을 모의했다. 그들은 영국과 프랑스가 히틀러와 맞서는 것을 꺼리지 않는 한 자신들의 계획에 '문제가 생길 가능성은 전혀 없을 것'이라고 확신했다.[2] 이 두 나라는 적절한 때에 그 음모에 대해 통지를 받았다.

아아, (두 나라 중) 어느 쪽도 독일 총리를 물러나게 하는 것을 내켜 하지 않았다. 베를린 주재 영국 대사 네빌 헨더슨 Neville Henderson[+] 경은 히틀러가 "독일의 군사적, 산업적, 도덕적 재편성

[+] 1882~1942. 영국 외교관. 터키, 프랑스, 유고슬라비아, 아르헨티나에서 외교관으로 활동했고, 1937~1939년에는 영국 대사로 나치 독일에 머물렀다.

1941년 작센하우젠 강제수용소에서 노동을 하는 수감자들. 히틀러는 정권을 잡자마자 공산주의자 등 자신의 정적들을 강제수용소에 보냈다. 히틀러의 통치 기간 동안 독일인 300만 명이 정치범이 됐고, 수만 명이 목숨을 잃었다.

1938년 9월 29일 뮌헨 협정에 서명하기 전에 찍은 사진. 왼쪽부터 영국 총리 네빌 체임벌린, 프랑스 총리 에두아르 달라디에, 아돌프 히틀러, 베니토 무솔리니, 이탈리아 외교관 갈레아초 치아노.

에서 거대한 진보를 이뤄냈다"라고 썼다.[3] 그는 히틀러의 침략에 대한 체코의 반대를 "도덕적 근거가 불확실한" 것으로 간주했는데,[4] 나치가 그저 "대독일Greater Germany 통일을 **마침내** 완성하는 것"에 불과하기 때문이라는 것이었다.[5] 무엇보다도 헨더슨은 공산주의를 저지할 강력한 독일을 원했다. "모스크바의 주요 목표는 독일과 서구 강대국들을 공멸에 휘말리게 하고, 그들 간의 충돌에서 **어부지리를 얻는 제3자**tertius gaudens로서 모습을 드러내는 것이었다."[6] 그래서 〔히틀러 제거〕 음모를 꾸민 사람들의 간청은 무시되고 체코슬로바키아는 희생됐다.

일단 전쟁이 시작되자 연합국은 '무조건 항복'이라는 정반대 정책을 택했다. 이것은 보수적인 저항운동에도 마찬가지로 치명적이었다. 독일의 평화 협상 타진을 고무하는 사람들의 어떠한 시도도, 처칠의 말대로, "절대적 침묵"에 직면하게 될 것이었다.[7] 이러한 태도는 보수적인 반대파를 무력하게 만들었는데, 서구와 사전에 협정을 맺지 않은 상태에서 히틀러를 실각시키면 그들이 나치즘보다 훨씬 더 혐오하는 소련이 정권을 인수하는 결과를 낳을 수도 있었기 때문이다.

연합국의 전술은 독일 보통 사람들 사이에서도 반대파의 기반을 약화시켰다. 나치즘에 맞선 공동 투쟁에 독일 민중과 함께 관여하는 대신, 영국과 미국은 그들에게 다음과 같이 적힌 전단이 동반되는 불기둥을 선사했다. "우리 폭탄이 너희들의 집과 너희 위에 떨어진다. …… 너희는 우리를 막을 수 없고, 너희는 그것을 안다. 너희에겐 희망이 없다."[8] 붉은 군대는 그러한 메시지를 강화했다. '대조국전쟁Great Patriotic War'[+]에서 싸운 러시아 병사들은 적국 민간인에게 강렬한 증오를 품도록 조장됐다. "동프로이센East Prussia에 잔류한 모든 독일 여성이 붉은 군대 병사들에게 강간을 당했다"라는 보고가 스탈린에게 들어갔다.[9] 독일 여성에게 쓰라린, 선택 가능한 범위가 다음과 같은 농담으로 표현됐다. "(네) 머리에 (폭격하는) 양키보다는 배belly에 올라탄 러시아 놈Russki이 낫다."[10] 요컨대 연합군의 방식은 히틀러 체제와 음침하게 협력하는 것을 만들어냈다. 이렇게 해서 그〔히틀러〕는 1918년 독일 황제에게 닥친 혁명을 피했다. 그럼에도 나치즘에 대한 저항이 제국주의 전쟁 유형뿐만 아니라 민중의 전쟁 유형으로도 이뤄졌다.

독일인의 저항

대부분의 역사서는 〔나치즘에 맞선 저항에서〕 눈에 가장 잘 띄는 자리를 보수주의자들에게 부여한다. 라이프치히Leipzig 시장이자 제국의 가격통제위원회 위원이었던 괴르델러Gördeler[++]가 히틀러 총리를 자기 자신으로 대체하기를 희망한 엘리트 집단을 이

[+] 2차 세계대전 시기 독소전쟁(1941~1945)을 지칭하는 소련 쪽 표현.

[++] 카를 괴르델러Karl Gördeler(1884~1945). 나치와 의견을 달리해 1937년 자리에서 물러났다. '검은 관현악단'(게슈타포가 독일 정부와 군대 내부의 히틀러 반대 세력을 부르던 명칭) 중 한 명이었는데, 1944년 히틀러 암살 계획이 실패로 돌아간 후 체포돼 이듬해 처형됐다.

— 1944년 7월 20일 히틀러를 암살하기 위해 슈타우펜베르크가 터뜨린 폭탄으로 폐허가 된 회의실을 헤르만 괴링(가운데) 등이 조사하고 있다. 히틀러는 가벼운 부상만 입었다.

끌었다. 괴르델러 지지자들은 나치스 최상층과 섞여 있었기 때문에 총통을 암살할 절호의 기회를 얻었다. 1944년 7월 20일 슈타우펜베르크Stauffenberg[***]의 폭탄은 거의 성공할 뻔했다. 비극적이게도, 히틀러는 살아남았고 발키리 작전Operation Valkyrie[****]은 실

[***] 클라우스 폰 슈타우펜베르크Claus von Stauffenberg(1907~1944). 프로이센 귀족 출신의 독일군 장교였다. 1944년 7월 폭탄으로 히틀러를 암살하려 했으나 미수로 그치고 체포·처형됐다.

[****] 본래 연합군의 폭격 등으로 비상사태가 발생할 경우 그것을 수습할 방안으로 만들어진 작전 계획이었다. 반히틀러 세력은 이를 수정해, 히틀러 암살 후 쿠데타를 일으켜 게슈타포와 나치 친위대 등을 무력화할 계획을 세웠다. 그러나 히틀러 암살에 실패하면서 계획은 수포로 돌아갔다.

패했으며 모의에 가담한 사람들은 목숨으로 대가를 치렀다.

그들이 나치즘을 거부한 것은 독일 제국주의에 대한 반대가 아니라, 그것을 어떻게 하면 가장 잘 유지할 것인가에 대한 의견 차이에 근거한 것이었다. 헨더슨 대사와 마찬가지로 하셀 Hassell[+](괴르델러의 '그림자' 외무부 장관)은 "건강하고 활기찬 독일은 …… 볼셰비키 러시아의 면전에서 …… 없어서는 안 될 요소"라고 주장했다.[11] 괴르델러 자신이 전후 독일을 위해 오스트리아, 그리고 체코슬로바키아의 일부를 계속 보유할 작정이었다.[12]

뮌헨에서 연합국이 조건부로 굴복한 것이 1938년 그들의 음모를 방해했을 수도 있지만, 보수주의자들은 모스크바에 너무 많은 영향력을 부여한다고 자신들이 우려했던 히틀러와 스탈린의 불가침 조약에 자극을 받아 새로운 음모를 꾸미기 시작했다.[13] 그러나 일단 2차 세계대전이 시작되자 그것과 맞서는 행동은 다시 지연됐는데, 독일 국방군이 성공을 거두고 있는 것처럼 보였기 때문이다. 그들은 1944년 여름에 행동을 취했는데, 몸젠 Mommsen이 말한 대로 "소수의 예외를 제외한 반대파 장군들이 오직 볼셰비키의 위험이 군사적 현실이 될 조짐을 보일 때에만 무조건적인 행동을 취하기로 결심했기" 때문이었다.[14]

국내 전선에서 보수주의 저항운동은 민주주의보다 권위주의 통치나 군주제를 선호했다.[15] 그들은 "재건된 국가에서 영원

[+]　울리히 폰 하셀Ulrich von Hassell(1881~1944). 독일 외교관으로 이탈리아 주재 대사 등을 지냈다. 히틀러 암살을 시도한 1944년 7월 20일 사건의 결과로 처형됐다.

— 1944년 재판을 받고 있는 헬무트 폰 몰트케. 나치 정권에 비판적인 독일 반체제 인사들의 모임인 크라이자우 서클을 만들었다.

히 보유하기 위해, 국가사회주의가 이뤄낸 것의 상당량을 계속 가져가는 것"이 편리하다고 판단했다.[16] 사실 몸젠은 "군부 반대 파를 주도한 장군들도 제3제국의 전쟁 범죄에 깊이 연루돼 있다"라고 믿는다.[17] 괴르델러는 "통제되지 않고 지나치게 민주적인 의회주의"를 거부하고,[18] 선출된 [의회의] 원院은 자문 기능만 갖고 독립적인 입법권을 전혀 가져서는 안 된다고 결론 내렸다.

귀족, 노조 지도자, 사회주의자를 구성원으로 포함하고 있었고 규모가 아주 작았던 크라이자우 서클Kreisau Circle[++]만이 그러

[++] 나치 정권에 비판적인 독일 반체제 인사들의 모임. 구성원은 약 25명으로 여성도 몇 명 있었으나 다수는 남성이었다. 1940년에 시작된 이 모임에서는 제3제국 종말 후 독일 정부를 재조직할 방안 등이 논의됐다. 그러나 나치 체

한 반동적 정치를 넘어섰지만, 그것은 토론 집단(일 뿐)이었다. 1944년 7월 폭탄 음모에 대한 탄압 과정에서 이 서클 관계자들이 체포됐을 때 핵심 인물인 폰 몰트케von Moltke[+]는 이렇게 항변했다. "우리는 생각만 했다. …… 우리는 각각의 실제 행동의 바깥쪽에 있었는데, 함께 생각했다는 것 때문에 교수형을 당한다."[19]

보수주의 저항운동이 패배의 두려움과, 히틀러가 끌고 들어가고 있는 재앙으로부터 독일 제국주의를 구해야 한다는 걱정에 자극을 받았다면, 노동자들의 반대는 나치 독재, 전쟁, 인종주의에 대한 근본적인 반대에 뿌리박고 있었다. 공산주의자 청년 진영은 젊은 노동자들이 "총알받이가 되도록 훈련을 받고" 있고, 전쟁을 피하기 위해서는 "파시즘을 몰락시키는 것"이 필수적이라고 경고했다.[20] (공산)당은 "우리의 유대인 동지들에 대한 동정과 도움을 통한 연대"를 요구한 데 반해,[21] 사회주의자들은 "폭정을 지지하는 모든 사람과 자유를 반대하는 모든 폭력 조직을 전

제에 대한 폭력적인 전복을 촉진하지는 않았다. 폰 몰트케가 1944년 1월 게슈타포에 체포되면서 모임이 흔들렸고, 그해 7월 히틀러 암살 미수 사건이 발생한 후 모임의 여타 구성원 중 다수가 체포되면서 크라이자우 서클은 문을 닫게 된다. 크라이자우는 슐레지엔의 농촌 마을로, 이곳에 있는 폰 몰트케의 사유지에서 모임이 열렸다.

[+] 헬무트 폰 몰트케Helmuth von Moltke(1907~1945). 독일의 법학자로 크라이자우 서클을 창립한 사람 중 한 명이다. 프로이센 육군 참모총장으로서 프로이센-오스트리아전쟁(1866)과 프로이센-프랑스전쟁(1870~1871, 보불전쟁)을 승리로 이끈 '대大몰트케'(1800~1891) 조카의 손자이자, 독일 육군 참모총장으로서 1차 세계대전 초기에 육군 작전 전반을 지휘한 '소小몰트케'(1848~1916, 대몰트케의 조카) 조카의 아들이다. 크라이자우 사유지는 이러한 선대로부터 헬무트 폰 몰트케가 물려받은 유산의 일부였다.

복"할 것을 요구했다.[22]

보수주의 반대파 중 많은 사람이 나치였다가 독일 자본주의를 위한 최선의 정책을 놓고 거기서 이탈한 데 반해, 노동계급은 처음부터 히틀러의 견인력에 저항했다. 나치당의 사회적 구성이 이를 잘 보여줬다. 노동은 (전체 인구에 비해) 당원에서 거의 절반 정도 과소 대표됐고, 중하층 계급은 3분의 1 과대 대표됐으며, 그에 반해 엘리트는 4배 과대 대표됐다.[23]

히틀러가 총리에 취임하기 전 (독일)공산당KPD은 거리에서 나치와 용맹하게 맞서 싸웠다. 프로이센에서만 1932년 6~7월에 정치적 충돌로 82명이 죽었는데, 그중 다수는 나치(38명) 또는 공산주의자(30명)였다.[24] 아아, 독일 사회주의자들(사회민주당SPD)이 '사회 파시스트들'이고 나치보다 더 나쁘다는 모스크바의 고집이 노동계급의 처참한 분열을 만들어냈다.[25] 히틀러가 바이마르 독일의 민주적 헌법에 제약될 것—"우리의 적들은 우리의 합법성을 통해 소멸될 것이다"—이라는 사민당의 똑같이 잘못된 믿음이 이를 더 악화시켰다.[26] 이와 같은 어리석은 행동들이 좌파의 기반을 치명적으로 약화시키고, 힌덴부르크Hindenburg[++] 대통령을 중심으로 한 독일 엘리트가 히틀러를 총리로 지명하게 하는 것을 가능케 했다.

히틀러가 정권을 획득한 후조차, 그리고 살인적인 탄압이

[++] 파울 폰 힌덴부르크Paul von Hindenburg(1847~1934). 1차 세계대전 당시 동부전선에서 러시아군을 상대로 큰 전과를 거둔 군인 출신 대통령이다. 히틀러를 총리로 지명해 제3제국이 출현하는 길을 열어줬다.

1932년 독일공산당의
선거 포스터. "이 체제를
끝내자!"라고 쓰여 있다.

1932년 독일 알토나에서 벌어진 나치와 공산당원들 간의 싸움.

거듭된 후에도 노동계급의 반대는 계속됐다. 주민이 직접적인 지식을 전혀 갖고 있지 않은 사안에 대해 괴벨스Göbbels의 정부가 통제하는 미디어가 성공적으로 거짓말을 퍼뜨릴 수 있기는 했지만 나치는 1934년 정부가 후원하는 직장위원 선거를 잘 치르지 못했는데, 입후보자들이 유권자들에게 개인적으로 알려져 있었기 때문이다. 일당 국가는 대안적인 정견 발표를 금지했지만, '반대'투표 및 그와 결합된 기권이 최종 결과의 4분의 3을 차지했다.[27] 더 이상 어떠한 선거도 실시되지 않았다.

노동자들은 나치의 맹공격을 견디기 위해 다양한 방법을 썼다. 히틀러의 모임에 직접적으로 접근할 기회가 부족했기 때문에 노동자들의 저항운동은 암살 음모에 손쉽게 착수할 수 없었지만, 그래도 영웅적인 개인들이 이를 시도했다. 사민당은 계속 수동적으로 있는 것을 통해 폭풍을 이겨내기를 희망했다. 극도로 무모하기는 했지만, 칭찬할 만하게도 공산당은 "중단 없는 일련의 대중 저항과 대중투쟁"을 촉구했다.[28] 1935년 6월 베를린의 공산당 홀로 자신의 인쇄물 6만 2000부를 배포했다. 사민당의 불법 신문은 전국적으로 25만 부 유통됐다.[29] 때때로 그 이상의 일을 하기도 했다. 위험한데도, 군사 물자 생산에서 가끔 파업과 사보타주 행위도 발생했다.[30] 강제수용소에서조차 좌파는 육체적·도덕적으로 살아남기 위한 투쟁에 착수했다. 베를린의 작센하우젠Sachsenhausen 수용소에서 한 무리의 공산주의자들, 사회주의자들, 그리고 무당파 수감자들은 음식과 의복의 공평한 분배, 정치 교육, 사기를 높이기 위한 문화 사업, 그리고 심지어 저항 시

— 저항 단체 백장미를 만든 한스 숄, 조피 숄 남매(왼쪽부터).

위까지 조직했다.[31]

　그러나 1939년까지 대규모 대중 저항은 분쇄됐다. 이것은 노동계급이 히틀러주의를 받아들였음을 뜻하는 것이 아니었다. 사회주의자들이 밀반출해 출판한 한 보고서는 이렇게 평가했다. "노동자의 90퍼센트가 아무런 의심 없이 반나치를 확신하고 있(지만), 지배적 상황에 맞서는 적극적인 태도는 전혀 없다."[32] 붉은 오케스트라Red Orchestra(러시아를 위해 스파이 활동을 하는 네트워크), 백장미White Rose[+](학생들), 에델바이스 해적단Edelweiss Pirates[++](젊은

+　뮌헨대 학생이던 한스 숄, 조피 숄 남매와 그 친구들이 만든 저항 단체. 1943년 나치의 유대인 집단학살과 전쟁의 참상을 비판하는 전단을 배포하던 중 게슈타포에 발각됐고, 그렇게 체포된 핵심 인물들은 처형됐다. 전후 잉게 숄(한스 숄의 누나이자 조피 숄의 언니)이 쓴 책《아무도 미워하지 않는 자의 죽음》에 이들의 활동이 잘 담겨 있다.

++　히틀러 유겐트(나치당이 만든 청소년 조직)의 엄격한 통제에 대응해 1930년대 후반 독일 서부 지역에서 출현했다. 느슨하게 조직된 집단으로 구성원

에델바이스 해적단
구성원들.

이) 같은 다양한 배경을 지닌 활동가들로 이뤄진 소규모 집단들
이 탁탁 튀면서 계속 활기를 불어넣었지만 결국 파괴됐다. '다른
전쟁'은 가끔 일어나는 소규모 충돌로 축소됐다. 그럼에도 포이
케르트Peukert가 주장한 것처럼,

> 1933년에 겪은 이중의 트라우마—투쟁 없는 패배, 그리고 테러
> 가 초래한 활동가들과 정치적으로 수동적인 프롤레타리아 공
> 동체의 분열—를 고려해볼 때 게슈타포의 저지에도 불구하고
> 정치적 반대의 순전한 양, 관련된 사람들의 헌신과 자기희생,
> 그리고 비밀 작전에서 그들이 집요하게 견지한 완강한 투지는
> 틀림없이 놀랄 만한 업적이다. 그것들은 노동계급의 저항이 제
> 3제국에 끼친 전체적인 영향과는 전적으로 별개로 엄청나고 역

은 주로 14~17세의 청소년이었다.

사적으로 중요한 성취로 여겨진다.[33]

보수주의자와 공산주의자의 저항 규모를 비교하는 것은 유익하다. 전자는 전체 활동가가 약 200명이었다(1944년 7월 음모에 뒤따른 탄압에서 체제가 약 5000명의 반대자를 처형하기는 했지만).[34] 2차 세계대전 끝 무렵까지 공산당에서만 구성원 30만 명이 투옥됐고 2만 명이 살해됐다.[35]

포이케르트가 위에서 시사한 것처럼, 대중 저항이 결정적이었다고 말할 수는 없지만 그것은 중요했다. 나치즘을 궁극적으로 파괴한 전쟁은 어느 정도는 그것이 "역동적인 영토 확장을 통해 사회적 적대감을 해소하려 했기" 때문에 일어났다. "그래서 독일은 필연적으로 다른 열강과 충돌하는 상황에 휘말리게 돼 있었다."[36] 앨리Aly가 보여준 것처럼, 마찬가지로 1차 세계대전의 막을 내린 혁명이 반복되는 것을 두려워해 나치는 더 낮은 생활수준을 통해 독일 노동자들의 적대감을 불러일으키는 것을 피했고, 이것은 나치 전쟁 기계의 효율성을 상당히 떨어뜨렸다.[37] 처칠과 루스벨트는 히틀러가 요청할 엄두를 내지 못했던 수준의 자기희생을 자국 주민들에게 요구했다.

전쟁이 끝난 후

유럽 전승 기념일은 1945년 5월 8일이었고 연합국 제국주의는 치명타를 날렸다. 그러나 그 동기는 독일 주민을 자유롭게

— 1945년 5월 8일 전승 기념일을 맞아 처칠이 런던 화이트홀 광장에 모인 군중을 향해 손을 흔들고 있다.

하는 것이 아니었다. 미국 대변인은 이렇게 설명했다. "우리가 독일을 점령하는 목적은 그것을 해방시키는 것이 아니라 패배한 적국으로 다루는 것이다."[38] 러시아는 이에 동의하고, 동유럽에서 독일인 1100만 명을 폭력적으로 '인종 청소'하는 작업을 수행했다.[39] 더욱이 스탈린은 "피와 불과 죽음을 통과하며 수천 킬로미터를 가로지른 한 병사가 여자들과 즐기거나 하찮은 것을

1945년 5월 2일 베를린에 당도한 붉은 군대가 소련 깃발을 게양하고 있다. 승자들은 나치즘의 희생자이기도 했던 독일 주민의 복지보다는 전리품을 획득하는 데 더 관심이 많았다.

약간 가져가더라도" 그것을 반대할 이유가 없다고 봤다.[40] 대량 강간으로 악명 높긴 하지만, 붉은 군대가 이것을 자행한 유일한 점령군은 아니었다.[41]

승자들은 그중 많은 수가 나치즘의 희생자였던 독일 주민의 복지보다는 전리품에서 최대의 몫을 얻어내는 데 관심이 있었다. 미국 재무부 장관 모겐소는 독일을 탈산업화하고 몇 개의 작은 나라로 쪼개기를 원했지만,[42] 1차 세계대전이 유럽 혁명의 물결로 끝난 방식을 염두에 두고 있던 국무부는 이것을 공산주의로 향하는 문은 열고 경제 재건을 위한 미국의 계획으로 향하는 문은 닫을 "눈먼 복수 계획"으로 간주했다.[43]

— 1945년 7월 독일 여성들이 베를린 거리에서 빨래를 하고 있다.

처칠은 "독일을 가혹하게 다루는 것은 러시아인들이, 만약 그들이 이를 택한다면, 아주 짧은 시간 내에 북해 및 대서양 수면으로 진격하는 것(을 용납하는 일이 될지도 모른다)"라는 데 동의했다.[44] 이런 이유 때문에, 히틀러가 지명한 후계자인 되니츠 Dönitz[+] 제독이 계속 정부를 운영하고 명령을 내리는 것이 허용됐

[+] 카를 되니츠Karl Dönitz(1891~1980). 독일의 해군 제독이다. 1차 세계대전 때에는 잠수함 U보트 함장이었고, 2차 세계대전 때에는 잠수함대 사령관으로서 U보트 함대를 활용해 대서양의 영국 해군 및 해상 수송망에 큰 타격을 줬다. 1945년 4월 자살 직전 히틀러는 되니츠를 후임 총리 겸 독일 국방군 총사령관으로 지명했다.

다. '러시아 군대는 합의된 것보다 더 멀리 진격하기로 결의해야 한다'라는 것에 대한 예방책으로 처칠은 독일 공군의 비행기 및 병사가 약 70만 명인 군대를 유지하기까지 했다.[45] 이 난폭한 행위를 중지시킨 건 바로 러시아와 《데일리 메일》의 기이한 항의 동맹뿐이었고, 유럽 전승 기념일로부터 2주 후에 마침내 되니츠가 체포됐다.[46]

　　제국주의적 고려는 히틀러의 심복들에 대한 처리 형태도 형성했다. 서독에서 미국은 러시아가 혼란을 이용하지 않도록 독일 사회 구조를 파괴하는 일 없이 나치를 재판에 회부하기를 원했다.[47] 이것은 쉽지 않았는데, 일반적 통념과 반대로 나치즘은 일부 외국인이 감염시킨 것도, 카리스마가 있는 지도자나 집단 광기의 결과물도 아니기 때문이었다. 나치당은 주류 외부의 반혁명 괴짜 무리로 시작하기는 했지만, 거의 바로 그 출발점부터 1차 세계대전 당시 [고급] 지휘관이었던 루덴도르프Ludendorff⁺ 같은 중요한 인물들의 지원을 받았다. 전통적인 중간계급 정당들의 지위가 우선 1923년 하이퍼인플레이션에 의해, 그다음에는 1929년 검은 목요일Wall Street Crash⁺⁺에 의해 파괴됐을 때 수백만 명이 나치에게 투표했다. 이제 경제가 급락함에 따라 기득권층은

⁺　에리히 루덴도르프Erich Ludendorff(1865~1937). 독일 육군 장군으로 1차 세계대전 때 힌덴부르크와 함께 상당수 국민의 우상으로 떠올랐다. 1차 세계대전이 끝난 후 극우 정치운동에 가담해 1925년 나치가 옹립하는 대통령 후보가 됐으나, 선거 참패 후 나치와 멀어졌다.

⁺⁺　세계 대공황의 계기가 된 1929년 10월 24일 목요일의 뉴욕 증권 시장 대폭락.

민중을 선동하는 히틀러 같은 사람들이 아무리 불미스러워 보인다고 하더라도 나치즘의 대안은 사회적 와해와 내전이라는 것을 깨달았다. 그래서 그들은 1933년 그가 총리로 지명되도록 후원했다. 히틀러는 '장검의 밤Night of the Long Knives'**** 1년 후에 감사를 표했는데, ('장검의 밤') 그때 그는 자신의 지지자들 가운데 나치즘이 자본주의에 대한 다소 급진적인 대안이라고 믿을 만큼 잘 속는 사람들을 대규모로 학살했다.

2차 세계대전 때까지 주요 나치당원들은 사회 구조 및 그 엘리트에게 철저히 통합됐다. 이것이 서구 연합국들에 문제를 일으켰다. 연합군 통치 지구에서 사회 최상층의 많은 부분을 잘라내는 것은 급진 세력을 아래로부터 풀어주고 권위를 약화시킬 수도 있었다. 동독에서 러시아인들은 그와 같은 거리낌이 전혀 없이 다른 접근 방식을 택했다. 그들은 나치즘을 지우게 될 것이었는데, 평범한 독일 사람들이 아니라 모스크바에 지배권을 넘겨주기 위해 그렇게 했다.

접근 방식이 달랐음에도 양쪽 지구의 연합국 군정 당국은 제3제국이 와해됨에 따라 모습을 드러낸 반파시스트 위원회(안티파Antifas)의 자발적인 대중운동에 적대적이었다. 이 위원회들은 오랫동안 억압된, 파시즘과 맞서는 민중의 전쟁을 대표했다. 우

**** 히틀러의 지시로 나치 친위대가 1934년 6월 30일부터 7월 2일까지 돌격대(나치의 준군사 조직) 지도자 에른스트 룀Ernst Röhm(1887~1934) 등에게 피의 숙청을 단행한 사건. 룀은 나치당 내에서 이른바 급진적인 분파를 대표하는 인물로 통했고 자본가, 군부 등과 불편한 관계였다.

1932년 안티파 창립 대회 장면. 독일공산당 주도로 창립됐으나 나치 집권기에 수그러들었다. 나치가 패망의 길로 접어들자, 공산당뿐 아니라 나치와 맞선 다른 정파(사민당 등)의 활동가들도 합류해 자발적으로 안티파를 조직했다.

선적인 목표들 중 하나는 히틀러의 '네로 명령Nero Order'✛(이 수행되는 것), 즉 독일의 사회 기반 시설을 스스로 파괴하는 자멸적인 자해 행위를 미연에 방지하는 것이었다. 라이프치히에서는 안티파 전단이 병사들에게 탈영할 것을 강력히 촉구했고, 그러는 동안 슈투트가르트에서는 호전적인 장교들이 도전을 받았다. 그러한 행동들은 아직 위험했다. 다하우Dachau에서 위원회가 시청을 급습했을 때 친위대는 이를 격퇴했다. 뒤셀도르프의 경찰 본부 공격에서도 똑같은 일이 일어났다. 그러나 뮐하임Mulheim과 졸링겐Solingen 같은 곳에서는 연합군 병사들이 도착했을 때 안티파가 장악하고 있었고, 그래서 그들은 어느 누구의 저지도 받지 않고 행진했다.[48]

✛　연합군이 이용하지 못하도록 독일의 모든 기반 시설을 파괴하라는 명령. 1945년 3월 히틀러가 군수 장관 알베르트 슈페어에게 이 명령을 내렸지만, 명령은 이행되지 않았다.

운동의 규모가 인상적이었는데, 전국에 120개 이상의 위원회가 설립됐다. 라이프치히 안티파는 지지자가 15만 명이라고 주장했다.[49] 이러한 조직들 중 많은 수는 외국인 노예 노동자들을 포괄하고 정당과 노조를 가로질러 노동계급 통합을 확립하기 위해 견고한 사회적 장애물을 뚫고 나아갔다. 그것들의 기능은 지역 민주주의를 창출하는 것부터 식량 공급 같은 기본적인 서비스를 복구하는 것까지 걸쳐 있었다.[50] 미국의 공식 보고서는 안티파가 무엇을 대표하고 있는가를 연합국이 명확하게 이해하고 있었음을 보여준다.

나치에 대한 맹렬한 비난, 불법적인 나치 지하 운동을 막기 위한 노력, 민정 당국과 민간 산업의 비나치화, 주택·식량 공급 개선—이것들이 새로 탄생한 조직들의 뇌리를 사로잡은 중심 문제들이다.[51]

그렇게 많은 위원회가 비슷한 이름과 정책을 채택했다는 사실은 중앙집권화된 조직이 작용하고 있었는가, 그렇지 않은가라는 문제를 제기한다.[52]

공산주의자들은 모스크바의 반대에도 불구하고[53] 거의 모든 안티파에서 두드러졌다.[54] 독일공산당 지도자 발터 울브리히트Walter Ulbricht[++]는 "독일공산당 국局들, 인민위원회들people's

---

[++]   1893~1973. 초기부터 독일공산당에서 중요한 역할을 했고, 전후에는 독일

committees, 자유독일위원회들Free Germany committees의 자발적 생성"을 비난했지만,[55] 독일공산당 중앙 기구가 평당원들과 통신 연결을 전혀 갖추고 있지 않았기 때문에 그가 할 수 있는 일은 거의 없었다.[56] 일단 통신이 복구되자 그는 다음과 같이 보고할 수 있었다. "우리는 이것(안티파)들을 폐쇄했고, '모든 활동은 국가 기구를 통해 이뤄져야 한다'라고 동지들에게 이야기했다."[57]

서구 연합국들은 안티파가 "국가 기구, 지역 당국, 공적 생활에서 히틀러 당의 모든 남은 부분과 맞서 인정사정없는 투쟁"을 자체적으로 선언한 것에 마찬가지로 당황했다.[58] 미국 당국은 라이프치히 위원회를 그 사무실에서 쫓아내고, 거리에서 모든 전단과 포스터를 제거하라고 명령한 다음 그것을 금지했다. '자유독일전국위원회Free Germany National Committee'라는 이름을 더 사용하면 가혹한 처벌을 받게 될 것이었다.[59] 군정은 졸링겐의 직장 평의회들이 나치 활동가들을 숙청하는 것을 막은 다음 그것들을 폐지했다.[60] 브라운슈바이크Brunswick의 나치는 안티파에게 체포됐지만, 연합군 사령부에 의해 풀려났다.[61] 프랑크푸르트 안티파가 폭격으로 집을 잃은 사람들에게 나치가 달아나면서 버리고 간 아파트를 거처로 제공했을 때, 당국은 그들을 퇴거시켰다.[62] 한 미군은 독일에서 자신이 겪은 평행 전쟁을 이렇게 묘사했다.

사회주의통일당(소련 점령 지구에서 독일공산당과 사민당을 통합해 탄생시킨 정당) 서기장으로서 1950년부터 1971년까지 동독의 최고 권력자로 군림했다.

그 모든 것의 범죄는 우리가 작은 도시를 점령하고, 시장과 다른 중요 인물들을 체포하고, 반파시스트에게 그 도시에 대한 책임을 맡길 것이라는 점이다. 우리는 사흘 후 그 도시로 되돌아갈 것이고, 미국인들은 모든 관리를 풀어주고 그들을 다시 권력의 자리에 올려놓았다. 그리고 그들은 이 다른 사람들을 버렸다. 필연적으로 그런 일이 일어났다.[63]

연합국 군정이 안티파를 반대한 것은 나치즘에 대한 친절에서 비롯된 일이 아님을 깨닫는 것이 중요하다. 그러나 더 큰 적이 있었는데, 한 독일 기업가는 이렇게 설명했다. "솔직히 말하면 우리는 혁명을 예상하고 있었다. …… 군정이 이유 없이 통금을 실시하고 집회를 금지한 것이 아니었다. 그것은 그 방향에서 오는, 점증하는 위협을 막아냈다."[64] 히틀러 지지자들은 독일 사회에서 그들이 한 역할보다는 제국주의 경쟁자로서 처벌을 받게 될 것이었다. 정복된 독일에서 나치즘과 맞서는 민중의 전쟁은 전혀 있을 수 없었다.

그러므로 비나치화는 제국주의자의 조건에 따라 이뤄지며, 민중이 그 형태를 만들지는 못하게 될 것이었다. 소련이 통제하는 동독에서는 50만 건(즉 인구의 3퍼센트)에 대한 조사가 이뤄졌다.[65] 모스크바는 이전의 독일 기득권층을 자신들이 임명한 공무원으로 대체하기를 열망했고, 그 때문에 그 과정은 철저히 진행됐다. 1945~1965년 시기에 1만 6000명 이상이 재판을 받았고, 거의 1만 3000명이 유죄 판결을 받았으며, 118명에게 사형이 선

— 뉘른베르크 법정에서 재판을 받고 있는 전범들.

고됐다.[66]

서부 지역에서도 대량 검거가 이뤄져, 미국이 점령한 지구에서만 10만 명의 나치가 구금됐다.[67] 하지만 냉전이 시작됐을 때 영국, 프랑스, 미국은 새로운 적에 초점을 맞추고 옛 적을 용서했다. 비나치화에 급작스럽게 제동이 걸렸다. 이것이 의미하는 바는 다음과 같았다.

중범죄자들조차 거의 모든 사건에서 추종자 범주로 격하(됐는데), 이는 범죄자에게 사면 자격을 부여하는 결과로 이어졌다. 이것은 뉘른베르크 국제 군사 재판을 통해 범죄 조직으로 규정

1940년 베우제츠 수용소에 감금된 집시들.
홀로코스트 동안 집시 수십만 명이 죽었는데도
가해자들은 제대로 처벌받지 않았다.

된 (친위대, 게슈타포 등의) 집단에 속했던 사람들의 다수조차 무죄가 된다는 것을 뜻했다.[68]

지역 수준에 이것이 준 충격은 신티Sinti(독일어 이름으로는 '지고이네르Zigeuner'로 알려진 집시) 증인들이 힘멜헤버Himmelheber로 불린 악랄한 나치 경비대의 범죄를 독일 법정에 묘사했을 때 분명히 드러났다. 홀로코스트 동안 신티와 로마Roma⁺ 집시 수십만 명이 죽었는데도 항소심에서 힘멜헤버에게 무죄가 선고됐는데, "'지고이네르'의 설명은 신뢰할 수 없다고 흔히 알려져 있다"라는 것이 그 이유였다. 인종주의적 태도는 계속돼, 1951년에 여전히 한 고위 경찰이 신티와 로마를 "유전적으로 범죄자들이고 반사회적인 사람들"로 묘사했다.[69]

영국이 점령한 지구에서는 구금된 나치의 90퍼센트가 혐의를 벗었다.[70] 서독에서는 인구가 동독의 3배인데도 단지 1만 2500명만 재판을 받았는데 5000명이 유죄 선고를 받고 9명이 죽음에 직면했다.[71] 그와 같은 관대함은 2만 6000명을 사형에 처

⁺ 유럽에 흩어져 살면서 전통적으로 계절에 따라 유랑하는 특징을 지닌 소수민족의 공식 명칭. 이들은 오랫동안 심한 차별과 박해에 시달렸는데, '집시' 또는 '보헤미안'으로 불리기도 한다. '집시'는 이들이 이집트에서 왔다고 착각한 영국인들이 이들을 이집트인이라고 부른 데서 유래했고, '보헤미안'은 15세기에 보헤미아 왕이 이들에게 영내 통행권을 부여한 데서 비롯됐다. 이와 달리 이들은 자신들을 롬Rom 또는 로마(이들의 언어로 '인간', '사람'을 의미)로 칭한다. 1995년 유럽의회가 이 용어를 공식 승인한 후 주요 국제기구에서는 '로마'라는 명칭을 사용한다.

한 나치 군사 법정과 대조적인 모습이었지만, 그때 이후 (그것에 관여한) 판사나 검사가 재판을 받는 일조차 전혀 없었다.[72] 한 역사가는 이렇게 얘기했다.

재판소는 곧 한 사람이 갈색 셔츠[⁑]를 입고 들어섰다가, 깨끗하게 풀을 먹인 흰색 셔츠를 대신 가지고 나가는 세탁소에 비유되기에 이르렀다. 비나치화는 결국 나치의 독일 경제, 행정, 사회를 청소한 것이 아니라 오히려 개인들의 죄를 씻어주고 사회에 복귀시키는 것이 됐다.[73]

제국주의 열강의 정치적 필요에 따라, 자본주의 기득권층에 속한 주범들이 빠져나가는 동안 '잔챙이'들이 처벌을 받았다.[74] 이렇게 해서 서독에서는 이게파르벤IG Farben(아우슈비츠에서 사용된 가스를 생산한 기업) 같은 거대 사업체들과 대형 은행들이 거의 손상을 입지 않고 카르텔 해체 절차를 빠져나왔는데, 1947년에는 그 규모가 축소됐다.[75]

2차 세계대전 이전에, 그리고 2차 세계대전 동안 독일의 보통 사람들은 나치의 잔인한 탄압에 시달렸다. 그다음에는 연합국이 지역 폭격 및 대량 강간 용인이라는 형태로 집단적인 처벌을 부과했다. 제3제국의 일부였던 사람들과 그것의 희생자였던

⁑ 나치 돌격대는 갈색 셔츠를 착용했다. 그래서 나치 돌격대, 더 나아가 나치 전반을 가리킬 때 '갈색 셔츠'라는 표현이 종종 사용된다.

사람들을 구별할 기회가 마침내 왔을 때 연합국은 아무런 관심
도 보이지 않았다. 게슈타포의 탄압 때문에 민중의 전쟁이 성장
할 수 있는 공간은 거의 없었다. 그 결과, 가증스러운 나치즘의
반가운 종말을 1945년에 보게 됐을 때 분단된 독일의 양측에서
안티파 운동 형태로 마침내 나타난 대중적 저항이 연합국 정복
자들의 결합된 영향력과 맞서 이길 가능성은 거의 없었다.

10. 오스트리아: 저항과 지배계급의 굴복

스페인 이전에 이미 오스트리아에서 1934년 빈의 노동계급이 파시스트 독재에 대항했을 때 민중의 전쟁의 첫 번째 작은 충돌이 벌어졌다. 이 사건의 배경에는 1차 세계대전 이후 오스트리아제국의 붕괴와 (1929년) 검은 목요일이 있었다. (오스트리아) 지배계급은 이를 어떻게 극복할 것인가를 놓고 격심하게 분열됐다. 한쪽 진영은 **오스트리아 합병**Anschluss, 즉 히틀러의 합병 요구에 굴복하는 것에 찬성했다. 다른 쪽은 독일의 영향력에 대한 균형추로서 무솔리니의 이탈리아에 기댄다면 독립이 여전히 실행 가능한 방안일 수 있다고 믿었다.[1] 후자의 파벌인 오스트로파시스트들Austrofascists은 이탈리아 방식을 채택해, 의회를 중단시키고 파업을 불법화했다.

두 진영의 충돌이 너무나 격렬해, 나치에 찬성하는 쪽이 오스트로파시스트인 돌푸스Dolfuss[+] 총리를 살해하고 권력 장악을 시도했다. 그들의 시도가 실패하기는 했지만, 돌푸스의 후임인

[+] 엥겔베르트 돌푸스Engelbert Dolfuss(1892~1934). 1932년 총리 겸 외무부 장관이 됐다. 가톨릭에 바탕을 둔 신분제 국가를 지향하면서 사회주의 정당은 물론 오스트리아 나치 세력도 탄압했다. 1934년 오스트리아 나치 세력이 쿠데타를 일으켰을 때, 총리 관저를 급습한 나치당원에게 암살됐다.

— 1934년 빈의 노동계급 봉기는 실패로 끝났다. 군인들에게 사로잡힌
오스트리아의 사회주의자들.

슈슈니크Schuschnigg[+]의 지위는 위태로웠다. 하지만 차이에도 불구
하고 양쪽은 오스트리아 자본주의의 취약함이 독재를 통한 노동
착취 강화를 필요로 한다는 데 의견이 일치했다.

저항운동은 1934년 2월 12일 빈의 노동자들이 바리케이드
로 갔을 때 시작됐다. 그들의 구호는 다음과 같았다. "파시즘이
당신을 으스러뜨리기 전에 파시즘을 쓰러뜨려라. …… 노동자들

[+] 쿠르트 폰 슈슈니크Kurt von Schuschnigg(1897~1977). 돌푸스 내각의 장관으로
있다가 1934년 돌푸스 피살 후 총리가 됐다. 1938년 오스트리아가 독일에
합병된 후 강제수용소에 구금됐다. 1945년에 풀려나 1948년 미국으로 이주
했다.

이여, 무장하라."[2] 이어서 나흘에 걸쳐 전투가 벌어졌는데, 그 기간에 군은 임대 주택 단지를 폭탄으로 공격하고 결국 반대파를 진압했다. 한 참가자는 (투쟁의) 대차 대조표를 이렇게 작성했다. "패배에도 불구하고 2월 투쟁에는 오스트리아 국경을 넘어서는 엄청난 역사적 중요성이 있었다. 독일 노동계급은 투쟁 없이 히틀러에게 굴복했다. 이제 처음으로 노동자들이 손에 무기를 들고 파시즘과 맞서 저항을 시작하고 있었다. 그들이 봉화를 들었다!"[3]

그리고 탄압에도 그것은 계속 불타올랐다. 예를 들면 불법 노조 신문《노조Gewerkschaft》의 1937년 8~9월호는 오스트로-피아트Austro-Fiat, 화차 제작소, 제강소, 유리 공장, 직물 공장 그리고 다른 기관 12곳에서 일어난 파업을 보도했다.[4]

이탈리아가 로마-베를린 추축에 합류하고, 접수에 관한 **백지 위임장**을 히틀러에게 줬을 때 오스트로파시즘의 기반은 치명적으로 약화됐다. 1938년 히틀러가 움직였다. 그는 슈슈니크를 베르히테스가덴Berchtesgaden[++]에 있는 자신의 산장으로 소환해 합병을 요구했다. 위험성이 높았다. 어느 보수적인 역사가가 제시한 것처럼 "24시간 저항, 총파업 개시, 자발적인 대중 시위"로도 "공동 방어 투쟁을 발생시킬 수 있었을 것"이다.[5] 노동자 대표들이 정확히 그것을 요구하고 있었다. **오스트리아 합병** 열흘 전 그들

[++] 독일 남동부 바이에른주의 작은 알프스 도시. 히틀러와 나치 고관들을 위한 휴양 시설이 있었다.

1938년 3월 15일 히틀러를 보기 위해 수많은
오스트리아 사람들이 몰려들었다.

은 상당한 위험을 무릅쓰고 지하에서 나와 슈슈니크에게 나치즘에 맞선 대중적 저항을 동원하라고 간청했다.[6] 그들이 부탁한 것은 좌파 정치범들을 풀어주고 반노조 법안들을 해제하라는 것이 전부였다. 하지만 슈슈니크는 베르히테스가덴에서 만났을 때 히틀러가 한 운명적인 주장을 상기했다. 스페인 혁명을 들먹이며 총통이 그에게 물었다. "당신은 오스트리아를 또 하나의 스페인으로 만들기를 원합니까?"[7] 슈슈니크는 그렇지 않았고, 노동자 지도자들과 협력하는 것이 "볼셰비키와 공모하는 것"에 상당하는 일일 것이라고 말하면서 협력을 거부했다.[8] 이것은 그의 체제를 고립되고 스스로 지킬 수 없게 만들었다.

1938년 3월 12일 히틀러의 군대가 국경을 넘어 물밀듯이 밀려왔다. 한 좌파 활동가는 노동자들이 "손에 무기를 들고" 오스트리아 독립을 지키기 위해 "죽을 때까지" 싸울 준비를 하고 있는 것을 봤다. 그들은 자신들을 비웃는 경찰과 마주쳤다. "당신들은 왜 아직도 시위를 하고 있지? 슈슈니크는 벌써 사임했어."[9] 최종적으로 이것이 단결된 저항에 대한 어떠한 희망도 파괴해버렸다. 독일에 점령된 다른 모든 나라와 달리 오스트리아는 어떠한 망명 정부도 없었다는 사실이 굴복의 깊이를 잘 보여줬다.[10] 사회(민주노동)당 지도자인 카를 레너Karl Renner+조차 합병

+ 1870~1950. 사회민주노동당 정치인이자 오스트리아 마르크스주의 이론가. 1차 세계대전 패배로 합스부르크제국이 무너진 후 공화국 초대 총리를 지냈고, 1945년 2차 세계대전이 끝난 후에는 공화국 대통령으로 선출됐다. 1938년에는 나치의 오스트리아 합병에 동조했으나, 나치 패전 후에는 전승국들

에 대해 히틀러가 실시한 국민투표에서 '찬성'표를 던질 것을 옹호해, 자신의 동료 다수에게 정나미 떨어지게 만들었다.

민중 자신이 했다기보다는 대중을 위해 소수파가 그것을 수행하기는 했지만, 그럼에도 나치즘에 맞선 '민중의 전쟁'이 성장했다. 레너의 배반 이후, 한때 견고하고 영향력 있었던 사회(민주노동)당은 쪼개졌다.[11] 고참 활동가인 오토 바우어Otto Bauer[+] 주위에 모인, 탈당한 혁명적 사회주의자들Revolutionary Socialists이 일부 구성원을 끌어들였지만, 대부분은 오스트리아공산당KPÖ으로 갔다. 확실히 공산주의자로서 저항한 사람들 가운데 7명 중 6명이 이전에 사회주의자였고, 그들은 정치적 반대파라는 이유로 재판을 받은 사람들 가운데 75퍼센트를 차지했다.[12] 한 역사가는 이렇게 얘기했다. "모든 유형의 지하 레지스탕스 집단의 활동적인 구성원들에 대한 대규모 표본을 근거로 (판단)할 때 …… 나치에 적극적으로 저항한 오스트리아인은 거의 전부 오스트리아공산당과 연계돼 있었다."[13] 나머지 반대파로 남아 있는 것은 대개 가톨릭 지향적이었다.[14] 사실 **오스트리아 합병** 이후 나치즘과 맞선 유일한 대규모 시위는 "우리의 총통은 (히틀러라기보다는) 그리스도다"라는 구호 아래 1938년 10월에 벌어졌다.[15]

사이에서 교묘한 정치력을 발휘해 오스트리아의 분단을 막고 오스트리아가 주권을 완전히 회복하는 데 상당한 역할을 했다는 평가를 받는다.

[+] 1881~1938. 오스트리아 마르크스주의의 주요 이론가 중 한 사람. 1934년 2월 노동계급의 저항을 계기로 사회민주노동당 활동이 금지되자, 오스트리아를 떠나 체코에서 사회민주노동당 망명 조직을 지도했다.

대단히 영웅적인 행위였음에도 오스트리아 레지스탕스는 여전히 분열돼 있었고 취약했다. 이러한 사례 중 하나가 전쟁이 끝나갈 때 연합국과 접촉한 O5 조직이었다. 독일의 보수적 반대파와 마찬가지로, 그것의 실적은 유망하지 않았다. 그 조직원들 중에는 좌파 쪽 구성원들을 노련하게 압도하는 오스트로파시스트들과 군주제 지지자들이 많이 있었다. 오직 [오스트리아 남부] 카린시아Carinthia주의 빨치산들(유고슬라비아에 있는 티토 군대의 도움을 받는 슬로베니아인들로 주로 이뤄진)과 노동계급 레지스탕스만이 나치에게 현실적인 문제를 안겨줬다.

나치즘에 반대하는 사람들은 연합국 정책이라는 추가적인 불리한 조건을 상대해야 했다. 1943년 미국, 러시아, 영국의 외무부 장관들은 다음과 같은 공동 선언을 발표했다. "오스트리아는 히틀러의 공격성에 희생된 최초의 자유로운 땅이었다."[16] 아마도 그들은 오스트리아가 독일에서 떨어져 나오도록 고무하기를 바랐겠지만, 그들의 태도는 오랫동안 대단히 심각한 결과를 초래했다. 한 평론가는 이렇게 말했다. "당신들은 우리에게 역사적으로 빠져나갈 구실을 줬고, 우리는 그것을 움켜잡았다."[17] 모든 오스트리아인에게 희생자 자격을 인정한다는 것은 전쟁이 끝났을 때 이전의 오스트로파시스트나 나치에게 반파시스트 저항자와 동등한 자격을 부여한다는 것을 뜻했는데, 당시 전자가 후자보다 수적으로 훨씬 우세한 상황이었다. 전후 비나치화를 조사한 사람들은 **합병**되기 전 오스트리아에 나치 구성원이 10만 명 있었는데 1945년까지 70만 명이 됐다고 산출했다.[18] 같은 기

오스트리아 마우트하우젠 수용소에 수감된 수감자들이 채석장에서 강제노동을 하고 있다. 이 수용소는 오스트리아가 독일에 합병된 뒤 만들어졌다.

간에 오스트리아 레지스탕스 전사 5000명이 목숨을 잃고 10만 명이 체포됐다.[19]

1949년 이전에조차, 이전에 나치당원이었던 사람들이 투표 하는 것이 허용돼 선거에서 중요한 요인이 됐을 때 저명한 정치 인들은 파시스트 범죄를 눈가림하기 위해 연합국의 '희생자 이 론'을 이용하고 있었다. 1945년에 이 나라의 외무부 장관은 다 음과 같이 주장하면서 현지의 나치당원들이 무죄라고 밝혔다. "(유대인) 박해는 독일(제3)제국 당국이 명령을 내리고 수행했 다."[20] 이제는 러시아인들에 의해 총리로 승진한 레너는 오스트

리아의 반유대주의를 "결코 매우 공격적이지 않았다"라고 묘사
했다.[21] 1938년에 행인들의 욕설이 쏟아지는 가운데 칫솔로 빈
의 포장도로를 청소하도록 강요당했던 사람들은 동의하지 않았
을지도 모르지만, 가스실에서 죽은 오스트리아 유대인 7만 명은
반대할 수 없었다. 그러한 정치인들이 책임을 맡고 있었기 때문
에, 1946년 여론조사에서 오스트리아인의 46퍼센트가 생존한
유대인 인구 가운데 아주 적은 나머지가 귀환하는 것을 반대했
다는 것은 놀랄 일이 아니다.[22] 여기에는 확실히 냉정한 논리가
작용했다. 나치에 찬성한 많은 오스트리아인은 유대인의 집과
재산을 '아리안화'한 데서 이득을 봤다.

독일 국방군이 해산하면서 히틀러의 병사 수천 명이 비극
적 희생자로서 환영을 받으며 오스트리아로 돌아오고 있었던 데
반해, 저항자들은 거의 인정받지 못했고 돌아오는 것조차 지극
히 어렵다는 것을 자주 발견했다. 오스트리아 저항자들에 대한
구술사에는 미국에 관한 많은 사례가 기록돼 있는데, 예를 들면
집으로 가는 것을 지연시킨 것이다(그들이 공산주의자인 경우가 너
무 흔했기 때문이다).[23] 일단 돌아오면 그들은 버림받은 사람 취급
을 당하는 상황에 놓였다. 이것을 효과적으로 보여주는 사례가
'전사자를 기리는 기념물' 헌정식 동안 있었는데, 〔이 헌정식은〕
군 최고위 장교가 연설하는 행사였다. 그는 레지스탕스 전사들
에 대한 기억이 이 의식과 연관되는 것을 용납하지 않고 거부했
는데, "그러한 사람들은 맹세를 어긴 자들로 죽었고 이 기념물에
속하지 않기" 때문이라는 것이었다.[24]

비나치화는 오스트리아에서 결코 철저하지 않았다. 1948년 사면에서, 조사 중이던 사람의 90퍼센트가 처벌을 면했다.[25] 전후 오스트리아는 독일에서 진행됐던 재교육 과정을 결코 밟지 않았고, 그 결과는 충격적이었다. 1983년, 우크라이나에서 민간인 약 1만 명의 죽음에 연루된 한 남성이 의회 의장이 되는 것이 청원 운동에 의해 겨우 차단됐다. 훨씬 더 나쁜 것은, 전쟁 범죄 혐의로 유고슬라비아 사람들에 의해 기소됐던 것으로 알려졌고 미국의 전범 용의자 명단에 있는 쿠르트 발트하임Kurt Waldheim[+]이 1986년 대통령으로 선출됐다는 것이다.[26]

오스트리아 저항자 두 사람의 증언은 반파시스트들이 2차 세계대전 '승리'를 어떻게 바라봤는지를 보여준다. 첫 번째는 스웨덴에서 망명지를 찾았던 저명한 노조 지도자 요제프 힌델스 Josef Hindels의 증언이다.

> 히틀러의 패배와 해방에 내가 엄청난, 정말 엄청난 환희를 느꼈음에도 암울함을 느끼게 되는 이유가 내게 많이 있었다. …… 나는 즉각 집으로 돌아가길 바랐다. 그러나 나는 1945년 내내, 엄청난 노력을 했는데도 오스트리아로 돌아가는 데 필요한 허가를 받지 못했다. 나를 위한 허가를 얻는 것은 1946년이 돼서

+ 1918~2007. 2차 세계대전에 독일군으로 참전했고 전후 오스트리아 외교관으로 활동했다. 외무부 장관(1968~1970), 유엔 사무총장(1972~1981)을 거쳐 오스트리아 대통령(1986~1992)을 지냈다.

야 이뤄졌는데, 그때조차 크라이스키Kreisky[+](미래의 총리)의 몹시 힘이 드는 개입을 필요로 했다. 그것이 첫 번째로 실망스러운 것이었다. 두 번째는 카를 레너를 수반으로 한 임시 정부가 오스트리아에서 만들어졌다는 것이다. 나는 그건 결코 있을 수 없는 일이라고 여겨왔다. …… 내게 레너는 1938년에 히틀러의 독일이 오스트리아를 합병하는 것을 환영한 사람이었다. 그때 이래 줄곧 나는 그를 정치적으로 사망한 것으로 여겨왔다.[27]

두 번째는 1945년 강제수용소에서 풀려난 브루노 프루히 Bruno Furch의 증언이다.

두 주요 정당((사회민주노동당의 후신인) 사회당과 인민당)이 벌이는 빌어먹을, 정말 극도로 불쾌한 게임이 오스트리아에서 시작됐다. 아주 직설적으로 말하겠다. 그들은 서구에서 냉전을 치른다는 목적으로 나치 지배와 파시즘의 유산을 자기들의 머리와 가슴에서 활용했다. 게임은 반공주의와 반소주의의 근본적인 유산을, 그것이 권좌에 있게 하지는 않더라도 그것을 살아

++ 브루노 크라이스키Bruno Kreisky(1911~1990). 사민주의 정치인이자 외교관이었다. 1935년과 1938년 나치스에 의해 투옥됐으나, 탈옥 후 스웨덴으로 망명해 2차 세계대전이 끝날 때까지 그곳에서 활동했다. 전후 오스트리아로 돌아와 외무부 장관을 거쳐 1970년부터 1983년까지 총리를 맡았다. 서독 총리 빌리 브란트(재임 1969~1974), 스웨덴 총리 올로프 팔메(재임 1969~1976, 1982~1986)와 함께 유럽 사민주의 황금기를 이끈 지도자라는 평가를 받는다.

있게 함으로써 그들 자신의 반공주의 목적을 위해 활용하는 것
이었다. 그것은 단순히 60만 나치당원들의 표를 얻기 위한 것이
아니었다—그 일은 다음 선거가 있는 1949년이 돼서야 발생하
기 때문이다. 아니, 그건 1945년에 이미 시작됐다. 그러므로 그
것은 표에 관한 것이었을 뿐 아니라 처음부터 이 세력을 이용하
는 일에 관한 것이었다.

주택 단지 중 하나에, 영국에 망명했다가 1946년에 자기 집으
로 돌아온 우리의 젊은 유대인 동지가 있었다. 그러나 그는 자
살했다. 일어난 일은 그가 지체 높은 사회주의자 공무원의 딸과
사랑에 빠졌다는 것이다. …… 그녀의 부모는 그 관계도, 어떠
한 결혼도 반대했는데 이유는 그가 유대인이라는 것이었다. 젊
은 남성은 히틀러에게 승리를 거둔 후에도 이러한 종류의 반유
대주의가 다시 태어난 사회당의 고위층에 여전히 존재할 수 있
었다는 생각에 그야말로 대처할 수 없었다.[28]

제국주의의 목표와 반파시즘의 목표 사이의 더 큰 격차를
상상하기는 어렵다. 연합국이 **오스트리아 합병** 이전의 오스트로
파시스트들뿐만 아니라 예전의 나치와도 냉전 시대에 기꺼이 협
력하려 한 것은 전후 오스트리아 정치를 수십 년간 해치게 된다.

11. 이탈리아: 노동계급과 두 개의 전쟁

민중의 전쟁을 전통적인 전쟁과 구별 짓는 특징은 평등과 해방을 향한 사회적 열망을 민족의 독립과 민주주의 같은 정치적 목표와 결합하는 방식이었다. 전자의 이러한 측면은 명시적인 노동계급 투쟁이 다른 곳보다 훨씬 두드러졌던 이탈리아에서 특징적으로 나타났다.[1] 한 가지 이유는 파시즘이 이곳에서 비롯됐다는 것인데, 그래서 외국의 침략에 대한 첨예한 반응 속에서 레지스탕스가 성장하기보다는 1922년에 〔파시즘 정권이〕 시작될 때부터 자본주의와 밀접하게 연관된 미움받는 사회 체제 아래에서 수십 년에 걸쳐 숙성됐다.[2] 사업체들과 금융 쪽에서 파시스트 정당 자금의 74퍼센트를 공급했고,[3] 그에 대한 보답으로 무솔리니는 노조를 산산조각 내고 1927년, 1930년, 1934년에 가혹한 임금 삭감을 부과했다.[4]

그의 체제는 히틀러의 체제보다 덜 억압적이었지만, 그럼에도 정적 1만 7000명을 국내 유형流刑에 처하고 6만 명을 특별 감시 및 통제에 놓이게 했으며 1926년에서 1943년 사이에 징역 2만 8000년을 부과했다.[5] 유죄가 선고된 사람의 85퍼센트가 노동자였다.[6] 〔통일〕사회당 지도자 마테오티Matteotti[+]는 살해된 데 반

[+]　　자코모 마테오티Giacomo Matteotti(1885~1924). 농민운동을 전개했고 1919년

— 1922년 10월 '로마 진군'으로 정권을 찬탈한 무솔리니(가운데).

해 이탈리아공산당PCI 창건자인 그람시Gramsci는 계속 수감돼 있다
가 죽음을 앞두고서야 풀려났다. "포기를 모르는 체제 전복성"이
대중문화 내에서 살아남았다고 주장돼왔지만, 2차 세계대전 이
전에는 이것이 적극적인 저항으로 바뀌지 않았다.[7]

전쟁이 모든 것을 바꿨다. 이탈리아의 참전 과정은 매끄럽
지 않았다. 스프리아노Spriano는 중대한 충돌을 견뎌낼 자국의 역

국회의원에 당선됐다(이탈리아사회당 소속). 1922년 이탈리아사회당이 분
열하자 통일사회당으로 옮겨갔다. 1924년 파시스트의 폭력을 비난하는 연
설을 의회에서 하고 나서 실종되는데, 파시스트들에게 암살됐다는 사실이
얼마 후 드러난다.

량에 대한 무솔리니의 의구심을 기득권층이 옆으로 밀쳐냈다는 것을 우리에게 말해준다. 전격전의 성공을 목격한 후 기득권층은 "손쉽고 적에게 치명타를 가하는 승리를 움켜쥘 시간에 늦지 않게 도착"하기를 열망했다.[8] 전쟁은 지배계급에게 유형有形의 이익을 안겨줬다. 1942년까지 엔지니어의 노동시간은 주당 60시간으로 올라갔고,[9] 피아트Fiat 주가는 62퍼센트 치솟았다. 피아트임원은 "태평양에서 일본의 어마어마한 정복 그리고 러시아의 풍요로운 영토를 유럽 추축국 경제로 흡수하는 것"을 한껏 즐겼는데, "확대된 생산과 더 방대한 시장"을 그들이 약속했기 때문이었다.[10] 이탈리아의 탐욕스러운 계획은 최종적으로 연합국에 의해 좌절됐는데, 독일·일본의 경우와 마찬가지였다. 하지만 (독일과 일본이) 그렇게 되는 데에는 1945년까지 시간이 걸렸고, 후자를 없앨 압도적인 물리력을 필요로 했다. 무솔리니의 지배는 그보다 2년 앞서 무너졌다. 그것은 왜 그렇게 취약했던 것일까?

부분적으로는, 이탈리아의 국민 총생산GNP이 독일의 3분의 1이었다는 것이 그 원인이었다. 이것은 군대를 제국주의 간 충돌에서 겪는 패배에 더욱 취약한 존재로 만들었다. 훨씬 더 중요한 것은 체제가 민중의 전쟁에 의해 내부로부터 파괴됐다는 사실이었다. 1938년에서 1945년 사이에 생활비는 20배 늘었다. 한쪽에서는 극도로 불충분한 배급, 다른 쪽에서는 천문학적인 암시장 가격[11] 때문에 토리노의 노동력 15만 1000명 중 많은 사람의 몸무게가 10~15킬로그램 줄었다는 것은 전혀 놀라운 일이 아니었다.[12] 정치적으로 동기가 부여된 저항자들 가운데 억압에 단련된

— 밀라노 피아잘레 로레토 광장에 전시된 무솔리니의 시체(왼쪽에서 두 번째).
무솔리니의 파시즘은 1943년에 무너졌고, 도주 중이던 무솔리니는 1945년 4월
28일 빨치산 게릴라에게 살해되었다.

소수와 대중의 간극이 점차 줄어들기 시작했다.[13]

파업이 1943년 봄 북부 산업 지대를 휩쓸었을 때 이것이
명백하게 드러났다. 파업의 진원지는 토리노였는데, 그곳에서
는 거대한 공장들에서 번성하는 전시 생산이 집단적 권력에 대
한 감각을 만들어냈다. 그와 동시에 연합국의 폭격이 주택 2만
5000채를 초토화했지만 국가는 방공호를 전혀 제공하지 않았
다.[14] (동료에 대한) 신뢰가 필사적인 마음과 결합해 파업 행위를
발생시켰는데, 이것이 파시즘 아래에서, 특히 전시에는 취하기
위험한 조치였는데도 그렇게 진행됐다.[15] 1943년 1월에 나온 한
전단은 당시 분위기를 분명히 보여준다.

식량과 자유를 위해!

하루 12시간 노동과 빌어먹을 전쟁을 타도하라!

우리는 무솔리니를 권좌에서 쫓아낼 것을 요구한다!

우리는 평화와 조국의 독립을 위해 투쟁하고 있다!

실제로 지불되는 임금 인상을 위해!

행동, 파업, 투쟁—이것들이 우리 자신을 구하기 위해 우리가 가진 유일한 무기다.

파업, 파업, 파업![16]

그러한 호소는 풍성한 성과를 거뒀다. 1942~1943년 겨울 동안 조업 중단이 한 달에 2회에서 5회로 늘었다.[17] 그러고 나서 3월 5일에는 피아트 미라피오리Mirafiori에서 노동자 2만 1000명이 공산당 세포 80명의 요구에 호응해, 행동 신호(공장 사이렌)를 경영진이 침묵시켰는데도, 파업에 돌입했다.[18] 작업 중단은 토리노를 관통해 그 너머로 확산됐다. 3월 15일까지 이 운동은 남녀 10만 명을 망라했고,[19] 그달 말에는 (토리노가 속한 주인) 피에몬테에 있는 모든 공장이 문을 닫았다.[20]

무솔리니는 '주민들이 파시즘에 그렇게 적대적이고 파시즘을 싫어한다'라는 것에 충격을 받고 주요 양보안을 내놓았다.[21] 그는 다음과 같은 사항을 알아차렸다. "확실히 끔찍하고 지극히 개탄스러운 이번 사건은 갑자기 우리를 20년 전[+]으로 거슬러 올

[+]   1차 세계대전 후 이탈리아에는 '붉은 2년'으로 불릴 만큼 아래로부터 노동

라가게 했다."²² 바로 한 달 전에 스탈린그라드에서 벌어진 핵심 전투에서 패한 히틀러도 〔이탈리아 상황에〕 함축된 의미를 이해했다. 그는 "그렇게 많은 사람이 파업을 할 수 있고 어느 누구도 감히 끼어들 엄두를 내지 못하고 있다는 것은 상상도 할 수 없는" 일이라고 여겼다. "그 상황에서 최소한의 나약함을 보이는 누구라도 볼 장 다 본 것이라고 나는 확신한다."²³ 그의 말은 예언적이었다.

토리노 파업은 20년 만에 처음으로 성공을 거둔 대규모 작업 중단이었고, 〔작업 중단 가운데〕 세계 전쟁에서 가장 중요했다는 것은 거의 틀림없다. 그것이 파시즘에 가한 충격은 영국과 미국의 시칠리아 상륙(1943년 7월 10일)으로 추가됐다. 그때 기득권층은 공황 상태에 빠졌다. 기득권층은 20년 동안 파시즘의 혜택에 젖어 있었지만, 〔파시즘과〕 연계한 것은 이제 혁명 그리고/또는 진군하는 연합국의 분노를 유발하는 골칫거리가 됐다. 다소간 움직일 여지를 얻고자 이탈리아 정부는 발칸 점령지를 넘기는 대가로 전쟁에서 발을 빼는 것을 받아들여달라고 독일인들에게 요청했지만, 독일인들은 거부했다.²⁴ 또 다른 탈출구를 붙잡기 위해 〔이탈리아〕 정부는 무솔리니를 공개적으로 버리고 연합국과 비밀리에 휴전 협정을 맺기로 결정했다. 파시즘 대평의회 Fascist Grand Council⁺ 자체가 두체를 물러나게 하고 체포하는 것을 표

운동이 확산되는 시기가 있었다. "20년 전"은 이 시기를 가리키는 것으로 보인다.

⁺   파시즘 시기 이탈리아에서 법적으로 국가 최고 기관. 1923년에 창설됐고,

— 1943년 7월 시칠리아에 상륙한 영국군의 포로가 된 이탈리아 군인.

결 결과 19 대 7로 가결했다.

지배계급은 변화가 단지 허울뿐이기를 바랐다. 산업계 거물인 피렐리Pirelli는 "군주 일가, 군주국 정부, 교회, 군대 그리고 경제 지도자들"이 계속 키를 잡는 것을 근간으로 해서[25] 연합국과 논의하기 시작했다.[26] 발표와 관련해 약간 곤란한 점이 있었다. 1922년에 무솔리니를 독재자로 만들어준 것은 바로 국왕 비토리오 에마누엘레 3세Vittorio Emanuele III[**]였다. 두체는 로마 진군[***]

1928년 헌법에 근거한 국가 최고 기관으로 자리 잡았다. 기본 구성원은 파시스트당 지도부와 정부 각료였다.

[**] 1869~1947(재위 1900~1946). 아나키스트에게 암살된 부왕(움베르토 1세)의 뒤를 이어 왕위에 올라 1차 세계대전, 파시즘, 2차 세계대전을 겪었다. 2차 세계대전이 끝난 후 국민투표(1946년) 결과 군주제가 폐지되는 것을 지켜봐야 했다.

[***] 1922년 10월 무솔리니의 '검은 셔츠단'이 로마로 진군해 정권을 잡은 사건.

때 순교자 3000명이 죽어가는 동안 자신이 대담하게 권력을 장악하며 집권했다고 과장해서 선전했다.[27] 그러나 그 주장은 거짓이었다. 한 작가는 이렇게 말했다. "모든 것이 끝나고 나서야 로마 진군으로 불린 구경거리가 시작됐다."[28] 일부 고문들이 국가 권력을 작동해 무솔리니의 우스꽝스러운 짓(로마 진군)에 대응할 것을 국왕에게 간청했지만, 그는 그것을 거부한 것을 드러내놓고 뽐냈다. "나는 내가 계엄 상태에 대한 어떠한 포고령에도 서명하지 않았다는 것을 모든 이탈리아인이 알기를 바란다."[29] 이 결정은 성과를 거뒀다. 그의 총리 무솔리니를 이용해 비토리오 에마누엘레는 왕작 목록에 에티오피아 황제와 알바니아 국왕 칭호를 더하게 될 것이었다. 그래서 이제 무솔리니가 공식적으로 물러나게 된 후조차 국왕은 "파시즘이 한꺼번에 해체돼서는 안 된다"라고 고집했다. "나라에 해로운 것으로 드러나게 되는 그러한 측면들을 제거하기 위해 파시즘은 서서히 변경될 필요가 있다."[30] 그의 새로운 총리는 바돌리오Badoglio[+] 원수였다. 바돌리오의 반파시스트 자격증은 더 나을 것이 없었다. 그 또한 정력적으로 무솔리니를 지지했으며, 그 과정에서 진급하고 아디스아바바 공작 작위를 받았다.

만약 2차 세계대전이 명백히 파시즘과 맞선 전투였다면, 그렇다면 이탈리아 정부의 이러한 이른바 탈바꿈은 사기로 인정됐

[+] 피에트로 바돌리오Pietro Badoglio(1871~1956). 이탈리아의 육군 장교로 참모 총장을 거쳐 원수, 리비아 총독 등을 지냈다. 1935~1936년 에티오피아 침략 때에는 원정군 최고 사령관을 맡았다.

이탈리아 국왕 비토리오
에마누엘레 3세. 연합국은
무솔리니를 독재자로 만들어준
그를 다시 지배계급으로
받아들였다.

을 것이다. 하지만 연합국은 국왕과 바돌리오를 두 팔 벌려 받아
들였다. 그들은 아무런 거리낌이 없었는데, 한 작가가 말한 것처
럼 "파시스트 체제의 성격에 대한 이데올로기적 편견이 전혀 없
었기"때문이었다.[31] 영국·미국인들은 혁명에 대한 이탈리아 기
득권층의 두려움을 공유하고 지난날의 비행非行을 기꺼이 용서해
줬는데, 이탈리아가 경쟁하는 제국주의자 연합체〔의 일원〕이기
를 그만두는 한 그러했다. 사실 미국은 이탈리아의 2차 세계대
전 참전을 전후해〔이탈리아〕국왕에게 접근했다.[32] 두체에 대한
처칠의 감탄은 1927년부터 계속됐고, "무솔리니와 함께 일했거

나 무솔리니를 도왔던 사람들과 뭐든 관련이 있는 것에 대한 흔히 있는 반론"을 경멸적으로 묵살한 1943년에(도) 수그러들지 않았다.[33] 국왕에게는 또 다른 놀라운 친구들이 있었다. 그의 통제 능력에 미국이 의구심을 표했을 때, 러시아는 그를 외교적으로 완전히 승인했다. 러시아는 그렇게 한 최초의 연합국이었다.[34]

1943년 7월 25일 두체의 몰락을 열광적으로 환영했던 시위 참가자들은 이러한 추악한 게임을 알지 못했다. 독재의 상징물을 허물면서 그들은 파시즘과 전쟁의 종말을 축하했다. 그들의 환희는 시기상조였다. 정부는 신문에 "이전 체제의 사람들과 사건들 (또는) 전쟁을 비판하는 것을 피하라. 우리 동맹국 독일에 대해 최대한 주의하라. 정치범 석방을 요구하지 마라"라는 명령을 내렸다.[35] 이탈리아의 군사 통치자로서 바돌리오는 이렇게 선언했다. "현재의 흥분 상태가 공산주의 또는 체제 전복 운동으로 악화되는 것을 막는 데 최대한의 기운을 쏟아 활동하는 것이 필요하다."[36] 아테네를 연상시키는 표현이 사용되는 가운데, 군대와 경찰은 승리감이 넘치는 군중과 "전투 대형을 이루고, 멀리서 발포하며, 마치 적군을 향해 나아가는 것처럼 박격포와 대포도 사용하면서" 맞서라는 지시를 받았다.[37] (이탈리아 북부) 레지오 에밀리아Reggio Emilia에서는 평화와 독일 국방군 축출을 요구하는 시위에서 11명이 기관총에 맞았다. (이탈리아 남동부) 바리Bari에서는 19명이 희생됐다.[38] 이탈리아 지배계급은 어느 쪽 제국주의 진영이 그 목적에 가장 잘 맞는지에 대해서는 여전히 얼버무렸지만, 진짜 적이 누구인지에 대해서는 의심하지 않았다.

1943년 3월 히틀러는 이탈리아 정부의 취약함을 질책했다. 다섯 달 후 처칠은 파시스트 체제 이후를 맡을 것으로 추정되는 체제의 살인적인 조치에 박수를 보냈다.

토리노와 밀라노에서 **무력으로 진압해야 했던** 공산주의자 시위가 있었습니다. 파시즘의 20년은 중간계급을 없앴습니다. 그 휘하에 애국자들이 결집해 있고 완벽한 통제권을 갖고 있는 국왕과, 만연한 볼셰비즘 사이에는 아무것도 없습니다.[39]

연합국 미디어는 그와 같은 이야기에 담긴 위선을 주목하지 않을 수 없었다. BBC는 이탈리아 정부의 파시즘 제거 '실패'를 경멸했고[40] 미국 잡지 《라이프》는 다음과 같이 경고했다.

파시스트 체제 내의 분명한 경향은 무솔리니와 독일 숭배자들로부터 벗어나되, 그 체계는 보존하는 것이다. 이것이 오늘날 거대 기업가들의 생각이다. …… 다른 말로 하면, 친독일 파시즘에서 친연합국 파시즘으로 변화하는 것이다. 파시스트 지배층은 다를랑의 성공적인 **180도 변화**volte face에 깊은 인상을 받았다.[41]

정부의 탄압은 평화, 임금 인상, 파시스트 제거, 정치범 석방을 요구하는 파업들과 맞닥뜨렸다.[42] 일부 군인들은 폭동을 일으키고 발포를 거부했다. 나치 독일은 전개되는 상황을 초조하게 주시했고, 북부에 주둔한 독일 국방군 8개 사단이 책임을 말을 준비를 했다. 이탈리아공산당은 위험을 이해하고 1943년 8월 이탈리아인들에게 이렇게 촉구했다. "독일의 어떠한 무력간섭도 격퇴할 준비를 갖추고 민중과 군대의 무장 협력을 조직하라."[43] 이것은 파시즘에서 남아 있는 것을 구해낸다는 정부 목표를 직접적으로 거슬렀다.[44]

바돌리오는 대중을 분발시켜야만 독일의 위협을 격퇴할 수 있었을 테지만, 그 대신에 "마치 적군을 향해 나아가는 것처럼" 그들을 다뤘다. 민중의 전쟁을 부인한다는 것은 바돌리오가 제국주의 블록 사이에서, 한쪽이 다른 한쪽을 상쇄하기를 바라면서 헛되이 침로를 바꾸는 것만 가능하다는 것을 뜻했다. 남쪽에서 진격해오는 영국·미국인들과 비밀 평화 조약을 맺었을 때조차 그는 북부에서 지속적인 독일의 지원을 추구하면서 리벤트로프에게 이렇게 말했다. "이 정부가 무너진다면, 볼셰비키 색깔을 띤 것 중 하나로 대체될 것입니다." 나치 외무부 장관도 "권력이 좌파의 급진적인 견해를 가진 사람들에게 가게 될 것"을 우려했다.[45]

평화에 대한 거래가 이뤄지지 않은 상태에서, 제국주의 군대들에게 양면에서 공격을 당하고 있었기 때문에 이탈리아 민중의 고통은 계속됐다. 연합국의 폭탄이 그들에게 비 오듯이 쏟아져, 1943년 8월 밀라노 사람 22만 명이 단 5일 만에 자기 집을 잃었다. 그 사이에 독일인들은 자유롭게 남겨져 위치를 견고하게 잡을 수 있었다.[46] [이탈리아] 정부의 양다리 걸치기는 결국 그 시간이 다했다. 바돌리오가 질질 끄는 것에 진저리가 난 아이젠하

— 1943년 연합국의 폭탄 투하로 파괴된 밀라노 대성당.

워 장군은 9월 8일, 이탈리아 정부가 연합국과 타결한 휴전 협
정⁺ 소식을 널리 알렸다.[47] 놀랍게도, (상황이) 그러했는데도 바돌
리오는 여전히 중립적 태도를 취하려 했다. "우리는 누구든 우리
를 공격하는 사람과 싸울 것이다"라고 그가 말했는데, 누가 그럴
수 있다는 것인지는 명시하지 않았다.[48] 또 다른 군령은 그것보
다는 명확했다. "어떠한 경우에도 독일군을 상대로 한 전투에서
선수를 쳐서는 안 된다."[49]

⁺ 바돌리오 정부는 물밑에서 연합국과 휴전 협상을 벌여 1943년 9월 3일 연합
국과 휴전 협정에 서명했다. 그러나 시간을 끌며 그 사실을 숨겼다. 그러자
닷새 후(9월 8일) 아이젠하워가 휴전 소식을 공식 발표했다.

그와 같은 망설임은 이탈리아의 군대를 나치의 반발에 전혀 대비하지 않은 상태로 있게 만들었다. 독일군이 공격했는데 국왕, 바돌리오, 군 각료들은 모두 남쪽으로 달아나 연합국 품에서 안전을 도모했다. 싸우지 말라는 것 이외에 어떠한 지시도 남아 있지 않은 상태에서[50] 이탈리아 100만 군은 하룻밤 사이에 제거됐다. 군인 61만 5000명이 강제수용소로 추방됐고 3만 명이 죽었다.[51] 국왕이 마침내 연합국과 운명을 같이하기로 하기는 했지만, 그에 앞서 그가 한 행동은 지배계급 전체의 배반을 상징했고 군주제의 전후 운명을 확정지었다.[52]

이제 북부 이탈리아는 "나치 전쟁 기계에 자금을 대는 책임을 피정복지 시민들에게" 전가하는 것으로 이뤄진 독일 전시 경제 정책의 총력 지배를 받게 됐다.[53] 이탈리아에서 나치는 연간 국민 소득 1300억 리라 가운데 840억 리라를 뜯어냈다.[54] 그들은 이 대규모 사업의 구실로 무솔리니를 이용했다. 그는 〔독일〕 특공대의 대담한 습격으로 석방돼 괴뢰 정권인 살로 공화국 Republic of Salò의 수반으로 취임했다. 그 후 저항자들은 적에게 나치-파시스트라는 단일한 용어를 적용했다.

이 나라를 약탈한 후 나치는 다음 3가지를 요구했다. 공장 생산, 남부에서 진격해오는 연합군에 맞선 전투에 집중하는 것을 방해하지 말 것, 독일 전쟁 기계를 위한 인력. 북부 노동자들과 농민들의 레지스탕스는 그들에게 세 가지 모두 허용하지 않았다.

이 민중의 전쟁과 제국주의 전쟁의 차이를 급진적인 공화주

괴뢰 정권 살로 공화국의 프로파간다 포스터. "독일인은 당신의 진정한 친구다"라고 적혀 있다.

의 집단인 행동당Action Party의 긴츠부르그Ginzburg[+]가 유창하게 묘사했다.

독일에 대한 국왕과 바돌리오의 공식적인 교전 선언은 당시 실

[+] 레오네 긴츠부르그Leone Ginzburg(1909~1944). 러시아제국 오데사의 유대인 집안에서 태어나 토리노로 이주했다. 토리노에서 교육을 받고, 대학에서 슬라브어와 러시아 문학을 가르치는 한편 1933년 줄리오 에이나우디와 공동으로 에이나우디 출판사를 설립했다. 1942년 행동당을 공동 창립하고 당보 편집을 맡았다. 1943년 비밀 인쇄소에서 체포돼 고문을 당했고, 그 후유증으로 이듬해 사망했다. 나탈리아 긴츠부르그(전후 이탈리아에서 대표적인 여성 소설가로 꼽히는 인물)와 결혼해, 훗날 저명한 역사가가 되는 아들 카를로(미시사의 고전《치즈와 구더기》를 탄생시킨 학자)를 세상에 남겼다. 덧붙이면, Ginzburg는 그간 '진즈부르그'(예컨대 카를로 진즈부르그), '긴츠부르크' 등으로 다양하게 표기됐는데 여기서는 백과사전 등을 참고해 '긴츠부르그'로 표기했다.

제 상황을 변화시키기 위해 아무것도 하지 않은 무의미한 몸짓이었다.

나치 독일과 맞선 실제 전쟁이 〔1943년〕 9월 8일 선포됐는데, 군인들에게 총을 버리라는 공식 명령이 떨어진 이후였다. 이탈리아 민중은 총을 잡고 독일 탱크의 장갑에 용감하게 맞섰다. 수천 명의 군인과 민간인이 독일인들의 시중을 들기보다는 산으로 향했고, 러시아와 발칸 빨치산의 영웅적인 사례를 따라 게릴라 투쟁을 준비했다. …… 나치 독일과 맞선 이탈리아의 전쟁은 완전한 정치적·사회적 자유를 열망한 민중의 전쟁이었다. …… 이 전쟁은 외교 문서 교환을 통해 선포된 것이 아니라 매일 자신을 희생한, 미래에 영향을 준, 역사의 불확실한 상태에 작용한 영웅들의 피로 쓰였다.[55]

한 여성 빨치산은 토리노에서 민중의 전쟁의 탄생을 목격했다. 국왕과 바돌리오가 몸을 피할 곳을 찾아 허둥지둥 달려가고 있던 바로 그 순간, "젊은이들이 병영에 대한 공격을 개시했다. …… 그리고 우리는 노동 회의소 앞에서 대규모 시위를 벌였는데, 거기서 노동자들은 무기를 요구하고 '토리노, 토리노를 스탈린그라드로'라고 적힌 현수막을 흔들었다. …… 이것은 움직이는 노동계급의 진짜 군대였다."[56]

살로 공화국뿐만 아니라 독일 국방군과도 싸운 것은 대중투쟁에 이중적 성격을 부여했다. 그것은 민족해방을 위한 싸움이자, "계급해방"[57]을 위한 "진정한 내전"[58]이었다. 이탈리아의 형

1945년 밀라노의 여성
빨치산.

세가 그러한 전개를 촉진했다. 프랑스에서는 나치가 마지막에 갑작스럽게 무너져서, 연합군이 도착하기 전에 레지스탕스가 지배력을 확고히 할 필요가 없었다. 그와 대조적으로, 영국과 미국의 군대가 이탈리아의 북쪽 경계까지 이르는 데 1943년 9월에서 1945년 4월에 이르는 시간이 걸렸다. 한 영국 외교관은 유감스러운 듯 이렇게 썼다. "연합군의 진군 속도는 북부에서 독립 정부가 탄생하는 데 확실히 한 원인이 됐다."[59]

산업에서 노동자들이 취한 행동과 무장 작전을 융합한 이탈리아의 민중의 전쟁은 독일이나 오스트리아에서 목격된 어떤 것보다도 훨씬 더 대담했다. 행동당의 발리아니Valiani는 그 이유를 다음과 같이 설명한다.

운동이 독일인들을 불시에 덮치면 그들은 굴복하고 양보했다. …… 그러나 운동이 확산되지 않고 단 하나의 도시에 계속 고립돼 있으면 게슈타포는 공격, 급습, 그리고 사람들을 독일로 강제 추방하는 것에 초점을 맞출 수 있었다. 이것은 정치적으로 혐의가 있는 사람들뿐만 아니라 그들이 이전에 협상했던 임시 변통 위원회들의 구성원들도 포함했다. 역설적으로 대담성의 정도, 가장 많은 수의 인근 지역으로 파업을 확산하는 것이 예방적 접근을 대표했다.[60]

밀라노는 민족해방위원회Committee for National Liberation, CLN의 본부가 됐고, 이번 독일 체제 아래에서는 고전적인 파업을 벌이는 것으로 토리노를 모방했다. 요구 사항은 극적인 임금 인상, 배급량을 2배로 늘릴 것, 석유와 설탕 공급, 해고 금지, 통금 종료, 작업 현장에서 나치 배제였다.[61] 조업 중단은 1943년 12월 10일에 시작됐고, 며칠 내로 롬바르디아 주도州都(밀라노)는 서서히 작동을 멈췄다.

피렐리 같은 고용주들이 30퍼센트 임금 인상을 마지못해 인정한 반면, 다른 사람들은 독일군 사령관 짐머만Zimmermann 장군이 승인할 경우에 한해 요구에 기꺼이 응하겠다고 선언했다.[62] 그는 직장 복귀를 명령했다. 노동자들이 굽히지 않자 나치 친위대가 그들을 찾아서 체포하기 시작했다. 그래서 새로운 요구 사항이 목록에 추가됐다—체포된 사람들의 자유! 이제 짐머만 장군이 애매모호한 양보 조치를 약속했지만, 파업 참가자들은 감명받지 않았다. "완전한 승리를 향하여. 당신의 위협은 우리를 겁먹게 하지 못한다. 우리가 요구하는 것을 우리에게 딱 주기만 하면 우리는 일터로 돌아갈 것이다!"[63]

브레다 펑크Breda Funk 작업장에서 일어난 사건들은 국지적 차원을 보여준다. 사장이 6000명의 노동자를 모아서 그들의 요구에 전부 응할 것이고 체포된 사람들도 석방될 것이라고 알린 후 물었다. "당신들, 내일 복귀할 거지?" 울려 퍼진 대답은 여전히 "아니!"였다. 당혹한 경영진은 노동자들이 짐머만 장군을 만날 대표를 선출하고 싶을 수도 있을 것 같다고 말했다. 아무도 대답하지 않았다.[64] 결국 대표단이 나서기는 했지만, 나치가 아니라 경영진하고만 이야기할 것이라는 조건을 붙여 그렇게 했다. 이 약속은 이행되지 않았다. 대표단이 브레다 공장에 도착했을 때, 사장들은 차츰 사라지고 독일인들이 나타나 출구를 막고 협상을 시작하려 했다.

최종적으로, 전 도시에 퍼진 파업을 끝내기 위한 시도로 나치는 개선된 배급량에 덧붙여 40~50퍼센트의 임금 인상을 제안했다. 그런데도 노동자들은 버텼다! 장갑차들이 밀라노의 공장들을 순회했고, 군인들은 민중을 강제로 [작업장으로] 돌려보내려 했다―[그렇지만] 별 소용이 없었다.[65] 파업은 일주일 후에 끝났지만, 이것에 관련된 사람들은 나치 압력 때문이 아니라 자신들이 선택해 그렇게 한 것임을 분명히 했다.

작업장 레지스탕스는 민중의 전쟁의 단지 한 형태일 뿐이었다. 공산주의자가 이끄는 애국행동단Patriotic Action Groups, GAP과 애국행동분대Patriotic Action Squads, SAP가 도시를 배경으로 가동됐다.[66] 시골 지역에는 빨치산 분대가 있었다. 노련한 반파시스트들(그들 중 많은 사람이 스페인내전 참전 용사였다) 또는 가끔은 독일인들에게 포로로 잡히기 전에 무기를 들고 산에 들어온 군인들이 이러한 조직들을 이끌었다.[67] 프랑스 **마키**와 마찬가지로, 병역 기피자들에 대한 나치-파시스트의 일제 검거와 사형이 대규모 신규 모집을 활발하게 만들었다. 한 젊은 남성의 일기는 수많은 사람이 직면한 딜레마를 이렇게 묘사했다. "나는 무엇을 해야 할까? 스스로 출두한다? 절대 안 돼! …… 그래서 스물두 살의 내가, 도망을 다니고 궁금해하며, 여기에 있다—나는 총에 맞게 될까? 아니면 숲속으로 피신해야 하나?" 어머니가 인질로 잡혀 있음에도 그는 "무기, 군수품, (그리고) 투쟁에 도움이 되는 건 무엇이든 …… 움켜쥐는" 삶을 택했다.[68] (밀라노 남쪽 도시) 파비아Pavia 한 지역에서만 소집된 사람의 50퍼센트가 모습을 드러내지 않았다.[69]

빨치산의 유효성은 많은 자료로 입증된다. 연합군 사령관 알렉산더Alexander[+] 장군은 독일 국방군 25개 사단 중 6개가 그들을 상대하는 것으로 (임무가) 전환됐다고 추정했다.[70] 반대편에서는 (히틀러로부터) 이탈리아에 대한 전권을 부여받은 독일의 케셀링Kesselring[++]이 1944년 6월 "무제한 게릴라전"이 일단 시작되자 빨치

[+] 해럴드 알렉산더Harold Alexander(1891~1969). 귀족 가문에서 태어난 영국 육군 장교로 두 차례의 세계대전에 모두 참전했다. 2차 세계대전 때에는 버마, 북아프리카, 이탈리아 전선에서 야전 지휘관으로 복무했다.

[++] 알베르트 케셀링Albert Kesselring(1885~1960). 본래 독일 육군 포병 장교였으

— 1945년 베네치아의 이탈리아 빨치산.

산 20~30만 명[71]이 "독일 군대에 진짜 위협적인 존재가 됐고 군사 작전에서 필수적인 역할을 했다"라고 불평했다. "이 위협을 제거하는 것이 우리에게는 결정적으로 중요하다." 그는 "적 정규군을 상대하는 전투와 빨치산 무리와 싸우는 전투가 똑같이 중요했고 (그래서) 정말 최고의 부대를 활용해야 했다"라고 판단했다.[72] 게릴라들은 적군 수만 명을 죽였을 뿐만 아니라 5449회의

나, 공군이 창설된 후 공군으로 옮겼다. 2차 세계대전 당시 공군 사령관으로 활약하며 원수로 진급했고, 그 후 북아프리카를 포함한 지중해 전역의 독일군 총사령관으로서 이탈리아 방어전을 지휘했다.

기습 작전과 218회의 대격전을 벌이고, 기관차 458량을 파괴하고 356개의 다리를 폭파했으며, 송전선과 통신 수단 파괴 활동을 5573회 전개했다고 주장했다.[73]

민중의 전쟁의 게릴라 방식은 제국주의 전투와 상당히 달랐다. 빨치산인 지오반니 페세Giovanni Pesce[+]가 국왕의 군대에 무기를 가지러 갔을 때, 한 장교가 그의 계급을 알려달라고 요구했다. 페세는 분노했다. "9월 8일의 완전한 붕괴도, 빨치산 반란도 '고정되고 변경할 수 없는 위계가 있어야 한다'는 이 남자의 융통성 없는 견해를 흔들지 못했다." 또 다른 빨치산은 자신이 발견한 "장교들과 [나머지] 병력 사이의 사회적 격차"에 분개하고, 그것을 "절대적 민주주의에 근거한 우리 대형"과 대조했다. 게릴라들은 "장교 식당이라는 제도를 불가해한 것으로" 여겼다. "가리발디 여단Garibaldini(공산주의자가 이끈 [레지스탕스] 집단)에서 장교는 빵, 식사, 난방 장치를 다른 병사들과 공유한다."[74] 이해하지 못하는 것은 서로 마찬가지였다. 국왕의 이름으로 빨치산에게 명령을 내리기 위해 북쪽으로 파견된 카도르나Cadorna 장군은 그들의 정치적 참여 및 몇몇 부대에 존재한 "기층의 합의를 통한 장

[+] 1918~2007. 이탈리아에서 태어났지만, 무솔리니 집권으로 이탈리아를 떠난 부모를 따라 프랑스로 갔다. 아버지는 저임금 외국인 광부로 일했고, 페세 자신도 10대 초반부터 광산에서 일했다. 열악한 노동조건을 계기로 노동운동에 눈뜨고 공산주의자가 됐다. 스페인내전이 터지자 국제여단의 일원으로 스페인에서 파시스트 세력과 싸웠다. 2차 세계대전 때에는 이탈리아에서 빨치산의 일원으로 성공적인 게릴라 작전 다수를 계획하고 그것에 참여했다.

교 선출"에 충격을 받았다.[75]

돈은 또 다른 논란거리였다. 애국행동단 지도자 치케티 Cichetti에게는 급여를 받는다는 바로 그 생각이 모욕적이었다. "나는 빨치산이 되면 돈을 받는다는 생각을 혐오했다. 나는 6개월 동안 리라lira를 못 봤지만, 생존하기 위해 시장의 법칙에 의지하는 것 없이 언제나 견딜 수 있었다."[76] 빨치산 지휘관들에게 더 많은 급여를 주는 것은 보통 거부됐는데, "우리는 고귀한 애국정신으로 동기가 부여된 자원병들이 수행하는 민중의 전쟁 상태에 있기" 때문이었다.[77]

정치 논쟁에 눈살을 찌푸리는 직업적 군대 또는 징집된 군대와 달리, 빨치산은 동시에 대안적인 국가와 민병대의 원형이었다. 1944년 8월 다양한 빨치산 집단들 사이에서 전형적인 협정이 선언됐다.

낡은 군대 구조의 축소된 복제품이기는커녕 빨치산 군대는 민중의 의지 덕분에 존재하는 독립적인 운동의 상징인데, 그것 자체가 명백한 정치적 확언이다. 나치-파시스트들과 맞선 전쟁은 우리나라의 정치적·도덕적·사회적 생활을 급진적으로 재건한다는 우리의 궁극적 목표를 향한 길에서 예비 단계일 뿐이다. …… 우리는 민주주의, 그 말의 가장 완전한 의미에서 자유, 정의, 그리고 인간이 받아야 하는 존엄성과 존중을 위해 싸우고 있다.[78]

이러한 원칙은 추축국 군대가 전 지역에서 축출됐을 때 실행될 수 있었다. 카르니아Carnia(주민 15만 명), 몬테피오리노 Montefiorino(5만 명), 오솔라Ossola(7만 명) 같은 곳[79]에서 15개의 빨치산 공화국이 나타났다.[80] 그런 곳들에서 이뤄진 행정은 살로 공화국 또는 그 문제에 있어서는 바돌리오의 그것과 상당히 달랐다.[81] 예컨대 바르치Varzi에서는 대중 집회에서 직접민주주의를 활용해 파시스트들이 숙청된 지역 정부를 선출했다. 관찰자들은 "모든 인종의 사람들이 …… 시청 계단을 오가는 것"을 봤다. "허가증을 원하거나 징발된 재화에서 자신들의 몫을 타기 위해 혹은 부르주아의 학대에 대해 항의하기 위해 온 소작농들, (그리고) 빨치산 노동계급 여성들, 많은 새로운 얼굴들이 거기 있었다."[82] 징발 대가는 현물이나 빨치산 '돈'으로 치렀는데, 나라가 해방된 후 상환될 수 있는 것들이었다.[83]

이러한 금융 협정은 발도솔라Val d'Ossola 공화국에서도 작동했는데,[84] 그곳에서는 범죄가 없어졌고 모든 계급이 자주 찾은 '민중대학Popular University'이 설립됐으며 이탈리아에서 최초로 여성이 장관으로 임명됐고 노조가 되살아났다.[85] 이 지역은 "히틀러에게 점령된 유럽에서 유일하게 실질적으로 독립을 달성하고 스위스의 승인을 얻은 지역"이라고 주장돼왔다.[86] 빨치산들은 공화국이 외부의 실질적인 지원을 받을 것으로 기대했는데, '수도' 도모도솔라Domodossola가 밀라노에 가깝고 영국과 미국의 공격에 유용한 발판이 될 것이기 때문이었다. 그러나 도움을 구할 수 있는 연합국 대표는 (그들을) 무시했다. "당신들은 알렉산더와 아이젠하워처럼 군사 작전을 담당하고 있는 척해서는 안 된다."[87] 또 다른 사람은 공화국의 존속이 공화국을 "로마에 있는 이탈리아 정부뿐만 아니라 이탈리아군의 경쟁자로도" 만들었다고 설명했다.[88] 한 빨치산 지도자는 "도모도솔라에 쏟은 노력에 관해 연합국이 보여준 냉담함이 통한의 물결을 유발했다"라고 한탄했다.[89] 지원이 없는 상태에서 공화국은 6일에 걸친 맹렬한 싸움 끝에 결국 분쇄됐다.

평행 전쟁 간의 긴장에 대한 추가 증거는 **대기주의**에 대한 논쟁에서 드러났다. 〔대기주의에〕 반대하는 사람들은 즉각적인 민중의 해방 전쟁을 옹호했고, 지지하는 사람들은 제국주의 군대의 구조를 기다리고 싶어 했다. 바타글리아Battaglia가 주장들을 다른 말로 바꿔 표현했다. 〔그에 따르면〕 대기주의자들은 이렇게 말했다. "우리가 독일인들을 공격해봐야 소용이 없다. 우리에게 어떠한 도움이 되는 것이 충분치 않고, 더구나 우리가 어떤 시도를 하든 그야말로 보복을 유발할 것이다. 우리 자신 외에도 시민들이 소름 끼칠 만큼 고통받고 또 고통받을 것이다."

그러고 나서 그는 이 논리의 결점을 제시한다. "완전히 수동적으로, 완전한 정지 상태로 계속 있었다면 레지스탕스가 어떻게 세력을 늘리거나 그 범위를 확장할 수 있었을까? 더욱이 대기주의자들이 인식하는 데 두드러지게 실패했던 것은 지역적, 전국적, 정서적, 그리고 엄격히 상식적인 이유에서 독일인들과 싸우는 것이 전적으로 필요하게 돼가고 있었다는 것이다."[90]

독자적인 행동을 하도록 압박한 하나의 요인은, 이탈리아가 추축국이었다는 것 때문에 연합국이 이탈리아의 모든 권리를 부인했다는 점이었다. 따라서 처칠의 외무부 장관은 이탈리아인들이 바돌리오 원수를 교체했을 때 격분했다. "무조건 항복을 한 나라에게는 홀로 선택한 정부를 연합국에 제시할 권리가 전혀 없다."[91] 라디오 런던Radio London이 시인한 것처럼, 영국은 단순히 이탈리아를 자유롭게 하기 위해 거기 있는 것이 아니었다. "[이탈리아]반도의 해방은 연합국의 궁극적인 목표가 아니고 그럴 수도 없다. 그것은 그저 독일을 물리치기 위한 수단일 뿐이다."[92]

이러한 태도는 일부 평론가들로 하여금 이탈리아가 이제 두 개의 점령 아래 놓이게 됐다는 재담을 하게 만들었다. 남쪽에는 파시스트 국왕이 지지하는 연합국이 있었고, 북쪽에는 무솔리니의 살로 공화국이 지지하는 독일인들이 있었다.[93] 이와 같은 상황에 처하자 대기주의는 나치-파시즘이나, AMGOT(점령된 지역에 대한 연합국 군정)를 통한 연합국의 제국주의 지배를 받아들이는 데 이르렀다.

유일한 대안은 해방투쟁이었다. 이것이 취한 형태 중 하나는 추가적인 대중 파업이었다. 1944년 봄 50만 명이 일손을 놓았는데, 세계대전 기간 동안 최대 규모의 조업 중단이었다. 그것은 맹렬한 공중 폭격이 필요치 않음을 연합국에 거의 납득시키는 쪽으로 향했다.[94]

관련된 또 다른 쟁점은 '테러리즘'이었다. 빨치산은 독일인들을 자극해 인질이나 민간인을 죽이게 할지라도 암암리에 나치 개개인을 표적으로 삼아야 하는가, 아니면 영국·미국인을 기다려야 하는가? 테러 행동과 관련된 위험을 보여주는 악명 높은 사례가 로마에서 나치 친위대 경비원 32명을 죽인 후 발생했다. 그에 대한 보복으로 나치는 (로마 남쪽) 아르데아티네Ardeatine 동굴에서 이탈리아인 인질 335명을 처형했다.[95] 대기주의자들에게 이 끔찍한 연좌제는 (저항을) 억제해야 할 필요를 입증했고, 일부 소작농은 빨치산의 작전이 보복을 불러일으킬 수 있다는 두려움에 실제로 빨치산에게 등을 돌렸다.[96]

게릴라들은 그 문제를 절실히 인식하고 있었지만 해법을 갖고 있었다. 발리아니의 행동당은 '정의와 자유Justice and Liberty'라는 빨치산과 연계돼 있었는데, 발리아니는 도시 테러리즘이 연좌제를 방지하는 것과 투쟁에 합류하도록 젊은이들을 고무하는 것을 목표로 하고 있었다고 설명한다.[97] 추축국 군대는 일선에서 공격을 받았지만 도시들에서는 "테러리즘이 적병과 직접 맞서는 것이 아니라 경찰 기구, 억압과 보복에 맞섰다. 위험 요소들에도 불구하고 그것은 자기방어 방법으로 채택됐다".[98] 성공적인 작전은 적이 천하무적이 아님을 보여줬다. 파보네Pavone는 다음과 같은 실제 사례를 제시한다. 파시스트 경찰이 한 지역에서 반게릴라 작전을 시작했을 때 애국행동단이 그들 중 17명을 죽였다. 그 결과, 남아 있는 150명 중 100명이 제 위치를 버리고 떠났고 심지어 일부는 빨치산에 합류했다.[99]

드러내놓고 표현하는 행동은 그것이 파업 같은 대중 행동을 대체하거나 그 대안이 되지 않는 한은 효율적이었다. 빨치산은 자신들이 피신처, 식량, 그리고 전반적인 지원을 위해 의지하

— 1944년 아르데아티네 동굴에서 학살당하기 전의 민간인들 모습.

는 더 광범위한 주민들로부터 고립될 엄두를 내지 않았다. 이러한 상호 관계를 의식하고 있었던 것은, 대중 동원을 해제하고 그들이 수동적인 구경꾼으로 있게 만들었을지도 모르는 테러 작전의 함정을 피하는 데 도움이 됐다. 그 연결이 어떻게 작동할 수 있는지를 보여주는 사례를 1944년 2월 '우리의 투쟁Our Struggle'이 제공했다. 독일인들은 전쟁 노력에 도움이 되도록 이탈리아로부터 노동력과 기계를 실어 나르기를 바랐지만, 레지스탕스는 이렇게 응답했다. "하나의 기계도, 한 명의 노동자도 독일에 가서는 안 된다! 이를 성취하기 위해 노동 대중의 행동은 무장 방어 분대(애국행동단)와 빨치산 대형(의 지원을 받게 될 것이고), 독일과 이어진 통신 회선을 체계적으로 차단하고 파괴할 것이다."[100]

아마도 가장 강력한 논거를 제시한 것은 나치의 한 인질이었을 것이다. "투쟁을 포기하지 마라. 내 상황이 당신을 제지하도록 놓아두지 마라. 만약 내가 살아남는다면 나는 생존하겠지만, 내가 죽어야 한다면 나는 내 운명을 이행하고 있을 것이다. 중요한 것은 **당신이 결코 굴복하지 않는 것**이다!"[101] 민중의 전쟁 무기고에서 무기로서 테러리즘을 활용하는 것에 대해 어떠한 의구심이 있을지라도, 연합국이 그토록 사랑한 무차별 폭격의 야만성과 비교하면 이것은 엷어진다.

논쟁의 가치와 상관없이 대기주의는 연합국의 제국주의적 대의명분에 맞았다. 1944년 11월 10일, 이탈리아에 있는 연합군의 사령관인 알렉산더 장군은 자신의 부대가 그해 겨울에 진군하지 않을 것이며, 빨치산은 물러나서 공격 작전을 중단하고 자기 집으로 돌아가 다음 명령을 기다려야 한다고 발표했다.[102] 이 선언은 사기에 대단히 파괴적인 영향을 끼쳤다. 게릴라들은 악화되는 기상 조건에서, 이제 공격에 대한 **백지 위임장**을 가진 거대한 나치-파시스트 군대와 맞서 싸우고 있었다. 레지스탕스에서 가장 저명한 공산주의자인 롱고Longo[+]는 알렉산더가 취한 조치를 "이탈리아 해방운동을 제거하기 위한 연합국 사령부의 시도"로 간주했다.[103] 장군에게 유리하게, 독일인들의 고딕 라인

[+] 루이지 롱고Luigi Longo(1900~1980). 토리노에서 좌파 활동가로 성장했다. 2차 세계대전 시기에 가리발디 여단을 지휘했고, 전후에는 톨리아티의 뒤를 이어 이탈리아공산당 서기장(재임 1964~1972)을 지냈다.

Gothic Line⁺ 방어 시설이 난공불락이며 연합국 지휘관들은 "마음속에서 어떠한 정치적 고려도 하지 않고 오로지 빨치산의 이익만 생각한다"라고 주장됐다.[104] 하지만 비언Behan은 알렉산더의 성명서가 "암호로 방송되는 것이 일반적이었지만 (이때는) 그렇지 않았다"라는 것이 이상하다고 여긴다. "훨씬 더 나쁜 것은, 사전에 레지스탕스 지도자들과 상의하지도, 그들에게 알려주지도 않았다는 점이다."[105]

독일인과 파시스트 군대가 우글거리는 북부 이탈리아에서 빨치산이 작전을 중단할 것을 제안한 것은 계속 진행 중인 노동력의 독일 이송, 매일매일 주민을 상대로 한 탄압 행위 등에 대해 어떠한 인식도 제시하지 않았다. 게릴라들은 다음과 같이 응답했다. "빨치산 전쟁은 무기를 든 이탈리아 민중과 애국자들로서는 한낱 변덕에 불과한 것이, 멋대로 억눌릴 수 있는 한가한 변덕이 아니다. 그것은 우리의 물질적·도덕적·사회적 유산을 지켜야 할 중대한 필요성에서 생겨났다. 이것이 우리가 싸워왔고 매일같이 계속 싸워야만 하는 최고의 대의명분이다. …… 전쟁은 계속돼야 한다."[106] 알렉산더가 그렇게 한 것이 이탈리아의 자기 해방에 대한 정치인들의 혐오 때문이었든 아니면 오로지 군사적 고려 때문이었든,[107] 이 일화는 실제 두 개의 전쟁에 대한 생생한 사례다.

✢　2차 세계대전 당시 독일군이 로마를 연합군에 내주고 후퇴한 후 이탈리아 북부에 구축한 주요 방어선.

노동자들이 이탈리아에서 그와 같이 눈에 띄는 역할을 하긴 했지만, 이곳에서조차 민중의 전쟁은 결코 순수한 계급 현상이 아니었다. 따라서 더 많은 수의 약삭빠른 북부 고용주들은 노동 측과 벌이는 격렬한 분쟁이 나치의 개입을 자초해 자신들의 노동자들(과 공장들)이 독일로 수송되는 결과로 이어질 수 있음을 깨달았다.[108] 이를 미연에 방지하기 위해 그들은 양보를 하고 '그들의' 피고용인을 보호했다.[109] 비언은 피아트의 '피하고 빠져나가기ducking and weaving'를 묘사한다. 독일을 위해 탱크와 V2 로켓 부품을 생산할 때조차 피아트는 미국 정보기관과 연계를 유지했고, 민족해방위원회에 대규모의 자금을 댔다. 피아트 미라피오리의 레지스탕스 지도자는 그의 고용주들이 "그들의 주된 관심사, 즉 이윤을 보호하기 위해 동시에 여러 방향을 마주보는 것에 대해 양심의 가책을 조금도 느끼지 않았다"라고 이해했다.[110]

마찬가지로, 국민 통합을 도모하기 위해 이탈리아 레지스탕스는 일단-圓의 계급 세력을 대표하는 다수의 정당을 한데 모았다. 이렇게 해서 1943년 9월 8일 휴전한 후 바로 다음 날 5개의 주요 정당—공산, 사회, 행동, 기민, 자유—은 북부이탈리아민족해방위원회Comitato di Liberazione Nazionale Alta Italia, CLNAI를 결성했다. 지역 위원회들이 빠르게 확산됐다. 결과적으로, 중앙집권화한 군사 구조—자유를 위한 지원병 군단Corpo Volontari della Libertà, CVL—가 빨치산 활동을 감독하기 위해 설립됐다.

민중의 전쟁 수뇌부와 기층의 관계는 복잡했는데, 가장 중요하고 흥미로운 상호 작용은 이탈리아공산당의 세력권 내에서 일어났다. 통계에 따라 차이가 있긴 하지만, 이탈리아공산당이 지배적인 세력이었다는 것은 분명하다. 스프리아노는 초기 단계에 정치적 이유로 억류된 사람의 80~90퍼센트가 공산주의자였다고 시사한다.[111] 반파시스트 대중운동이 도약했을 때 이탈리아공산당의 영향력은 지속됐다. 1944년 10월까지 아마도 빨치산의 8분의 5가 공산주의자가 통제하는 가리발디 여단에 있었고,[112] 목숨을 잃은 빨치산의 60퍼센트는 공산주의자 대형과 연결돼 있었다.[113] 정치적 경쟁자들조차 공산주의자의 수적 우세를 인정했는데, [공산당에 이어] 두 번째로 중요한 집단이었던 행동당의 발리아니는 빨치산의 29퍼센트가 그의 '정의와 자유' 무리에 속한 것과 대조적으로 41퍼센트는 가리발디 여단 소속이라고 추산했다.[114] 전쟁 이전 6000명이던 이탈리아공산당 구성원은 전쟁이 끝날 즈음에는 180만 명이 됐다.[115]

그러므로 노동계급 정치는 정치적 또는 이데올로기적 경쟁자들에 대해서조차 (특정한) 분위기를 조성했다. 그리하여 '가톨릭 녹색 불길Catholic Green Flame'⁺ 빨치산의 지도자 올리벨리Olivelli는 다음과 같은 사항이 당연하다고 여겼다.

⁺ 2차 세계대전 시기에 활약한 이탈리아 무장 레지스탕스 집단 중 하나. 대체로 가톨릭 성향이었지만 가톨릭 공식 집단은 아니었다. 공산주의자가 이끈 레지스탕스 집단인 가리발디 여단의 일부 구성원이 전투적인 가톨릭교도였던 것과 마찬가지로 '가톨릭 녹색 불길'의 일부 구성원은 가톨릭교도가 아니었다. '가톨릭 녹색 불길'은 에밀리아와 롬바르디아에서 특히 활동적인 모습을 보였다.

천문학적인 부를 만들어내고 이루 말할 수 없는 고통을 초래한 자본주의 시대가 죽음의 고통을 겪고 있다. 삭막한 체제는, 믿을 수 없을 정도로 심하고 사람들의 생산적인 노력을 파괴하며 인간에 대한 인간의 비인도적 행위를 고의로 유발하는 빈곤의 확산을 부추겼다. 그것은 힘과 폭력에 대한 숭배를 칭송했고, 압제와 폭압에서 자신을 드러내 보였으며, 전쟁의 불길에서 자신의 에너지를 소진했다. 이 시대 최후의 경련에서 새로운 시대가 탄생하고 있는데, [그 시대는] 한없이 공정하고 더욱 형제애가 있으며 더욱 기독교적인 노동계급들의 시대다.[116]

이탈리아공산당의 노동계급 기반은 민중의 전쟁이 필요로 하는 것을 당이 반영하도록 고무했지만, 당 지도부는 다른 압력을 느꼈다. 1926년 이래 파시스트의 탄압은 이 집단을 (프랑스와 러시아) 망명으로 내몰았다. 그래서 그 구성원들과 단절됐는데, 한 학자에 따르면 다음과 같은 상태가 됐다. "대부분의 도시와 마을에서 (평당원들 중) 어느 누구도 몇 년 동안 당 기구와 어떠한 접촉도 하지 않았다."[117] 팔미로 톨리아티Palmiro Togliatti[++]가 이끄는 최고 지도부는 그 대신 스탈린주의에 의해 형성됐다. 톨리아티는 투쟁의 자발적 측면을 통제하고 그것을 민족해방위원회

[++] 1893~1964. 1921년 안토니오 그람시 등과 함께 이탈리아공산당 창건에 참여했다. 이탈리아가 파시스트의 손에 넘어간 후 1926년부터 18년 동안 국외에서 활동했다. 귀국 후 1964년 세상을 떠날 때까지 서기장으로서 이탈리아공산당을 이끌었다.

들, 북부이탈리아민족해방위원회, 자유를 위한 지원병 군단처럼 훨씬 더 중앙집권적인 구조들에 쏟아 넣으려 했다. 전쟁이라는 긴급 사태가 부분적으로 그와 같은 전개로 몰아갔는데, 전투 규모가 커짐에 따라 점점 더 합동을 필요로 했〔기 때문이〕다. 그것은 이탈리아공산당 지도부의 강령도 반영했다. 무장투쟁의 민주적 기반과 중앙집권 요구가 본질적으로 적대하는 것은 아니었다. 각자는 다른 하나를 더 튼튼하게 할 수 있었다. 하지만 민중의 전쟁은 중앙집권주의와 진정으로 충돌하게 되는데, 왜냐하면 톨리아티가 러시아의 외교 정책 목표를 추구한 것이 〔상황을〕 그렇게 몰아갔기 때문이다.

이것은 톨리아티가 바돌리오의 내각에 합류한 1944년 3월에 가장 극적으로 표출됐다. 이른바 '살레르노의 전환Salerno turn'⁺이라는 이것은 완전히 예상 밖이었다. 두 달 전 바리에서 열린 이탈리아공산당 회의는 바돌리오를 강하게 비난했고,[118] 이탈리아공산당 신문《우니타Unità》는 남부 정권이 나치즘과 싸울 수 있다는 생각을 비웃었다. "민중을 무서워하는 이 정부가 어떻게 민중의 전쟁을 이끌 수 있겠는가."[119] 파시즘 시기에 이탈리아공산당은 바돌리오와 국왕 같은 부류에게 지독하게 시달렸는데, 그

⁺　1944년 3월 모스크바에서 돌아온 톨리아티는 살레르노(이탈리아 남부 항구 도시)에 도착한 직후 이탈리아공산당의 향후 전략을 제시했다. 파시즘에 반대한다면 국왕 세력과도 연합할 수 있으며, 모든 반파시스트 세력에게 국왕의 정부에 동참하도록 설득해야 한다는 것이 핵심이었다. 당면 혁명은 사회주의 혁명이 아니라 부르주아 민주주의 혁명이라는 판단과 직결된 전환이었다.

런데도 톨리아티는 이제 이렇게 썼다. "노동계급은 과거에 차지했던 반대와 비판의 위치를 버려야 한다."[120] 살레르노의 전환이 "외부에서 이탈리아로 들어와 진짜 당, 진정한 당에 위로부터 자신을 부과하기 위해 몸부림친 스탈린주의 기구"를 상징한다고 브루에Broué가 시사한 데에는 이유가 있었다.[121]

톨리아티의 정책은 스탈린, 처칠, 루스벨트가 유럽을 각각의 세력권으로 분할한 1945년 2월 얄타 회담에서 내린 결정에 순응했다.[122] 이탈리아는 영국·미국의 영역에 속했기 때문에, 동유럽에서 러시아에 우위를 부여하고 있는 거래를 지키기 위해 레지스탕스가 희생돼야 하는 상황이었다. 살레르노의 전환은 레지스탕스에서 이탈리아공산당의 역할을 변형시켰다. 이제 계급투쟁은 사장들, 군주제, 이전의 파시스트들, 그리고 공공연하게 나치 진영에 있지 않았다면 어느 누구와도 '국민 통합'을 이룬다는 것으로 대체돼야 했다. 이탈리아공산당의 게릴라 신문 《일 콤바텐트Il Combattente》 1944년 5월호는 "우리가 우리나라에서 원하는 체제에 대한 모든 의견 충돌, 모든 적법한 개혁은 그것이 긴급한 것이 아니라면 2순위이고 한쪽으로 치워놓아야 하며 [우리가] 승리한 이후까지 연기돼야 한다"라고 주장했다.[123] 6개월 전에 한 다음 얘기와 이 얼마나 대조적인가. "당면한 요구를 달성하기 위한 소작농과 노동자의 투쟁은 신성불가침이자 불가피하며, 무장투쟁과 연계돼야 하는데 그렇지 않으면 둘 다 조만간 질식사할 것이다."[124]

일부 기층 활동가들은 톨리아티의 조치를 "배신행위"로 간주했다.[125] 그것은 "당혹스러움을 불러일으켰는데, 특히 몇 년간 수감 생활을 한 사람들 사이에서 그러했다."[126] 아멘돌라Amendola[+] 같은 저명인사들조차 다음 사항을 인정했다. "중앙위원회가 국민 통합 노선에 따라 정치 활동을 수행할 때, 중앙위원회와 연락하는 거의 모든 집단이 …… 이해하거나 찬성하지 않으려 하는 경향이 있었다."[127] 스코치마로Scoccimarro는 톨리아티의 견해가 "전혀 시의적절하지 않으며 그것이 되풀이되지 않기를 바라야 할 것이다"라고 여겼다.[128]

확고하게 공화제를 지지하며 이탈리아공산당보다 더 중간계급적이고 화이트칼라적이며 온건했던 행동당[129]이 이제는 이탈리아공산당의 왼쪽에 있게 됐다. 발리아니는 처음에 살레르노의 전환에 대한 뉴스 보도가 위조된 것이라고 생각했고, 무솔리니의 살로 공화국이 이탈리아공산당을 '왕족을 위해 신념을 버렸다'고 묘사하며 신이 난 것에 주목했다.[130] 행동당은 톨리아티가 반파시스트 운동을 분열시킬 조짐을 보이고 있다고 그에게 경고했다.

살레르노의 전환이 가져온 결과 중 하나는 이탈리아공산당 바깥에서 "국제적 차원으로 바뀐 계급투쟁"을 옹호하는 혁명운동들이 성장한 것이었다.[131] 1944년 6월 무렵, 노동계급을 배반

[+] 조르지오 아멘돌라Giorgio Amendola(1907~1980). 이탈리아공산당 우파의 지도자였다. 1926년 무솔리니 측에서 고용한 킬러들에게 공격당한 후 세상을 떠난 자유주의 성향의 반파시스트 인사인 지오반니 아멘돌라의 아들이기도 하다.

하고 부르주아지에 합류했다며 이탈리아공산당을 비난한 붉은 별Stella Rossa 집단은 핵심 산업 도시인 토리노에서 이탈리아공산당 만큼 많은 구성원을 보유하고 있었다.[132] 붉은 기Bandiera Rossa는 로마에서 이탈리아공산당보다 더 많은 전사를 보유했다. 이 운동 은 이탈리아공산당이 공산주의자로 자칭할 권리를 박탈당했다 고 생각했다.[133]

하지만 톨리아티는 비장의 카드를 갖고 있었다. 소련 그리 고 붉은 군대와 연계하고 있다는 것이었는데, 소련과 붉은 군대 는 바로 그 찰나에 동부전선에서 나치에게 〔역공을〕 퍼붓고 있었 다. 러시아 군대가 플로센부르크Flossenburg 강제수용소에 접근했 을 때, 포로로 잡혀 있던 가리발디 여단 출신 수감자는 "굉음"을 자신이 어떻게 "들었는지"에 대해 이렇게 묘사했다. "저들의 대 포는 스탈린의 목소리였다."[134] 또 다른 포로는 행동당 구성원이 기는 하지만, 붉은 군대보다는 미군 병사들에 의해 해방되고 있 는 것에 실망감을 표출했다. 톨리아티의 살레르노의 전환은 러 시아가 "실제로 존재하는 사회주의"를 대표한다거나, 길거리 낙 서에 표현된 대로 소련이 "가난한 사람들, 미천한 사람들, 프롤 레타리아와 노동자들에게 진정으로 의지했다"라는 신화에서 정 당성을 끌어왔다.[135] 톨리아티의 공중제비 이전에 "사장들"은 "노 동을 먹고 사는 흡혈귀, 전쟁과 독일의 점령에서 폭리를 취하는 이들"로 묘사됐다.[136] 이제 소련의 권위를 휘두르며 이탈리아공 산당 지도부는 이탈리아인 추종자들에게 "기업가들, 지식인들, 사제들, 이전의 파시스트들"과 연합할 것을 요구했다. "어느 누구도 배제돼선 안 된다."[137] 그러므로 꽉 쥔 주먹을 치켜들거나 망치와 낫 같은 상징물을 착용한 사람들을 "엄격하게 그리고 당 노선을 견인하게 만들도록" 다뤄야 한다.[138]

재정 지원의 대가로 레지스탕스는 또한 다음과 같이 명시된 '로마 의정서Rome Protocols'⁺를 받아들였다. "적이 물러남에 따라 (빨치산의) 모든 요소는 (연합국) 총사령관의 직접적인 지휘 아래 들어가게 될 것이고 …… 그가 내리거나 그를 대신해 연합국 군정이 공표하는 어떠한 명령에도 복종할 것인데, 여기에는 그렇게 하는 게 필요할 때 (빨치산을) 해체하고 그들의 무기를 넘기라는 명령도 포함된다."[139]

이탈리아공산당이 어디까지 우경화할 수 있느냐 하는 것에는 한계가 있었는데, 아직 이탈리아공산당은 구성원을 달래고 경쟁 상대인 정치 집단들과 겨루며 전후 시대에 협상할 힘을 유지해야 했기 때문이다. 정식 공산당원은 소수였고 빨치산은 로봇 같은 사람들이 아니었다. 통신 및 지휘 체계는 보잘것없었고, 공식 계층 구조는 현장에서 전투의 무정부 상태와 좀처럼 부합하지 않았다. 그래서 이탈리아공산당은 급진적 언어를 완전히 버리지는 않았다. 불가능한 일을 시도하면서 톨리아티는 여전히 "반란"을 요구했지만, 그것은 "사회주의적 또는 공산주의적"인 것이 아니라 "파시즘을 파괴할 민족해방을 위한 것"이 될 것이었

⁺   1944년 12월 북부이탈리아민족해방위원회가 연합군 및 이탈리아 정부와 각각 체결한 두 개의 합의문. 레지스탕스 세력의 실질적인 정치적 패배라는 평가를 받는다.

다.[140] 마찬가지로, 이탈리아공산당은 대기주의 및 빨치산을 하찮은 존재로 만들려는 연합국의 활동을 거부했다. 이탈리아공산당은 모든 마을, 지구와 공장에서 민족해방위원회 수립을 고무했다.[141] 이러한 운동의 제도화는 '점령된 지역에 대한 연합국 군정'과 국왕의 정부에 반항하는 수단, 위로부터 통제하는 수단이자 그와 동시에 아래로부터 더욱 효율적인 투쟁을 조직하는 방법이었다. 그럼에도 레지스탕스 운동 내에서 민중의 전쟁과 제국주의 전쟁 흐름의 긴장 관계는 지속됐다.

1945년 4월쯤에는 공세를 펴는 연합국이 마침내 북부에 진입할 태세를 갖춘 것처럼 보였다. 그때 북부이탈리아민족해방위원회가 전국적 반란을 요구하는 명령 16호를 발표했다. 현실주의 견해를 드러내면서 북부이탈리아민족해방위원회는 "연합국이 우리가 요청한 것에 이바지하는 대신 이런저런 이유로 지원을 보류하는 결정을 내릴 수도 있다"라고 경고했다. 그럼에도 "빨치산 대형은 나치-파시스트 본부를 공격해 제거하고 도시들과 마을들에 해방을 가져올 것이다. …… (우리는) 자유를 향한 민중의 오랜 운동의 정점이자 그들의 흔들림 없는 투지의 표현인 …… 총파업을 선언할 것이다."[142]

이탈리아의 최종 해방을 완성하는 데 걸린 그 한 달 사이에, 빨치산이 뒤에서 타격을 가하는 동안 연합국 군대는 앞에서 공격하면서 두 유형의 전쟁은 서로 보완했다. 엄청난 총파업은 북부 산업 도시들을 동요시켰고, 북부의 사회 기반 시설을 파괴한다는 독일의 '초토화' 정책 계획을 좌절시켰다. 그렇지만 평행

1945년 4월 25일 해방된 밀라노에서 산드로 페르티니가 연설을 하고 있다.
레지스탕스에 참여하기도 했던 페르티니는 1978년 대통령에 당선돼 이탈리아
최초의 사회주의 정권을 출범시켰다.

전쟁 간 차이는 사라지지 않았다. 좋은 사례가 제노바 해방인데,
그에 대한 이야기는 빨치산과 함께 일한 영국군 연락 장교 베이
질 데이비슨이 들려줬다.

제노바는 밀라노, 토리노와 함께 이탈리아 경제 성장에 동
력을 공급하는 '산업 삼각 지대'를 형성하는 항구 도시였다.
1945년 4월 1만 5000명 **이상의** 견고하게 무장한 독일인이 그곳
을 점령하고 있었다.[143] 파리에서 폰 콜티츠가 취한 것과 유사한
조치로, 마인홀트Meinhold 장군은 독일 국방군이 방해받지 않고
철수하는 것을 빨치산이 용납한다면 제노바를 비무장 도시로 선
언하겠다고 제안했다. 4월 23일 민족해방위원회는 즉각 막아섬

으로써 마인홀트 부대가 다른 곳에서 싸우는 것을 막기로 결정했다. 이 시기에 빨치산은 모두 6000명 정도였다. 연합국이 [무기 등을] 충분히 공급하지 않아 대다수는 최소한의 무장만 한 상태였다.[144] 그럼에도 그들은 교착 상태가 될 때까지 나치와 싸웠고, 4월 25일 독일인 9000명이 무조건 항복했다. 이틀 후 7000명으로 이뤄진 집단이 [이곳에서] 벗어나려 시도했지만, 결국 딱 300명의 애국행동분대 전사들로 구성된 부대에 항복했다.[145]

민족해방위원회는 제노바를 해방시켰다. 바로 그때 미군이 아몬드Almond+ 장군 형상으로 나타났다. 이탈리아어를 구사하지 못했기 때문에 그는 중개인인 데이비슨을 거쳐야만 민족해방위원회 지도부에게 말을 할 수 있었다.

"그들에게 말하게." 아몬드 장군이 말했다. "나의 군대가 그들의 도시를 해방시켰고, 그들은 자유인이라고."

침묵이 뒤따랐다. 그것은 계속됐다.

장군은 약간 놀라서 나를 봤다. 나는 [장군의] 그 언어를 말할 수 없었던 것일까?[146]

빨치산과 나란히 싸웠고 그들이 무엇을 성취했는지 알고 있던 데이비슨은 아몬드의 말을 통역할 엄두를 내지 못했다. 그는

✛   에드워드 아몬드Edward Almond(1892~1979). 훗날 한국과도 인연을 맺어, 1950년 한국전쟁 발발 후 인천 상륙 작전에 참여하고 흥남 철수 작전을 지휘했다.

1945년 4월 빨치산 대원들이 해방된
제노바 거리를 행진하고 있다.

이렇게 말을 이어간다.

그다음에는 섭리가 개입했다. …… 그 방 바깥에서 고함과 대소동의 갑작스러운 소음이 들려왔다. 우리는 바닥에서 천장까지 설치된 창문을 통해 저 회랑 거리로 나 있는 발코니로 서둘러 갔다.

아래를 보니 멀리 저 거리에서 전진하는 남자 한 무리의 빽빽한 앞줄이 눈에 들어왔고, 그러고 나서 우리는 그것이 줄, 독일인 포로 12명 또는 그 이상이 나란히 늘어선 줄이며 그들 수백 명, 그들 수천 명이 양쪽에 무장한 빨치산이 있는 가운데 비무장 상태로 시가행진하는 것임을 알게 됐다. 그다음에 우리는 응접실로 돌아왔고 아몬드 장군은 나를 재듯이 흘깃 보고는 말했다. "괜찮아."[147]

제노바 사례는 북부 이탈리아 전 지역에 걸쳐 다양한 방식으로 되풀이됐다. 알렉산더 장군의 유감스러운 성명서 그리고 대기주의자들 이외의 모든 세력에게 상당량의 무기 공급을 보류한 조치에도 불구하고, 레지스탕스는 해방에서 중요한 역할을 했다.

역설적인 것은 레지스탕스가 독일인들에 의해서가 아니라 내부로부터 무장 해제를 당하게 된다는 것이었다. 노동계급은 흔히 운동의 선봉에 서왔지만, 노동계급이 충성한 당은 자본주의적 정상 상태로 돌아가는 것을 받아들였다. 아몬드 장군은 제노바가 자유롭게 된 그날 민족해방위원회가 한 일을 인정하는 것 이외에 다른 선택지를 갖고 있지 않았지만, 그 직후 데이비슨은 영국군 준장으로부터 통역하라는 새로운 말을 받았다. "그들에게 말해주겠나, 위원회, 이 위원회는 내일 자로 해산된다고. 그것들의 모든 기능은 중단된다. 그것들의 모든 책무는 '점령된 지역에 대한 연합국 군정'이 맡는다."[148] 그러나 영국·미국인들은 자신들의 요구 사항을 실행할 역량이 부족했는데, 그것에 대해 데이비슨은 이렇게 설명했다.

> 저 엄격한 리구리아⁺ 사람들 Ligurians이 말없이 들었다. …… 그들은 그것의 도래를 예상하고 있었다. 그것은 그들이 반란에 착수하고 그것을 이행한 하나의 큰 이유였다. 그리고 그들이 옳았다. 다른 민족해방위원회들뿐만 아니라 이 민족해방위원회가 예견했던 것은 유효했다. '점령된 지역에 대한 연합국 군정' 장교들은 연합국 군대의 모든 힘을 언제든지 사용할 수 있을지도 모르지만, 이제 책임 있는 지위에 자리하게 된 민주적으로 지명된 사람들을 제거하는 것은 '점령된 지역에 대한 연합국 군정'의 실제적인 모든 권력을 넘어서는 일임이 판명됐다.[149]

영국·미국인들은 그것을 할 수 없었지만, 데이비슨이 설명한 것처럼 정치 지도자들은 할 수 있었다. 그들은 이미 약속했

⁺   제노바가 속한 이탈리아 북부의 주.

고 이것들은 "이행돼야 했다. 민주적으로 지명된 사람들은 제거되지 않았지만, 그들은 자신들의 운동을 제거하는 것을 도와야 했다. 민족해방위원회들은 한쪽으로 밀려나 허무하게 사라져갔다".[150] 제국주의가 이탈리아 레지스탕스에게서 사회의 근본 구조를 바꿀 기회를 앗아가기는 했지만, 그럼에도 레지스탕스가 성취한 것은 부인할 수 없었으며 (그것은) 추축국뿐만 아니라 연합국 지배자들이 한 일과 완전히 달랐다. '점령된 지역에 대한 연합국 군정', 이탈리아 자본가들, 그리고 이전의 파시스트들의 노력에도 불구하고 민중의 전쟁은 그것(민중의 전쟁)을 배신했던 이탈리아공산당의 강화된 지위를 통해 주로 반영되기는 하지만 그 이후의 이탈리아 정치에 지울 수 없는 흔적을 남겼다.

4부

아시아의
민중의 전쟁

인도
인도네시아
베트남

아시아의 반식민지 운동들을 2차 세계대전 시기 레지스탕스의 일부로 다루는 일은 드물다. 하지만 유럽 제국주의자들이 부여한 종속적 지위를 무비판적으로 받아들이거나, 자유를 위한 투쟁을 서구에 유일무이한 것으로 보는 것은 순전한 인종주의자가 아니라면 자만하는 것이다. 그들이 그 지역의 추축국인 일본에 총구를 겨눈 것만큼 자신들의 유럽인 주인들에게도 겨누기는 했지만, 이러한 운동들은 유럽에서 전개된 그것의 등가물들과 형태는 달랐으나 본질적으로는 다르지 않았다.

12. 인도: 기근에서 독립까지

1939년 9월 3일 인도인들은 잠에서 깨어나보니 자신들이 교전 중임을 알게 됐다. 런던은 캐나다나 오스트레일리아 같은 영연방 자치령과 달리 인도인들에게는 찬성을 요청하는 정도의 신경도 쓰지 않았다.[1] 처칠이 하원 의원들에게 "인도는 자유를 위한 세계의 투쟁에서 엄청난 역할을 한다"라고 말했을 때,[2] 그것은 [독일] 제3제국에 정복된 최대 인원을 초과하는 인구인 4억 인도인을 위한 독립을 포함하지 않았다.[3]

"자유를 위한 투쟁"의 결과 중 하나는 1943년 벵골 기근이었다. 총독은 그것을 "영국의 통치 아래 있는 사람 누구에게나 닥친 최대 재앙 중 하나"라고 불렀다.[4] 바로 전의 수확이 '풍작'이라고 공무원들이 묘사했는데도[5] 그것은 150만에서 350만 명의 인명 손실을 가져왔다.[6] 정부 정보 보고서에는 다음과 같은 이야기가 담겨 있다.

거리와 집들에서 나날이 송장 치우기. 다카Dacca에서는 부자들조차 쌀을 얻을 수 없기 때문에 가난한 사람들은 그 무렵 미음을 얻을 수 있으면 어떠한 것이든 주식으로 삼고 있다. 콜레라, 천연두, 굶주림이 인근 마을들에서 매일 수백 명의 죽음을 초래하고 있다. …… 자살과 어린이 판매가 보고돼왔다.[7]

— 1943년 벵골 기근을 상징하는 사진. 이 기근으로 150만에서 350만 명이 사망했다.

이것은 식민지화가 시작된 이래 중대한 기근 12번 발생이라는 끔찍한 기록을 이어갔다.[8] 1960년대에 인도인 경제학자가 기본 원인을 찾아냈다. 아대륙 토지 가치보다도 많은 금액이 영국의 점령과 이익을 지원하기 위해 연간 흘러나가고 있었다.[9] 원인이 된 또 다른 요소는 19세기 후반 두 번의 아프가니스탄 충돌 사례에서 그랬던 것처럼 영국의 아시아 모험사업에 들어가는 비용을 빈곤한 인도가 지불하게 한 관습이었다.[10]

1943년 기근은 인도가 2차 세계대전에 말려든 것과 직접적으로 연관돼 있었는데, 왜냐하면 그것이 시작된 후 평상시 군인 숫자의 11배가 그 나라의 비용으로 유지됐기 때문이다.[11] 비극이 발생하기 만 1년 전, 관리들은 예상되는 결과에 대해 런던에 경고했다. 군대 비용을 지불하기 위해 통화 공급량이 기하급수적으로 팽창해야 할 것이고[12] "그 결과 인플레이션 상태가 발생할 것이다. (그렇게 되면) 통화에서 상품으로 도피하는 위험이 있을 것인데, 이는 사재기를 초래할 것이다. 이것이 기아와 폭동을 차례차례 낳을지도 모른다."[13] 1943년 5월에서 10월 사이에 쌀값이 10배 올랐을 때 그 예측이 옳았다는 것이 증명됐다.[14]

배급 제도에 대한 런던의 저항, 그리고 근처에 있는 말레이반도와 버마를 일본이 정복한 것에 대한 수치스러운 반응이 상황을 악화시켰다. 인도국민회의Indian National Congress의 표현을 빌리면,

그들 지역에 있는 사람들의 목숨을 지키는 것이 일인 관리들은 책무를 이행하는 데 완전히 실패했고, 전혀 준비되지 않은 압도적 다수의 사람들을 남겨두고 임지에서 도망쳐 자신의 안전을 추구했다. 소개된 사람들을 위한 준비 같은 것은 주로 유럽인 주민을 위한 것이었고, 매 단계에서 인종차별이 두드러지게 나타났다.[15]

버마 상실로 쌀의 중요한 (공급) 원천이 잘려나갔지만, (영국은) 대체 가능한 공급자를 찾아내는 대신 (인도와 버마의) 경계 지역인 벵골에 초토화 정책을 도입했다. 인도국민회의가 경고한 것처럼 "그것들 없이는 삶이 불가능"한데도 다리들과 지역의 작은 배들을 파괴했다.[16] 이제 지역의 수확물을 시장으로 수송하는 것이 어렵게 됐다.

내각의 인도(·버마) 담당 장관은 레오 애머리Leo Amery⁺였는데, "영국 제국주의(와) 우익 정치에 대한 열정적인 옹호자"로 묘사돼온 사람이었다.[17] 굶주림에 관한 최초의 보고들에 대한 그의 반응은 퇴직하는 총독 린리스고 경Lord Linlithgow⁺⁺에게 보낸 편지에서 나타났다. 애머리는 독립운동에 대한 집중을 방해하는 것으로서 이것을 환영했다. 일반 사람들은 "정치에 현실주의 기운을 불어넣을" 수도 있는 "식량과 생활비 문제에 이제 빠져" 있었다.[18]

하지만 위기의 심각성이 명백해졌을 때 애머리도 긴급 식량 수입을 지지했다. 필요한 최소량은 한 해에 곡물 100만 톤에 상당하는 것으로 추산됐다.[19] 이는 인도에서 군대의 연간 소비량과 **정확히 같은 양**이라는 것이 순전히 우연의 일치였을까?[20] 애머리의 호소는 무시됐다. 런던은 "토착 혹은 수입 곡물로 맨 먼저 책임지는 것은 방위군의 수요여야 한다"라고 고집했다.[21]

정신없이 서두는 애머리의 호소에 대한 전시 내각의 회답에 담긴 문구는 충격적이었다.

⁺　1873~1955. 저널리스트 출신 영국 보수당 정치가. 영국령 인도에서 태어났다. 군비 확충, 영국령 인도, 대영제국에 대한 관심과 유화 정책 반대로 유명했다. 2차 세계대전 이전에 유화 정책을 강도 높게 비판하면서도, 독일과 맞서기 위해 소련과 협력하는 것은 반대한 강한 반공주의자이기도 했다. 덧붙이면, 큰아들 존 애머리는 2차 세계대전 시기에 나치를 위해 일했다가(나치 휘하의 꼭두각시 조직 영국자유군단British Free Corps에 합류하도록 영국 및 영연방 출신 포로들을 유도하는 등의 활동) 전후 교수형을 당했다.

⁺⁺　1887~1952. 본명은 빅터 알렉산더 존 호프Victor Alexander John Hope(제2대 린리스고 후작)로 1936년부터 1943년까지 인도 총독을 맡았다.

실론과 중동에 필요한 것들이 충족된 후 (인도를 위한) 곡물을 가져오기 위해 오스트레일리아로 보낼 수 있는 추가적인 배들을 찾는 것은 극히 어려운 일일 것이다. 어떠한 조치를 취해야만 한다고 아무리 전시 내각이 결정했다고 해도, …… 시늉에 불과한 수송 물품으로 많아야 5만 톤을 수입하기 위한 준비를 이제 해야만 한다. 하지만 이것이 인도에 배정된 것이어서는 안 되며, [실론섬] 콜롬보Colombo에 주문돼 거기서 지시를 기다려야 한다.[22]

정부가 "군을 위해 모든 작물을 획득하는 것을 통해 의도적으로 사람들을 굶기는 것"을 바란다고 감히 비난하는 사람들은 추적·기소될 것이었다.[23]

린리스고를 대신해 총독이 된 웨이벌Wavell[+++] 육군 원수도 격노했다. "약 6개월에 걸쳐 논의한 후에도 우리가 식량 수입에 대해 전혀 진전을 보이지 못하고 있다는 것은 말이 안 된다."[24] 그는 "유럽에서 굶주림이 발생했을 때 굶주린 주민을 먹이는 것과는 매우 다른 태도"를 지적했다.[25]

처칠은 후안무치했다. 영국의 지배는 "시간이 지남에 따라 황금기"로 보이게 될 것이고[26] 식량을 보내는 것은 인도국민회의 당에 대한 '유화 정책'과 매한가지였다.[27] 캐나다 총리가 곡

[+++] 아치볼드 웨이벌Archibald Wavell(1883~1950). 2차 보어전쟁(1899~1902) 참전을 시작으로 수십 년간 여러 전쟁을 치른 영국 육군의 고위 장교였다. 린리스고 후임으로 1947년 2월까지 인도 총독으로 복무했다.

물 10만 톤을 인도로 가는 배에 실었지만 "윈스턴의 강력한 개인적 호소에 설득돼" 그것을 보내는 것을 "단념"한 것으로 공식 기록에 언급돼 있다.[28] 동남아시아의 영국군 사령관이 벵골을 돕기 위해 자기 쪽 선적 능력의 10퍼센트를 활용하겠다고 제안했을 때, 처칠은 그의 할당량을 10퍼센트 삭감했다.[29] 결국 영국 자체는 어떠한 도움도 주지 않았는데, 처칠이 말한 것처럼 배들의 방향을 인도로 바꾸게 하는 것은 "이 나라로 식량을 수입하는 데" 영향을 줄 수도 있기 때문이었다.[30]

이것의 기저를 이루는 것은 뿌리 깊은 인종주의였다. 예컨대 애머리는 그 나라가 "정착이나 다른 인종 간 결혼에 의해서든, 아니면 또 다른 방법에 의해서든 더 강한 유럽 인종의 피를 점점 더 많이 주입하는 것 …… 그렇게 해서 더 남성미 넘치는 현지인 지배자를 키우는 것"을 필요로 한다고 생각했다.[31] 그렇지만 인도[·버마] 담당 장관의 편견은 총리의 그것에 비하면 아무것도 아니었다. 후자는 인도인들이 "토끼처럼 새끼를 낳고" 있다고 불평하고 이렇게 말했다. "나는 인도인들이 질색이다. 그들은 짐승 같은 종교를 가진 짐승 같은 사람들이다." 애머리는 그가 "히틀러 같은 태도"를 취하고 있다고 그에게 직접 말했다.[32]

제국주의 전쟁은 인도인들에게 재앙이었고, 공개적으로 표명된 인도주의 목표와 명백히 전혀 관련이 없었다. 인도국민회의의 주된 구성원인 자와할랄 네루Jawaharlal Nehru의 말을 빌리면 런던은 그저 "대영제국을 지키고" 있었다.[33] 처칠은 그것에 대해 의견이 다르지 않았을 것인데, 이렇게 말했다. "나는 대영제국 청

산을 주재하기 위해 국왕의 총리가 된 것이 아니다."³⁴ 그러한
접근법은 보수당의 전유물이 아니었다. 노동당의 태도는 1924
년 최초의 행정부⁺ 시기에 (이미) 제시됐다. 자기 사무실에 도착
하자마자 식민지 장관은 처칠의 얘기와 묘하게 닮은 말을 했다.
"대영제국을 엉망으로 만들고 있는 게 전혀 아니라는 것을 보기
위해 내가 여기에 있다."³⁵ 2차 세계대전 동안 인도에 대한 노동
당의 노선은 보수당의 그것과 여전히 구분이 안 되는 상태였다.³⁶

인도를 대신해 영국이 선전포고를 한 것의 역설은, (영국이)
도움을 요청했다면 그것이 마련됐을 것이라는 점이다. 네루 같
은 정치인들은 영국 정부의 그것을 훨씬 능가하는 반파시즘 경
력을 갖고 있었다. 런던이 1930년대에 유화 정책을 쓰는 동안 그
는 스페인의 국제여단, 체코슬로바키아, 그리고 일본의 공격을
받고 있는 중국을 방문해 지지 의사를 밝혔다.³⁷ 영국이 고압적
인 조치를 취했음에도 그는 인도국민회의 내에서 반파시스트 대
의명분을 계속 옹호했다. 그 결과 인도국민회의는 "영국의 곤경
을 이용하는 것"을 피하기로 결의했다. "민주주의와 자유가 한쪽
에 있고 파시즘과 침략이 다른 한쪽에 있는 충돌에서 우리는 필
연적으로 민주주의 쪽에 동조해야 한다."³⁸

아아, 독립운동의 자발적 협력은 런던이 결코 원치 않는
것이었다. 대신에 제2차 세계대전을 핑계로 런던은 시민 자유

⁺ 1924년 노동당은 의석수에서 1당이 아니었지만 자유당의 암묵적 지지를 바
   탕으로 내각(맥도널드 정부)을 꾸리는 데 성공했다. 최초의 노동당 내각이
   었지만 오래가지는 못했다.

1942년경의 네루와 간디.

를 제한하고 인도국민회의를 공격하는 인도방위령Defence of India Ordinance을 도입했다.[39]

하지만 네루의 접근법을 모든 사람이 공유한 것은 아니었다. 영국에 대한 "충성심을 만들어내기 위해 …… 고되게 노동했다"라고 자랑한 라마스와미 무달리아르Ramaswami Mudaliar[+] 경 같은 협력자들도 있었다.[40] 그는 영국 전시 내각에 출석하는 것으로 보상받았다(물론 인도에 대한 논의에서 배제되기는 했지만).[41] 놀랍게도 인도공산당이 같은 진영에 속해 있었다. 1939년까지 불법이었지만, 인도공산당은 영국의 "승리가 모든 시민이 관심을 가져야 하는 목표다"라며 인민전선 노선을 주장한 유일한 정당이었다.[42] 스펙트럼의 반대쪽 끝에는 수바스 보스Subhas Bose[++]가 있었는데, 우리가 살펴볼 그의 인도국민군Indian National Army은 일본군과 나란히 싸웠다.

이러한 극단(적 경향)들 사이에 인도국민회의와 무슬림연맹 Muslim League이 있었는데, 두 조직의 경쟁은 분할 통치라는 고전적인 제국주의 책략의 산물이었다. 영국의 인도 통치는 힌두 다수파와 9000만 명의 무슬림 소수파 간 집단적 긴장 상태를 의도적으로 더 부추겼다. 그럼에도 두 조직 모두 전쟁을 식민지 주인들

[+]   1887~1976. 인도의 변호사 출신 정치가이자 외교관. 1942년부터 1945년까지 처칠 전시 내각의 일원이었고, 전후 유엔 경제사회이사회 초대 의장 자리에 올랐다. 자료에 따라 Ramaswamy가 아니라 Ramasamy로 나오기도 한다.

[++]   1897~1945. 인도국민회의에 참여해 의장까지 됐으나 노선 차이로 1939년 탈퇴했다. 2차 세계대전 시기에는 인도국민군을 조직해 활동했다. 2차 세계대전 종료 직후 타이완에서 비행기 사고로 사망했다.

로부터 양보를 얻어낼 기회라고 봤는데, 그렇기는 하지만 그들의 목표에 엄청난 차이가 있었다. 무슬림연맹은 전후 파키스탄 창설에 대한 영국의 승인을 얻기를 바랐다. 따라서 무슬림연맹은 하나로 통합된 독립 인도를 지향하는 인도국민회의의 운동과 거리를 뒀다.

최대 규모의 반식민지 조직으로서 인도국민회의 당은 서로 다른 많은 사회 계층을 민족주의적이고 계급을 가로지르는 강령 뒤에 결합시켰다. 그것은 무슬림연맹보다 덜 공동체주의적이었고(전시 의장이 무슬림이었다) 단기간에 자유를 얻기를 원했다. 인도국민회의는 2차 세계대전의 이중성을 이해하고 1941년에 결의안을 통과시켰는데, 그 결의안에서 "침략 대상이 된 사람들 그리고" 추축국에 맞서 "그들의 자유를 위해 싸우고 있는 사람들"과 연대할 것임을 표명하지만 그와 마찬가지로 "종속된 인도가 파시스트 권위주의와 구분이 안 되는 오만한 제국주의에 자진해서 또는 자발적으로 도움을 줄 수는 없다"라고 단언했다.[43]

1942년 처칠은 공적 관계 문제를 풀기 위해 스태포드 크립스Stafford Cripps[+] 경을 파견했다. 미국 상원 외교관계위원회는 인도가 자치권을 얻기를 원했는데, "그렇지 않으면 미국이 그저 대영제국을 보존하기 위해 싸우고 있는 것이 될 것이고" 인도인들이

[+] 1889~1952. 1931년 노동당 소속 의원으로 당선됐지만, 공산주의자와 협력하는 문제 등을 놓고 갈등을 빚은 끝에 1939년 당에서 축출됐다. 2차 세계대전 시기에는 소련 주재 대사를 지내고, 전시 내각의 일원이 됐다. 1945년 노동당에 다시 합류해 전후 애틀리 내각에서 일했다.

"그들에 대한 영국의 지배를 연장"하기 위해 죽는 것이 될 것이었다.[44] 그런 이유로 3월 10일 루스벨트는 "나치즘과 싸우고 있는 모든 사람의 민주적 절차"에 의거한 대의제 인도 자치 정부를 제안하는 전보를 처칠에게 보냈다. (부수적으로, 대통령은 흥미로운 사실을 보여주는 비밀 부칙을 덧붙였다. "제발 나를 이것에 끌어들이지 마시오.")[45] 미국을 달래기 위해 바로 그다음 날 크립스를 인도로 파견했다. 총리는 자치에 관한 회담을 필요악으로 간주했다. "크립스 사절단은 우리 목적의 공명정대함을 입증하는 데 없어서는 안 된다. …… 인도 정당들을 위해 고안된 그것을 그 정당들이 거부한다면 우리의 신실함은 세계에 입증될 것이다."[46] 그러나 영연방 자치령 지위에 관한 크립스의 제안이 거부되지 않을 것처럼 보였을 때 처칠은 그에게 필경 〔합의에〕 실패하게 만들 새로운 조건을 붙이게 했다.

다음에 무엇을 할 것인지를 놓고 인도국민회의는 분열됐다. 지도자인 마하트마 간디Mahatma Gandhi는 즉각적인 독립에 찬성하는 비폭력 시민 불복종 운동을 제안했다. 인도국민회의의 주된 기구인 운영위원회에서 벌어진 논쟁은 상황의 복잡성을 보여준다.

네루: 일본은 제국주의 국가다. 인도 정복은 그들의 계획안에 담겨 있다. 만약 (간디의) 접근법이 수용된다면 우리는 추축국의 수동적인 파트너가 된다.

아추트 팟와르드한 Achut Patwardhan[+]: 영국 정부는 자멸을 초래하는 방식으로 행동하고 있다. (네루의) 태도는 영국 기구와 비굴하고 무조건적으로 협력하는 것으로 이어질 것이다.

발라바이 파텔 Vallabhbhai Patel[++]: 문이 아직 열려 있고 우리가 연합국에 동조한다는 것이 명백해졌다. 반복되는 모욕이 우리 위에 쌓인 후 문이 마침내 닫힐 시간이다. 나는 우리 앞에 있는 (간디의) 초안에 동의한다.[47]

간디가 승리했고 그의 '인도를 떠나라Quit India' 결의안이 8월 8일 통과됐다. 그것은 민주주의와 인권을 위한 진짜 전쟁에서 여전히 영국을 지지했다.

자유로운 인도는 자유를 위한 투쟁, 그리고 나치즘, 파시즘, 제국주의의 침략에 맞선 투쟁에 인도의 모든 자원을 (투입할) 것이다. …… 인도 독립 선언을 바탕으로 임시 정부가 수립되고, 자유로운 인도는 국제연합United Nations(즉 연합국)의 동맹국이 돼 자유를 위한 투쟁이라는 공동 사업의 시련과 고난을 그들과 공유하게 될 것이다. …… 인도의 자유는 외국의 지배를 받고 있는 다른 모든 아시아 국가들의 상징이자 이러한 자유의 서곡임

[+] 1905~1992. 인도의 독립운동가이자 정치 지도자로 인도사회당을 창립했다. 자료에 따라 Achut가 아니라 Achyut로 나오기도 한다.

[++] 1875~1950. 변호사 출신 정치인으로 인도국민회의 의장을 지냈고, 독립 후에는 초대 부총리가 됐다.

— 인도국민회의의 '인도를 떠나라' 운동에 참여한 사람들.

이 틀림없다. 버마, 말라야, 인도차이나, 네덜란드령 〔동〕인도,
이란, 이라크도 완전한 자유를 획득해야 한다.[48]

'인도를 떠나라' 결의안을 달성하려는 운동이 도발적인 모
습을 띠도록 설계된 것은 아니었다. 그것은 "평화로운 투쟁의 마
지막 22년 동안 모아놓은 모든 비폭력적 힘을 나라가 활용할 수
있도록 가능한 한 가장 광범위한 비폭력 노선을 따르게" 될 것이
었다. "비폭력은 이 운동의 기반이다."[49] **아힘사**ahimsa(비폭력)의 예
언자 '간디'에게 공식적으로 그 지도권이 위임됐다.

'마하트마'(위대한 영혼)라는 부서지기 쉬운 인물을 이해하
는 것이 여기서는 필수적이다. 간디의 진보적 민족주의는 독립
이라는 공유된 목표 뒤에 매우 다양한 사회 계급을 모아놓았다.

그는 소작농들과 중간계급, 부유한 기업가들, 노동자들 사이에서 균형을 이루는 버팀대였다. 영국에 압력을 가하기 위해서는 엄청난 수의 가난한 인도인들을 동원해야 했다. 그러나 이것은 그들의 부유한 동포들을 위협해 인도국민회의의 통합 기반을 약화시킬 수 있는 사회적 급진주의를 촉발하는 위험을 무릅써야 했다. 간디는 그 자신의 자기희생에 중점을 둔 정책 그리고 대중적인 **사티아그라하**satyagraha—(항의의 한 형태로 단식하기 같은) 비폭력 시민 불복종—를 통해 이 난제에서 벗어날 길을 찾았다.

자신의 개인적 인격을 활용해 사건의 중심에서 그는 대중 행동의 잠금 장치를 열 수 있었지만, 전투성이 두드러지게 드러나자마자 그것을 닫는다. 한 사례가 1919년에 억압적인 롤라트법Rowlatt Act[+]에 맞선 운동이었다. 그가 고무했던 대중 시위가 공격을 받고 반격했을 때 간디는 "군중에게 해산하라고 설득하면서, 그들을 심하게 꾸짖고 그들이 적절히 처신하지 않는다면 그들과 맞서 개인적인 **사티아그라하**에 착수하겠다고 위협했다".[50] 지도자의 영적·도덕적 진실성에 대한 강조가 색다르긴 하지만, 간디주의는 실제로는 대중 행동주의를 효율적으로 사용하지만 계급 투쟁과 혁명은 두려워하는 개량주의적 민족주의의 전형적 사례

[+] 1919년 영국령 인도의 치안 대책으로 시행된 법률. 속내는 구속 영장 없는 체포, 재판 없는 투옥 등을 가능케 해 인도 민족운동을 훨씬 강도 높게 탄압하겠다는 것이었다. 1차 세계대전 때 영국은 전후 자치권 인정을 미끼로 인도에서 엄청난 인적·물적 자원을 차출했으나, 전쟁이 끝나자 약속을 이행하는 대신 롤라트법을 시행해 거센 반발을 자초했다.

다. 제국주의 전쟁에 반대했지만 그는 민중의 전쟁까지 나아가는 건 꺼렸다.

그러한 것이 간디가 '인도를 떠나라'에 접근할 때 품은 정신이었다. 정책이 채택됐을 때 그는 이렇게 말했다. "실제 투쟁이 이 순간 시작되는 것은 아니다." 그는 이제 "총독을 섬기고 그에게 애원"할 것이다. "그 과정이 2주나 3주 걸릴 것 같다."[51] 영국은 다른 생각을 갖고 있었고, 그다음 날 아침 인도국민회의 지도부 전체를 체포했다. 네루의 경우 투옥이 1040일 동안 지속됐다.[52] 지도자들을 석방시키기 위해 격렬한 시위가 분출했을 때 간디는 그것에서 거리를 뒀다. 감옥에서 그는 "자제력을 잃었다고 할 수 있을 정도로 격노해 제멋대로 구는 사람들"이 야기한 "애석한 사건", "재앙", "개탄스러운 파괴"를 비난했다.[53]

그러나 통제력을 잃은 것은 바로 그였다. [간디의] 경고는 민주주의와 자유를 향한 민중의 저항운동에 무너졌다. 최초 단계에는 거점 도시에서 일어났다. 뭄바이, 콜카타, 델리에서 파업이 발생했다. 8월 12일쯤에는 뭄바이의 제분소 63곳 중 19곳만 기능하고 있었다.[54] 타타Tata철강의 거대한 잠셰드푸르Jamshedpur 공장의 노동자들은 "중앙 정부가 형성될 때까지 작업을 재개하지 않을 것이다"라고 선언했고, 그러는 동안 석 달에 걸친 섬유 산업 파업으로 아마다바드Ahmedabad는 '인도의 스탈린그라드'라는 별명을 얻었다.[55] 중간계급과 학생들도 두드러진 역할을 했다. 파트나Patna에서 군중이 도시를 장악한 후 군중은 공중에서 기관총 사격을 당했다.[56] 그것은 영국 공군이 이런 방식으로 활용된 여섯 가지 경우 중 최초의 것이었다.[57] 인도공산당의 주장이 그와 같은 대규모 탄압을 보완했는데, 이 당은 영국에서 〔공산당이〕 그런 것과 마찬가지로 러시아를 지원하기 위한 최대 생산을 고취했다. 그들은 함께 대도시들에서 질서를 복구했다.

두 번째 단계는 8월 말 '진정한 농민 반란'과 함께 시작됐다.[58] 지역 연구들이 실제 사례를 들어 보여준 것처럼, 그 싸움은 독립보다 더 범위가 넓은 무언가를 위한 것이었다. 사타라Satara 에서는 (1946년까지 지속된) 유사 정부parallel government가 격주로 나오는 신문을 발행하고, 학교를 세우고, 토지를 재분배하고, 대금업자에게 벌금을 부과하고, 상비군을 운영했다.[59]

1942년 9월 제분소 소유자가 재고 쌀을 배로 내보내고 있는 것을 막기 위해 메디니푸르Medinipur 지구 사람 2500명이 모였다. 시위 참가자 3명이 경찰에게 살해된 후 방위, 재정, 사법, 교육 등에 대한 부서를 갖춘 또 다른 유사 정부가 수립됐다.[60] 곡물 수출이 금지됐고, 상인들에게 고정 가격이 부과됐으며, 일부 비축량이 몰수돼 사람들에게 분배됐다.[61] 메디니푸르가 간디의 비폭력을 넘어 어디까지 나아갔는지는 다음과 같이 외친 학생들이 보여준다. "우리는 〔국왕〕 조지의 머리를 자르고 불과 검으로 영국을 끝장낼 것이다."[62] 목표는 "경찰서와 법원 또한 완전히 파괴되는" 동안 "정부 은행, 금고, 우체국을 약탈하는" 것이었다.[63] 하지만 간디주의의 영향력이 완전히 사라진 것은 아니었다. 마하트마는 '인도를 떠나라'에 관한 만트라mantra+—'죽을 각오로 하라Do or Die'—를 공표했다. 첫마디가 보통 강조되고 그것은 영국의 지배에 대한 전투적인 도전으로 간주된다. 하지만 인도국민회의의 지역 지도자 시브푸잔 라이Shivpujan Rai[+] 박사가 군중에게 충고할 때 그것의 다른 측면을 드러냈다. "우리 목표를 달성하는 방법은 바로 죽이는 것이 아니라 죽는 것입니다. 국가의 지도자가 이를 지시했습니다. 우리는 그의 바람을 거스를 수 없습니다." 그래서 무기를 버리고 시위 참가자들은 비무장 상태로 관공서를 향해 행진했다. 그들이 도착했을 때 라이 박사를 비롯한 7명이 총에 맞고 죽었다.[+++] 남은 사람들은 '죽기'보다는 '하기'를 택했고, 그다음 날 건물, 경찰서, 종묘상, 기차역을 약탈했다(그러는 동안에도 여전히 간디의 이름을 연호했다).[64]

〔그러한〕 겉모습에도 불구하고 투쟁은 간디주의 교리를 실질적으로 버렸고, "'인도를 떠나라' 운동에서 모습을 드러낸, 인도 전역에서 저명한 지도자 중 한 사람"인 나라얀Narayan[++++] 아래에서 민중의 전쟁을 향해 나아가고 있었다.[65] 1942년 9월 영국 비밀 보고서는 나라얀의 인도국민회의사회당Congress Socialist Party이

[+] 불교나 힌두교에서 기도 또는 명상 때 외우는 주문.

[++] 1913~1942. 'Doctor Sahib'으로 불린 인도국민회의 활동가. 1942년 8월 18일 인도 북부 우타르 프라데시주에 있는 무함마다바드Muhammadabad에서 '인도를 떠나라' 운동에 동참했다가 희생됐다.

[+++] 사망자 숫자를 저자가 잘못 기재한 것으로 보인다. 이날 희생자는 7명이 아니라 8명('셰르푸르Sherpur의 여덟 순교자')으로 얘기된다.

[++++] 자야 프라카시 나라얀Jaya Prakash Narayan(1902~1979). 사회주의 성향의 인도 독립운동가였다. 식민지 시기에 인도국민회의 내에서 사회당(인도국민회의 사회당)을 결성해 활동했고, 독립 후에는 인도국민회의에서 분리된 사회당을 이끌었다. "'인도를 떠나라' 운동의 영웅"으로 알려져 있다.

'인도를 떠나라'
운동의 영웅
나라얀의 얼굴이
새겨진 기념우표.

"유리한 위치를 차지하고 있다"라고 명시했다.[66] 그는 평행 전쟁
에 대한 생각을 명확히 표현했다.

1939년 그는 이렇게 썼다. "그 기원이 제국주의 경쟁 상대
들의 전쟁인 이 전쟁이 그 제국주의적 성격을, 전쟁이 진행됨에
따라 민주주의와 세계 평화를 위한 것으로 자동적으로 변화시킬
것이라는 희망은 있을 수 없다." '인도를 떠나라' 결의안에 대한
반응은 그에게 이것이 사실임을 확인해줬다. 인도는 이제 "영국
유형의 나치 지옥(과) 영국 파시스트들의 야만적 압제" 아래 놓
였다.[67] 따라서 다른 전쟁이 필요했다.

자유를 위한 인도의 싸움은 반제국주의적이기도 하고(따라서
제국주의에 찬성하는 반파시스트 또한 파시즘의 모체다) 보통 사람
이 개입해 전쟁을 끝내려는 운동이기도 하다. …… 우리는 세계
의 보통 사람들에 의한 제국주의와 파시즘의 패배를 위해 일하

며, 우리의 투쟁으로 우리는 전쟁 종식과 흑인, 백인, 황인의 해방으로 나아가는 길을 보여준다.[68]

이 운동이 적을 도왔다는 영국의 비난에 답하면서 그는 이렇게 물었다.

왜 인류의 5분의 1의 해방이 그들 방식에 따라 와야 하는가? 만약 (연합국이) 진정으로 그들이 공언한 목표를 위해 싸우고 있다면, 자유를 향한 인도인의 투쟁은 그들을 방해하는 것이 아니라 돕는 것일 것이다. 만약 그것이 그들을 방해한다면, 그것은 그들의 전쟁의 근거가 거짓이라는 사실을 입증하는 증거일 뿐이다.[69]

나라얀은 결과적으로 '인도를 떠나라' 결의안을 단지 당국과 흥정하는 도구에 지나지 않는 것이 되게 만든 인도국민회의의 공식적인 접근법을 비판했다. 대중운동에 대한 계획 수립이 의도적으로 결핍됐고,[70] "그들의 명백한 의무를 이행하는 데 실패"했기 때문에 이제 그들은 "돌아서서 민중의 고생 및 고통과 절연한다".[71] 지도력 공백을 메우려 애쓰면서 나라얀은 영국과 맞선 게릴라 전쟁을 어떻게 조직하고 수행할 것인가에 대해 상세히 조언했는데, "만약 이것이 간디의 원칙과 부합하지 않더라도 그것은 내 잘못이 아니다"라고 인식하고 있었다.[72] 하나의 결과는 의식적으로 "유럽 게릴라들 …… 곧 러시아 빨치산"을 본보

기로 삼은 아자드 다스타스Azad Dastas[*]였다.[73]

'인도를 떠나라' 운동은 민중의 전쟁에 이르렀을까? 식민지 당국은 타타, 비를라Birla[**] 제국 같은 주요 산업 회사들이 파업하는 노동자들에게 어떤 경우에는 몇 달 동안 급료를 주기까지 하면서 '인도를 떠나라'를 후원했다는 것을 주목했다. 하지만 영국 관리들은 일본의 침략이 충분한 가능성을 보임에 따라 인도 자본가들이 "전시 보험 정책"에 자금을 대고 있다고 믿었다.[74] 그들이 승리할 경우 "우리는 (그들의) 감사와 우리 공장들의 온전한 유지를 기대할 수 있다. 하지만 영국이 승리하면 우리는 어떤 것도 잃지 않는다"라는 계산이었다.[75] 이 계획은 분명히 성공했는데, 한 저널리스트는 이렇게 논평했다. "인도국민회의와 제휴한 저명한 재계 거물들이 어떻게 델리의 보급 담당 부처로부터 전시 계약을 따냈는지를 아는 것은 당혹스러운 일이다."[76]

많은 작가가 지적한 것처럼, 더 중요한 것은 '인도를 떠나라'도 "가난한 사람들과 노동계급의 지지를 눈에 띄게 받았는데, 이들은 전시 인플레이션과 식량 부족으로 가장 큰 타격을 받은 사람들이었다는 점이다".[77] 파트나에서 한 목격자는 이것이 (상황을) 급진적으로 만드는 효과에 대해 묘사했다. 학생 행진에 대한 발포가 이뤄진 후

✢　나라얀이 네팔에서 조직한 지하운동 단체. 아자드 다스타스는 '자유 여단'이라는 뜻이다.

✢✢　타타, 비를라는 모두 굴지의 대기업 집단으로 오늘날까지 인도에서 위세를 떨치고 있다.

영국이 지배한다는 표시가 파트나에서 모두 사라졌다. 인력거나 에카ekkas(말이 끄는 마차)가 전혀 다니지 않았다. 학생들은 더이상 지도자가 아니었고 지도력은 인력거꾼, 에카 운전자, 그리고 영국은 그들의 적이라는 정도까지만 정치 지식이 확장된 사람들에게 넘어갔다.[78]

'인도를 떠나라'는 실제 전쟁에 도달했다. 1942년 8월 말 린리스고 총독은 처칠에게 이렇게 썼다.

저는 여기서 1857년 [세포이] 반란 이래 단연코 가장 심각한 반란을 만나 바쁜데, 그 중대성과 정도에 대해 우리는 지금까지 군사 보안을 이유로 세계에 감춰왔습니다. …… 우리가 이 일을 엉망으로 만든다면 우리는 미래의 연합군 작전을 위한 기지로서 인도를 돌이킬 수 없이 훼손하게 될 것입니다.[79]

통계는 그의 주장이 사실임을 증명했다. 첫 주에만 기차역 250곳과 경찰서 150곳이 공격을 당했고, 열차 59대가 탈선했다.[80] 1년 후 우체국 945곳이 파괴되고 폭탄 664개가 매설됐다.[81] 영국 당국은 112개 대대, 병력 3만 명 이상의 많은 무장 경찰을 배치했다.[82] 그들은 538번 발포했는데, 뭄바이에서만 [그 횟수가] 100번이 넘었다.[83] 사용된 방법은 충격적이었다. 중앙 주Central Provinces⁺의 한 고위 관리는 "깜둥이niggers 24명을 직접 총으로 쏴서 넘어뜨리며 아주 즐거운 시간을 보냈다고 저녁에 클럽에서 뽐냈다".[84] 치무르Chimur 마을에서는 모든 성인 남성이 체포됐고, 그러고 나서 "군인들은 여성들을 마음껏 능욕했다. …… 어떠한 여성도 안전하지 않았는데 임신한 여성이나 열두 살 혹은 열세 살짜리 소녀들조차 그러했다".[85]

통틀어 거의 10만 명이 체포되고 4000~1만 명이 살해됐다.[86] 그것은 전쟁이었지만, 매우 비대칭적인 전쟁이었다. 인도인 사상자에 비해, [영국 측에서는] 단지 군인 11명과 경찰 63명이 죽었다.[87] 수바스 찬드라Chandra 보스가 때맞춰 무장력의 이러한 격차를 주목했다.

인도국민군 INA

보스는 저명한 독립운동가였다. 인도국민회의 의장으로 두 번(1938년과 1939년) 선출되는데, [영국 당국에 체포돼] 형기刑期를 11번 치른 상태였다. 2차 세계대전에 대한 보스의 최초 반응은 나라얀의 그것과 비슷했다. "유럽의 전쟁에서 어느 한쪽을 지원한다는 것은 있을 수 없는데, 양쪽 모두 식민지 보유를 위해 싸우고 있는 제국주의자들이기 때문이었다."[88] 1940년 그는 즉각적인 독립투쟁을 위한 대규모 시위를 조직하고, 간디에게 "앞으로 나서서 소극적인 저항운동에 착수해줄 것"을 요청했다. "전쟁

✛   식민지 시절에 존재한 행정 구역으로 지금의 마디아 프라데시, 차티스가르, 마하라슈트라 주의 일부에 걸쳐 있었다.

에서 인도가 자신의 역할을 할 때가 무르익었습니다."[89] 그의 주장은 영향을 끼쳤다. 역사가들은 간디가 '인도를 떠나라'에 착수한 이유 중 하나가 "혁명 사상의 점점 커지는 영향력에서 그가 파악한 악을 물리치고 젊은이 특유의 에너지의 안전밸브(로서 역할을 하는)" 것이었다는 그럴듯한 주장을 폈다.[90]

다시 한 번 수감된 후 보스는 혼자서 자기 나라의 내적인 힘의 잠재성을 차츰 의심하기 시작했다. "우리는 인도가 무기를 사용하지 않고 자유를 성취할 수 있다고 믿지 않는다. …… 우리는 현대적인 방식으로, 그리고 현대적인 무기를 가지고 적과 싸워야 한다."[91] 그의 얘기가 계속됐다. "당신이 어떠한 도움도 받지 않고 해낼 수 있다면 그것이 인도를 위한 최선의 과정일 것임은 말할 필요도 없다. …… (그러나) 역사에서 자유를 위한 모든 운동은 성공을 거두기 전에 해외에 있는 누군가의 도움을 구해야 했다."[92] 그러한 도움을 누구에게서 받을 수 있었을까?

보스는 안달복달하지 않았다. 그는 유치장에서 탈출해 모스크바로 향했다. 영국과 맞서는 것에 대한 소련의 원조를 간청했으나 무시당했을 때 그는 베를린으로 갔고, 거기서 추축국은 "오늘날 세계에서 우리의 가장 좋은 친구들이다"라고 말했다.[93] 히틀러는 믿기 힘든 파트너였다. 보스 자신은 백인이 흑인을 지배할 운명이라고 선언한 히틀러의 1935년 연설에 극도로 화가 난 상태였고,[94] 그러한 것이 처음에 일본의 승리를 통탄했던 총통의 인종주의였다. "일본의 승리는 하나의 대륙 전체의 상실을 뜻하며 유감스러운 일인데, 왜냐하면 패배자가 백인종이기 때문

— 1942년 히틀러와 만난 수바스 보스.

— 1943년 도쿄에서 연설하고 있는 수바스 보스.

이다."[95] 보스가 결국 거래를 성사시킨 대상은 바로 1941년 12월 이래 연합국과 교전 중인 도쿄였다.

'내 적의 적은 내 친구다'라는 것에 근거한 실용적인 고려가 보스를 이 결정으로 이끌었지만, 이것은 발표되지 않았다. 그는 중국에서 발생한 〔일본군의〕 잔혹 행위를 들어서 알고 있었음에 도 "자유, 정의, 호혜라는 올바른 것에 근거한 동아시아 신질서" 를 확립한다는 도쿄의 주장을 공개적으로 받아들였다.[96] 이념에 대한 보스의 진술은 숨이 턱 막히는 기회주의를 보여줬다. "우리의 정치철학은 국가사회주의와 공산주의의 종합이어야 한다. …… 나는 왜 우리가 양쪽의 좋은 점들을 포함할 두 체계의 종합을 생각해낼 수 없는지 그 이유를 모르겠다."[97] 그의 일관성 없음은 일관됐는데, 추축국을 후원한 후 1945년 그는 "유럽 국가들의 운명을 손에 쥐고 있는 유럽의 한 사람" 스탈린 쪽으로 다시 한 번 돌아섰다.[98]

파시즘에 대해 보스가 공개적으로 취한 태도는 추축국과 맞선 전쟁에 관한 책에 그의 인도국민군을 포함하는 것을 문제적으로 만든다. 그럼에도 '역사에서 자유를 위한 모든 운동은 해외에 있는 누군가의 도움을 구해야 했다'는 그의 주장에는 취할 점이 일부 있었다. 1차 세계대전 시기인 1916년 더블린에서 일어난 부활절 봉기Easter Rising의 지지자들은 독일제국으로부터 무기를 구하려 했다. 1년 후 레닌은 취리히에서 페트로그라드(상트페테르부르크)까지 전선을 가로질러 그를 이동시킬 밀봉 열차에 대한 (같은 곳〔독일제국〕에서 나온) 제안을 받아들여 대논쟁을 초래했다. 하지만 보스와 달리 이 혁명가들은 어떠한 식으로든 제국주의에 경의를 표하는 것을 거부했다.

인도국민군은 여기서 〔다루는 것을〕 고려할 만한데, 그 이야기가 부역자의 협력 이상이었기 때문이다. 보스가 도착하기 전부터 이 군대는 존재하고 있었고, 다른 곳에서 일어난 레지스탕스 운동들과 마찬가지로 그 병사들은 사회적·정치적 불의에 대한 동일한 감각을 통해 자원입대했다. 인도국민군은 처칠이 "영국 역사상 최악의 재앙이자 최대 규모의 항복"이라고 부른 사건인 일본의 싱가포르 정복 이후 전쟁 포로로 억류된 인도인 병사 6만 명 중에서 자원입대할 사람을 모집했다.[99]

그들이 기꺼이 참가한 것을 이해하기 위해서는 영국의 인도 연대Indian regiments를 살펴볼 필요가 있다. 애머리는 이것을 "돈 버는 데만 관심 있는 군대"로 묘사했는데,[100] 극심한 가난이 많은 사람을 입대로 몰아가기 때문이었다. 분할 통치는 지배를 유지하기 위해 쓰인 방법이었다. 부대는 "가급적 서로 다른 언어를 쓸 뿐만 아니라 〔주둔〕 지역 주민과도 다른 언어로 말하는, 나라에서 〔서로〕 멀리 떨어진 지역 출신"으로 편성됐다. 가능한 경우 모든 인도 연대는 더 나아가 힌두, 무슬림, 시크Sikh 중대로 나뉘었다.[101] 추가적인 분열은 그들 중에서 신병을 선발한 이른바 '전투 민족martial races'과 나머지 사이에서 창출됐다.

이러한 전술은 2차 세계대전 기간에 망가지기 시작했다. 신병 모집은 '전투 민족'을 넘어 잘 진행돼야 했고, 공동체 간 차이는 〔각 공동체가〕 맞닥뜨리는 중대한 인종주의 앞에서 무색하게 됐다. 통상적인 인도 병사(세포이)의 수입은 영국 병사 수입의 3분의 1이었다. 육군이 거대하게 성장했음에도 여전히 전투 부문에서 영국인 장교들은 그에 상응하는 인도인보다 12 대 1 비율로 수적으로 우세했고 2배의 급료를 받았다.[102] 단지 1명의 인도인만이 여단을 지휘했고, 사단을 지휘하는 인도인은 한 명도 없었다. 전후 델리에서 열린 인도국민군 군인들에 대한 유명한 여론 조작용 공개 재판에서 한 피고는 인도인이 영국인만큼 용감하게 싸운 이후 내내 "그러면 왜 그들의 급료, 수당, 음식과 생활 조건에 그렇게 많은 차이가 있어야만 했는가?"라고 물었다.[103]

인도국민군에 참가하는 경향이 있었던 것은 바로 장교들보다는 평범한 병사들이었다.[104] 사로잡힌 포로들은 전후 영국의 심문을 받으면서, [인도국민군에] 합류한 다양한 이유를 제시했다. 일본 포로수용소 회피(도쿄는 인도국민군에 합류하는 사람들은 풀어주겠다고 제안했다) 및 영국 패배가 임박했다는 기대가 역할을 했다. 인도국민군은 또한 "[종교] 공동체에 얽매이지 않음을 드러내놓고 표현했는데",[105] 델리에서 열린 여론 조작용 공개 재판에서는 힌두, 무슬림, 시크교도가 피고석에 나란히 서는 모습이 나타났다. 한 장교에 따르면, **사방팔방에서 나온** 제국주의 반대가 가장 중요한 동기였다.

우리나라의 문제들에 대해 우리가 생각할 수 있는 유일한 해법은 강력하고 잘 훈련된 무장 조직을 형성하는 것이었는데, 이 조직은 기존의 외국 지배에서 인도를 해방시키기 위해 싸워야 하고, 또한 있을 수 있는 일본인들의 어떠한 방해와도 맞서 동포들을 보호할 수 있어야 하고 그럴 준비가 돼 있어야 하며, 영국인들을 대신해 이 나라의 지배자로 들어앉으려는 후자[일본인들]의 어떠한 시도에도 저항할 수 있어야 하고 그럴 준비가 돼 있어야 한다.[106]

이러한 독립적인 태도는 인도국민군과 일본인들 간의 긴장된 관계에서도 나타났다. 예컨대 [일본 측이] 인도국민군의 첫 번째 사령관을 맡게 되는 모한 싱Mohan Singh+ 대위를 설득해 인도국민군을 처음에 창설하게 하는 데 5일에 걸친 빡빡한 흥정이 필요했다. 그는 일본의 의도에 의혹을 품고 있었고,[107] '인도국민군은 오로지 영국과 맞서는 전투만 할 수 있다'라고 고집하면서 일본의 네덜란드령 동인도 정복[작전]에 인도국민군을 배치하는 것을 용납하지 않고 거부했다.[108] 모한 싱이 '일본은 인도를 노릴 자체적인 속셈이 없다'라는 보장을 일본에 요구했을 때 사태가 악화됐다. 이것이 마련되지 않고 있을 때 그는 인도국민군 해산을 명령하고 체포됐다.[109] 한 일본 장교는 의견 충돌의 근원에 대해 이렇게 설명했다. "오랫동안 억압당한 역사를 가진 식민지인들로서 그들은 어떠한 종류의 편견을 키워왔고, 해방이 제안될 때마다 그들은 자기들의 힘에 부치는 다른 나라들과 평등하다고

+　1909~1989. 1927년 영국령 인도의 군대에 입대했고, 2차 세계대전 때에는 인도국민군 지휘관을 맡았다. 인도가 독립한 후에는 상원 의원을 지냈다.

주장하려 시도해왔다."[110]

    싱 대위는 수바스 보스 같은 정치적 위상이 부족했는데, 보스는 인도국민군을 위해 어느 정도의 독립을 얻어내기에 더 좋은 처지였다. 1943년 도착했을 때 보스는 운동을 다시 개시하고, 일본의 우세에 대한 평형추로서 300만 명에 달하는 동남아시아 인도인 공동체의 지지를 모았다.[111] 최종적으로, 보스는 그의 목표를 달성하기 위해 일본인들의 인도 정복에 의존하기보다는 인도국민군이 〔인도〕 내부로부터 혁명의 기폭제 역할을 하는 것을 구상했다.

> (우리는) 인도에서 영국군을 공격하기에 충분할 만큼 강력한 전투 부대를 조직할 것이다. 우리가 그렇게 할 때 국내의 민간 주민 사이에서뿐만 아니라 지금은 영국 깃발 아래에 서 있는 인도군Indian Army 사이에서도 혁명이 발발할 것이다. 이렇게 해서 영국 정부가 양쪽에서, 〔즉〕 인도 내부로부터 그리고 그 외부로부터 공격받을 때 그것은 붕괴할 것이다.[112]

    2차 세계대전에서 양편의 제국주의자들은 민중의 전쟁을 똑같이 경멸하는 모습을 보여줬고, 그래서 인도국민군은 일본으로부터 부당한 대접을 받았다. 싱은 20만 군대를 원했었는데, 보스가 이 규모를 5만 명으로 축소하기는 했지만 일본인들은 약 3만 명에 대한 경무장만 제공했다.[113] 예를 들면 수바스 여단에는 대포, 박격포나 통신 장비가 전혀 없었고 기관총 공급은 부족했다.[114] 보스는 "인도 땅에 흘리는 첫 번째 핏방울은 인도국민군 병사의 것이어야 한다"가 (실행)될 수 있도록 영국의 인도 통치에 대한 공격에서 주도적 역할을 요구했다.[115] 그러나 한 장교는 임팔Imphal⁺ 습격에서 이 "최전선 역할"을 다음 네 가지로 묘사했다. "(a) 도로 건설 또는 준비, (b) 교량 수리, (c) 정글에 발생한 화재 진압, (d) 일본군을 위해 거세한 수소가 끄는 짐수레로 휴대용 식량 운반하기."[116] 일본인이 23만 명이었던 것에 비해 거기 배치된 인도국민군은 겨우 8000명뿐이었고, 일본의 공격이 멎었을 때 인도국민군 병사들은 버림받고, 방치돼 굶주렸다. 6000명은 영국에 포로로 잡히거나 투항했다.[117]

2차 세계대전 말 민중의 전쟁은 실패한 것처럼 보였다. 하지만 이것은 기만적이었다. 1942년 '인도를 떠나라' 운동의 규모는 식민지의 자유가 불가피하다는 것을 영국에 납득시켰고, 총독은 처칠에게 인도국민회의와 겪게 될 미래의 분쟁을 미연에 방지하라는 조언을 했다. "전쟁 종료가 재소자 석방과 불안을 초래하기 전에 협상을 시작하는 것이 사실은 현명할 것이다."[118] 인도국민군이 반란을 촉발할 수 있다는 보스의 예측은 비행기 사고로 그가 죽은 지 꼭 석 달 후 실현됐다. 인도국민군 재판에 대한 항의가 공동체의 경계를 넘어섰고 콜카타 같은 곳에서 보스의 지지자들과 인도국민회의, 무슬림연맹, 공산주의자들은 당국

⁺ 인도 북동부 마니푸르주에 있는 도시. 영국의 지배를 받던 시절 영국군 주둔지가 있던 군사 요지였다. 1944년 일본군이 이곳을 공격하면서 임팔 전투가 벌어졌는데, 전투는 일본군의 대패로 막을 내렸다.

— 1944년 제7방면군 사령관 도이하라 겐지가 인도국민군 병사의 사열을 받고 있다.

이 가까스로 통제한 대규모 시위에서 함께 행진했다. 사르카르 Sarkar는 이렇게 말했다.

> 인도국민군이 순수하게 군사적인 면에서 아주 많은 것에 이른 것은 결코 아니었다. …… 그렇지만 우리는 나라의 해방을 위한 실제 군의 전투가, 효과적이지는 못했지만, 애국적 상상력에 끼친 영향을 과소평가해서는 안 된다. …… 인도국민군 경험과 1945~1946년 겨울 동안 영국의 인도군에서 나타난 불만의 물

결 간의 개연성 있는 관련성, 이것은 1946년 2월 뭄바이의 엄청난 해군 파업에서 정점에 이르렀는데 '신속히 철수한다'는 영국 결정의 배후에 있는 이유 중 단일 요인으로는 아마도 가장 결정적인 것이었을 것이다.[119]

유럽과 아메리카에서는 그렇게 한 동기가 매우 다르다고 하더라도 양쪽 모두 동일한 적과 맞섰기 때문에 전쟁들(민중의 전쟁과 제국주의 전쟁)이 대체로 평행하게 전개됐다. 그것들은 다양한 수위로 충돌했지만, 이렇게 되는 데에는 시간이 걸렸다. 평행전쟁이라는 은유의 기하학은 인도에 관한 한 허물어지는데, 거기에 민중의 전쟁뿐만 아니라 제국주의 전쟁도 있기는 하나 그 둘은 시작부터 불화가 심했기 때문이다. 그렇지만 아대륙을 흔든 사건들은 다른 곳에서 그런 것만큼 2차 세계대전의 산물이었고, 그렇게 다뤄져야 한다.

13. 인도네시아: 민중에 맞서 연합한 추축국과 연합국

제국주의자들은 '대일 전승 기념일'인 1945년 8월 15일에 공식적으로 화해했지만, 인도네시아 및 그 본섬인 자바를 위한 투쟁은 2차 세계대전이 그날 끝났다는 관념을 반박한다. 싸움이 계속됐는데, 다만 이번에는 일본 **대** 연합국이 아니라 민중에 맞선〔일본과 연합국〕둘 다의 전쟁이었다.

인도네시아인들에겐 자유를 원할 충분한 이유가 있었다. 네덜란드는 자국보다 60배 넓고 인구는 7배인 이 나라에서 커피와 설탕이라는 풍부한 천연자원을 오랫동안 착취해왔다. 전체 자바 경제는 쌀 경작을 희생시켜 환금 작물을 생산하도록 개조됐다. 19세기 동안 이것이 기근과 전염병을 초래했지만, 당국의 반응은 후회가 아니라 지세 급증일 만큼 네덜란드는 식민지 세입에 의존했다.[1] 개혁에 대한 미사여구에도 불구하고 20세기까지 자바의 마을들은 소득의 4분의 1을 식민지 권력에 납부했는데, 이는 인도네시아에서 벌어들이는 전체 수입이 네덜란드의 그것을 30퍼센트 초과하게 만드는 한 원인이 됐다.[2] 그 보상으로 동양에 돌아온 '문명화'의 혜택은 거의 없었다. 예컨대 전쟁들〔1차 세계대전과 2차 세계대전〕사이에 인구는 7000만 명인데 근무하는 의사는 딱 1030명이었다.[3] 인도네시아인 700만 명 가운데 단 1명 꼴로 중등학교를 졸업*했다.[4] 이윤 중에서 인도네시아로 정말 돌아온 것은 대개, 파업이 5년의 징역형을 초래하는 것을 옹호하는 체제를 유지하기 위해[5] 네덜란드 군대에 비용을 지불하는 데 쓰였다.[6]

배경이 이러한데도 민중의 전쟁은 인도네시아에 느리게 도래했다. 다른 곳에서는 헌신적이고 선견지명이 있는 개인들 또는 조직들이 기폭제를 제공했지만, 인도네시아에서는 그러한 지도력이 실종된 상태였다. 이는 부분적으로 식민주의의 유산 때문이었다. 민족주의는 유럽인의 발상으로서 유래했고 주로 특권층 엘리트 출신인 극소수의 교육받은 인도네시아인들이 민족주의를 접했는데, 네덜란드는 이들을 통해 (인도네시아를) 지배했다. 지리는 또 다른 장애물을 창출했다.

제멋대로 퍼져 나간 (이) 군도群島는 200개 또는 그 이상의 뚜렷이 구별되는 종족 집단으로 나뉘었는데, 서부 칼리만탄 Kalimantan(보르네오Borneo)의 중국인과 자바 도시들의 유럽인처럼 더 최근에 온 이민자 공동체들뿐만 아니라, 수마트라Sumatra 북

✛ 이 수치는 다시 생각할 부분이 있어 보인다. 인구 7000만 명으로 가정해 계산할 경우 중등학교를 졸업한 인도네시아인이 10명뿐이라는 결과가 나오기 때문이다. '700만 명 가운데 단 1명꼴'은 저자의 숫자 단위 인용 착오에서 비롯된 결과가 아닐까 하는 의문이 든다. 이 의문과 별개로, 네덜란드 식민지 시절 인도네시아인의 교육 기회가 극히 제한적이었던 것은 틀림없다. 이 시기 인도네시아 역사를 다룬 이런저런 자료를 살펴보면 그러한 내용을 거듭 접할 수 있다. 한 글에 나오는 1930년 통계에 따르면 당시 총인구 대비 '중등 과정 및 직업 학교' 재학생 비율은 0.14퍼센트, 대학 재학생은 178명에 불과했다.

쪽 끝에 있는 맹렬한 무슬림인 아체족Achenese 및 플로레스Flores 와 티모르Timor의 가톨릭 공동체들부터 발리의 힌두교 신자들과 칼리만탄 내륙의 애니미즘을 숭배하는 부족들까지 걸쳐 있다.[7]

이런 이유들 때문에 민족주의는 진전하는 데 어려움을 겪었고 경쟁하는 이념들과 겨뤄야 했다. 이슬람동맹Sarekat Islam[++]이 많은 사람의 무슬림 동조에 의지한 1차 세계대전 이후, 그 회원

[++] 1911년 중부 자바에서 탄생한 조직. 인도네시아 최초의 대중적 민족해방운동 단체로 꼽힌다.

— 1921년 이슬람동맹 회원들.

수가 1916년 80만 명에서 1919년에는 200만 명으로 늘어났다. 1920년대 중반 이슬람동맹은 인도네시아공산당PKI에 의해 퇴색하는데, 인도네시아공산당은 그러한 〔공산주의〕 정당 가운데 아시아에서 최초로 설립된 정당이었다.[8] 하지만 인도네시아공산당은 1926년과 1927년에 자바와 수마트라에서 봉기가 수포로 돌아간 후 급격히 쇠퇴하는데, 1926~1927년 동안 네덜란드는 공산주의자 1만 3000명을 체포하고 몇몇에게는 총을 쐈다.[9]

인도네시아 민족주의에 약간의 견인력을 부여하는 데에는 주요 경쟁자의 그러한 파괴가 필요했다. 이 시기까지 인도네시아 민족주의 지도자 수카르노Sukarno는 보통 사람들에게 호소하는 것을 두려워했는데, 그들의 급진주의가 자신이 반대한 공산

— 인도네시아 민족주의 지도자 수카르노.

주의에 대한 지지로 번질까봐 그랬다. "우리 민족주의자들은 민족적 투쟁에 역점을 둔다."[10] 공산주의자들이 처리됨에 따라 계급을 가로지르는 통합을 촉진하는 것이 많이 수월해졌다. "(우리가) 모든 부유한 인도네시아인에게 적대적인가? 전혀 그렇지 않다. …… 우리 원칙은 우리가 계급투쟁을 강조하는 것을 의미하는가? 결코 그렇지 않다!"

수카르노 같은 사람의 웅변이 많은 청중을 끌어들이기는 했지만, 조직된 민족주의는 여전히 아주 적은 소수의 문제로 남아 있었다. 이는 네덜란드가 비교적 쉽게 탄압할 수 있게 해줬다. 지도자들 각각의 용기를 부정하는 일 없이, 그들의 집단적 나약함이 그들을 외부 원조에 의존하도록 부추겼다. 네덜란드에서 교육받은 모하마드 하타Mohammad Hatta[+]와 수탄 샤리르Sutan Sjahrir[++] 같은 사람들은 네덜란드 사민주의 좌파를 통해 민족적 구원이 올 것이라는 희망을 품었다. 그와 대조적으로, 일찍이 1928년에 수카르노는 동쪽을 지향하는 태도를 분명히 했다. 그는 "약탈과 지배를 위한 투쟁에 종사할 제국주의 거인 미국, 일본, 영국 간에 태평양에서 전개될 거대한 투쟁"을 예견했다.[11] 이는 "하나의 아시아 민중과 예컨대 영국 제국주의 간의 적대감"을 초래할 수 있었다. "그다음에 나는 이 아시아 민중이 다른 아시아 민중들의 도움을 받기를 희망할 것이다."[12]

2차 세계대전이 시작됐을 때 하타와 샤리르는 인도국민회의 당과 유사한 용어로, 자치를 향한 양보 조치가 이뤄지면 연합국을 지원하겠다고 제안했다. (양보 조치는) 아무것도 마련되지 않았다. 한 민족주의 지도자는 네덜란드인들이 "그들이 비난한 바로 그 유형의 전체주의를 실행하고" 있다고 말했다.[13] 이러한 태도는 도쿄의 동남아시아 정복에 도움이 됐는데, 이 정복은 놀랄 만한 속도로, 그리고 소수의 부대로 달성됐다. 1942년 3월 자바가 (일본군) 제16군에 함락되는 데 딱 8일 걸렸다. 마치 수카르

+   1902~1980. 네덜란드 유학 시절부터 독립운동에 몸담았고, 인도네시아 독립 후 초대 부통령을 지냈다. 1956년 수카르노 대통령의 독재 정치를 비판하며 부통령직에서 사임했다. 수카르노 실각을 불러온 1965년 9월 30일 군부 쿠데타 이후 수하르토를 지지했다.

++ 1909~1966. 인도네시아 독립운동에 참여했다가 체포돼 각지로 유형流刑을 당했고, 1942년 일본군이 침입한 후에는 항일운동을 전개했다. 1945년 인도네시아 독립 선언 후 내각에서 총리를 맡았다.

— 1942년 자바를 함락하고 기뻐하는 일본군들.

노의 예견을 확인해주는 것처럼 환희가 널리 퍼졌다. 한 일본 제독은 "(네덜란드령) 동인도 전 지역을 지배한 미친 듯한 환영 분위기"를 접했다.[14] 일본이 (인도네시아 점령 이전인 1940년 8월) 대동아공영권을 선언했을 때 수카르노에게 더 타당한 이유인 것처럼 보이는 것이 제시됐는데, 대동아공영권에서는 사람들이 "상호 도움과 편의 제공을 통해 번영하는 공존을 누리고, 그렇게 하는 것에 의해 세계 평화와 번영을 촉진할 것"이라고 주장됐다.[15] 일본 관리들을 만나고 나서 수카르노는 이렇게 발표했다. "인도네시아의 독립은 오로지 대일본(제국)과 협력하는 것에 의해서만 달성될 수 있다."[16] 얼마 안 있어 그는 다음과 같은 구호로 지지자들을 결집했다. "우리는 미국을 없애버리고 영국을 제거할 것이다."[17]

하지만 '공영'의 실용적 가치는 연합국이 너무나 치켜세운 대서양헌장만큼(만)인 것으로 드러났다. 새 당국은 점령된 영토를 네덜란드 치하에서 나타났던 생색내기와 탐욕의 익숙한 혼합물을 가지고 다뤘다. "군정의 주된 목표는 이 순종적인 사람들이 진정한 제국의 은총에 휩싸이게 하는 것이다"라고 제16군 사령관이 발표한 그날,[18] (그보다) 더 솔직한 대변인은 인도네시아인들이 "네덜란드를 위한 게으른 쿨리coolies였다"라며 다음과 같은 의견을 밝혔다.[19] "지금부터 그들은 일본과 아시아를 위한 근면한 근로자로 만들어져야 한다." 일본은 한 작가가 '착취와 설득'이라고 부른 것을 통해 이것을 달성하는 작업에 착수했다.[20]

'착취'는 쌀, 직물, 인력에 초점을 맞췄다. 유럽의 나치와 마찬가지로 일본군은 약탈로 점령을 지탱했다. 지역 수준에서 이것을 관리할 인원수가 부족했기 때문에 그들은 네덜란드인들과 마찬가지로 토착 사회 엘리트들을 고용했다.[21] 자바에서 이 사람들은 일본인들이 소농 수확량의 40퍼센트, 그리고 더 부유한 농부들의 수확량의 70퍼센트까지 징수하는 것을 도왔다.[22] 이 쌀에 대한 대가로 현금이 지급됐기 때문에 대지주들은 큰 수익을 올렸고 사재기가 만연했다. (이러한 것들이) 가격(과 그 결과 토지 없는 사람들)에 끼친 영향은 대단히 파괴적이었다.[23] 게다가 잘못된 행정으로 (곡물) 수천 톤이 창고에서 썩어가거나 쥐들에게 먹혔다.[24] 출생 대비 사망 비율이 곧 "전례 없는 정점"에 도달했다.[25] 옷감을 구하기가 너무 어렵게 돼서 어떤 곳에서는 여성들

이 외출할 수 없었고, 농부들은 들판에서 알몸으로 일했다.[26]

일본인들은 '로무샤romusha'+로 불린 강제노동 체계를 도입했다. 전쟁이 끝날 때까지 자바에서 동원 가능한 전체 노동력 1000만 명이 어느 시점에는 그 체계에 복무했다. 한 역사가에 따르면 로무샤는 "믿기 어려울 정도이고 부도덕하기까지 한 기만"을 통해 (사람들을) 모집했다.

(식량이나 의복) 특별 배급이 있을 것이라고 생각하면서 도회지 사람들이 모여들었다. 군인들은 교묘한 말로 그들을 준비된 트럭에 태우고, 배들이 기다리는 항구로 데려갔다. 그러고 나서 사람들은 노동자로서 뉴기니New Guinea 전장으로, (벵골만 동부) 안다만제도Andamans와 니코바르제도Nicobars로, 버마 등으로 수송 됐다. 그들은 일단 떠나면 언제 집에 돌아갈 수 있을지에 대해 조금도 알지 못했고, 작별을 고할 기회도 전혀 얻지 못했다.[27]

로무샤에 대한 학대가 너무나 광범위하게 이뤄져 일본인들은 자국민들 사이에서 '토착민들을 때리지 마라'라는 운동을 시작해야 했다.[28] 노동자들은 일본인 병사가 받는 식량 배급의 단지 40~60퍼센트만 받았다.[29] 대부분이 지역에서 고용되기는 했지만, 해외로 파견된 수십만 명 가운데 상당히 많은 수(아마도 50

+ 일본어 ろうむしゃ労務者의 알파벳 표기. 2차 세계대전 당시 일본에 점령된 후 노역에 강제 동원된 노동자들 및 그 체계를 가리킨다.

— 일제에 의해 동원된 '로무샤'들이 강제노동을 하고 있다.

— 일본군은 인도네시아 소년들을 모아 군사 훈련을 시키기도 했다.

퍼센트)가 결코 돌아오지 못했다.[30]

일본의 반대 세력 처리는 추축국 진영의 파트너들보다 때때로 훨씬 잔혹했다. 그래서 독일이나 이탈리아의 전쟁 포로 수용소에서 4퍼센트가 사망한 것에 비해 〔일본의 경우〕 27퍼센트가 죽었고, 그러는 동안 자바인 수백 명이 재판 없이 처형됐다.[31]

이러한 참혹한 경험들에도 불구하고 '설득' 또한 성공했는데, 그렇기는 하지만 처음에는 "원주민들을 지도해 제국 군대에 대한 신뢰감을 유발하고, 토착민의 독립운동에 대한 시기상조의 격려는 회피할" 계획이었다.[32] 일본은 군사적 위치가 악화됐을 때 태도를 바꾸고 민족주의자들과 동맹을 추구했다. 대부분은 자발적 협력 이상의 모습을 보였다. 고분고분한 민족주의 정치인들은 인도네시아인들을 전쟁 노력에 동원하기 위한 일본의 3연속 캠페인을 이끌었는데 3A('아시아의 어머니—일본, 아시아의 새벽—일본, 아시아의 지도력—일본'),[33] 푸트라Putera(민중 에너지의 집중), 자바 호코카이Java Hokokai가 바로 그것이다.+ 예를 들면 수카르노는 푸트라가 출범할 때 10만 명 앞에서 연설했다. 행사는 도쿄

+ 3A 운동은 대중 동원을 위한 일본의 첫 번째 시도로 1942년 4월 시작됐다. A로 시작하는 '아시아'가 3번 들어가서 3A인데 '아시아의 보호자—일본, 아시아의 지도자—일본, 아시아의 빛—일본'으로 나오는 자료도 있다. 푸트라는 1943년 3월에 생겨난 민중 동원 조직이다. 조직 명칭은 국민운동본부 Pusat Tenaga Rakyat를 구성하는 세 단어의 머리글자를 따서 붙였다. 일본은 수카르노를 비롯한 친일 성향의 민족주의 지도자들을 이 단체의 전면에 내세웠다. 자바 호코카이는 1944년 1월 일본이 푸트라를 해산하고 14세 이상의 자바인을 대상으로 발족한 단체다.

황궁을 향해 머리 숙여 절하는 것으로 시작하고 "만세" 삼창으로 끝났다.[34] 중간에 수카르노는 자신의 추종자들에게 일본인들은 "형들"이며 인도네시아 사람들은 "형들의 충고를 따를" 것이라고 말했다. "우리는 대일본(제국)을 믿는다."[35]

수카르노는 다른 사람들에게 권장하기 위해 자기 이름을 로무샤 명부에 올렸다.[36] 전후 그는 자신의 조언을 따른 사람들의 비극적 운명에 대해 알고 있다고 고백했다. "사실 그들을 그 일터로 보낸 건 바로 나, 수카르노였다. 그래, 그건 나였다. 내가 그들을 죽음으로 실어 날랐다. …… 끔찍하고 절망적이었다. 그리고 일본인들에게 그들을 건넨 것은 바로 나였다. 끔찍하게 들리지 않나?"[37] 한 옹호자가 주장한 것처럼 만약 수카르노가 "일본의 종이 결코 아니었"으며 "그의 목표인 인도네시아 독립을 단 한 번도 일본의 이익보다 경시하지 않았다"면, 그는 왜 (일본에) 협력했을까?[38] 아마도 그는 대동아공영권[39] 및 "인도네시아 사람들을 네덜란드의 노예 상태에서 해방시키기 위해 황인黃人들이 북쪽에서 올 것이다. 노란 피부를 기대하라" 같은 유형의 널리 유포된 선전에 속았을 것이다.[40]

하지만 도쿄 당국의 진짜 의도는 여전히 그것이 항상 그래왔던 그대로였다.

자바 사람 5000만 명이 옷 부족을 더 견딜 수 있게 하고, 고난을 견디는 동안 식량을 공출하는 것을 가능하게 하며, 모든 면에서 군정 당국에 협력하게 하기 위한 최고의 정책은 전쟁 이후의 미

래를 위한 준비 교육이 완료될 때 독립이 승인될 것이라고 그들에게 분명하게 신호를 보내는 것이다.[41]

베트남, 캄보디아, 라오스, 필리핀이나 버마는 어떠한 '준비 교육' 요구도 받지 않았지만 명목상 독립이 승인됐다.[42] 다른 사람이 없는 데서 수카르노는 그 차이에 대해 격하게 불평했다. "그러한 모욕에 직면하도록 만들 만큼 우리가 무슨 나쁜 짓을 했다는 것인지 이해가 안된다."[43] 상처는 개인적인 것이기도 했다. 그는 인도네시아 지도자를 인정하지 않는다고 주장한 술 취한 일본 장교에게 두들겨 맞았다.[44] 사실 그것은 이러한 다른 나라들에서 민족주의자들이 취한 더 독립적인 태도와 대조되는 인도네시아 민족주의자들의 비겁한 태도였는데, 이는 제한된 독립을 향한 운동에서 이 나라가 뒤처지게 만들었다.

진보는 제국주의에 굽실거리는 것에서 비롯되지 않는다는 것을 경험은 보여줬다. 처음에 도착했을 때 일본인들은 환영받을 것이라는 확신이 없어 비행기에서 인도네시아 깃발들을 떨어뜨렸다. 그러나 안전하다고 느끼자마자 그들은 그러한 민족적 상징, 모든 정치 정당, 그리고 정치에 대한 어떠한 논의도 금지했다.[45] 깃발과 '인도네시아'라는 용어의 사용이 한 번 더 승인을 받은 것은 바로 이 나라에 대한 자신들의 지배가 위험에 처했다고 그들이 느낄 때뿐이었다.[46]

수카르노의 알랑거림(과 민족주의 운동 전반의 그것)은 다른 곳에서 대기주의자들(이 보인 모습)과 유사했다. 대중 동원이 그가 추구하는 모든 계급의 동맹에 대한 도전으로 번질 수도 있다고 우려해 그는 2차 세계대전에서 교전 중인 제국주의자들 중 한쪽이 독립을 부여할 것이라는 데 의존했다. 하타와 샤리르는 일본에 대해 수카르노보다 덜 열광했는데, 그것의 군국주의를 몹시 싫어했기 때문이다. 하지만 두 사람은 기발한 분업에 동의했다. 하타는 수카르노와 함께 일하며 그의 경로를 통해 생길 수 있는 기회를 활용하게 될 것이었다. 그러는 동안 샤리르는 그것에서 거리를 뒀는데, 일본이 패배할 경우 연합국이 거래할 수 있는 지도자로 있기 위해서였다.[47] 둘 중 누구도 경쟁하는 제국[주의] 열강들 중 한쪽 또는 다른 쪽에 의존하는 것의 대안을 제시하지 않았다.

탄압으로 공산주의자들이 무력화되면서 다른 어떤 전략도 제시되지 않았다. 그 결과 인도네시아에서는 "어떠한 마키 혹은 사보타주, 정탐이나 전복 활동을 하는 집단이라는 의미에서 지하 연결망조차" 볼 수 "없었다".[48] 일본 점령 아래에서 진지한 레지스탕스 운동을 건설하려 한 유일한 시도는 전쟁 이전 합법 정당들 가운데 가장 좌익의 지도자였던 아미르 샤리푸딘Amir Sjarifuddin[+]에 의해 착수됐다. 그는 운동을 시작하기 위해 네덜란드로부터 2만 5000길더guilder[++]를 받았다.[49] [그러나] 네덜란드의 귀

[+] 1907~1948. 좌파 성향의 인도네시아 독립운동 지도자. 일본 점령기에 지하 저항운동을 조직했다가 체포됐다. 전후 좌파 연합의 일원으로서 한때 총리가 되기도 했으나, 1948년 사직한 후 정치적 사건에 연루되어 처형됐다.

[++] 네덜란드의 옛 화폐 단위.

일본 점령기에 지하 저항운동을
조직했던 아미르 샤리푸딘.

환에 도움을 줄 수도 있는 어떠한 운동도 발판을 구축할 수 있을 것 같지 않았고, 점령 당국의 비밀경찰이 그의 조직에 빠르게 침투해 조직을 제거했다.[50] 이것 이후에는 자바에 아주 작은 규모로 조직된 세 집단만 있었다. 그저 토론의 장이었고 의학과 법학을 공부하는 학생들로 주로 구성돼 있었는데, 그들은 극도로 한정된 특권층 변호사에게 의지했다.[51] 아체의 소작농들부터 남부 칼리만탄의 이슬람 운동까지 산발적 저항의 고립된 사례들이 있었지만, 한 작가가 쓴 것처럼 "대중적 저항의 이러한 형태들 중 어느 것도 일본의 지배를 심각하게 위협하지 않았고 모두 끔찍한 결과에 맞닥뜨렸다".[52]

자기 자신을 일본 제국주의의 코트 뒷자락에 묶어둔 수카르노나 하타 같은 사람들의 결정은 순전히 레지스탕스의 어려움에서 생겨난 것이 아니라 정치적 선택의 결과였다. 폴란드를 있을수 있는 예외로 하면, 지금까지 숙고한 모든 나라에서 민중의 전쟁은 사회 변화 문제로 가득 차 있었다. 그러나 민족주의 지도자들이 계급 문제를 배제한 민족적 투쟁을 강조한 것은 보통 사람들이 저항에 나설 중요한 동기를 제거했다.[53] 요컨대 (네덜란드뿐아니라 그다음에 일본) 제국주의의 권력과 야만성이 인도네시아민족 지도부의 특성과 결합해 민중의 전쟁의 성장을 방해했다.

2차 세계대전의 마무리 단계에서 상황이 극적으로 변했다. 민중의 전쟁이 현장에 늦게 도착한 것이었을지도 모르지만, 그것은 일본인, 네덜란드인, 네덜란드인을 후원한 영국인, 그리고 인도네시아 엘리트에게 동시에 도전할 수 있었다. 상황이 호전되는 데에는 일본의 약화된 지위가 도움이 됐다. 미국은 경제력과 인력에서 (일본보다) 훨씬 우세했고 일본은 미드웨이Midway(1942년 6월), 과달카날Guadalcanal(1943년 2월), 알류샨열도Aleutians(1943년 8월)에서 패배했다. 인도네시아를 점령하고 있는(일본군) 부대들을 이제 다른 곳에서 필요로 했고, 곧 (인도네시아에) 본래 주둔했던 23개 대대 중 8개 대대만 남게 됐다.[54]

일본 지배의 종말은 신속하게 찾아왔다. 1945년 2월 24~25일 미국 육군 항공대+는 10만 명을 죽인 도쿄 불기둥으로 막을

+　원문에는 'Air Force(공군)'로 나와 있지만, 내용상 육군 항공대(1947년 창설되는 미국 공군의 모태)가 타당하다.

내린 일련의 공습을 퍼부었는데, 이는 처음에 히로시마(에서 원폭으로 사망한 사람)보다 많은 수였다. 나흘 후 자바에서 일본인들은 '인도네시아 독립 준비를 위한 조사위원회' 구성을 발표했다. 그 명의가 매우 잠정적이었을 뿐만 아니라, 5월 28일까지 모임조차 열지 않았고 성취한 것이 거의 없었다. 이 위원회를 계승하는 것이자 약간 더 대담하게 이름을 붙인 '독립을 위한 준비위원회'가 8월 7일 설립됐는데, 이날은 히로시마 (원폭 투하) 다음 날이었다.[55] 결국 일본은 즉각적인 독립을 약속했지만, 모든 것이 너무나 뻔한 이 술책이 실행될 수 있게 되기 전에 일본은 항복했다. 1945년 8월 15일에 수락된 조건은 인도네시아에서 일본이 "평화와 질서정연함을 굳건히 확보하는 동안, 모든 것을 연합국에 넘기는 일이 완결되는 그날까지 현재 상태"를 유지해야 한다고 요구했다.[56] 이전에 일본은 인도네시아 깃발을 금지하는 선택을 한 적이 있었는데, 이제 황홀한 360도 턴을 하며 인도네시아 깃발을 다시 한 번 금지했다! 유일한 차이는 이번에는 연합국의 주장에 따른 조치라는 점이었다.[57]

자신이 조심스럽게 키워온 '도쿄로부터 후원을 받는다'라는 희망이 사라졌는데도 수카르노는 독립을 선언하는 것을 여전히 주저했다.[58] 해방은 아래로부터 민중의 전쟁을 필요로 하게 될 것인데, 그것이 프무다pemuda(청년)라는 형태로 나타난 게 바로 이 시기였다는 것이 앤더슨Anderson의 고전《혁명기의 자바Java in a Time of Revolution》에서 강조된 요점이다. '청년'은 모호하고 임의적인 범주로 보일 수도 있다. 예컨대 수카르노 세대와 프무다 지

— 일본군 총과 죽창으로 무장한 자바의 프무다. 청년들만이 과거로부터
자유로웠고, 그들의 영향은 즉각적이었다.

도자들 간의 나이 차이는 겨우 열두 살에 불과했다.[59] 그래서 한
작가는 앤더슨의 그러한 용어 사용에 반대하는데, 그것이 "'프
무다 의식', '프무다 전통', '프무다 민족주의', '프무다 혁명'에서
그러한 것처럼 …… 입증 없는 추상적 관념 …… 아주 흔한 형용
사"라는 것이다.[60] (그러나) 탄압과 협력의 오점이 1920년대 인도
네시아공산당 파괴와 1945년 사이에 살았던 세대를 불구로 만
들었기 때문에 그것(프무다라는 범주 설정)은 타당하다. 청년들만

이 이 과거로부터 자유로웠고, 그들의 영향은 즉각적이었다.

8월 16일 이른 시각에 한 무리의 프무다가 독립을 즉각 선언하도록 강요하기 위해 수카르노와 하타를 납치했다.[61] 두 지도자는 시간을 끌다가 풀려났다. 그러나 그날 늦게 그들은 일본 제독 마에다와 접촉했는데, 마에다는 민족적 대의명분에 동정적인 것으로 알려져 있었다. 그는 이렇게 늦은 단계에서라도 도쿄가 독립을 승인한다면 그것으로써 일본이 장기적인 동맹국을 확보할 수도 있다고 생각한 몇몇 장교 중 한 사람이었다. 자바의 일본인 사령관 야마모토 같은 다른 사람들은 항복 조건을 엄격히 집행할 작정이었다. 그는 마에다와 인도네시아 민족주의자들을 받아들이는 것을 거부한 것은 물론, [독립을 위한] 준비위원회 회의 소집조차 거부했다. 대신에 그는 대중 집회를 방지하기 위해 자카르타에 군대를 배치하고, 라디오 방송에 보도 통제를 부과했다. 프무다가 창출한 교착 상태 및 계기에 직면해 수카르노는 그것에 의혹을 품고 있음에도 8월 17일 독립을 선언했다.[62]

이전의 제국주의 경쟁 상대들이 서로 어긋나는 점을 조화시켰기 때문에 이것이 성공할 것인지는 불확실했다. 수카르노는 자신이 대통령이며 인도네시아가 독립했다고 선언할 수 있었지만, 네덜란드가 복귀할 때까지 일본 당국이 계속 〔통치를〕 담당할 수도 있었다. 이것을 미연에 방지하기 위해, 교육받은 도시 청년의 운동이 무장한 민병대와 대중 반란을 망라하는 것으로 확대됐다. 민중의 전쟁이 탄생했다. 표적 범위는 영국, 네덜란드, 일본 군대의 성스럽지 않은 동맹부터 점령에서 이익을 얻은 인도네시아의 지역 관리들과 개인들까지 이르렀다.

프무다와, 그들이 세우기 위해 정말 많은 일을 했던 바로 그 정부 사이에 긴장도 있었다. 국가 수준에서 청년 대표는 새로운 인도네시아 중앙 국가위원회Central Indonesian National Committee, KNIP를 구성하기 위해 초청된 135명 가운데 단지 6분의 1이었다. 앤더슨 말대로, 나머지 사람들은 "일본 〔점령〕 시기에 다양한 최상층 사이비 입법 및 정당 조직들〔의 구성원〕에 임명됐던 전문직 종사자들"이었다.[63] 지역 수준에서 수카르노는 네덜란드인뿐만 아니라 일본인 주인들의 시중도 충실히 들었던 인도네시아인 관리자 패거리를 "비서, 서기 혹은 하찮은 십장"으로 취급해서는 안 되며, "받을 만한 가치가 있는 적절한 자리"(를 그들에게 부여하)여야 한다고 선언했다.[64]

국제 관계는 또 다른 논쟁 영역이었다. 수카르노와 하타가 일본인들과 친밀하다는 점이 연합국을 상대할 때 그들을 불리한 처지에 놓이게 만들었다. 그와 대조적으로 샤리르는 〔일본과〕 거리를 둬왔고, 그래서 자신의 팸플릿 '우리의 투쟁'에서 남아 있는 제국주의의 영향력을 철저히 제거할 것을 그럴듯하게 요구할 수 있었다. 새로운 공화국은 다음과 같은 것으로 시작해야 한다〔는 주장이었다〕.

> 그것 자체에서 일본 **파시즘**의 **얼룩**을 **제거할 것**, 그리고 그 정신이 여전히 일본의 선전과 세뇌의 영향 아래 있는 사람들의 관점을 억제할 것. 자신의 **영혼**과 자신의 **명예**를 일본 파시스트들에게 팔아넘긴 사람들은 우리 혁명의 지도부에서 제거돼야 하며 **파시스트** 그 자체로 간주돼야 한다.[65]

그러한 성명서들은 프무다의 지지를 얻었고, 1945년 11월 그들은 수카르노에게 대통령으로서 그의 역할을 의전 역할로 격하하고 샤리르를 그보다 우월한 총리에 지명하라고 강요했다.[66]

'우리의 투쟁'은 일본인들을 규탄했지만 2차 세계대전에서 〔일본과〕 경쟁한 승자들은 받아들였다.

> 우리가 사는 세계가 자본에 의해 지배되는 한, 우리는 반드시 자본주의의 원한을 사지 않도록 하라는 강요를 당한다. …… 인도네시아는 지리적으로 앵글로 색슨 자본주의 및 제국주의의

인도네시아 독립운동가 수탄 샤리르. 그는 인도네시아의 운명이 앵글로 색슨 자본주의에 달려 있다고 봤다.

세력권 안에 위치하고 있다. 그런 이유로 인도네시아의 운명은 궁극적으로 앵글로 색슨 자본주의 및 제국주의의 운명에 달려 있다. …… (인도네시아는) 태평양의 저 거인, 미국의 정치적 야망과 조화를 이뤄야 한다.[67]

이 성명이 나온 시기가 대단히 중요했다. 바로 그때 '앵글로 색슨 제국주의'는 네덜란드의 복귀를 준비하기 위해 이 나라를 침략하느라 바빠 보였고, 샤리르는 "그들의 권리와 재산에 대한 외국 시민들의 모든 반환 및 유지 청구를 공화국이 인정"하는 협정을 협상해왔다.[68]

인도네시아공산당 지도자 탄
말라카. 그는 2차 세계대전을
'민중의 전쟁'으로 규정했다.

수카르노뿐만 아니라 샤리르에 대한 종합적인 대안은 이전
에 인도네시아공산당 지도자였고 오랜 망명 생활 동안 독립적
인 길을 추구한 '불가사의하고 전설적인'[69] 탄 말라카Tan Malaka[+]가
제시했다. 그의 '프르사투안 프르주앙안Persatuan Perdjuangan'(PP, 저항
연합) 운동은 두 제국주의 진영 모두 거부했다. "우리가 100퍼센

[+]   1897~1949. 네덜란드 유학 시절 1차 세계대전과 러시아혁명을 계기로 사회
      주의의 영향을 깊이 받았다. 귀국 후 교원 생활을 거쳐 인도네시아공산당에
      서 활동하다가 추방됐다. 오랫동안 해외에서 활약했고, 1942년 일본군 침공
      후 은밀히 귀국했다. 2차 세계대전 종료 후 인도네시아의 완전한 독립을 위
      한 활동을 전개하다가 1949년 게릴라전에서 사망했다.

트의 자유를 얻기 전에, 그리고 우리 적이 우리 해변과 우리 바다에서 질서정연하게 떠나기 전에 우리는 다른 어느 누구와도 협상할 이유가 없다. 우리가 우리 집에서 도둑과 협상할 이유가 없다."[70]

협상이 배제된다면 제국주의 '도둑'을 다루는 것이 어떻게 가능할까? 말라카의 해법은 야심찬 사회·군사 강령에 바탕을 둔 공격에 민중이 참여하게 하는 것이었다. "자유를 100퍼센트 얻기 전에 공장과 농토를 몰수하면 왜 안 되나? 그것들을 대중에게 나눠주면 왜 안 되나? 왜냐하면 만약 그것들이 대중의 소유물이 된다면, 설령 적이 돌아온다 하더라도 그들은 사자처럼 싸울 수 있을 것이다."[71]

샤리르와 탄 말라카의 차이는 2차 세계대전에 대한 해석과 관련돼 있었다. 전자는 그것을 하나의 제국주의가 또 다른 제국주의에 승리를 거둔 것으로 보고, 앵글로 색슨 국가들이 〔인도네시아의〕 독립을 받아들이도록 평화적으로 설득될 수 있기를 바랐다. 후자는 2차 세계대전을 민중의 전쟁, "대중의 희망과 에너지가 총동원된 힘이 그 뒤를 받치는 …… 민족혁명운동"으로 봤다.[72]

샤리르의 전략은 독립 후 6개월이 지나지 않아 신임을 잃었다. 1946년 2월까지 영국이 네덜란드〔의 지배〕를 복원하기 위해 침입했고, 공화국 정부는 하는 수 없이 자카르타를 떠나 상대적으로 안전한 내륙에 있는 욕야카르타로 달아났다. 말라카의 '프르사투안 프르주앙안'은 이제 거대한 규모로 성장했다. 새 수도에서 전개된 그것의 시위는 길이가 8킬로미터에 이르렀다.[73] 고립되고 경멸을 당한 샤리르 정부는 물러났고, '프르사투안 프르주앙안'의 민중의 전쟁 강령이 정부 정책이 될 것 같았다. 그러나 이러한 일은 일어나지 않았다. 규모가 거대하기는 했지만 대중운동은 최근에 와서야 탄생했고, 다른 데서는 경험이 풍부한 공산당 간부들이 레지스탕스 운동에 부여하는 그러한 조직적 일관성이 이 운동에는 부족했다. 수카르노는 '프르사투안 프르주앙안'이 권력을 장악하기에는 너무나 다른 부류로 이뤄졌다는 것을 알아차리고, 불안정한 연합이 허물어지기를 기대하면서 도전적으로 샤리르를 다시 총리로 지명했다. 탄 말라카는 날조된 혐의로 체포됐고 '프르사투안 프르주앙안'은 빠르게 와해됐다. 민중의 전쟁은 독립 국가를 성립시킬 수 있을 것처럼 보였지만, 그것을 통제할 능력이 부족했다.

그렇지만 이것이 끝은 아니었다. 프무다는 지역 사회 수준에서 싸웠는데, 그들이 독립을 그저 전국적인 정치가를 위한 일〔이 아니라 그〕 이상의 것으로 봤기 때문이었다. 이 두 번째 행동 수준의 특징 중 하나는 이른바 '사회 혁명들'이었다. 예를 들면 9월 1일 프무다 평의회는 "모든 기업(사무실, 공장, 광산, 농장 등)을 일본인들로부터 몰수해야 한다"라고 제시했다. 그다음 2주일에 걸쳐 자카르타의 라디오 및 전차電車 노동자들은 자신이 일하는 기업들에 대한 통제권을 장악했다.[74] 철도에서 그 과정은 너무나 완벽해서 10월까지는 "자바의 모든 철도역은 더 이상 일본군의 지배 아래 있지 않으며 단 한 명의 일본 병사도 어떠한 철도

역, 사무실 또는 작업장에 들어가는 것이 허용되지 않는다고 정식으로 발표됐다."[75] 세마랑Semarang에서는 노동자들이 지역 농장과 공장을 점유하는 동안 프무다가 민간 건물에 대해 똑같은 활동을 전개했다.[76] 수라바야Surabaya의 정유 공장 노동자들은 그 중요한 항만에서 자주적 조직 결성을 진전시키는 데 앞장섰다.[77]

프말랑Pemalang에서 전개된 사회 혁명에 대한 루카스Lucas의 사례 연구는 시골 지역에서 일어난 사건들을 감지할 수 있게 해준다. 운동을 추동한 것은 일본의 점령 정책을 집행했던 촌장들에 대한 분노였다.[78] '인도네시아 아랍 청년 운동Movement of the Arab Youth of Indonesia', '중국 청년 비정규군the Chinese Youth Irregulars', 헤즈볼라Hizbullah(신의 군대*), 그리고 규모가 가장 컸던 '인도네시아 청년 세대Indonesian Youth Generation' 같은 이름의 프무다 집단들이 휙 나타났다. 이러한 각양각색의 단체들은 한 프무다가 설명한 것처럼 다음과 같은 사항을 보여준다. "이데올로기는 중요하지 않았다. …… 그 당시 우리는 부패한 패거리들을 파괴한다는 하나의 목표 아래 연합했다."[79] 활동가들은 옷감 무상 분배, 상품 이동 통제, 보안에서 공동체 연극 상연에 이르는 과업을 수행했다.[80]

프말랑에서 쌀 부족으로 인한 고통이 계속됐고, 그러면서 (이 상황에) 책임이 있다고 느껴지는 지역 관리들 및 (곡물을) 사재기한 사람들이 보복의 대상이 됐다. 그 방식 중 하나가 '돔브링잉dombringing'인데, (이 사태의) 장본인들에게 벼로 만든 목걸이

✦ 원문에는 '신의 군대'로 돼 있지만 헤즈볼라는 본래 '신의 당'이라는 뜻이다.

를 채우고 주석으로 된 냄비와 딱따기를 쨍그랑거리는 가운데 공개적으로 거리에서 행진하게 하는 것이다. "그 당시 이러한 '돔브링' 조치의 본질은 그들을 협박하거나 죽이는 것보다는 상징적이고 공공연하게 관리들의 정체를 폭로하고 그들을 수치스럽게 만드는 것이었다."[81]

하지만 폭력이 배제되지는 않았다. 한 관리는 일본인들 밑에서 옷감을 분배할 때 맡았던 역할을 이유로 살해됐고, 다른 사람들은 집이 약탈을 당하고 불탔다. 지역 제당 공장에서는 관리직이 타도됐다.[82] 루카스가 설명한 대로, 이 자발적인 대중운동의 힘은 1945년 말까지 거의 모든 관리들과 부역자들이 숙청되도록 보장했다. 그렇지만 전국적으로 민중의 전쟁을 괴롭힌 취약성—민중의 전쟁의 갑작스러운 탄생 및 확고부동한 조직이나 간부들의 부족—은 사회 혁명들이 진행되는 동안 "부패한 패거리들"이 경합하는 "대안적인 엘리트들, 민족·공동체 집단들"로 자주 대체됐다는 것을 뜻했다.[83]

그러나 '사회 혁명들'이 비교적 성공한 것은 국가 중심부의 입맛에 맞지 않았다. 그에게 권력을 안겨준 사람들을 공격하면서 하타는 "인민 주권이 과도"하다고 선언했다.[84] 프말랑에서 결과는 1945년 12월에 (새로운 국가의 군대인) TKR[+]에 의한 일련의 대량 검거로 나타났다. 한 간수는 탄압 목적을 이렇게 설명했다. "사람들에게 교훈을 주는 중이었다. …… 그들은 도시 광장에 줄

[+] Tentara Keamanan Rakyat(국민치안군).

지어 있다가 반쯤 죽을 때까지 채찍질을 당했다."[85] 많은 혁명가들이 감금된 상태에서 여러 해를 보냈다.

세 번째 수준의 민중의 전쟁 활동도 있었다. 이것은 2차 세계대전의 이중성을 가장 명확하게 표현했고, 그들 내부에서 벌어진 충돌을 갓 해결한 제국주의 군대와 맞서는 것을 수반했다. 이전에 연합국과 추축국이었던 적들이 결합해 인도네시아를 연이어 파상 공격했는데 처음에는 일본, 그다음에는 영국, 최종적으로는 네덜란드가 두드러졌다. 그 각각을 차례차례 숙고할 것이다.

지배의 마지막 날들에 도쿄는 예상되는 연합국의 침공을 격퇴하는 것을 도울 지역 보조 부대를 구성했다. 그러한 대형 중 하나가 자바에서 3만 5000명, 수마트라에서 2만 명을 참여시킨 페타Peta⁺였다.[86] 블리타르Blitar, 크로야Kroja, 뇸플롱Nyomplong에서 일어난 페타 봉기가 보여준 것처럼 전쟁 기간에조차 그것은 때때로 주인에게 등을 돌릴 수 있었다.[87] 전후 그것은 일본인들에게 현실적인 위협이 됐다. 그래서 대일 전승 기념일의 항복 소식이 서서히 알려지기 전에 "완전히 장비를 구비하고 위장했으며 전투태세를 갖춘" 일본 "육군 부대"가 그러한 민병대를 무장 해제하고 해산했는데,[88] 수카르노는 이것에 찬성했다.[89] 일본이 그다

✛ 1943년 10월 일본이 창설한 인도네시아인 의용군 조직. 일본이 인도네시아에서 만든 청년 단체 중 가장 강력했다는 평가를 받는다. 페타에 징용된 이들은 차별과 가혹 행위를 참지 못하고 여러 번 봉기를 일으켰다.

음에 제공한 서비스는 마운트배튼Mountbatten⁺⁺이 이끄는 동남아시아사령부의 지휘 아래 있는 영국군의 상륙을 용이하게 한 것이었다. 이는 수라바야를 제외한 모든 곳에서 순탄하게 진행됐다.[90]

하지만 1945년 10월 세마랑에서 첫 번째 충돌이 발생했다. 독립 후, 예전에 민병대원이었던 사람들 중 많은 수가 프무다 '비정규군'이 됐다. 앤더슨은 그들을 "밑바닥부터 성장한 이질적인 무장 집단들의 무리 지어 다니는 군중"이라고 부른다. 보통 예전 장교들이 이끌었는데, 제국주의자들뿐만 아니라 인도네시아 정부도 이들을 통제하기가 매우 어렵다는 것을 알게 됐다.[91] 영국인들은 그들을 "테러리스트" 또는 "극단주의자"로 간주했다. 항복 조건에 의하면, 세마랑에서 일본인들은 그곳의 질서를 회복하라는 지시를 받았다.[92] 하지만 많은 곳에서 일본군은 과거의 적들이 내리는 명령에 순응할 동기가 거의 없었고, 연합국 측의 항복 조건을 엄수하는 것과 〔손을 쓰지 않음으로써〕 자연스럽게 인도네시아 공화국의 편의를 도모하는 것 사이에서 많은 수가 갈피를 못 잡았다. 세마랑에서 일본인들은 인도네시아인들을 맹비난했는데, 이는 그렇게 하라고 그들에게 영국인들이 9번에 걸쳐 요구했기 때문일 뿐만 아니라 프무다가 인근에 있는 일본군 부대를 강제로 무장 해제했기 때문이기도 했다. 상황은 격전의

⁺⁺ 루이스 마운트배튼Louis Mountbatten(1900~1979). 영국 해군 장교이자 정치인이었다. 2차 세계대전 당시 동남아시아 지역 연합군 최고 사령관으로서 버마 탈환 작전을 성공시켰다. 전후에는 마지막 인도 총독을 지냈다. 대영제국의 전성기에 군림한 빅토리아 여왕의 외증손자이기도 하다.

5일로 악화됐는데, 이는 도쿄에 통제권을 남겼지만 인도네시아인 약 2000명의 생명을 희생시켰고 그와 대조적으로 (희생된) 일본인은 대략 500명이었다.[93]

일본(군)이 자바에서 곤경에 처한 유일한 제국주의 군대는 아니었다. 상륙 후 영국은 자신들이 섬 전체를 통제하기에는 너무나 취약하다는 것을 곧 깨달았고, 그래서 부대 배치를 핵심 도시들로 국한했다. 회유하는 (그렇지만 위선적인) 조치로, 인도네시아 전역을 관할하는 사령관인 중장 필립 크리스티슨Philip Christison⁺ 경은 공화국을 **사실상** 인정하고 "영국은 인도네시아 국내 문제에 간섭할 의사가 전혀 없다"라고 약속했다.[94]

런던은 마운트배튼의 부대에 3중의 임무를 맡긴 바 있었다. 첫 번째는 일본인들을 무장 해제하고 본국으로 송환하는 것이었다. 두 번째는 일본인들이 운용한 수용소에 갇혔으나 이제는 인도네시아인들에게 위협받는 연합국 측 피억류자들을 구조하는 것이었다. 세 번째는 네덜란드의 복귀를 준비하는 것이었다.[95] 첫 번째 목표는 거의 즉각적으로 포기됐는데, 병력이 겨우 4만 5000명밖에 되지 않는 영국은 너무 취약해서 혼자 힘으로는 적대적인 인도네시아인들과 맞설 수 없기 때문이었다. 일본은 자바를 장악하기 위해 병사 7만 명을 필요로 했었는데, 그것은 주민들이 (지배에) 협력할 때 그러했다. 세마랑에서 벌어진 전투는

⁺ 1893~1993. 영국 육군 장교. 1차 세계대전 때에는 서부전선에서 복무했고, 2차 세계대전 때에는 인도, 버마 등지에서 활동했다.

예전의 적들 사이에 새로운 온기를 불러일으켰다. 한 영국군 장교가 일본의 전쟁 범죄를 조사하기 위해 그곳에 도착했을 때, 지휘관 털Tull은 그를 쫓아내고[96] 일본인들이 "믿기 어려울 정도로 용맹스럽게 싸웠다"라고 보고했다. 마운트배튼 자신의 정치 고문은 그들이 "직무에 헌신"하는 것을 칭찬했고,[97] 크리스티슨은 심지어 영국군 무공 훈장을 받도록 한 일본인 소령을 추천하기까지 했다.[98]

그래서 원래 의도했던 대로 패배한 군대를 본국으로 송환하는 대신 마운트배튼은 이제 섬 전체에 걸쳐 싸우고 있는 영국-네덜란드 군대 옆에서 전투 및 지원 역할로 활용할 수 있도록 "일본놈들을 재무장시키고 그들을 휘하에 두라"라고 크리스티슨에게 말했다.[99] 한 영국 장교에게 이것은 "도무지 이해가 안 되는Alice in Wonderland 상황"이었다.[100] 1946년 1월 바커Barker 하사는 현직 외무부 장관 어니스트 베빈에게 다음과 같은 편지를 썼다.

제가 쓴 대로, 일본놈 보초 둘이 장전된 영국 소총과 탄창 13개를 꽉꽉 채운 브렌Bren 기관총으로 무장하고 이 임시 숙소 문간에 서 있습니다. 우리는 안전하게 잡니다, '빌어먹을, 어쩌다 우리가 **이렇게** 전락했지? 포로가 돼 고문당한 우리 전우들이 밀림에 있는 그들의 무덤 속에서 틀림없이 고통으로 몸부림치고 있을 거야. 그들은 뭘 위해 죽은 거야?'라는 생각을 하면서요.[101]

영국의 두 번째 목표는 일본에 의한 수감자들과 관련돼 있었다. 많은 인도네시아인들은 이들 네덜란드인, 그리고 유럽계 백인과 아시아인 사이에서 태어난 혼혈Eurasians 및 그들의 가족에게 매우 적대적이어서, 전형적으로 인종주의적인 용어로 경고한 한 영국 보고서에 따르면, 〔그들을〕 보호하지 않으면 원주민들이 "살인과 전리품에 대한 기호를 실컷 충족시키기 위해 출격할" 것이었다.[102] 그렇기는 하지만 폭력의 위험은 실제적이었다. 예를 들면 1945년 12월에서 1946년 3월 사이에 반둥Bandung에서 1500명(네덜란드인의 동맹으로 간주된 중국인 포함)이 납치 또는 살해됐다.[103]

그래서 억류된 사람들을 구조하는 일은 영국이 맡은 임무의 인도주의적인 측면으로 제시될 수 있었다. 진실은 그보다 복잡했는데, 왜냐하면 한 작가가 설명한 것처럼 피억류자들 중 인도네시아를 떠날 작정을 한 사람이 거의 없었기 때문이다. "압도적 다수는 …… 영국에 의해 네덜란드 당국이 복구되고 있는 나라에서 전쟁 이전의 삶을 적절한 때에 재개할 수 있도록 …… 의학적 치료를 받을 수 있는 지역으로 모이게 될 것이었다."[104] 무고한 민간인들에 대한 폭력은 유감스러운 일이었지만, 영국이 그곳에 낡은 방식을 다시 부과했다는 사실은 의심할 여지가 없는 도발이었다. 식민주의를 끝내겠다는 약속이 적대감을 제거했던 것은 당연한 일이었다.

1945년 10~11월에 피억류자들을 대피시키는 문제는 독립 전쟁에서 가장 중요한 교전을 촉발했다. 수라바야 항구는 이전에 일본에 의해 수감된 사람들을 위한, 그리고 유일하게 자바로

━━ 1945년 11월 수라바야의 인도네시아 민병대원.

향하는 환승 지점으로 지정된 곳이었는데, 이 도시에는 규모가 큰 해군 기지의 고용과 결부된 전투적인 노동계급 전통이 있었다.[105] 10월 25일 영국인들이 상륙했을 때 그들은 "대서양헌장을 기억하라"라고 쓰여 있는 수많은 포스터를 무시했는데, 그 이유에 대해 한 장교는 이렇게 썼다. "내 명령은 수라바야로 나아가서 위치를 확보하라는 것이었다. 연합국의 제복을 입지 않고 무기를 소지하면 그가 누구든 발포하라는 것이었다."[106] 프무다는 이와 다른 생각을 갖고 있었다. 그들은 우연한 기회에 다량의 일본 무기를 손에 넣었는데, 왜냐하면 자만심이 강한 한 네덜란드 해군 장교가 영국에 의존하는 것을 불만족스럽게 여기고 먼저

— 1945년 10월 전소된 맬러비 준장의 자동차. 그는 인도네시아 민병대의 총을
맞고 죽었다.

날아가서 일본인들에게 무기를 자신에게 넘기라고 요구했기 때
문이었다. 그에게는 그것들을 보유할 수단이 전혀 없었기 때문
에 그것들은 인도네시아인의 수중에 떨어졌다.[107]

영국군의 맬러비Mallaby 준장은 프무다를 무장 해제할 역량이
자신에게 부족하다는 것을 깨달았을 때, 그것 대신에 피억류자
대피 문제를 우선적으로 처리하기로 결정했다. 군비 문제를 한
쪽으로 치워둔 상태에서 영국-인도네시아 합동 위원회가 결성
됐다. 바로 다음 날 자카르타의 영국 당국이 '48시간 내에 무기
를 넘기지 않으면 [그런 이들을 향해] 발포할 것'이라고 모든 인도
네시아인에게 경고하는 전단을 공중 투하했을 때, 맬러비의 계
획은 좌절됐다. 한 목격자는 인도네시아인들의 반응을 이렇게

묘사했다. "모든 곳에서 사람들이 같은 말을 하고 있었다. '물론, 연합국이 우리의 적은 아니지만, …… 우리는 싸울 것이다.'"[108] 결과는 약 14만 명의 인도네시아 TKR 부대와 프무다가 49인도보병여단Indian Infantry Brigade의 영국군 4000명을 공격한 봉기였다.[109] 만약 수카르노가 다시 점령군을 돕지 않았다면 후자는 소멸됐을 수도 있는데, 그러고 나서 휴전을 요구했다.

이때 인도네시아 대통령의 권위가 도전을 받았다. 붕 토모 Bung Tomo⁺로 불린 인기 있는 지역 라디오 진행자는 '라디오 반란을 위한 알라Allah for Radio Rebellion'라는 자신의 방송국을 활용해 "인도네시아 민중의 지도자들"에게 이렇게 경고했다. "만약 당신들 신사들이 영국인 그리고 네덜란드인과 협상한다면, 이것은 우리 민중을 다시 한 번 발가벗길 가능성이 있음을 뜻한다."[110] 수카르노의 휴전은 거의 즉각적으로 결렬됐다. 맬러비는 살해됐고 대통령이 또다시 나서야 했다. "나는 연합국과 맞서는 모든 싸움을 중단하라는 명령을 이미 내렸다. …… 민중 가운데 [일부] 집단들이 법을 마음대로 주물러야 할 이유는 아직 전혀 없다."[111]

새로운 휴전은 피억류자들이 안전하게 대피할 때까지 지속됐다. 그러고 나서 영국인들은 그것을 파기했다. 맬러비 건에 대한 보복으로 크리스티슨은 이렇게 발표했다. "나는 저들이 분쇄

⁺ 1920~1981. 본명은 수토모Sutomo. 수라바야 중심부에서 사무원의 아들로 태어났고, 일본 점령 이전에 네덜란드식 중등 교육을 받았다. '라디오 반란을 위한 알라'를 통해 프무다 사이에서 단결과 투쟁 정신을 고취하며 인도네시아 민족 혁명 시기에 중요한 역할을 했다는 평가를 받는다.

될 때까지 바다, 육지, 하늘에 있는 내 군대의 모든 영향력과 현대전의 모든 무기를 활용해 저들과 맞설 작정이다."[112] 수라바야에 대한 처벌은 3주간 지속됐고 다음과 같은 용어로 요약됐다.

영국군은 이제 '전투로 단련된' 2만 4000명의 제5사단 병력, 셔먼 탱크 21대, 썬더볼트 항공기 8대와 모스키토 항공기 16대, 사단 포병대로 더 강력해진 약 6000명의 시포스 하이랜더스 Seaforth Highlanders[+]로 이뤄졌다. 인도네시아군은 셀 수 있는 것도, 설명할 수 있는 것도 아닌 상태였다. 그들은 네덜란드, 일본, 그리고 이제는 부수적으로 영국으로 이어진 제국의 역사 내부에서 그리고 그것과 맞서면서 형태를 갖췄다. 그들은 수라바야의 정신과 **메르데카**merdeka(해방)의 이상을 표현했다. 그들 가운데 사상자가 얼마인지에 대한 집계는 불완전했다. 영국인들은 시신이 1618구이고 또 다른 인도네시아인 4697명이 부상으로 죽었다고 계산했다.[113]

단기적으로 영국이 승리하긴 했지만, 수라바야에서 전개된 민중의 전투가 장기적으로 그들의 승리를 보장하게 될 것이었다.

다른 곳에서는 크리스티슨이 브카시Bekasi 파괴를 명령했는데, 그곳은 영국군 20명이 비행기 사고에서 살아남았지만 인도네시아인들에게 공격을 받은 적이 있는 지역이었다. 공습과 지

[+]　영국 육군 보병 연대 중 하나. 1881년에 창설돼 1961년까지 존속했다.

상 공격으로 집 200채가 소실되고 많은 사람이 목숨을 잃었다. 한 역사가는 이렇게 설명한다. "영국의 인도네시아 점령이 전쟁의 성격을 띠기는 했지만, 사로잡힌 인도네시아인들이 영국이 버마에서 일본인들에게 그랬던 것과 같은 전쟁 포로 취급을 받지 않았다는 것은 분명하다. 무장 레지스탕스 현장에서 사로잡힌 인도네시아인들은 정례적으로 총에 맞았다."[114]

"영국이 계속한 간섭 전쟁들과 파시스트 이탈리아와 나치 독일이 벌인 다른 간섭 전쟁 사이에는 위험한 유사성이 있다"라고 네루가 말하게 만든 것은 바로 이러한 사건들이었다.[115] 1946년에 점령이 끝날 무렵까지 영국군에서 약 2400명의 사상자가 발생했지만, 영국군은 프무다에 3만 1000명으로 추산되는 사망 및 부상 피해를 안겼다.[116]

네덜란드는 행동을 취한 세 제국주의 (국가) 중에서 마지막이자 가장 약한 국가였다. 네덜란드 정부는 자국이 나치에게 점령됐던 경험에서 아무것도 배우지 않았고, 네덜란드 대표는 자바인들에 대해 이렇게 말했다. "우리가 그들의 아버지이고 어머니이다. 그들은 우리 없이 지낼 수 없다."[117] 오만함 때문이든, 타고난 성향 때문이든, 아니면 문제를 일으켜 영국의 원조를 연장하려는 시도에서 비롯됐든 간에 네덜란드 군대는 그렇게 할 수 있는 때는 언제든지 극악하게 굴었다. 한 영국군 소령은 그들이 "젊은이들과 아이들"을 표적으로 삼았다고 투덜거렸다. "쪼개진 머리와 부러진 팔다리는 거의 매시간 발생하는 일(이 됐다.) …… 대개 복부나 다리에 생기는 총상은 너무 잦아서 예삿일(이 됐다)."[118] 영국이 인도네시아를 넘겨주고 싶어 한 것이 바로 이런 군대였다.

인도네시아의 맥락에서 '제국주의와 맞선 **민중의** 전쟁'이라는 용어를 사용하는 것은 부적절하다는 주장이 제기될 수도 있다. 이것은 그저 독립을 위한 '민족 전쟁'이 아니었을까? 이는 잘못된 해석일 텐데, 왜냐하면 경계선은 전투적인 프무다와 제국주의자들뿐만 아니라 프무다와 수카르노, [즉] 일본인들과 협력했고 나중에는 (수라바야에서 그가 한 역할이 보여주는 것처럼) 영국과도 협력한 그와 같은 사람들 사이에도 있었기 때문이다. '사회혁명들'에 대한 새로운 인도네시아 정부의 적대감은, 그 자신의 '무책임한 젊은이들'과 맞서 외국의 간섭을 요청한 수마트라의 인도네시아 정부 대표가 상징적으로 보여줬다. 그는 영국 사령관에게 "그들을 혹독하게 다뤄달라"라고 요청했다. "만약 연합국 군대가 그들에게 교훈을 가르쳐준다면 그의 지위는 훨씬 더 확실해질 것이다."[119]

1942년 [일본의] 자바 침략으로 시작된 제국주의 전쟁은 1945년에 흔들리지 않았다. 그것은 1947년이 돼서야 끝났는데, 여기에는 그에 대한 세부 사항을 제시할 공간이 없긴 하지만, 결국 일본, 영국, 네덜란드의 연합 군대는 민중의 전쟁을 분쇄하지 못했다. 오랫동안 계속된 투쟁 이후 인도네시아는 독립을 공고히 했다.

14. 베트남: 반제국주의 돌파구

2차 세계대전이 공식 종료되고 얼마 안 지났을 때 베트남해 방군Vietnamese Liberation Army의 보응우옌잡Vo Nguyen Giap[+] 장군이 "파리의 해방자"[1](로 이름이 잘못 붙은) 르클레르 장군을 만났는데, 이런 말로 그를 맞았다. "베트남의 첫 번째 레지스탕스 전사가 프랑스의 첫 번째 레지스탕스 전사를 만나게 돼서 기쁩니다."[2] 1946년 프랑스인들은 예전의 지배를 복구하기 위해 돌아와 하이퐁Haiphong 항구를 포격해 민간인 6000명을 죽였다. 베트남의 반격은 30년 간 계속됐는데, 프랑스인들을 쫓아냈을 뿐만 아니라 세계 최강의 초강대국 미국을 꺾었다.[3] 보응우옌잡의 미사여구와, 그가 어쩔 수 없이 맡아야 했던 민중의 전쟁의 대조적인 모습은 2차 세계대전이라는 난제를 상징했다. 그것은 자유를 위한 투쟁이었을까, 아니면 기성 권력을 지키기 위한 것이었을까?

프랑스령 인도차이나는 베트남의 세 지역(북부의 통킹Tonkin, 중부의 안남Annam, 남부의 코친차이나Cochinchina)에 캄보디아와 라오스를 더한 상태로 이뤄져 있었다. 프랑스는 그곳에서 자국 관리들

[+] 1911~2013. 베트남의 전쟁 영웅으로 불리는 군인이자 정치가. 대학 졸업 후 호찌민을 만나면서 무장투쟁에 참여했고, 2차 세계대전 시기에는 항일 게릴라 부대를 지도했다. 1954년 디엔비엔푸 전투에서 프랑스군을 완파했고, 그 후 미국과 맞선 전쟁도 승리로 이끌었다.

이 "인도차이나 주민들을 위해 …… 엄청난 과업"을 수행하고 있다고 전 세계에 주장했다.[4] 파리에서는 다른 말을 했다. "세계 어느 나라도 …… 그렇게 많은 자원을 제공하지는 않는다. …… 창출돼야 할 산업이 그토록 많이 있다! 수행돼야 할 멋진 금융 사업이 그토록 많이 있다! 그래서 당신은 무엇을 기다리고 있는가? 먼저 나아가라!"[5] 1930년대까지 "멋진" 금융 사업은 식민지 생산량의 3분의 2를 외국인 수중에 집중시켰고,[6] 유럽 민간인들에게 소작농의 소득보다 102배 많은 소득을 제공했다.[7] 그러한 체제는 필연적으로 칼에 의존했고, 그래서 유럽인 거주자 4만 2000명의 절반 이상이 군인이었다.[8]

이러한 식민지적 배경이 2차 세계대전 시기에 끼친 영향에 대해서는 논란이 있다. 인도차이나공산당에 따르면, 토착 지배계급의 성장이 저해돼 베트남인들 사이에서 의미 있는 사회적 구분이 소거됐다. 인도차이나공산당 지도자 호찌민Ho Chi Minh은 그래서 자신이 "'만국의 프롤레타리아트는 …… 자신을 민족적 계급으로 만들어내고 자신이 민족적이도록 형성해야 한다'라는 《공산당 선언》의 가르침"을 따르고 있다고 말했다.[9] 그게 참이라면 그것은 사회적·경제적 의미를 함축한 민중의 전쟁을 배제하고 마르크스의 유명한 금언—"만국의 노동자여 단결하라!"—을 전도順倒시키는 것이었을 것이다. 하지만 "공산주의를 애국주의와 접목하는"[10] 것이 가능하다는 인도차이나공산당의 전제는 거짓이었다.

수적으로 많지 않기는 했지만, 부유한 베트남인 지주 및 사

1945년 보응우옌잡(왼쪽)과 호찌민. 호찌민은
공산주의를 애국주의와 접목하려고 했다.

업가들의 **1인당** 소득은 유럽 민간인들의 소득을 사실상 초과했고 소작농들 소득보다 122배 많았다.[11] 2차 세계대전은 이러한 사회적 분열을 여러 가지 방식으로 확대했다. 프랑스로부터 고립됐기 때문에 식민지는 행정 인력을 자체적으로 마련해야 했고, 중간 및 상층 직책의 수는 갑절이 됐다. 1944년까지, 운영되는 기업 92곳 중 75곳의 상무 이사를 베트남인들이 맡게 됐다.[12] 프랑스인들은 체제에 대내적인 사회 기반을 부여하기 위해 현지 지주들의 권력을 의도적으로 확대했고, 불과 6200명이 남부에서 쌀을 재배하는 토지의 45퍼센트를 소유하게 됐다. 홍강Red River 계곡에서는 가구의 2퍼센트가 토지의 50퍼센트를 소유했다.[13] 세계대전의 도래는 몇몇 소수에게는 상승하는 식량 가격, 사재기, 투기, 엄청난 이익을, 다수에게는 궁핍화를 더했다.

　사회적 차원을 설정하는 것이 민족 문제의 중요성을 약화시키지는 않는다. 1941년부터 베트남은 단 하나가 아니라 두 제국주의 권력에게 억압을 당하게 됐다! 일본은 베트남을 자신들이 중국에서 전개하는 군사 작전을 위한 중요한 기착지로 여겼다. 도쿄가 필리핀, 말라야, 버마, 인도네시아에서 유럽인의 행정 기구를 전복시킨 데 반해 인도차이나에서는 프랑스 비시 정부와 조약에 조인했다. 유대인과 드골 지지자들을 투옥한 주된 페탱 지지자였던 총독 장 드쿠Jean Decoux*는 일본인들의 기지를 받

✚　1884~1963. 해군 제독이자, 2차 세계대전 당시 프랑스령 인도차이나 총독이었다.

— 1945년 프랑스와 일본 제국주의의 약탈로 수없이 많은 베트남인들이 굶주림에
시달리다 사망했다.

아들이는 대가로 유임을 허락받았다.[14] 비시 정부의 외교관들에
게 "일본이 지배하는 영역의 한가운데에서 서구의 문명과 사상
이 성공적으로 역설되는 평화롭고 번영하는 '섬'을 유지했다는
것은 기적"이었다.[15] 정말 놀랍게도, 프랑스가 해방됐을 때 드골
은 드쿠가 계속 복무하게 했다. 그는 드쿠 체제를 건드리는 것이
중국인들 및 그들을 후원하는 미국인들이 개입할 길을 열어줄
것이라고 우려했는데, 페탱을 지지한 패거리를 싫어하는 것보다
그 점을 더 걱정했다.

그래서 파리의 자유 프랑스 정부는 1945년 통킹에서 발생
한 기근을 책임져야 한다. 아테네나 벵골(에서 발생한 기근)과 마

— 1945년 일본군에 밀려나 중국 국경 쪽으로 후퇴하는 프랑스군. 일본은 1945년 3월 9일 베트남에 대한 지배권을 단독으로 장악했다.

찬가지로 이것은 인재人災였다. 비록 나쁜 날씨와 해충 때문에 북부의 쌀 수확이 5분의 1 줄었을지라도,[16] 식량을 공평하게 분배했다면 굶주림을 방지할 수도 있었다.[17] 그러나 프랑스군은 (기근의) 영향을 받은 지역에서 매일 배 열 척 분량 또는 그보다 많은 양의 쌀을 운송해갔다.[18] 사재기한 사람들과 투기꾼들이, 그들 중 많은 수가 현지인이었는데, 일을 끝마쳤다. 통킹의 수도 하노이Hanoi에서는 식량 가격이 단 석 달 만에 373퍼센트 상승했다.[19] 관리들은 "송장들"을 봤다며 이렇게 묘사했다. "(송장들은) 수의용으로 뿐만 아니라 의복 용도로도 지푸라기 한 줌만 있는 상태로 길가에서 쪼글쪼글해져 있다. 인간이라는 것에 부끄러움

을 느낀다."[20] 사망자 수 추정치는 200만 명에 이른다.[21]

그다음에 일본인들이 프랑스 권력 가운데 남은 부분을 완전히 없앴다. 1944년 11월 미국이 필리핀을 탈환할 태세를 취함에 따라 일본 남방군[+]은 총본부를 마닐라에서 사이공으로 옮겼고, [1945년] 3월 9일 베트남에 대한 지배권을 단독으로 장악했다.[22] (곡물 징발이 계속됐기 때문에 기근 피해자들은 그 차이를 거의 인식할 수 없긴 했지만) 도쿄의 [단독] 장악은 중요한 영향을 끼쳤다.[23]

일본인들은 안남 황제 바오다이Bao Dai가 후에Hue에 있는 그의 궁정을 되찾게 하고, 그에게 허구적인 독립과 베트남 전역에 대한 이름뿐인 권력을 부여했다. 추축국과 협력함으로써 바오다이 그리고 그와 함께 일한 다양한 민족주의 정당들은 미래의 민중의 전쟁에서 지도력을 발휘할 모든 권리를 희생시켰다. 그것은 인도차이나공산당이 독립투쟁에서 이론의 여지가 없는 지도 세력이 되는 것을 더 쉽게 만들었다.

하지만 인도차이나공산당은 이러한 태도를 직설적으로 취하지는 않았다. 인도차이나공산당의 전략은 연합국에 대한 굴종에서 그들과 맞서 민중의 전쟁을 시작하는 것으로 서서히 진화했다. 그 이유를 이해하기 위해서는 프랑스의 탄압과 스탈린주의 정치라는 쌍둥이 충격 아래에서 우여곡절 많았던 당이 걸어온 과정을 따라가는 것이 필요하다.

+   일본 육군에서 2차 세계대전 당시 동남아시아와 남태평양 지역을 담당한 군 집단.

인도차이나공산당은 1930년 창당 성명서에서 "프랑스 제
국주의 **그리고** 베트남의 봉건 제도와 반동 부르주아"를 타도해
"인도차이나를 완전히 독립시키는 것"을 목표로 삼았다. 인도차
이나공산당은 "제국주의자들과 베트남 반동 부르주아가 소유
한 대농장과 부동산을 모두 몰수해 가난한 소작농들에게 분배"
할 것이었다.[24] 이러한 열망이 당을 어렵게 세상에 내보냈는데,
같은 해[에 시작된] '응에 띤 소비에트Nghe Tinh Soviet'⁺ 운동의 패배는
공산주의자 수천 명의 구금을 초래했다.

10년 후 인도차이나공산당은 1930년에 취한 태도와 정확히
반대되는 제3인터내셔널의 인민전선 정책에 전념했다.

1. 당분간 당은 지나치게 까다로운 요구들(민족 독립, 의회 등)을
내세워서는 안 된다. 그렇게 하는 것은 일본 파시스트들의 손
에 놀아나는 것이다. 오직 민주적 권리들, 단체를 조직할 자
유, 집회의 자유, 출판의 자유와 언론의 자유, 정치적인 이유
로 억류된 모든 사람에 대한 일반 사면, 당이 합법 활동에 종
사할 자유를 주장해야 한다.
2. 이 목표에 도달하기 위해 당은 폭넓은 민주주의민족전선
Democratic National Front을 조직하는 데 분투해야 한다. 이 전선은
인도차이나인들뿐만 아니라 인도차이나에 거주하는 프랑스

⁺   1930~1931년 베트남 중북부 응에안성과 하띤성에서 소작농들과 노동자들
이 프랑스 식민 당국과 지주들에 맞서 일으킨 일련의 봉기, 파업, 시위를 말
한다.

인들 중 진보적인 사람들도, 그리고 힘들게 일하는 사람들뿐만 아니라 민족 부르주아도 받아들여야 한다.

3. 당은 민족 부르주아에 대해 능란하고 유연한 태도를 취해야 하며, 그들을 (민주주의민족)전선으로 끌어당기고 그들이 계속 거기에 머물도록 분투해야 한다.

이제 민족 부르주아가 환영받는 동맹이 됐다면, 1930년에 인도차이나공산당 스스로 받아들였던 많은 정책을 여전히 옹호하는 트로츠키주의자들은 적이 됐다. "어떠한 타협도, 어떠한 양보도 있을 수 없다. 우리는 파시즘의 첩자인 그들의 가면을 벗기고 그들을 정치적으로 전멸시키기 위해 할 수 있는 모든 것을 해야 한다."[25]

정책을 수정하고 프랑스인들에게 접근했음에도 인도차이나공산당은 히틀러와 스탈린의 불가침 조약에 뒤따른 반공주의적 탄압을 피하지 못했다.[26] 체포로 내부 연계에 지장이 생겨 당 중앙 기구는 공산주의 조직에 공통되는 거대한 단일 권한을 더 이상 행사하지 못했다.[27] 지도부는 구성원들이 북부의 박선Bac Son과 남부 코친차이나에서 프랑스와 맞서는 불운한 봉기에 휘말리는 것을 막을 수 없었다. 마아Marr는 후자가 어떻게 분쇄됐는지에 대해 이렇게 묘사한다.

항공기, 장갑차들, 그리고 대포가 모든 마을을 파괴하는 데 쓰였다. …… 수갑과 사슬이 부족해, 억류된 사람들의 손과 발에 전선으로 구멍을 뚫어놓았다. 기존 감옥 시설이 모두 꽉 찼을 때, 프랑스인들은 억류된 사람들을 사이공강에 정박한 배들에 빽빽이 집어넣었다. 이 '백색 테러'로 얼마나 많은 사람이 죽었는지는 아무도 모르지만, 그 수가 2000명이 넘을 것임은 거의 확실했다. 8000명까지 억류됐는데, 일부는 나중에 감옥에서 죽거나 처형됐다. 반대편에서는 프랑스인 3명, 그리고 30명의 민병대원 또는 현지의 베트남인 저명인사가 살해됐다.[28]

그러한 경험들은 민중의 전쟁에 관여하는 것에 대한 인도차이나공산당 지도부의 경계심을 강화했다.

인도차이나공산당이 직면한 어려움의 증거로 호찌민은 1911년부터 1941년까지 많은 가명을 쓰며 부득불 해외에서 살아야 했다. 식민주의에 대한 주된 반대자는 다음과 같은 말로 그를 질책했다. "우리가 해외에 거주하면서 배후에서 지도해서는 안 된다. 그 대신에 우리는 조국으로 귀환해야 한다." 그는 이것이 무의미하다고 답했는데, "지역 전투원들이 그들 자신의 땅에서 모두 엄중히 감시를 받고 맹렬하게 추적을 당하고 있기" 때문이었다.[29] 그는 2차 세계대전 기간에 자신의 관점을 바꿨다. 그러고 나서 이러한 '해외에서 보내는 편지'를 발표했다.

이제 우리의 해방을 위한 기회가 왔다. 프랑스 자체가 우리나라에 대한 프랑스 식민주의자들의 지배를 도울 능력이 없다. 일본인들에 대해 말하자면, 한편으로는 중국에서 교착 상태에 빠지고 다른 한편으로는 영국과 미국 군대의 방해를 받고 있어서 그들은 확실히 우리와 맞서서 전력을 다할 수 없다. 우리의 전체 민중이 공고히 단결한다면, 우리는 틀림없이 프랑스인들과 일본인들의 가장 잘 훈련된 군대를 이길 수 있다. 동포들이여! 궐기하라![30]

그랬는데도 진전은 더뎠다. 1945년 8월 혁명으로 권력을 잡기 직전 당은 여전히 구성원이 단지 5000명에 지나지 않다고 계산했다(그중 3분의 1은 감옥에 갇혀 있었다). 그 군대도 비슷한 규모였다.[31] 일본인들은 베트남에서 병력 5만 7000명의 부대를 보유했고, 더 노련한 연합군 부대 수천 명이 어떠한 전후 독립운동이라도 분쇄하기 위해 대기하고 있었다.[32] 이러한 조건들은 베트남의 인도차이나공산당으로 하여금 조심스러운 전략을 택하게 만들었다.

민중의 주도권을 경시한 호찌민은 대중투쟁을 촉발하지 말라고 경고했는데, 대중투쟁이 "물적·인적 자원의 분산을 초래할 공산이 있다"라는 것이 그 이유였다.[33] 그 대신 그는 중국공산당 모델에 따른 3단계 계획을 옹호했다. 먼저 당 간부들이 후미진 곳에 혁명 기지를 세우게 될 것이었다.[34] 나중에 소작농들을 〔새 구성원으로〕 모집할 것이고, 마지막 단계에 당은 도시에 대한 공격을 개시해 권력을 쥐게 될 것이었다. 호찌민은 다년간 코민테른 직원이었고, 그가 여전히 프롤레타리아트에게 입에 발린 말을 하긴 했지만 실제로는 대중 행동을 당이 취한 조치에 대해 거수기 노릇을 하는 것으로 격하하고 도시 노동계급을 실패한 존재로 봤다.

그의 강령에서 잠정적인 첫 번째 단계는 '베트남 해방을 위한 무장 선전 여단'을 형성하는 것이었다. 명칭은 궁극적인 목표를 대담하게 가리켰지만, 직접적 대결에는 분명히 미치지 못했다. 호찌민이 말한 것처럼 "(이 조직의) 이름은 …… 그것의 군사행동보다는 정치적 행동에 더 큰 중요성이 부여돼 있음을 보여준다."[35] 그리고 나서, 1941년 5월 베트남독립동맹, 즉 베트민Vietminh을 창출한다는 결정을 내렸다. 마아는 이 조직이 (다양한 세력을) 어떻게 배치하는지에 대해 이렇게 설명한다.

노동자들과 소작농들을 프랑스와 일본의 포학한 행위로 인해 점점 더 적대감이 고취되고 베트남 민족해방을 위해 투쟁할 준비가 돼 있는 그들의 지주들, 자본가들, 고위 관료들, 군인들, 지식인들, 사무원들, 가게 주인들과 나란히 (배치한다.) …… 베트민은 전 지구적인 대치에서 한쪽, (즉) 곧 연합국으로 자칭하는 그들과 전적으로 행동을 같이하게 될 것이었다.[36]

이러한 당파(여기에 드골의 프랑스가 포함돼 있음을 기억해야 한다)와 친선을 추구한 것의 대가는 '민족해방 혁명'을 위해 노동계급과 가난한 소작농의 요구를 미루는 것이었다.[37] 그리하여 베트민은 인구의 90퍼센트에게 생계를 제공한다는 점에서 핵심 사안인 토지 재분배를 포기했다. 닐Neale에 따르면 인도차이나공산당이 취한 태도에 대한 설명 중 일부는 그것의 사회적 기원에서 그 이유를 찾을 수 있다.

맨 먼저 그것은 교육받은 사람들을 모집했다. …… 그다음에 그 사람들은 자신들이 아는 마을 사람들을 모집해 이끌었다. …… 그들은 지주계급의 품위 있는 소수였다. 그들은 자기 계급의 부패와 잔혹함을 증오했다. 그들은 낡은 질서를 쓸어버리고 그것을 현대적인 산업 국가로 대체하기를 원했다. …… 이것은 공산당이 항상 토지 개혁에 대해 뿌리깊이 양면적임을 의미했다.[38]

계급을 가로지르는 동맹을 구축하려는 호찌민의 노력이 너무나 정력적이어서 외국 논평자들은 그가 공산주의자인지에 대해 확신이 없었다. 예를 들면 《더 타임스》는 다음과 같은 보도를 게재했다. "바로 지금 어떠한 중요성을 갖는 정당은 베트민과 공산주의자들, 이 둘밖에 없는 것 같다."[39] 호찌민의 '(인민)전선' 전략은 (1945년 11월) 인도차이나공산당을 공식 해산하는 데까지 이르렀는데, 한 작가의 말대로 이것은 "국제 공산주의 운동사에서 전례나 유사한 사례가 없는 몸짓이었다".[40]

하지만 정책 변경이 연합국의 지원을 보장하지는 않았다. 러시아는 손에 닿지 않는 곳에 있었기 때문에 그는 중국의 민족주의 지도자 장제스와 연결된 군벌들에게 의지했다. 그들은 중국-베트남 국경에서 작전을 전개했고, 무기는 물론 후퇴가 필요할 경우 안전한 피난처를 제공할 수 있었다. 그들의 지원에 대한 희망을 품고 1941년 2월 그는 국경 산악 지역인 까오방^{Cao Bang}의 동굴에 자리를 잡았다.[41] 이전에 협력했던 군벌에 의해 그가 1년 간 억류됐을 때 호찌민 지위의 불안정성은 분명히 드러났다. 중국의 도움이 신뢰할 수 없는 것으로 판명된 이후[42] 그는 대안적인 지원의 원천을 모색했다. 한때 그는 "일본인들에게 저항하기로 진정으로 그리고 철저하게 결심한 프랑스인들과 악수할 준비가 돼 있다"라는 소신을 표명하기까지 했다.[43] 보응우옌잡 장군이 정식으로 프랑스 지휘관 뢸^{Reul}과 접촉했지만, 합의를 이루기는 어렵다는 것이 드러났다.[44]

미국의 지원은 더 나은 선택지였다. 미국이 베트민을 돕고 프랑스 제국주의 복구에 반대할 수도 있다는 징후가 있었다. 1943년 테헤란 회담에서 루스벨트가 베트남에 대해 스탈린과 논의했을 때 그들은 "프랑스가 인도차이나로 돌아가서는 안 된다는 데 100퍼센트" 동의했다. 대통령은 미국이 "일정한 기한 내에, 아마도 20~30년일 텐데, 그 사람들로 하여금 독립을 준비하게 하는 과업을 맡는 신탁통치 제도"를 자신의 중국인 의뢰인과 함께 숙고하고 있다고 덧붙였다.[45] 그러한 가부장주의는 전후 계획에 들어맞았다. 〔그 계획에 따르면〕 유럽의 아시아 소유가 무너져 공간이 열리고 미국의 압도적인 경제적 우위에 종속되며 네 경찰, 즉 러시아, 영국, 미국, 중국이 궁극적으로 세계를 지배하게 될 것이었다. 프랑스는 아직 이러한 미래의 일원이 아니었다.[46]

그러나 베트민을 향한 미국의 우정은 오래가지 않을 것이었다. 2차 세계대전이 끝나갈 무렵 냉전의 바람이 불기 시작했다. 유럽에서 러시아의 영향력에 대응하기 위해 드골의 프랑스가 필요하게 된 데 반해 장제스의 중화민국은 실패했다. 그리하여 1945년 4월 죽기 4일 전 루스벨트는 자신의 신탁통치 계획을 없앴다.[47] 5월쯤에는 미국 국무부 장관이 표리부동하게도 그의 정부가 "인도차이나에 대한 프랑스의 주권에 은연중에라도 의문을 품는 …… 어떠한 공식 성명과도 완전히 [무관하고] 결백"한 모습을 그간 보였다고 주장하고 있었다.[48]

미국 정부 정책의 이러한 종잡을 수 없는 상황은 동아시아 무대에 혼란이 싹트게 했다. 예컨대 미국 공군은 프랑스인들이 일본의 [1945년] 3월 9일 쿠데타에 잠시 저항하는 동안 그들을 돕고자 많은 전투기를 출격시켰다.[49] 그렇지만 곧 전략사무국 요원들은 호찌민과 함께 일했고, 그를 요원으로 등록하기까지 했으며,[50] 앨리슨 토머스Allison Thomas 소령 휘하의 팀이 베트민 전사들을 훈련시키기 위해 낙하산을 타고 뛰어내렸다.[51] 미국이 베트민 무기의 12퍼센트만 지원하긴 했지만,[52] 그것은 승리하는 미국인이라는 것과 결부됐기 때문에 베트민에 대한 심리적 격려가 상당했다.[53]

대일 전승 기념일까지 미국은 프랑스의 주장을 지지하고 호찌민을 버리는 쪽으로 결정적으로 선회했다. 토머스 소령은 하노이에서 일본인들의 항복을 받기에 가장 좋은 위치에 배치된 연합국 장교였지만, "어떠한 경우에도" 그렇게 해서는 "안 된다"라는 얘기를 상관들로부터 들었다. 그는 이것이 "충격적인 소식"이자 "극도로 낙심하게 하는 것"이라고 여겼지만, 명령 너머의 논법은 알아차렸다. "프랑스인들은 우리의 동맹이고 베트민 정당은 프랑스인들에게 반대하는 비밀 정당"이기 때문에 미국은 호찌민과 협력하는 것으로 보일 엄두를 내서는 안 된다(는 것이었다).[54]

그래서 모든 노력에도 불구하고 호찌민은 관련 있는 연합국들, 즉 프랑스, 중국 또는 미국 중 어느 쪽으로부터도 일관된 지지를 얻어내는 데 실패했다. 그렇지만 그의 전략은 여전히 대기주의적이었고, 예상되는 연합국의 상륙에 단단히 얽매여 있었다. 바로 1945년 3월 12일에 인도차이나공산당 중앙위원회는 이렇게 밝혔다.

> 우리는 연합국 군대가 굳건한 발판을 마련하는 것을 기다려야 할 뿐만 아니라, 또한 그들이 진격하고 있을 때까지 기다려야 한다. 그와 동시에 우리는 전면적인 반란에 착수하기 전에, 일본인들이 연합국 군대를 가로막기 위해 군대를 전선에 보내고 그렇게 해서 그들의 후위를 상대적으로 노출할 때까지 기다려야 한다.[55]

그럼에도 호찌민의 접근법은 제국주의에 손발이 묶이지 않았다. 그는 대서양헌장 같은 발표를 액면 그대로 받아들일 만큼 순진하지 않았고, 연합국을 기다리는 동안 또한 프랑스의 지배를 다시 부과하려는 어떠한 것에도 대응할 수 있는 대중운동을 마음에 그렸다.

그러는 동안 베트민은 대개 일본군과 충돌하는 것을 피했다. 3월과 5월 사이에 베트민의 작전으로 도쿄 측은 약 50명이 희생됐다.[56] 퇴네손Tonnesson은 일본인들이 이를 "성가신 일"로 여겼으나 유고슬라비아 레지스탕스나 중국 홍군과 비교할 만한 것은 아니었다고 제시한다. "소수의 몇몇 충돌은 우발적 사건 이상의 것에 해당하지 않는다. 무장투쟁에 대해 말하기에 충분한 싸움은 전혀 없었다."[57]

곧 닥칠 것처럼 보인 패배가 일본의 지배를 느슨하게 만들었을 때 모든 것이 변했다. 권력 공백은 평범한 베트남 사람들의 열망이 표현되는 것을 가능케 하는 쪽으로 상황을 급작스럽게 진전시켰다. 베트민은 규모가 매우 작은 데다 엄격하게 조직된 군사 대형을 지향했는데도 이러한 상황에서 득을 봤다. 베트민은 북부에서 민중의 전쟁을 위해 사람들을 결집시키는 계기가 됐고, 남부에서도 주요 세력이 됐다. 마아는 아래로부터 전개된 대규모 민중운동과 공산주의자들의 협소한 층 간의 복잡한 관계를 이렇게 묘사한다.

8월에 대부분의 격변은 (경험이 풍부한 인도차이나공산당 구성원들이 창출하거나 승인한) 베트민 구호에 의해 촉발되긴 했지만, 그리고 거의 모든 사람이 베트민 깃발에 동질감을 느끼면서 그것이 곧 전국적인 표준이 됐지만, 베트민으로 자칭한 많은 지역 집단들은 조직이 무엇을 대표하는지에 대해 거의 알지 못했고 하물며 (인도차이나공산당 중앙위원회가 선출한) 총부Tong Bo, 總

部(총사령부)와 어떠한 연계가 있는 것도 아니었다. 국왕의 여러 고위 관료들과 임명된 자문위원회들을 대체한 수백 개의 '인민 위원회들'과 '혁명위원회들'은 …… 중앙 당국의 한낱 부속물에 불과하거나 인도차이나공산당 간부들의 간판 노릇을 한 것이 결코 아니었다. 이러한 위원회들 가운데 많은 수는 지난날의 부정의에 대한 복수를 꾀하거나 급진적인 사회 혁명적 열망을 투영했다.[58]

민중의 전쟁이 일어난 것은 인도차이나공산당의 공식 정책이 대거 묵살됐기 때문이었다. 계급 타협 정치를 거부하고 많은 사람이 토지 재분배를 요구했으며 "어떠한 정부도 통제할 수 없는, 아래로부터 전개된 재산 격변"에 시동을 걸었다.[59] 통킹의 프랑스 당국은 1942~1943년에는 "베트민 사건들"에 맞춰 리듬을 가속화한 사례가 단지 4건 기록됐지만 1944년에는 80건이 기록됐다는 것에 주목했다.[60] 기근이 발생한 구역에서 현지의 베트민은 곡물에 대한 광범위한 필요를 조직적으로 표현했다. 창과 마체테로 무장한 시위가 흔하게 일어났는데, 홍강 삼각주에서만 75개 이상의 창고가 그 영향을 받았다.[61]

부글부글 끓어오르는 이 불만은 1945년 여름까지 가중됐고 인도차이나공산당은 이것에 응답해야 했다. 6월에 베트민이 북부에서 '해방구'를 선언했는데 10만 명, 즉 그곳 주민의 10분의 1이 그 민병대에 등록했다.[62] 이 시기에 베트민 지지자는 이 나라의 나머지 지역에서는 8만 명에 지나지 않았다. 8월 12일 베트민은 전면적인 봉기를 요구했고, 그다음 날 '군사 명령 1호'는 일본인들의 무기를 장악할 목적으로 일본인들에 대한 공격을 지시했다.[63]

그럼에도 계속 진행 중인 민중의 전쟁을 통제하고 지휘하는 인도차이나공산당의 역량은 여전히 제한적이었다. 특히 〔남북으로〕 1650킬로미터에 이르는 이 나라의 긴 국토를 가로질러 의사소통하는 것이 어려워 결과적으로 1940년 말과 1945년 6월 사이에 북부와 코친차이나의 지도부 간에 직접적인 접촉이 전혀 없게 됐다![64] 남부의 다른 조류들은 베트민 조직의 지도력에 도전했다. 그중 하나는 '선봉 청년Vanguard Youth'이었다. 본래 프랑스의 영향을 받은 스카우트 및 스포츠 조직이었는데 전쟁에 의해 정치화돼 대규모 추종자를 갖게 됐지만, 소속 구성원들 내에서 우위를 차지하려 마구 다툰 온갖 종류의 정치 조류와 종파로 인해 '선봉 청년'은 베트민 같은 일관성이 부족했다.

또 다른 경쟁 상대는 단계적으로(혁명 기지에서 시골 지역으로, 그리고 최종적으로는 도시로) 작동하는, 계급을 가로지르는 동맹이라는 인도차이나공산당의 전략을 거부한 트로츠키주의였다. 이 조류에 대한 지지자는 코친차이나에 많았는데, 1939년 식민지 의회Colonial Council 선거에서 압도적 다수의 표를 끌어모으면서 공산주의자들을 무색하게 만들었다.[65] 트로츠키주의 지도자 타 투 타우Ta Thu Thau[+]는 "공산주의를 애국주의에 접목"할 수 있다

[+]   1906~1945. 인도차이나공산당에서 좌익 반대파로 활동한 트로츠키주의자.

는 개념을 거부했다. 그는 세계가 "정치적으로는 국가들로 나뉘어" 있기는 하지만 "경제적으로 하나의 전체를 형성하는 경향이 있기" 때문에 선택은 "사회주의냐 아니면 민족주의냐"에서 이뤄져야 한다고 주장했다. 그래서 착취자들과 착취를 당하는 사람들 간의 분열이 자본주의 국가들 간 분열보다 더 컸다. 베트남에서 이것은 노동자들과 소작농들이 머리가 둘 달린 적, 즉 "그 뒤에 토착 부르주아를 끌고 가는" 식민주의와 직면했음을 의미했다.[66] 타 투 타우는 "프롤레타리아트를 해방시키기 위해 자본주의 국가들 간의 전쟁을 이용할 수 있는" 기회를 2차 세계대전이 제공했다고 믿었다.[67] 이런 일이 일어나도록 하기 위해 명확한 계급적 요구가 제기돼야 했다.

일본의 갑작스러운 항복은 최종적인 권력 장악을 위한 단계로, 진격하는 연합군과 협력한다는 호찌민의 전략을 엉망으로 만들었다. 베트민은 승리를 거뒀지만, 지도부가 예상한 것과는 역순으로 사건이 발생했다. 퇴네손이 쓴 것처럼 인도차이나공산당은 자신들이 다음과 같은 처지에 놓였음을 깨달았다.

고전적인 도시 혁명 기회가 급작스럽게 그 모습을 드러낸 (1945년) 8월에 (인도차이나공산당은) 옆에서 구경하고 있었다. 당 지도자들이 '전시 수도', (즉) 그들이 떤 짜오Tan Trao라고 부른 벽지의 작은 곳에서 옴짝달싹하지 못하는 동안 열의에 찬 청년들과

1945년 9월 베트민에 의해 처형됐다.

— 1945년 8월 하노이 오페라 하우스 앞에 모인 군중들. 베트민의 깃발이
펄럭이고 있다. 8월혁명 동안 호찌민 등 공산당의 역할은 그리 크지 않았다.

2급 간부들은 하노이, 후에, 그리고 많은 지방 중심지에서—거
의 자발적으로—8월혁명August Revolution을 수행했다.[68]

"모든 시민에 의한 혁명"만이 다양한 제국주의 군대의 야심
을 좌절시키기에 충분할 것이라고 주장하면서 8월 16일에 첫 번
째 대중 시위를 불러일으킨 것은 바로 하노이의 민족주의적인
민주당Democratic Party이었다. 하지만 한 베트민 지지자가 그 정당을
술책으로 압도했다. 그녀는 연단에 올라, 군중이 자신의 조직에
환호하도록 유도했다. 혁명적 혼란 속에서 유일하게 전국적으로
조직돼 있고 규율이 잡혀 있는 간부 정당으로서 인도차이나공산
당과 그것의 전선 조직인 베트민은 으뜸 패를 손에 넣었다. 그것
은 잃어버린 시간을 신속히 벌충했다. 중앙 지도부의 대기주의

에 반항하면서 공산주의자지역위원회Communist Regional Committee는 권력 장악을 요구했다. 8월 19일, 사기가 꺾인 일본군 부대가 한쪽으로 물러나 있는 동안 20만 명의 군중이 이것을 성취했다.[69]

다시 한 번, 호찌민의 생각과는 반대로, 도시에서 전개된 행동이 시골 지역을 고무했지, **그것과 반대로** 전개되지는 않았다. 시골 지역의 활동가들이 조언을 구하고자 하노이로 쏟아져 들어왔는데, 마을 사람 수만 명이 그들을 따라왔다.[70] 동시에 혁명은 인도차이나공산당 정책이 제한하는 것을 밀어젖히고 나아갔다. 마아는 급진적인 요구를 피한다는 베트민 지도자들의 결정에도 불구하고 [다음과 같은 상황이 전개됐다고] 쓴다.

> 8월 말 베트남의 많은 시골 지역에서 사건은 권력의 정치적 이전을 완전히 넘어섰는데, 그 당시에는 어느 누구도 예견할 수 없었던 결과인 사회 혁명적 행동을 수반하고 있었다. 베트민이 하노이에 수립한 행정부는 지휘 당국인 것 못지않게, 전국 여기저기서 모습을 드러내는 수천 개의 혁명위원회들의 포로 같은 처지였다.[71]

2차 세계대전의 목적에 대한 민중의 이해와 인도차이나공산당 사이에 생겨난 모순은 토지 문제를 초래했다. 1945년 7월 30일 당은 기존 토지 보유권 유지 같은 강령을 되풀이했다.

혁명 성공 후 우리나라가 독립할 때, 부유한 사람들의 토지가 가난한 사람들에게 분배되지는 않을 것이다. 우리는 단지 침략자들과 반역자들의 토지와 재산만 몰수할 것이다. 부유한 사람들의 토지가 가난한 사람들에게 분배돼야 한다고 말하는 사람은 누구라도 처벌을 받아야 마땅하다.[72]

그러나 혁명은 그와 같은 제한을 무시했다. 안남의 북부와 통킹에서 위원회들은 토지를 분배하고 부자들의 재산을 몰수했다. 다른 곳에서는 광부 3만 명이 모든 이를 위한 동일 임금을 확립하고, 석탄을 나르는 배뿐만 아니라 공공 서비스, 철도, 전신도 통제하는 '노동자 코뮌'을 결성했다. 이 조직은 1945년 11월 베트민이 그 지도부를 체포할 때까지 존속했다.[73]

인도차이나공산당을 한층 더 괴롭힌 것은 남쪽의 사태 전환이었는데, 경쟁이 그곳에서 가장 치열했다. 일본이 여기에서 항복했을 때 지역 공산주의자들이 사이공Saigon에서 40킬로미터 떨어진 마을에서 동원됐다. 그들은 나중에야 그곳에 접근할 작정이었다.[74] 그러나 10만 명이 '통일민족전선United National Front'이라는 기치 아래 코친(차이나) 수도에서 행진했고,[75] '선봉 청년'은 권력 장악에 앞장섰다.[76] 일시적으로 인도차이나공산당이 주도권을 완전히 잃은 것처럼 보였다.[77]

이러한 엄청난 소용돌이 속에서 트로츠키주의 구호가 인기 있었다. "토지는 소작농에게! 노동자 통제 아래 공장 국유화! 인민위원회!"[78] 이러한 요구들은 미토Mytho, 짜빈Travinh, 사덱Sadec, 롱쑤옌Longxuyen, 쩌우독Chaudoc 지방에서 토지가 없는 사람들의 행동을 반영했을 뿐만 아니라 고무하기도 했다.[79] 푸누언Phu Nhuan 지구의 노동자들은 자신들의 위원회가 "지역에서 유일한 합법 권력"이라고 선언했는데, 다른 곳에서 이 사례를 따랐다.[80] 3주 이내에, 독립적인 혁명위원회가 150개 이상 수립됐다.[81]

그러나 스탈린주의 뿌리를 가진 인도차이나공산당은 남부를 다른 세력에게 넘겨줄 생각이 없었다. 8월 25일 50만 명이 사이공에서 행진한 후, 다양한 조류를 하나의 조직으로 결속하기 위한 남부임시집행위원회Southern Provisional Executive Committee가 결성됐다. 베트민은 재빨리 계책을 부려 대부분의 자리를 차지[82]한 다음 경쟁 상대들을 공격했다. "내가 제시한 노선을 따르지 않는 사람은 모두 부술 것이다"[83]라는 호찌민의 방침에 따라 몇몇 트로츠키주의자들이 처형됐는데, 눈에 띄는 초기 피해자는 타 투 타우였다.

혁명의 고삐를 죄었을 뿐만 아니라 호찌민은 제국주의자들에게 구애했다. 9월 2일 그는 하노이에서 '베트남민주공화국Democratic Republic of Vietnam 독립 선언'을 방송으로 내보냈다. 이것은 1776년에 나온 미국 독립 선언을 직접 인용하는 것으로 시작됐고, 1789년에 나온 프랑스 '인권 선언'에서 도용한 말들을 거기에 덧붙였다.[84] 호찌민은 "연합국 측 국가들이 …… 민족들의 자결권과 평등이라는 원칙을 인정했기" 때문에 "지난 몇 년 동안 파시스트들과 맞서 연합국과 나란히 싸웠던 사람들의 …… 독립을 인정하는 것을 거부하지 않을 것"이라고 예측했다.[85]

코친차이나에서 이 노선에 따라 임시집행위원회의 인도차

이나공산당 지도자 쩐 반 지아우Tran Van Giau는 제국주의에 대항할 수 있는 유일한 존재인 대중의 움직임을 좌절시켰다.[86] 그는 9월 7일 모든 비정부 조직의 무장 해제를 발표하면서 이렇게 말했다. "민중을 군대에 소집하고 무엇보다도 제국주의적인 연합국들과 맞서 싸우라고 외치는 사람들은 선동가이자 사보타주 공작원으로 간주될 것이다."[87] 이때는 연합국의 첫 번째 부대가 상륙한 다음 날이었지만, 그들이 권위를 확립할 수 있기 이전 시점이었다.

하노이에서 베트남민주공화국은 살아남았는데, 제국주의와 맺은 동맹을 통해서라기보다는 연합국 간 논쟁이 〔베트남민주공화국에〕 숨 돌릴 틈을 줬기 때문이었다. 루스벨트는 중국을 북돋우기로 결심했고, 미군 사령관 웨드마이어Wedemeyer[+] 장군은 그의 통제 아래에 있는 지역들에서 "영국과 프랑스의 어떠한 정치 활동도 방지"하라는 명령을 받았다.[88] 그와 대조적으로, 영국군 지휘관 그레이시Gracey[++] 장군은 "당신의 자원이 허용하는 한 연합국 영토를 해방시켜라"라는 얘기를 들었다.[89] 물론 〔여기서〕 "연합국"은 프랑스였고, 문제의 영토는 베트남인 자신들로부터 "해방돼야" 했다. 이 심각한 의견 대립을 해결하기 위해 미국과 영국

[+] 앨버트 웨드마이어Albert Wedemeyer(1897~1989). 미국 육군 장교로 2차 세계 대전 후반 중국에서 활동하는 모든 미군을 지휘하면서 중국 총통 장제스의 항일 전쟁을 보좌했다.

[++] 더글러스 그레이시Douglas Gracey(1894~1964). 1945년 일본이 항복한 직후 영국령 인도의 군대를 이끌고 베트남에 진주했다.

은 포츠담 회담에서 거래했다. 베트남은 북위 16도선 북쪽의 '중국' 작전 '구역'과, [영국 장군] 마운트배튼이 이끄는 동남아시아 사령부가 맡는 남쪽으로 나뉘었다. 드골은 낙심했지만 개입하기에는 힘이 너무 약했다. 그는 이러한 분할이 제국주의적 노력을 "치명적으로 절충했다"라고 제대로 생각했다.[90]

중국인들이 자신들 혼자서 책임지고 북베트남을 장기간 점령하는 것보다 부패와 약탈에 더 관심이 많았다는 점에서 호찌민은 운이 좋았는데, 그들은 하노이 정부를 묵인했다.[91] 코친차이나에서는 얘기가 달랐다. 베트남 사람들이 그레이시 장군에게 그들이 "파시스트들과 맞서 연합국과 나란히 싸웠"음을 상기시키긴 했지만, 그의 반응은 그보다 더 직설적일 수 없었다. "나는 도착하자마자 베트민의 환영을 받았는데, 그들은 '환영합니다' 등 그런 종류의 온갖 인사말을 했다. 매우 불쾌한 상황이었고, 나는 그들을 지체 없이 쫓아냈다. 그들은 명백히 공산주의자들이었다."[92]

그레이시는 "당신의 명령을 집행하기 위해 일본과 프랑스의 군대에 의지"하라는 마운트배튼의 명령을 따르는 데 거리낌이 없었다.[93] 그는 일본인 부대로 하여금 자신의 구르카족^{Gurkhas}⁺ 병사들이 임시집행위원회를 그 사무실에서 쫓아내는 것을 돕게 했다.[94] 9월 21일 그는 베트남인의 모든 시위, 행진, 공적인 회합

⁺　네팔 산악 지대에 사는 소수 민족. 영국에 정복된 후 영국의 용병으로 활약했다.

및 무기 소지를 금했다. 계엄령이 시행된 다음 날,《더 타임스》가 "프랑스 **마키** 구성원들"[95]이라고 묘사한 집단이 남부의 수도에 풀렸다. 사실 대부분은 드쿠 시기부터 비시 체제와 연관된 프랑스 병사들 및 군단 구성원들이었다. 그중 일부는 심지어 일본의 전쟁 포로수용소에서 새롭게 풀려난 무장 친위대였다.[96] 그들은 "도시에서 미친 듯이 날뛰면서 악담을 퍼붓고 〔사람들을〕 두들겨 패고 구금했으며, 그 이외에도 어떠한 현지인을 마주치든 감정을 상하게 만들었다."[97]

이에 대응해 베트민은 총파업을 일으켰다. 뒤이어 전쟁이 시작됐다. 한 목격자는 이렇게 얘기했다. "탕탕거리는 총소리와 쿵쿵거리는 박격포 소리가 곧 도시에 울려 퍼졌고, 그러는 동안 무장한 베트민 분대分隊들이 공항을 공격하고 중앙 시장을 불태웠으며 수백 명의 베트남인 수감자를 해방시키기 위해 지역 감옥을 급습했다."[98] 많은 프랑스 민간인이 이내 살해됐다.

현지의 프랑스 군대가 매우 혼란스러운 상태였기 때문에 그레이시는 (10월 5일 프랑스에서 오는 부대가 도착할 때까지) 그들을 철수시키고, 일본인들에게 훨씬 더 많이 의존했다. 그들은 전투 역할을 맡도록 배치됐는데, 영국군 제20인도사단20th Indian Division의 공식 역사에는 다음과 같이 기록돼 있다. "안남 사람들 Annamites(베트남인들)과 싸우고 그들을 무장 해제하는 데 있어 모든 더러운 일은 일본 군대에 배정됐다."[99] 이렇게 해서 연합국 측 승자들과 패배한 추축국, 일본인 교도소장들과 수감된 협력자들의 기이한 연합이 베트남인들 자신의 나라에서 베트남인들의 통

1945년 12월 베트남 사이공 비행장에서 일하고 있는 일본군. 영국군 포로였던 그들은 '모든 더러운 일'을 처리해야 했다.

1945년 하노이의 베트남 군인들.

치를 축출하기 위해 함께 작동하게 됐다. 1946년 2월까지 영국 군은 40명의 군인을 잃었고 프랑스는 106명, 일본은 110명을 잃었다. 그와 맞선 쪽에는 적어도 3026명의 베트남인(의 희생)이 놓였다. [그중] 1825명은 프랑스인들에게 희생됐고 651명은 영국군에게, 그리고 550명은 일본인들의 손에 죽었다.[100] 마지막 영국 부대가 1946년 3월에 철수했는데, 프랑스인들에게 북위 16도선 남쪽에 대한 통제권 및 그 북쪽으로 세력을 확장한다는 결정을 남겼다.✛

다리를 벌려 두 개의 전쟁에 올라앉으려 한 호찌민의 시도는 성공하지 못한 것으로 드러났다. 독립을 지원해달라고 제국주의에 구애한 것은 열매를 맺지 못했다. 대중 행동을 뒤늦게(나마) 주창한 것이 하노이에서 승리를 가져오기는 했지만, 남부에서는 적이 그대로 권력을 쥐고 있도록 만들었다. 이 장章의 시작부분에서 우리가 살펴본 것처럼, 두 개의 전쟁이 있다는 것은 보응우옌잡 장군의 희망과 그의 궁극적인 행동 사이의 모순에서

✛　1946년 2월 프랑스와 중국이 협정을 체결했다. 프랑스가 중국에 있는 자국의 모든 조계에 대한 권리, 광저우만 조차권 등을 포기하는 대가로 중국은 북베트남에 주둔한 군대를 철수시킨다는 것이 골자였다. 중국군 철수를 위해 호찌민 쪽에서도 특혜 관세 등 중국의 요구를 들어줘야 했다. 그다음 달 (3월)에는 베트민과 프랑스가 예비 협정을 체결했다. 베트남민주공화국을 인정하되 그 지위를 프랑스연합 내 인도차이나연방의 일부로 하며 프랑스군이 통킹 지방에 주둔한다는 것이 주요 내용이었다. 이는 베트남인 다수의 거센 반발을 불러일으켰다. 프랑스가 베트남을 남과 북으로 분할해 남베트남을 사실상 지배하는 것은 물론 북베트남에 프랑스군이 다시 들어가는 것을 용인하는 조치로 여겨졌기 때문이다.

압축적으로 드러났다. 이제 이것에 대해 자세히 설명할 수 있다. 1945년 9월 초 그는 이렇게 주장했다.

민주 전선에 있는 열강들은 그들이 민족들 간의 평등을 위해 싸우고 있다고 선언한 적이 있고, 그래서 그들에게는 프랑스 제국주의가 베트남 민중을 억압하고 착취하기 위해 돌아오는 것을 도울 이유가 전혀 없다.
인도차이나에서 일본 파시스트들과 싸우기 위해 우리 자신의 자유 의지로 연합국 편에 선 이후에, 태평양 전선에서 뼈와 피로 연합국의 투쟁에 이바지한 이후에 우리가 프랑스 식민주의자들의 노예라는 멍에를 쓰고 살아가야 한다고 연합국들에게 여겨지게 될 것이라고 우리와 전 세계는 상상할 수도 없는데, 프랑스 식민주의자들은 파시스트 일본이 필리핀, 말라야, 버마, 남중국을 공격하기 위한 기지로 만들기 위해 인도차이나를 점령하도록 놓아두는 데 동의한 바로 그들이다.[101]

그렇지만 1954년 디엔비엔푸Dien Bien Phu[+]에서 프랑스군이 너무나 충격적인 패배를 당하고 그 이후에 개입한 미국인들이 최

[+] 베트남 북서부(라오스 국경 부근) 도시. 1953년 11월 프랑스군이 이곳에 진지를 구축하자, 베트남민주공화국 군대가 그해 겨울부터 이듬해까지 연이어 공세를 퍼부었다. 지속적인 포위 공격에 결국 프랑스군은 1954년 5월 7일 항복했다. 이 전투에서 완패하면서 프랑스의 인도차이나 지배는 종말을 고하게 된다.

종적인 패배를 당하도록 조종한 것은 바로 동일한 이 사람이었다. 30년에 걸친 베트남전쟁은 20세기의 가장 중요한 반제국주의 사건이자 마음을 뒤흔드는 민중의 전쟁의 본보기가 됐다. 최종적인 결과는, 독재적인 국가자본주의 체제에 지배되기는 하지만, 독립 국가였다. 보통 사람들의 사회적·경제적 요구들 중 많은 부분은 그 과정에서 해답이 나오지 않았고, 타 투 타우가 설정한 "민족주의냐 아니면 사회주의냐"라는 도전에서 정부는 확고하게 전자의 편에 섰다.

다른 곳과 마찬가지로 베트남에서도 2차 세계대전 시기에 정치적·사회적·경제적 요소들이 예측할 수 없는 조합으로 섞여 예측할 수 없는 결과를 만들어냈다. 다양한 제국주의 열강들에 의존한다는 호찌민의 초기 정책은 결함이 있는 것으로 드러났고, 그는 민중의 전쟁이 독립 문제의 유일한 해법이라는 것을 마지못해 받아들이게 됐다. "전쟁에서 승리했다. 그러나 작고 종속된 우리 같은 나라들은 자유와 민주주의의 승리에서 차지할 수 있는 몫이 전혀 없거나 아주, 아주 적다. 아마도 우리가 충분한 몫을 얻기를 원한다면 우리는 여전히 싸워야 할 것이다."[102]

나가는 말

추축국과 맞선 전쟁에 대한 전통적인 견해는 공식 군대와 레지스탕스, 장군과 이등병, 부자와 빈자의 공존을 인정하지만 추축국 체제의 악을 끝장내기 위한 그들의 화합과 공동 노력을 강조한다. 하지만 참가자들 간의 차이는 공통 주제에 대한 변주곡이 아니라 목표, 이데올로기, 전술, 군사적·사회적 구조의 수준에서 근본적으로 모순되는 과정을 반영했다. 1939년에서 1945년 사이에 평행 전쟁은 규칙의 예외가 아니라, 보편적으로까지는 아니라고 하더라도 전반적으로 일어난 현상이었다. 통합된 것처럼 보이는 것은 기저에 있는 균열을 한낱 미봉책으로 가린 것에 불과했고, '단일한 전체'로서 2차 세계대전이라는 관념은 편리한 신화였다.

두 요소 간 격차의 전형은 당연한 것으로 여겨지는, 파시즘에 대한 공유된 반대였다. 스페인내전 기간에 서구 연합국들은 〔스페인〕 공화국에 우선해 프랑코를 택했고, 2차 세계대전 이후에도 그를 계속 지원했다. 독일과 충돌하는 것은 유화 정책이 프랑스와 영국의 세력권을 향한 히틀러의 영토 팽창을 억제하는 데 실패한 후에야 비로소 시작됐다. 전쟁 기간에, 그리고 전후에 연합국은 추축국 부대와 간접적으로((프랑스 제독) 다를랑, 바르샤바 봉기 유기遺棄 또는 그리스의 〔나치〕 부역자들의 민병대 사례를 들 수 있다) 또는 직접적으로(인도네시아와 베트남에서 일본군 활용) 기꺼이 함께 일했다. 그래서 그 둘이 보통 혼합돼 있었는데도 불구하고 민중의 반파시스트 전쟁은 추축국에 대한 연합국 정부들의 전쟁과 부합하지 않았다.

평행 전쟁은 다른 면에서도 달랐다. 연합국의 지배계급은 그들이 특권을 누리는 **현재 상태**를 내외부의 위협으로부터 지키기 위해 싸웠고, 그에 반해 대중의 무장투쟁은 진정한, 모든 이를 아우르는 인간해방과 더 공정하고 민주적인 미래를 위해 분투했다. 제국주의자들은 자신들의 목표를 달성하기 위해 마구잡이로 인명을 희생시켰지만, 빨치산과 게릴라들은 침략으로부터 현지 주민들을 보호하고 자신들의 행동이 민간인들에게 제기하는 위험에 대해 고뇌했다. 전통적인 군인들은 융통성 없는 위계제도에 종속되고 절대복종을 맹세했지만, 민중의 전쟁의 전사들은 카이로의 병사 의회에서든 디트로이트의 게토에서든 아니면 그리스, 유고슬라비아, 이탈리아의 산악에서든 이념적 헌신에서 추진력을 얻는 의식 있는 자원병이었다.

2차 세계대전을 연합국 쪽의 평행 전쟁으로 분류하는 것이 그저 이질적일 뿐인 사건들에 전면적인 이론 구성을 부과하는 것은 아닌지 독자가 정당하게 물어볼 수도 있다. 대부분의 표준 역사들이 그러듯이 그저 '사실들'을 이야기하는 건 어떨까(그렇게 할 때 1939~1945년에 벌어진 충돌 전체에 단일한 딱지를 붙이는 극단에서, 그 시기를 오로지 군사행동으로만 연결돼 있는, 서로 무관한 일련의 사건들로 잘게 부스러뜨리는 다른 하나의 극단으로 옮겨가기는 하지만)?

어떤 의미에서 모든 역사적 사건은 유일무이하며 다른 어떤 것과도 비교하는 것이 불가능한데, 상황이 정확히 그대로 되풀이되는 일은 결코 없기 때문이다. 대단히 중요한 모든 개념은 풍부한 세부 사항을 분석틀에 집어넣는다. 그럼에도 역사, 특히 현대사는 하나의 순간 또는 장소로 한정되지 않으며 넓은 틀을 참작하지 않고는 이해할 수 없는 상호 작용으로 구성된다. 2차 세계대전은 가장 생생하게 받아들일 수 있는 사례였다. 그것은 "인류사 최대 규모의 단일 사건으로 전 세계의 7대륙 가운데 여섯 대륙과 모든 대양에 걸쳐 전투가 벌어졌다."[1] 따라서 세부 사항과 함께, 여러 가지 사건들 간의 연관성에 대한 논의가 역사적 진실을 드러낸다. 2차 세계대전이라는 것이 있었고, 그래서 그것의 근본적인 특징은 조사될 수 있고 조사돼야만 한다. 그리고 그 안에서 평행 전쟁을 발견하는 것은, 변증법의 표현을 사용하면, 2차 세계대전이 "대립물의 통일"을 상징했음을 보여준다.

사회의 다른 부문들이 가지각색의 이해관계를 갖고 있다거나 다른 방식으로 행동한다는 생각에 깜짝 놀랄 만한 것은 아무것도 없다. 정식 선전포고가 이러한 차이들을 자동적으로 유보하는 것 또한 아니었다. 2차 세계대전에서 독특한 것은 이러한 긴장이 동일한 전쟁 내부의 긴장(으로 그치기)보다는 평행 전쟁에 이르렀다는 점이었다. 그 이유를 이해하기 위해서는 국가와 전쟁, 무기, 민중의 장기적인 역사를 간략히 기술할 필요가 있다.

중세 시대에 국가의 군사력은 분권화돼, 봉신封臣들이 군주와 느슨한 관계를 맺고 지역에서 군대를 운영했다. 전쟁에는 상대적으로 적은 수가 참여했는데, 원시적인 수송 방법과 허약한 중앙 정부는 대규모 국군을 모을 수도 없고 장기적으로 지원할 수도 없다는 것을 뜻했기 때문이다. 상황은 1789년에 변했다. '자유, 평등, 박애'라는 표어를 내세운 프랑스대혁명으로 근대 국가가 탄생했다.

'박애'에는 전쟁(아니면 적어도 방어전〔이 그것에 해당하는데〕, 모든 전쟁은 그 이후 방어적인 것으로 묘사될 것이었다)은 민중을 위한 것이라는 생각이 포함돼 있었지만, 그것은 매우 애매모호했다. 박애는 대중이 주위의 귀족들로부터 지켜내는, 새로 수립된 민족 국가로 상징됐다. 그러나 이와 똑같은 기관이 지배계급 이해관계의 화신이기도 했는데, 마르크스의 《공산당 선언》이 "전체 부르주아지의 공동 업무를 관리하는 위원회"라고 부른 그것이다. 민족 국가들이 외국의 압제로부터 자유를 유지하는 한 그것들은 많은 사람의 이해관계를 대변하는 것이었고, 그것들이 지배계급의 도구인 한 외부 경쟁자들로부터 국내 자본주의를 보호했다.

1789년을 계기로 군대 조직에도 일대 혁신이 일어났다. 유럽의 결집한 군주국들은 프랑스 정부와 그 주민의 긴밀한 동맹에 의해 격퇴됐다. 이는 '**국민 총동원**levée en masse'을 수반했다. 그때까지 알려지지 않은 규모의 동원은 25만 명에 이르는 나폴레옹의 **대육군**Grande Armée[+]의 기반이 됐는데, 이 조직은 엄청난 숫자

[+] 본래 나폴레옹이 황제 즉위(재위 1804~1814, 1815) 후 지휘해 전쟁을 치른

가 효과적임을 보여줬지만 시대의 기술적 한계에 부딪혔다. 귀족이 이끈 용병 부대는 나폴레옹의 거대 조직 앞에서 폭삭 무너졌고, 1812년 걷거나 말을 탄 (나폴레옹 군대의) 수십만 군인들은 보로디노Borodino[**]에서 러시아를 물리치고 모스크바를 함락시켰다. 하지만 지나치게 길어진 병참선, 악천후, 굶주림이 결국 **대육군**을 파괴했다. 겨우 9만 명만 살아남았고, 나폴레옹은 후회하면서 "군대가 자신의 위[腸]를 향해 행진한다"라고 언급했다. 생산력 진전이 파괴력(의 발전)을 따라가지 못하고 있었다.

19세기의 산업혁명은 이러한 기술적 장애를 뚫고 나갔다. 이제 철길로 군대와 보급품을 빠르게 이동시켰고 전쟁 규모가 기하급수적으로 확대됐다. 이것이 게티즈버그Gettysburg(1863년)와 자도바Sadowa/쾨니히그레츠Koeniggratz(1866년)[***]에서 19세기 최대 규모의 전투가 벌어지는 것을 가능케 했다. 이 전투들이 전개된 현장에는 각각 17만 명, 42만 5000명이 있었다. 1차 세계대전

프랑스제국 군대를 가리키는데, 영어권에서는 나폴레옹이 작전을 위해 모은 다국적 군대 전체를 뜻하는 말로 많이 쓰인다.

[**] 모스크바에서 서쪽으로 100킬로미터 정도 떨어진 지역. 1812년 9월 7일, 초토화 전술을 쓰며 계속 퇴각하던 러시아군 사령관 미하일 쿠투조프는 보로디노에서 나폴레옹의 원정군과 맞붙었다. 새벽부터 종일 이어진 전투는 양측 사상자가 각각 수만 명에 이를 정도로 치열했다. 그날 밤 쿠투조프는 어둠을 틈타 러시아군을 이끌고 전장을 떠났다. 모스크바 입성의 길을 연 나폴레옹 군대의 승리라는 평가도 있지만, 나폴레옹이 승리를 쟁취했다고 보기는 어려운 면이 많은 전투다.

[***] 게티즈버그는 미국 남북전쟁 당시 최대의 격전지다. 자도바/쾨니히그레츠는 1866년 프로이센·오스트리아전쟁에서 프로이센군이 오스트리아군에 치명타를 입힌 전투가 벌어진 곳이다.

동안 러시아는 1600만 명, 독일은 1300만 명의 군대를 배치했다. 무기류도 더욱 치명적인 것이 됐다. 나폴레옹 시대에 머스킷musket은 사정거리가 150야드였고 발사 속도는 분당 2발이었다. 1차 세계대전 시기에 소총은 [사정거리] 1마일에 [발사 속도는] 분당 10발에 이르렀고, 기관총은 400발에 달했다.[2] 1916년 솜Somme 전투+ 하나만으로도 사상자가 190만 명에 이르렀고, 첫날 영국군은 94만 3837발의 포탄을 발사했는데 그 무게가 4만 톤에 달했다.[3] 정부들이 개시했으나 '국내 전선'에서 모든 주민이 지탱하는 총력전이 도래했다.

프랑스대혁명 기간에는 민중의 민족 전쟁이라는 말이 내구성 있는 개념일지, 아니면 귀족 사회와 현대화 세력 간의 생사를 건 투쟁이라는 특정한 정치적 국면에 [그 내구성 여부가] 좌우될 것인지 어느 누구도 알 수 없었다. 그 시기에 쓴, 선견지명이 있는 구절에서 클라우제비츠는 현대의 전쟁이 "전 국민의 일"이 되면서 "상당히 새로운 성질을 띠게 됐다"라고 주목했지만 다음 사항을 궁금해했다.

이후로 유럽에서 모든 전쟁은 국가의 힘 전체를 가지고 수행될 것인데 그 결과 민중에게 밀접한 영향을 끼치는 거대한 이해관계를 이유로 해서만 [전쟁이] 일어날 것인지, 아니면 정부의 이

+ 1916년 솜강 유역(프랑스 동북부 베르됭 북쪽)에서 영국과 프랑스의 연합군과 독일군이 벌인 대규모 전투. 1차 세계대전 최악의 전투로 꼽힐 정도로 막대한 인명 피해를 초래한 악명 높은 전투다.

해관계를 민중의 이해관계로부터 분리하는 일이 다시 점차 발생할 것인지⋯⋯.[4]

20세기까지 **구체제**ancien régime의 위협은 대체로 제거됐고 자본주의는 (이제 그것의 제국주의 단계에서) 완전히 확립됐다. 유럽에서 민족주의는 노동계급을 분할 통치하는 데 일관되게 활용됐다. 〔그런데 사실〕 현지 자본가의 착취는 외국 자본가의 착취와 별 차이가 없었고, 그래서 보통 사람들이 '그들의 국가'를 지키기 위해 기꺼이 자기 자신을 희생하려는 모습이 줄어들 것이라고 추정됐다. 하지만 이것에 길항하는 경향이 마찬가지로 영향력이 있었다. 자본주의적 경쟁과 자본주의 국가들의 포식성은 많은 사람을 외부의 공격에 맞서 자신들의 중앙 정부를 지지하는 쪽으로 몰아갔다. 따라서 전시에 정부와 민중의 의견 일치의 안정성에 대해 클라우제비츠가 제기한 문제는 1914년에 여전히 해결되지 않은 상태였다.

1차 세계대전은 광란의 열정으로 시작됐는데, 키치너Kitchener 신병 모집 포스터[**]에 담긴 유명한 구호가 이를 상징했다. "조국이 당신을 필요로 한다!" 그렇지만 1918년쯤에는 수백만 명이

[**] 1914년 알프레드 리트가 만든 영국군의 모병 포스터. 육군 원수 모자를 쓴 육군 장관 로드Lord 키치너가 정면을 바라보며 손가락으로 앞을 가리키고, "당신을 필요로 한다"라는 문구가 그 아래에 배치되는 형태였다. 미국, 소련 등 여러 나라에 영향을 끼치며 모병 광고의 전형적인 스타일로 자리매김했다. 로드 키치너(호레이쇼 허버트 키치너, 1850~1916)는 수단 옴두르만 전투(1898년)를 지휘하고 2차 보어전쟁 등에서 활약한 군인이다.

키치너 신병 모집 포스터.

다음과 같은 볼셰비키 성명서에 동의했을 것이다. "공식적인 애국심은 착취(로 획득)한 이익을 가리는 가면이다."[5] 클라우제비츠가 상정했던 민중과 정부들의 분리가 러시아, 독일, 오스트리아에서 정부들을 쓸어버리는 것을 통해 전쟁을 끝낸 혁명에서 나타났다. 그러는 동안에 승전국들에서는 반란, 대중 파업, 공장 점거가 흔한 일이 됐다. 1차 세계대전은 제국주의 전쟁과 **나란히** 민중의 전쟁을 창출한 것이 아니라 그와 반대였다—제국주의 전쟁을 **멈추기 위한** 민중의 봉기였다.

2차 세계대전은 다른 많은 면에서 1차 세계대전과 상당히 달랐다. 첫째, 1914~1918년의 끔찍한 기억, 깨져버린 전후 개혁 약속들, 양차 대전 사이의 사회·경제적 위기가 보통 사람들에게 깊이 각인됐기 때문에 1939년에 연합국 정부들은 애국심에 단순히 호소하는 것을 되풀이하면 실패할 것임을 알고 있었다. 그래서 대서양헌장 같은 문서에서 그들은 자유를 위한 싸움을 훨씬 더 끈질기게 강조하고 전후 이뤄질 개선에 대해 더욱더 풍성한 약속을 내뱉었는데, 주민들의 활력을 끌어들이기 위해서뿐만 아니라 1917~1919년의 격변이 되풀이되는 것을 피하기 위해서이기도 했다. 연합국 정부의 의도가 예전 못지않게 제국주의적이긴 했지만, 해방과 개혁에 대한 민중의 기대 수준은 1차 세계대전 시기보다 더 높았고 억누르기가 더 어려웠다.

둘째, 파시즘과 공산주의가 새로운 이데올로기적 맥락을 확고히 했다. 파시즘은 명백히 국내에서 노동계급 조직을 깨부수려는 반혁명 시도였고, 기존 제국주의 열강을 희생시키는 공격적 팽창 정책이기도 했다. 이 첫 번째 요소는 새로웠고, 보통 사람들을 자극해 파시즘과 싸우고 그들의 자유와 권리를 옹호하게 만들었다. 두 번째 요소는 새롭지 않았는데, 이런 의미에서 2차 세계대전은 1차 세계대전과 마찬가지로 경쟁 우위를 다투는 또 하나의 라운드였다.

셋째, 군사적 수준에 차이가 있었다. 1차 세계대전은 명확히 기술되고 상당히 정적인 군사 전선을 구축한 참호전을 흔히 수반했다. 2차 세계대전의 **전격전** 기술은 전쟁을 훨씬 더 기동성 있게 만들어서, 수백만 명에게 공중 폭격과 적의 지배를 가져다줬다. 독일과 일본은 군사비를 그들이 정복한 사람들에게 의도적으로 전가했다. 그 결과 기근과 인력 사냥이 발생했는데, 후자는 젊은이들이 빨치산 대오에 합류하게 만드는 데 중요한 역할을 했다. 추축국이 감행한 공격의 직접성은, 런던 대공습에서건 직접 점령 치하에서건, 싸움이 정부의 조치로만 남겨진 것이 아니라 보통 사람들의 긴급한 필요가 됐음을 의미했다.

넷째, 추축국의 거대한 영토 점령은 보통 부역자들의 출현을 동반했다. 지배계급의 생존 본능은 그들이 노동계급 운동을 파괴하는 것을 게슈타포로 하여금 돕게 만든 그들의 욕망에 의해 보충됐다. 그러한 협력은 자본주의가 보통 향유하는 민족적 환상과 이데올로기적 헤게모니를 저해했다. 연합국의 제국주의를 더 선호한 지배계급들조차 그들 자신의 가난한 사람들을 동원하는 것을 두려워했다. 그 결과가, 새로운 세력이 번창할 여지를 남긴 대기주의였다. 유럽에서 추축국이 신속하게 전개한 맹

공격이 식민지를 가진 나라들을 약화시키고 [식민지의] 독립이라는 새로운 전망을 열어준 것이, 아시아에서는 추가 요소로 작용했다.

요컨대, 야만적인 제국주의 전쟁과 나란히, 상황은 아래로부터 민족적·사회적 자유를 추구하는 운동들에 독특하게 유리한 방식으로 전개됐다. 그런고로 1939~1945년에 벌어진 싸움의 일부가 자본주의 국가에 대한 전통적인 방어를 넘어선 것은 일탈이 아니라 그에 앞서 전개된 사건의 논리적 결과였다.

민중의 전쟁은 약점뿐만 아니라 강점도 가지고 있었다. 계급과 민족의 혼합물로서 그것은 장기적으로는 실행 가능하지 않았다. (독일이나 프랑스 같은 곳에서 그랬던 것처럼) 종종 그 세력은 급속히 와해됐다. 그것이 국가 권력을 장악한 곳(예컨대 유고슬라비아와 베트남)에서조차 새로운 정부들은 자본주의 운영 위원회로서 '민족 국가'를 재천명하고, '민중'은 착취 대상이 될 것이었다. 그리고 그것이 추축국의 패배에 끼친 군사적 영향은 논란의 여지가 있다. 레지스탕스 운동이 연합국의 승리에 기여한 것은 최소한도였고 "어떠한 객관적인 추산에 의하더라도 허세에서 비롯된 부적절하고 무의미한 행동으로 보일 것이 틀림없다"라고 키건Keegan이 썼는데, 그때 그는 확실히 지나치게 비판적이었다.[6] 1944년 1월 유고슬라비아 빨치산들은 독일군 15개 사단을 묶어두고 있었고, 프랑스 레지스탕스는 [노르망디 상륙 작전] 공격 개시일에 [독일군 사단] 12개의 움직임을 차단했다.[7] 그렇기는 하지만 조세의 헤아릴 수 없는 이점, 부의 뒷받침, 무기 산업들, 그리고 우수한 장비를 갖춘 전통적 군대의 '합법적인 물리력'을 향유한 연합국 정부들이 배치한 수백 개 사단에 비하면 이러한 성취는 무색해진다.

그러나 민중의 전쟁은 레지스탕스 운동으로만 국한되지 않았다. 전통적 군대에 있는 수백만 명이 추축국의 억압(과 암묵리에 억압 전반)에 맞서기로 결심했다. 반파시즘의 망토를 집합적으로 걸친 연합국 정부들은 이것을 분명히 이해했다. 모든 곳에 있는 보통 사람들에게 "그들이 정의의 견지에서 싸웠다는 믿음은 그들에게 강력한 도덕적 무기를 갖추게 해줬다"라고 오버리Overy가 말한 것은 옳다.[8] 이 무기는 독일, 이탈리아, 일본과 맞서는 데 사용됐지만 연합국에 달려드는 데에도 쓰일 수 있었다.

"2차 세계대전은 제국주의 전쟁이었나, 아니면 민중의 전쟁이었나"라는 질문의 해답은 "둘 다였다"이다. 하지만 그렇다고 해서 그 둘 사이의 균형이 어디서나 같았다고 할 수는 없다. 변화가 있었는데, 부분적으로는 공산주의자들 같은 주관적 요인들 때문이었다. 히틀러와 스탈린의 불가침 조약이 시행되는 동안 공산당들은 2차 세계대전을 제국주의적(인 전쟁)이라고 맹비난했지만, 바르바로사 작전 이후 그들은 민중의 전쟁의 선봉에 서는 쪽으로 발 빠르게 움직였다. 승리를 거둔 붉은 군대와 연계한 데서 비롯된 명망은 그 이후 그들의 추종자를 만들어내는 데 도움이 됐다. 엄청난 개인적 위험을 무릅쓰고 공산주의자들이 기꺼이 선두에 서는 모습은 사회 진보와 정의에 진정으로 헌신한 데에서 생겨났다. 그렇지만 이것은 그들이 건설하기 위해 그렇게나 많은 일을 했던 바로 그 운동들에 해롭다는 것이 자주 드러났던 모스크바에 대한 맹종을 그들의 지도자들이 고수한 것에 의해 약화됐다. 그것은 민중의 전쟁이 조작된 공산주의 구조물이었다는 뜻이 아니다. 그것이 (인도공산당이 반대한) '인도를 떠나라' 투쟁, 바르샤바 반란을 일으킨 사람들, 미국에서 전개된 이중의 승리 운동 같은 다양한 운동을 망라하고 있었음을 기억하는 것이 중요하다.

객관적 요인들도 역할을 했다. 제국주의 진영 사이에 끼여 있던 나라들—유고슬라비아, 그리스, 폴란드, 라트비아—은 민중의 전쟁과 제국주의 전쟁 간 관계에 가장 다양한 종류의 사례를 제공했다. 유고슬라비아에서 미하일로비치는 적보다 빨치산을 더 두려워했고 적과 협력했다. 이것은 추축국에 도전하는 유일한 세력으로서 티토의 빨치산을 원조하는 것 이외에는 영국인들과 러시아인들에게 선택지가 거의 없게 만들었다. 그래서 결국 민중의 전쟁과 제국주의 군대는 공조했다. 그리스에서는 공산당의 영향을 받은 EAM/ELAS가 연합국으로부터 일부 지원을 받았다. 하지만 '퍼센트 협정'이 그리스를 영국 측에 배정한 이후 처칠은 아테네를 폭격하고, 미움을 받고 있는 군주제를 다시 부과했다. 여기서 두 개의 전쟁 간의 대립은 전면적이고 폭력적이었다.

폴란드에서는 스탈린의 냉담한 교묘함과 나치 폭력의 무차별성이 제국주의와 연계된 폴란드인들과 대다수 주민을 공동의 사업에 결속시켰다. 그 결과가 두 유형의 전쟁을 모두 반영한 바르샤바 봉기였지만, 스탈린은 이것을 독일의 보복에 내맡겼다. 라트비아는 경쟁하는 두 제국주의 진영 사이에서 너무나 으스러져서 그 주민들은 이 끔찍한 대안들 가운데 어느 하나와 [자신을] 동일시하는 것을 택했다. 그래서 민중의 전쟁은 결코 구체화되지 않았다.

연합국 열강의 본국에서는 파시즘과 싸운 사람들과 제국을 유지시킨 사람들 간의 차이를 알아채는 것이 때때로 어려웠다. 미국의 경우 국내에서 폭동과 무장 충돌을 수반한 인종 경계선을 따라 균열이 발생했다. 영국에서는 주민들과 지배계급이 서로 구분되는 평행 전쟁을 수행했다는 것을 1945년 총선 결과가 확인해줬다. 격차가 가장 크게 나타난 곳은 프랑스였는데, 이곳에서는 지배계급이 드골[쪽]과 페탱[쪽]으로 나뉘었을 뿐 아니라 그 둘로부터 독립적으로 레지스탕스가 성장했다.

대개 추축국 진영 국가들의 상황은 평행 전쟁에 그리 유리하지 않았다. 독일에서는 국가의 제국[주의적] 이익이 위태로워지는 시점이 돼서야 비로소 지배계급 내 반대파가 모습을 드러냈다. 그것은 민중의 전쟁을 환영하지 않았다. 더욱이, 아래로부터 전개되는 대중 행동이 탄압에 너무나 속박됐고 그 결과 그것은 나치 체제가 외부로부터 산산조각 난 후에야 모습을 드러낼 수 있었다. 그리고 나서 두 개의 전쟁이 연합국과 안티파 저항 세력 간의 충돌[이라는 형태]로 나타났다. 오스트리아와 독일을 갈라놓으려는 시도로 [연합국이] (파시즘과 협력이라는 타락한 전력이 있는) 오스트리아 지배계급을 반나치 조직과 동일시하지 않았다면, 〔독일과〕 유사한 과정이 오스트리아에서 발생했을지도 모른다. 그러므로 거기서 민중의 전쟁이 진전하기는 어려웠다.

이탈리아는 예외였는데, 연합국이 북부에 이르기 전에 무솔리니의 지배력이 사라졌기 때문이었다. 따라서 민중의 전쟁은 나치 점령군뿐만 아니라 그들에게 협력하는 살로 공화국 부역자들에 대한 효과적인 도전을 시작할 수 있었다. 나치로 하여금 북부이탈리아민족해방위원회를 파괴하게 하는 상황을 〔연합군 사령관〕 알렉산더 장군이 거의 초래할 뻔하기는 했지만, 그리고 전쟁이 끝나자마자 다급하게 해산되기는 했지만, 이탈리아 레지스탕스는 영속적인 정치적 유산을 남겼다.

아시아에서는 유럽 식민주의자들의 약화된 지배력, 그리고 자신들이 반제국주의적이라는 일본인들의 거짓된 주장이 제국주의 전쟁과 민중의 전쟁의 관계를 좌우했다. 인도에서는 레지스탕스가 솔직한 반식민주의 투쟁('인도를 떠나라')이나 영국을 축출하기 위해 일본의 영향력을 이용하려는 시도(인도국민군)라는 형태를 취했다. 수카르노 쪽의 주저함이 있은 후, 인도네시아의 민중의 전쟁은 존재하는 모든 제국주의 세력—일본인들, 영국인들, 네덜란드인들—과 벌이는 무장 충돌을 수반했다. 베트남공산당은 연합국의 지원을 요청했지만, 이것을 얻는 데 실패한 후 강력한 반제국주의 투쟁을 전개하기 위해 아래로부터 올라오는 대중의 압력과 관계를 맺었다.

마지막으로, 2차 세계대전은 다른 어떤 전쟁과도 달랐다. 그것은 상상도 할 수 없는 공포—홀로코스트, 핵〔무기로 인한〕 절멸, 대기근, 어마어마한 규모의 민간인 사망—를 불러왔다. 그렇지만 그것은 나치즘과 파시즘을 파괴한 '좋은 전쟁'으로도 기억된다. 클라우제비츠가 보여준 것처럼 전쟁은 기술적인 문제일 뿐만 아니라 더 깊은 정치적 흐름을 반영하는데, 2차 세계대전의 이러한 이중적 형질은 1945년 이후에 지속됐다. 우리가 그의 경구를 잠시 동안 뒤집을 수 있다면, 평화 시기에 "정치는 전쟁의 연속으로서, 다른 수단으로 같은 것을 수행했다". 그래서 총성이 멎은 후에도 제국주의자 간 경쟁은 계속됐다. 그 결과가 냉전이었다. 민중의 전쟁의 경우 그것은 탈식민화를 위한 성공적이고 때로는 폭력적인 투쟁, 그에 더해 복지 국가와 괜찮은 생활 조건을 확립하기 위한 운동으로 변모했다.

21세기에 이러한 요소들은 여전히 존재한다. 제국주의는 이라크, 아프가니스탄 및 다른 곳에 대한 간섭을 통해 계속 살아 있는데, 경제 위기가 야기한 생활 수준에 대한 국내의 맹공격을 동반한다. 다행스럽게도 민중의 전쟁 역시 1945년 이후 물려 내려온 복지 조항을 방어하기 위한 것뿐만 아니라, 제국주의 전쟁들과 맞서고 반인종주의 및 반파시즘을 지향하는 투쟁을 통해 살아 있다. 2차 세계대전 참전 용사 중 한 사람은 근래 이렇게 썼다. "레지스탕스는 역사에서 매우 독특한 단계에 이르렀다. …… 사람들은 그들이 견딜 수 없다고 여긴 상황에 맞서 싸워야 했다. 그러나 오늘날 우리는 견딜 수 없는 상황에 직면해 있고, 이것에 맞서 우리는 같은 종류의 응답을 필요로 한다."[9]

감사의 말

이 책에 정말 아낌없는 도움을 준 많은 사람에게 감사 인사를 전한다. 닉 하워드Nick Howard, 닐 데이비슨Neil Davidson, 만프레드 에커Manfred Ecker, 오웬 고워Owen Gower, 고든 데이비Gordon Davie, 가젠드라 싱Gajendra Singh, 넬리·데이비드 부티어Nelly and David Bouttier, 샤를로트 벤스Charlotte Bence에게 특별히 감사를 드린다.

옮긴이의 말

이 책은《A People's History of the Second World War: Resistance versus Empire》를 우리말로 옮긴 것이다. 원서는 영국의 좌파 출판사인 플루토 프레스Pluto Press에서 발간한 '~의 민중사A People's History of~' 시리즈 중 하나로 2012년에 출간됐다.

저자 도니 글룩스타인Donny Gluckstein은 워릭대학교에서 역사학을 전공하고 에든버러의 스티븐슨 칼리지에서 역사를 가르치고 있다. 2차 세계대전 외에도 파리코뮌, 1915~1920년의 서유럽 노동자 평의회 운동, 나치와 노동계급 등을 좌파의 시각으로 분석한 책을 썼다. 사회주의노동자당SWP(트로츠키 계통 좌파 그룹)의 이론가이자 활동가였던 토니 클리프Tony Cliff의 아들로, 아버지와 마찬가지로 SWP에서 활동했다.

이 책에서 저자는 인류사 최대 규모의 단일 사건으로 불리는 2차 세계대전의 성격을 탐구한다. 저자는 이 거대한 전쟁이 추축국과 맞서 싸운 단일한 전투를 구성하는 것이 아니라 뚜렷이 구별되는 두 개의 전쟁으로 이뤄졌다고 주장한다. 두 개의 전쟁은 제국주의 전쟁과 민중의 전쟁을 말한다. 저자는 10여 개 국가의 역사를 되짚으며, 두 개의 전쟁이 구체적으로 어떻게 발현됐는지 살핀다. 그것을 통해 2차 세계대전에 대해 널리 퍼진 '좋은 전쟁'이라는 주장이 위험한 신화임을 분명히 한다.

책에서 눈에 띄는 사항을 세 가지만 짚어보자. 첫째, 제국주의 전쟁과 민중의 전쟁의 공방을 다루되 그중 후자에 초점을 맞춘 것으로 보인다. 제국주의 전쟁을 비중 있게 다루면서도 책 전반의 무게중심은 민중의 전쟁 쪽에 있다는 말이다. 민중의 전쟁을 부각하려는 시도의 밑바탕에는 2차 세계대전을 아래로부터 바라보려는 시각이 자리하고 있다고 볼 수 있다. 이 거대한 전쟁을 아래로부터 바라보려 하고, 그러한 시각을 일관성 있게 적용하려 노력한 점은 평가할 만하다.

　둘째, 이 책의 또 다른 미덕은 구체적인 사례가 꽤 풍부하게 제시돼 있다는 것이다. 그중에는 그간 국내에 거의 소개되지 않거나, 소개됐더라도 제대로 다뤄지지 않은 것들이 적지 않다는 점도 눈에 들어온다. 은폐된 또 하나의 전쟁(민중의 전쟁)을 망각의 늪에서 건져 올리고 제국주의 전쟁의 위선을 폭로하는 이러한 사례들은 2차 세계대전을 새롭게 이해하는 데 분명히 도움이 될 것이다.

　셋째, 10개가 넘는 나라를 구체적인 서술 대상으로 삼았다는 점이다. 이는 양날의 검이 될 수 있다. 너무 많은 나라 이야기를 욱여넣은 것 아니냐는 비판을 자초할 수도 있고, 반대로 다양한 사례를 한 권에서 압축적으로 살펴볼 수 있는 건 장점이라는 얘기를 들을 수도 있다. 옮긴이가 보기엔 후자 쪽에 힘을 실어도 무방하다. 다만 한정된 지면에 많은 나라 이야기를 담다 보니, 배경 설명 등이 충분치 않은 상태에서 글이 급하게 전개되는 부분이 일부 눈에 띄는 게 사실이다. 이 책에서 다루는 나라들의 역사에 익숙하지 않을 상당수 독자에게는 그런 부분이 더 크게 느껴질 수 있기에, 옮긴이 주를 넉넉히 넣었다. (덧붙이면, 몇 가지 사실 관계 오류도 옮긴이 주 등을 통해 최대한 바로잡았다.)

이 책의 관점과 관련해 함께 생각해볼 사안이 있다. 그중 하나는 2차 세계대전의 제국주의 전쟁 세력에 소련도 포함시킨 대목이다. 이것 자체를 문제 삼는 이들이 있을 수 있겠다는 생각이 든다. '2차 세계대전에서 소련이 얼마나 큰 역할을 했는지 모르나? 그걸 알면서 어떻게 소련을 미국, 영국 등처럼 그렇게 규정하나? 더욱이 사회주의 보루였던 소련을 감히 어떻게 그런 식으로 그릴 수 있나?', 누군가는 이렇게 항변할지도 모르겠다. 항변의 근저에는 2차 세계대전에 대해 적잖은 사람이 여전히 잘못 생각하고 있는 것과 달리 나치를 패퇴시킨 주역은 소련이며 그 과정에서 소련은 엄청난 희생을 치러야 했다는 사실이 놓여 있을 것이다.

그러나 옮긴이는 저자와 같은 주장 역시 충분히 할 수 있는 얘기라고 본다. 나치를 패망으로 이끄는 과정에서 소련이 한 역할과 엄청난 희생에 대해서는 저자도 얘기한다. 그와 함께, 그런 역할이 당시 소련이 했던 일의 전부가 아니라는 것 또한 사실이다. 예컨대 스탈린의 소련이 다른 나라의 급진 세력과 그곳 민중의 상당수를 거래 대상으로 삼거나 희생시킨 것을 부정하거나, 부수적 피해collateral damage 같은 것에 불과하다고 치부할 수 있을까? 폴란드 침공 후 히틀러의 나치와 스탈린의 소련이 승리를 자축하는 합동 시가행진을 (그것도 브레스트-리토프스크에서) 벌인 것을 없던 일인 것처럼 덮을 수 있을까? 그에 대한 평가는 각기 다를 수 있지만, 그 사실들을 거론하는 것 자체를 막거나 문제 삼을 수는 없다. 빛(소련의 당시 공로와 희생)만 따라다니는 대신 불편한 진실도 응시해야 한다는 것을 기억할 필요가 있다.

이 책에서 소련에 대해 위와 같은 태도를 취한 것은 저자가 트로츠키 계통 좌파 그룹에서 활동한 사실과 떼어놓고 생각할 수 없다. 이 대목에서 '저자의 특정한 정치적 성향이 역사를 다룬 이 책 서술에 과도한 영향을 끼치지 않았을까?'라는 우려 섞인 의문을 품는 이들이 있을지도 모르겠다. 옮긴이가 보기에, 그렇지는 않은 것 같다. 책을 전반적으로 살펴보면, (트로츠키 계통을 치켜세우는 부분이 없는 것은 아니지만) 특정한 정치적 성향을 지나치게 앞세우기보다는 아래로부터, 구체적인 사례를 통해 민중의 전쟁을 드러내면서 두 개의 전쟁으로서 2차 세계대전을 그리는 쪽에 초점을 맞추고 있음을 느낄 수 있다.

그와 별개로, 책을 읽다 보면 '제3세계 민족해방운동의 역사적 맥락을 깊이 있게 이해하고 있는 것일까'라는 의문이 드는 대목을 접할 수 있다. 사실 이는 이른바 트로츠키 계통 인사들만이 아니라 상당수 서구 좌파의 저작에서 느낄 수 있는 문제이기도 하다. 그렇지만 이런 부분이 이 책의 장점 전반을 상쇄할 정도로 심각해 보이지는 않는다.

거대한 전쟁이자 시대의 분수령이었던 2차 세계대전을 민중의 시각으로 분석하는 것은 분명히 필요한 작업이다. 그런데 생각보다 그런 작업의 결과물이 많지 않은 게 사실이다. 아쉬운 부분이 없지 않지만 옮긴이가 이 책의 번역을 제안하고 작업을 진행한 것도 그 때문이다. 부박한 이해가 범람하는 현실에서 2차 세계대전을 아래로부터, 새롭게 바라보고자 하는 독자들에게 이 책이 징검다리가 됐으면 하는 바람이다. 작업이 마무리될 때까지 적잖은 시간 동안 뚝심 있게 기다려준 오월의봄 출판사에 감사 인사를 전한다.

연표

연월	제국주의 / 제국주의 전쟁	상호 작용	민중운동 / 민중의 전쟁
1931년	일본, 만주 점령		
1933년	히틀러, 독일 총리 취임		
1934년	슈슈니크, 암살된 오스트리아 총리 후임으로 취임		• 파시즘에 맞선 빈 봉기 • 파리에서 대규모 반파시스트 시위
1935년	이탈리아, 아비시니아 침공		
1936년	그리스 국왕, 파시스트 메탁사스 임용		스페인 혁명
1937년		스탈린주의자들, 바르셀로나에서 반혁명을 이끎	
1938년	• 일본, 중국 점령 확대 • 난징 강간 • 독일, 오스트리아 합병(3월) • 뮌헨에서 유화 정책(9월)		
1939년 3월	체코 분할(폴란드 참여)		
1939년 4월		스페인내전, 프랑코의 승리로 막을 내림	
1939년 8월	히틀러-스탈린 불가침 조약		
1939년 9월	• 2차 세계대전 시작 • 독일인들과 러시아인들, 폴란드 분할 • '개전 휴전 상태' [돌입]		
1939년 11월	러시아-핀란드 전쟁[겨울전쟁]		
1940년 1월			무장투장연맹ZWZ(폴란드 국내군의 기초) 결성
1940년 4월	나치, 덴마크 점령		덴마크 유대인 구출 시작
1940년 5월	• 영국, 됭케르크에서 철수 • 처칠, 영국 총리 취임		

연월	제국주의 / 제국주의 전쟁	상호 작용	민중운동 / 민중의 전쟁
1940년 6월	• 이탈리아, 추축국의 일원으로 참전 • 독일, 프랑스 격파 • '개전 휴전 상태' 종료	드골, BBC 라디오 통해 레지스탕스 촉구	프랑스 레지스탕스 시작
1940년 7월	발트 국가들, 소련의 일부로 편입됨		
1940년 8월	러시아, 라트비아를 완전히 흡수		
1940년 9월	[독일,] 영국 대공습 시작		
1941년 1월			'워싱턴 행진' 운동
1941년 2월			망명자 호찌민, 베트남으로 귀환
1941년 3월	유고슬라비아, 추축국 가담 → 바로 다음 날, 그것에 반대하는 쿠데타 발생		
1941년 4월	• 추축국, 유고슬라비아와 그리스 침공 • 유고슬라비아 분할		[유고슬라비아] 미하일로비치, 체트니크 레지스탕스 시작
1941년 5월	독일, 그리스 점령 완료		베트민 결성
1941년 6월	• 러시아, 많은 라트비아인 강제 추방 • 독일, 러시아 침공(바르바로사 작전)		공산주의자들, 모든 곳에서 레지스탕스 고취
1941년 7월	일본, 프랑스령 인도차이나 침공 시작		몬테네그로 민중 봉기
1941년 8월	• 미국과 영국, 대서양헌장 발표 • 라트비아에서 첫 번째 홀로코스트 국면 완료		
1941년 9월			[그리스] EAM(민족해방전선) / ELAS(민족민중해방군) 결성

연월	제국주의 / 제국주의 전쟁	상호 작용	민중운동 / 민중의 전쟁
1941년 10월	러시아 정부, 모스크바에서 피난 시작		
1941년 11월		[유고슬라비아] 빨치산-체트니크 내전	
1941년 12월	• 일본, 진주만과 인도네시아 공격 • 미국 참전		
1942년 2월	• 미국에 있는 일본계를 억류하는 행정 명령 공포 • 일본, 자바와 싱가포르 함락		인도국민군 결성
3월	• [처칠,] 인도에 크립스 파견 • 미국에 있는 일본계 억류됨 • 일본, 자바 장악	디트로이트에서 인종 충돌	미국에서 '이중의 브이' 운동
1942년 7월	엘 알라메인에서 첫 번째 전투, 북아프리카 전세가 추축국에 불리해짐		
1942년 8월			'인도를 떠나라' 결의안 통과
1942년 9월			'인도를 떠나라' 운동에 대한 지도력이 인도국민회의사회당 쪽으로 넘어감
1942년 11월	영국·미국(군), 알제 상륙(횃불 작전)		그리스 고르고포타모스 고가 철교 폭파
1942년 12월			영국 병사들, 카이로에 '[모의] 의회' 설립
1943년 2월	독일, 스탈린그라드에서 패배		
1943년 3월			이탈리아에서 대중 파업 시작
1943년 4월		카이로에서 병사들의 의회가 해산됨	바르샤바 게토 봉기

연월	제국주의 / 제국주의 전쟁	상호 작용	민중운동 / 민중의 전쟁

1943년 7월	• 독일, 쿠르스크에서 패배
	• 함부르크 (폭격으로)
	  불기둥
	• 무솔리니(에서 바돌리오로
	  총리) 교체
		새 정부,
		승리감에 젖은
		이탈리아인들
		탄압
			이탈리아인들, 기대하고
			있던 파시즘과 전쟁의
			종말을 축하

1943년 9월	• 아이젠하워, 이탈리아의
	  굴복 소식을 방송으로
	  내보냄
	• 독일, 북부 (이탈리아) 점령
			북부 이탈리아에서 빨치산
			투쟁 시작

1943년 10월	이탈리아, 독일에 전쟁 선포		코르시카, 프랑스에서 최초로 해방된 지역이 됨
1943년 11월		테헤란 회담 → 연합국, 티토의 빨치산 지원	
1944년 1월	• 붉은 군대, 폴란드 진입 • 일본, 임팔 공격		인도국민군, 임팔에서 활동
1944년 3월		톨리아티, '살레르노의 전환'	
1944년 4월		그리스 군대에서 우익 숙청	
1944년 6월	노르망디 상륙 작전 개시		프랑스 레지스탕스, 노르망디 상륙 작전을 지원하기 위해 봉기에 착수
1944년 7월		'발키리' 작전, (그러나) 히틀러를 죽이는 데 실패	폴란드에서 폭풍 작전 전개
1944년 8월			• 파리 해방 • 바르샤바 봉기 시작
1944년 9월			ELAS, 그리스의 대부분 지역 장악
1944년 10월	• 처칠과 스탈린, '퍼센트 협정' • 영국(군), 그리스 상륙	(독일, 봉기에 대한) 러시아의 적대감에 힘입어 바르샤바 봉기 진압	그리스 및 유고슬라비아 해방

연월	제국주의 / 제국주의 전쟁	상호 작용	민중운동 / 민중의 전쟁
1944년 11월		[연합군 사령관] 알렉산더, 이탈리아 빨치산에게 휴전 명령	
1944년 12월	• 독일인들, '벌지 전투' 개시 • 통킹 기근 시작	아테네를 두고 전투 발생, ELAS 파괴됨	
1945년 1월	붉은 군대, 바르샤바 장악		
1945년 2월	• [연합국,] 얄타회담에서 세력권 확정 • 드레스덴 [폭격으로] 불기둥		
1945년 3월	일본, 인도차이나 직접 장악		
1945년 4월	• 히틀러 자살 • 루스벨트 사망, 트루먼이 후임 대통령으로 취임	무솔리니, 빨치산에게 살해됨	이탈리아 '전국적 반란'
1945년 5월	유럽 전승 기념일(8일)	[프랑스군,] 유럽 전승 기념일에 세티프에서 시위하는 알제인들 학살	독일에서 안티파 운동
1945년 6월			베트민, 북부 베트남에 해방구 창출
1945년 7월	포츠담선언		노동당, 영국 총선에서 처칠에게 승리
1945년 8월	• 일본에 원폭 투하 • 대일 전승 기념일(15일)		• 인도네시아 독립 • 베트남에서 혁명
1945년 9월	연합국, 사이공에서 하선	사이공 교전, 베트남인들 대 프랑스·영국·일본	호찌민, 베트남 독립 선언
1945년 10월		인도네시아 세마랑 전투	
1945년 11월		수라바야 전투	델리에서 인도국민군 재판

주

들어가는 말

1 히틀러와 화해하는 것을 지지하는 수치는 1941년에 20퍼센트, 1945년에는 15퍼센트였다. H. Cantril, *The Human Dimension: Experiences in Policy Research*, New Jersey, 1967, p. 48.

2 대중 관찰, 보고서 파일 301A, 1940년 6월. 첫 주 사기 보고서, 4쪽.

3 보고서 파일 301A, 1940년 6월. 첫 주 사기 보고서, 34쪽.

4 보고서 파일 2131, 1944년 7월, 2쪽.

5 보고서 파일 2149(1), 1945년 5월. 전쟁 기간의 전망 변화, 8쪽.

6 D. Loza, *Fighting for the Soviet Motherland: Reflections from the Eastern Front*, Nebraska, 1998, p. 211.

7 Loza, p. 213.

8 www.imdb.com에서 Internet Movie Database 조사. 2008년 1월 20일 검색. 5526편의 전쟁 영화가 목록에 올라 있고 10퍼센트가 표본 조사됐다.

9 H.T. Cook and T.F. Cook, *Japan at War: An Oral History*, New York, 1992, p. 335에서 인용.

10 J.G. Royde-Smith (ed.) in Encyclopaedia Britannica Online, Academic Edition, 'World War One' p. 50, and table 4. 2008년 1월 15일 접속.

11 1995년 4월 4일 AFP 보도자료.

12 미국·이라크 전염병 학자들의 팀(이 내놓은 결과)에 따른 것이다. D. Brown, Iraq war: Study Claims Iraq's "Excess" Death Toll Has Reached 655,000(《워싱턴포스트》, 2006년 10월 11일).

13 I.C.B. Dear and M.R.D. Foot (eds), *The Oxford Comparison to the Second World War*, Oxford, 1995, p. 289. 브리태니커 백과사전에는 3500만 명에서 6000만 명 사이라는 수치가 제시돼 있다.

14 S. Terkel, *'The Good War': An Oral History of World War Two*, New York, 1984, p. 13.

15 Loza, p. 211.

16 1943년 5월 27일 개봉됐다. 〈전쟁의 전주곡Prelude to War〉으로도 알려진 이

영화는 미국 정부의 2차 세계대전 공식 영화였고, 대중에게 공개되기 전에
미군 훈련에서 활용됐다.

17 A. Tusa and J. Tusa, *The Nuremburg Trial*, London, 1983, p. 200.

18 M. Gilbert, *The Holocaust: The Jewish Tragedy*, London, 1987, p. 457.

19 비토리오Vittorio 무솔리니(두체의 아들) 부분은 R. Cameron,
    Appeasement and the Road to War, Fenwick, 2002, p. 23에서 인용. T.
    Behan, *The Italian Resistance*, London, 2009, p. 25도 보라.

20 1946년 도쿄 전범 재판(에서 제시된 것)을 따른 것이다. 세부 사항은 S. H.
    Harris, *Factories of Death*, London, 1994, p. 102에 나와 있다. 장Chang은
    사망자가 26만 명에서 35만 명 사이라는 수치를 제시한다(I. Chang, *The
    Rape of Nanking*, Harmondsworth, 1997, p. 6) (한국어판:《역사는 힘있는
    자가 쓰는가》, 윤지환 옮김, 미다스북스, 2006). 일본은 생물학전 연구에도
    관여했는데, 그 기간 동안 영국인 포로들을 탄저병, 발진티푸스, 파상풍에
    고의로 감염시키고 살아 있는 동안 해부하는 일이 자주 있었다(Harris, p.
    113에서 인용).

21 《더 타임스》, 1941년 8월 25일.

22 영국 주재 소련 대사 마이스키Maisky, 《더 타임스》 1941년 9월 25일 자에서
    인용.

23 《더 타임스》, 1941년 9월 10일.

24 W. Churchill, *The Second World War*, Vol. 6, London, 1954, p. 202.
    (한국어판:《제2차 세계대전-상·하 발췌본》, 차병직 옮김, 까치, 2016).

25 Churchill, *The Second World War*, Vol. 6, p. 198.

26 A. MacLeish, 이 부분은 하워드 진H. Zinn, *A People's History of the United
    States*, New York, 1980, p. 414에서 인용. (한국어판:《미국 민중사 1·2》,
    유강은 옮김, 이후, 2008).

27 C. Hull, 이 부분은 Zinn, p. 414에서 인용.

28 C. von Clausewitz, *On War*, Harmondsworth, 1968, p. 119. (한국어판:
    《전쟁론》, 김만수 옮김, 갈무리, 2016).

29 Ibid., p. 406.

30 1941년 6월 22일 런던의 BBC 방송.

31 1942년 11월 6일 스탈린, 이 부분은 A. Marwick and W.Simpson (eds), *War,
    Peace and Social Change: Europe 1900-1945*, Buckingham, 1990, p. 84에서
    인용.

32 L. Trotsky, *Writings 1939-40*, New York, 1973, p. 221.

33 Ibid., p. 84.

34 Ibid., p. 104.

35 H. Zinn, *On War*, New York, 2001, p. 103. (한국어판:《전쟁에 반대한다》, 유강은 옮김, 이후, 2003).

36 강조된 부분은 내가 한 것이다. H. Michel, *The Shadow War*, 1972, p. 7.

37 2차 세계대전에 대한 두 가지 다른 해석을 언급해야 한다. 첫 번째는 아르노 메이어Arno Mayer가 그의 저서 *Why Did the Heavens Not Darken?*(New York, 1988)에서 제시한 것이다. 이것은 2차 세계대전을 유럽 '30년 전쟁'의 종점으로 간주하고, 1차 세계대전 및 그 결과로 거슬러 올라가는 연속성의 요소들을 강조한다. 이 논지의 가치는 2차 세계대전의 배경을 설명하는 것에 있다. 하지만 그것은 (2차 세계대전을) 그 이전이나 그 이후의 전쟁들과 매우 다르게 만든 1939년에서 1945년에 이르는 기간의 독특한 성격을 아우르지 않는데, 그것이 이 책의 주제이다. 두 번째 해석은 에르네스트 만델Ernest Mandel이 *The Meaning of the Second World War*(London, 1986)에서 제기한 것이다. 그가 2차 세계대전을 "다방면의 사건"으로 본다는 점에서 그의 주장은 우리의 주장과 비슷한데, 심지어 2차 세계대전을 "제국주의 간 전쟁, 소련의 자기방어, 그리고 중국 민중, 아시아 식민지 민중들과 민족해방의 정당한 전쟁이라는 서로 다른 다섯 가지 충돌의 조합"(E. Mandel, *The Meaning of the Second World War*, London, 1986, p. 45)으로 보기까지 한다. 러시아가 근본적으로 사회주의적인 역할을 했다고 보는 것은 오판이며, 많은 경우 발생한 일을 이해하는 것을 어렵게 만든다. 더욱이, 2차 세계대전을 충돌의 "조합"으로 보기보다는 이 책은 "대립물의" 변증법적 "통일" 안에서 제국주의 간 전쟁을 민중의 전쟁과 겨루게 만드는 내부 모순에 초점을 맞추고 있다.

38 J. Newsinger, *The Blood Never Dried: A People's History of the British Empire*, London, 2006, frontispiece.

39 C.L. Sulzberger and Stephen E. Ambrose, *American Heritage New History of World War II*, New York, 1997, p. 27.

40 Sulzberger and Ambrose, p. 42에 따른 것이다.

41 Zinn, p. 411에서 인용.

42 Sulzberger and Ambrose, p. 57에서 인용.

43 Sulzberger and Ambrose, p. 623에서 인용.

44 평행 전쟁에 대한 추가 증거를 산출할 그 나라들의 목록은 2차 세계대전 그 자체와 거의 동일하다. 그것은 알바니아, 알제리, 벨기에, 버마, 중국, 체코슬로바키아, 덴마크, 네덜란드, 레바논, 노르웨이, 필리핀, 슬로바키아와 시리아를 포함한다. 다른 나라들도 목록에 추가될 수 있었다는 것은 의심의

여지가 없다.

1. 스페인의 전주곡

1   D. Wingate Pike, 'Franco and the Axis Stigma' in *Journal of Contemporary History*, Vol. 17 No. 3, July 1982, p. 381에서 인용.

2   M. Wolff, 이 부분은 S. Terkel, *'The Good War': An Oral History of World War Two*, New York, 1984, p. 480에서 인용.

3   A. H. Landis, *The Abraham Lincoln Brigade*, New York, 1967, p. 598 그리고 John Ciardi in Terkel, p. 194와 Wolff, p. 486.

4   Wingate Pike, p. 371.

5   이 비행기들은 프랑코가 요청한 것보다 훨씬 더 많은 수가 제공됐다. 2주 내에 1만 5000명의 병력이 수송됐는데, 이는 스페인 남부에 대단히 파괴적인 영향을 끼쳤다.

6   M. Tuñon de Lara, J. Aostegui, A. Viñas, G. Cardona and J. Bricall, *La Guerra Civil Española, 50 años despues*, Barcelona, 1985, pp. 136-7. 다음 책도 보라. J. Coverdale, *Italian Intervention in the Spanish Civil War*, Princeton, 1975.

7   1936년 7월 18일 산타크루스 데 테네리페Santa Cruz de Tenerife에서 한 연설(ww w.generalisimofranco.com).

8   R. Fraser, *Blood of Spain*, Harmondsworth, 1981, p. 309에서 인용.

9   A. Durgan, *The Spanish Civil War*, Houndmills, 2007, p. 105.

10 Fraser, p. 320에서 인용.

11 H. Graham, *The Spanish Republic at War*, Cambridge, 2002, p. 205.

12 Durgan, p. 107.

13 Tuñon de Lara et al., p. 423.

14 Wingate Pike, pp. 372-86.

15 Tuñon de Lara et al., p. 47.

16 M. Garcia, *Franco's Prisoner*, London, 1972, p. 18.

17 '카탈루냐 집단화 포고령', 1936년 12월 24일, 이 부분은 Fraser, p. 209에서 인용.

18 Durgan, p. 82.

19 G. Orwell, *Homage to Catalonia*, London, 1967, pp. 2-3. (한국어판: 《카탈루냐 찬가》, 김옥수 옮김, 비꽃, 2017).

20 Fraser, p. 286에서 인용.

21 Durgan, p. 40.

22 프랑스공산당 지도자 토레즈Thorez가 일찍이 7월 22일에 모스크바에서 이 문제를 제기했다. Tuñon de Lara et al., p. 152를 보라.

23 Tuñon de Lara et al., p. 153.

24 《더 타임스》, 1936년 7월 21일 자에 인용된 노동당 회의 결의안. 불행하게도 이 태도는 유지되지 않았고 당은 불간섭 노선에 빠져들었다.

25 T. Buchanan, *Britain and the Spanish Civil War*, Cambridge, 1997, p. 23.

26 Graham, p. 125.

27 《더 타임스》, 1936년 10월 3일.

28 보수당 총리 스탠리 볼드윈Stanley Baldwin의 전기 작가이자 절친한 친구였던 아서 브라이언트Arthur Bryant, 이 부분은 D. Little, 'Red Scare, 1936: Anti-Bolshevism and the Origins of British Non-Intervention in the Spanish Civil War' in *Journal of Contemporary History*, Vol. 23 No. 2, April 1988, p. 296에서 인용.

29 P. Broué and E. Temimé, *The Revolution and the Civil War in Spain*, London, 1970, p. 329를 보라.

30 G. Warner, 'France and Non-Intervention in Spain, July-August 1936', *International Affairs*, Vol. 38, No. 2, April 1962, p. 210.

31 국무부에서 활동한 윌리엄 필립스William Phillips, 이 부분은 G. Finch, 'The United States and the Spanish Civil War' in the *American Journal of International Law*, Vol. 31, No. 1, Jan 1937, p. 74에서 인용.

32 H. Jablon, 'Franklin D. Roosevelt and the Spanish Civil War', *Social Studies*, 56:2, February 1965, p. 63에서 인용.

33 G. A. Stone, *Spain, Portugal and the Great Powers, 1931-1941*, Houndmills, 2005, p. 68.

34 D. Tierney, 'Franklin D. Roosevelt and Covert Aid to the Loyalists in the Spanish Civil War, 1936-39' in *Journal of Contemporary History*, Vol. 39(3), 2004, pp. 299-313을 보라.

35 Landis, p. 15.

36 Durgan, p. 60. Stone, p. 71도 보라.

37 H. Thomas, *The Spanish Civil War*, Harmondsworth, 1974, p. 284.

38 G. Howson, Arms for Spain. *The Untold Story of the Spanish Civil War*, London, 1998을 보라.

39 Durgan, p. 41.

40   Landis, p. xiii에서 인용.

41   Donald Renton, 이 부분은 I. MacDougall (ed.), *Voices from the Spanish Civil War. Personal recollections of Scottish Volunteers in Republican Spain, 1936-1939*, Edinburgh, 1986, p. 23에 나온다.

42   P. Preston, review of B. Bolleten, *The Spanish Civil War: Revolution and Counter-Revolution in The English Historical Review*, October 1993, p. 990.

43   Stone, p. 148.

44   《더 타임스》, 1940년 10월 9일.

45   《더 타임스》, 1941년 7월 19일.

46   Ibid.

47   Sir Samuel Hoare, 이 부분은 Stone, p. 150에서 인용.

48   R. Wigg, *Churchill and Spain: The Survival of the Franco Regime, 1940-1945*, Oxford, 2005.

49   Wigg, pp. 102-3.

50   Wigg, p. 148.

51   Stone, p. 205.

52   Wigg, p. 153.

53   Wigg, pp. 170-1.

2. 유고슬라비아: 열강 사이에서 균형 잡기

1   A. Donlagic, Z. Atanackovic and D. Plenca, *Yugoslavia in the Second World War*, Belgrade, 1967, pp. 11-14.

2   T. Judah, *The Serbs*, New Haven, 1997, pp. 110-112.

3   H. Williams, *Parachutes, Patriots and Partisans*, London, 2003, p. 27.

4   P. Auty, *Tito: A Biography*, Harmondsworth, 1974, p.193; Donlagic et al., p. 29.

5   H. Williams, *Parachutes, Patriots and Partisans*, London, 2003, p. 32.

6   1941년 4월 28일 국왕 정부의 회의에서 정부 각료인 밀란 그롤Milan Grol. Donlagic et al., p. 32.

7   M. Djilas, *Memoir of a Revolutionary*, New York, 1973, p. 383.

8   Djilas, pp. 384-5.

9   크비슬링Quisling은 노르웨이 나치의 악명 높은 지도자였는데, 그 이름은

부역의 대명사가 됐다.

10 Judah, p. 117.

11 Judah, p. 120.

12 K. Ford, *OSS and the Yugoslav Resistance 1943-1945*, Texas, 1992, p. 170.

13 Donlagic et al., p. 58.

14 Williams, p. 7.

15 Williams, p. 46.

16 C. Wilmott, *The Struggle for Europe*, Hertfordshire, 1997, p. 118.

17 Ford, pp. 32-3.

18 W. Jones, *Twelve Months with Tito's Partisans*, Bedford, 1946, p. 22.

19 Djilas, *Memoir*, p. 6.

20 Djilas, *Memoir*, p. 21.

21 Djilas, *Memoir*, p. 228.

22 Auty, p. 184와 p. 185. Donlagic et al., p. 46.

23 Djilas, *Wartime with Tito and the Partisans*, London, 1977, p. 419.

24 B. Davidson, *Scenes from the Anti-Nazi War*, New York, 1980, pp. 236, 181-2를 보라.

25 Stjepan Radic, 이 부분은 Judah, p. 106에서 인용.

26 Jones, p. 11.

27 Judah, p. 120.

28 Djilas, *Memoir*, pp. 228-9.

29 Djilas, *Wartime*, p. 79.

30 1942년 6월 유고슬라비아공산당 성명, Donlagic et al., p. 90에서 인용.

31 Auty, p. 228.

32 Williams, p. 60.

33 Williams, p. 44.

34 이에 대한 (독일 육군 원수) 카이텔Keitel의 지시에 관해서는 Auty, p. 225를 보라. Williams, pp. 60-1과 Judah, p. 118 그리고 Ford, p. 6도 보라.

35 Williams, p. 60.

36 Williams, p. 110.

37 Djilas, *Wartime*, p. 147.

38 Djilas, *Wartime*, p. 23.

39 Auty, p. 229.

40 Donlagic et al., p. 68. Williams, p. 63에는 그보다 이른 11월 11일로 제시돼 있다.

41 Ford, p. 53.

42 Ford, pp. 53-4.

43 Farish, 이 부분은 Ford, p. 34에서 인용.

44 Ford, p. 55.

45 이는 1944년의 숫자다. 미하일로비치는 5만 7440명을 동원했고 45만 명 이상을 동원할 가능성이 있다고 주장했지만, 미군 연락 장교는 아마도 3만 5000명만 무장을 갖췄을 것이라고 생각했다. Ford, p. 46.

46 Williams, p. 63.

47 Ford, p. 46.

48 Donlagic et al., p. 58.

49 Donlagic et al., p. 121.

50 Jones, p. 31.

51 Williams, p. 39.

52 Auty, pp. 256, 258. Ford, p. 66. 이 숫자들은 불가피하게 모호하며 이의가 제기되고 있다.

53 Donlagic et al., p. 212.

54 Djilas, *Wartime*, p. 149.

55 Djilas, *Wartime*, p. 231.

56 Djilas, *Wartime*, p. 244.

57 B. Davidson, *Scenes from the Anti-Nazi War*, New York, 1980, p. 199.

58 Djilas, *Wartime*, p. 311.

59 Auty, p. 245.

60 Ford, p. 32.

61 Ford, p. 34.

62 Davidson, p. 103.

63 1943년 1월 3일 에덴Eden, 이 부분은 E. Barker, 'Some Factors in British Decision-making over Yugoslavia 1941-4' in P. Auty and R. Clogg (eds), *British Policy towards Wartime Resistance in Yugoslavia and Greece*, London, 1975, p. 52에서 인용.

64 Auty and Clogg, p. 47.

65 강조는 내가 한 것이다. Barker, in Auty and Clogg, p. 52 그리고 Davidson, p. 106에서 인용.

66 Barker, in Auty and Clogg, p. 40.

67 Ford, p. 33.

68 Williams, p. 180.

69 1943년 11월 28일. Donlagic et al., p. 145에서 인용.

70 Auty, p. 252.

71 Ford, p. 29.

72 G. Kolko, *The Politics of War*, New York, 1990, p. 133.

73 Kolko, p. 134.

74 R. Medvedev, *Let History Judge*, London, 1971, p. 221. (한국어판:《역사가 판단하게 하라 1·2》, 새물결, 1991).

75 Auty, p. 179.

76 Djilas, *Wartime*, p. 123.

77 1942년 12월 티토, 이 부분은 Donlagic et al., p. 138에서 인용.

78 Donlagic et al., p. 71.

79 Auty, p. 248.

80 Djilas, *Wartime*, p. 144.

81 Auty, p. 238.

82 Auty, p. 254.

83 Djilas, *Wartime*, p. 199.

3. 그리스: 레지스탕스와 교전하는 연합국

1 C. Tsoucalas, *The Greek Tragedy*, Harmondsworth, 1969, p. 18 그리고 E. Thermos, 'From Andartes to Symmorites; Road to Greek Fratricide' in *The Massachusetts Review*, Vol. 9, No. 1, 1968, p. 114를 보라.

2 M. Mazower, *Inside Hitler's Greece*, Yale, 1993, p. 98과 Tsoucalas, p. 52 그리고 E.C.W. Myers, *Greek Entanglement*, London, 1955, p. 105.

3 'The Communist Party history of Giannis Ioannidis', in P. Auty and R. Clogg (eds), *British Policy towards Wartime Resistance in Yugoslavia and Greece*, London, 1975, pp. 43-67.

4 Tsoucalas, p. 55를 보라.

5 C. Woodhouse, *The Apple of Discord*, London, 1948, pp. 16-17.

6 《뉴욕타임스》, 1941년 1월 30일. 이 부분은 Tsoucalas, p. 63에서 인용.

7 L. Baerentzen (ed.), *British Reports on Greece 1943-1944*, Copenhagen, 1982, p. 151에서 인용.

8 W. Deakin, E. Barker, J. Chadwick (eds.), *British Political and Military Strategy in Central, Eastern and Southern Europe in 1944*, Houndmills,

1988, p. 89에서 인용.

9   유고슬라비아는 일주일 만에 정복됐지만, 그리스 진압에는 거의 한 달이 걸렸다. 오래 지속된 이 투쟁 때문에 바르바로사 작전이 지연됐는데, 이것은 독일군이 러시아의 혹독한 겨울로 인해 곤경에 빠지게 되는 것을 뜻했고 전쟁 전체에 결정적인 결과를 초래하게 된다(D. Eudes, *The Kapetanios*, London, 1972, p. 10).

10   Tsoucalas, p. 91.

11   Mazower, *Inside*, p. 41과 Tsoucalas, p. 59 그리고 Eudes, p. 33.

12   D. Glinos, 'What is the National Liberation Front(EAM), and what does it want?' in Clogg, p. 82.

13   Woodhouse, *Apple*, p. 28.

14   Glinos, in Clogg, p. 90. 그리고 Mazower, *Inside*, p. 98과 Myers, p. 103도 보라.

15   사라피스는 처음에는 ELAS 부대에 체포돼 지휘를 맡도록 설득당해야 했지만, 훗날 그리스공산당에 합류했다. S. Sarafis, *ELAS: Greek Resistance Army*, London, 1980, pp. vi, 100을 보라.

16   Mazower, *Inside*, p. 330.

17   Zachariadis, 이 부분은 Eudes, p. 238에서 인용.

18   1944년 9월 26일 카세르타 협정, 이 부분은 Woodhouse, Apple, p. 306과 Clogg, p. 174에 나온다.

19   Woodhouse, *Apple*, p. 66, Mazower, *Inside*, p. 316.

20   Myers, p. 73.

21   레지스탕스 세력의 공식 사진사였던 스피로 멜레치스Spiro Meletzis에 따르면 그러한데, 이 부분은 J. Hart, *New Voices in the nation. Women and the Greek Resistance,1941-1964*, Ithaca, 1996, p. 201에서 인용.

22   Mazower, *Inside*, p. 125.

23   Myers, p. 73.

24   Mazower, *Inside*, p. 325. 하지만 아리스가 다른 ELAS 지도자들의 반대를 무릅쓰고 EKKA 지휘관 프사로스Psarros를 죽였는데 파벌 분쟁(이 부분은 나중에 논할 것이다) 때문에 그렇게 했다는 것은 언급할 가치가 있다. Tsoucalas, p. 68과 Sarafis, p. 111을 보라.

25   Woodhouse, Apple, p. 136 그리고 Myers, p. 102.

26   L. Baerentzen (ed.), *British Reports on Greece 1943-1944*, Copenhagen, 1982, p. 73에 있는 C. Woodhouse, 'The Situation in Greece - January to MAY, 1944'와 Woodhouse, *Apple*, p. 61. 그리고 Mazower, *Inside*, p. xix도

보라.

27   D. Glinos, 'What is the National Liberation Front(EAM), and what does it want?' in Clogg, p. 91.

28   Tsoucalas, p. 66 그리고 L.S. Stavrianos, 'The Greek National Liberation Front(EAM): A Study in Resistance Organization and Administration', *Journal of Modern History*, Vol. 24, No. 1, March 1952, p. 44.

29   Clogg, p. 182에 있는 M. Hadas, 'OSS Report of 13 September 1944'.

30   Eudes, p. 66.

31   Hart, p. 197. 하트는 펠로폰네소스에서 EAM 지도부의 약 25퍼센트가 공산주의자였다고 평가한다.

32   Sarafis, p. iii.

33   Hart, p. 187.

34   Woodhouse, *Apple*, p. 32.

35   Eudes, pp. 37-8.

36   Sarafis, p. 318 그리고 Eudes, 33-40.

37   1941년에 열두 살이었던 아테네 여성에 의해 기록됐다. Hart, p. 88에서 인용.

38   Hart, p. 201을 보라.

39   Hart, p. 153-61을 보라.

40   Hart, p. 24를 보라.

41   Mazower, *Inside*, p. 279 그리고 Hart, p. 31.

42   Hart, p. 31에서 인용.

43   Stavrianos, 'The Greek National Liberation Front', p. 53.

44   Hart, p. 174에서 인용.

45   Hart, p. 168에서 인용. M. Mazower, 'Structures of authority in the Greek resistance, 1941-1944' in T. Kirk and A. McElligott, *Opposing Fascism, Cambridge*, 1999, p. 130에서 마조위도 동일한 주장을 한다.

46   Hart, p. 176. 1945년 이후 내전 때 ELAS를 계승한 민주군Democratic Army에서 여성들은 전사 집단에서 중요한 부분을 구성하고 남성들과 동등하게 참여했다(A. Nachmani, 'Civil War and Foreign Intervention in Greece, 1946-49' in *Journal of Contemporary History*, Vol. 25, 1990, p. 495).

47   Woodhouse, 'The Situation in Greece', in Baerentzen, p. 81.

48   1942년 10월 11일 에우리타니아Eurytania의 클레이트소스Kleitsos 마을에서 모범을 보이자, 먼저 EAM 구역들로 빠르게 퍼졌고 결국 레지스탕스가 통제하는 모든 지역으로 퍼졌다. Stavrianos, 'The Greek National

Liberation Front', pp. 47-51과 Mazower, *Inside*, pp. 271-2과 Hart, p. 207 그리고 Sarafis, p. 324를 보라.

49 Eudes, p. 121.

50 Mazower, *Inside*, pp. 293-4.

51 Stavrianos, 'The Greek National Liberation Front', p. 53.

52 Mazower, *Inside*, p. 132.

53 Woodhouse, 'The Situation in Greece', p. 84.

54 Woodhouse, *Apple*, pp. 146-7.

55 Tsoucalas, p. 63에서 인용.

56 C.M. Woodhouse, 'Summer 1943: The Critical Months', in P. Auty and R. Clogg (eds), *British Policy towards Wartime Resistance in Yugoslavia and Greece*, London, 1975, p. 127.

57 사라피스가 제시한 1만 9355명(Sarafis, p. 427)이라는 숫자와 비교하라. 마이어스는 2만 5000명이라는 레지스탕스 기록을 결합했다(Myers, p. 280).

58 이것은 사라피스에 근거한 것이다(Sarafis, p. 427을 보라). 마이어스는 레지스탕스로 인해 총 150량의 기관차가 손상되거나 파괴됐고 100개 이상의 다리가 폭파됐으며 250척 이상의 배가, 이는 6만 8000톤이 넘는 규모인데, 가라앉거나 손상됐다고 제시한다(Myers, p. 280).

59 Sarafis, pp. 265, 402 그리고 Myers, p. 281.

60 Myers, p. 280.

61 Myers, p. 220.

62 Stavrianos, 'The Greek National Liberation Front', p. 43.

63 Myers, p. 281. Mazower, *Inside*, p. 140도 보라.

64 C.M. Woodhouse, 'Summer 1943', in Auty and Clogg, p. 119.

65 Myers, pp. 267-8.

66 Sarafis, pp. 303, 426.

67 Woodhouse, *Apple*, p. 61. Mazower, *Inside*, pp. 77-81도 보라.

68 Sarafis, p. 224.

69 Woodhouse, *Apple*, p. 75. Mazower, *Inside*, pp. 140-1도 보라.

70 이것은 미국 보고서에 근거한 것으로 L.S. Stavrianos, 'Two Points of View: I. The Immediate Origins of the Battle of Athens', in *American Slavic and East European Review*, Vol. 8 No. 4, 1949, p. 244에서 인용.

71 Woodhouse, 'The Situation in Greece', in Baerentzen, p. 112-114 그리고 Myers, p. 272.

72 W. Churchill, *The Second World War*, Vol. 6, London, 1954, pp. 194-5.

73 Eudes, p. 21 그리고 Myers, p. 85에 있는 작전을 지도한 사람으로서
마이어스가 한 설명 및 Sarafis, p. 49를 보라.

74 W. Deakin, 'Resistance in Occupied Central and South-eastern Europe',
in Deakin et al., pp. 131-2. 사건이 일어난 후 우드하우스뿐 아니라
마이어스도 정책 전환 이유에 대해 비슷한 측면에서 주장했다. 마이어스는
이렇게 썼다.
"주요 전선에 대한 연합국의 전략이 방어적이었던 동안에 적에게 점령된
지역에서 발생한 모든 사보타주 행동, 쾅하고 부딪친 거의 모든 것은 군사적
이득에 비해 훨씬 큰 도덕적 보상을 거둬들였고—후자가 자주 그 자체로
있었다고 할지라도— 우리의 정책을 완전히 정당화했다. 하지만 연합국이
공세로 전환했을 때 사기를 올리기 위해 쾅하고 부딪치는 것과 선전은
비교적 중요치 않게 됐다. …… 그러나 그때는 게릴라 부대에 있는 수천
명을 그들의 집으로 돌려보내려는 시도를 하기에는 너무 늦었다." (Myers,
p. 279).

75 Sarafis, p. 153에서 인용.

76 Tsoucalas, p. 73에서 인용.

77 Discord, p. 152.

78 영국과 미국이 취한 행동은 왕정주의자들을 포함한 그리스 정당들이
만장일치로 맺은 협정을 무시하는 것이었다! L.S. Stavrianos, 'The Mutiny
in the Greek Armed Forces, April 1944', in *American Slavic and East
European Review*, Vol. 9, No. 4, 1950, pp. 305-6을 보라.

79 Tsoucalas, p. 73.

80 Stavrianos, p. 310.

81 1944년 4월 14일 처칠, 이 부분은 Tsoucalas, p. 73에서 인용.

82 테르모스Thermos가 1만 2000명(Thermos, p. 117)이라고 제시한 데 반해
추칼라스Tsoucalas는 2만 명(Tsoucalas, p. 73)이라는 수치를 제시한다.

83 Eudes, pp. 77-85, 121-30.

84 1944년 9월 14일 노이바허, 이 부분은 Deakin et al., p. 141에서 인용.

85 Deakin et al., p. 141.

86 Mazower, *Inside*, p. 329.

87 Deakin et al., p. 143에서 인용.

88 L. Karliaftis, 'Trotskyism and Stalinism in Greece' in *Revolutionary
History*, Vol. 3, No. 3, spring 1991, p. 6에서 인용. S. Vukmanovic, *How and
why the People's Liberation Struggle of Greece met with Defeat*, London,

1950, p. 13에 번역된 것도 보라.

89   Tsoucalas, p. 83에서 인용.

90   Vukmanovic, p. 13.

91   Clogg, pp. 171-3.

92   Woodhouse, *Apple*, p. 150.

93   R. Clogg, '"Pearls from Swine": the FO papers, SOE and the Greek Resistance', in Auty and Clogg, p. 197.

94   Woodhouse, 'Summer 1943: The Critical Months', in Auty and Clogg, p. 38.

95   K. Pyromaglou, 이 부분은 L. S. Stavrianos, 'Two Points of View', p. 307에서 인용.

96   그리스공산당 지도부는 PEEA를 카이로 정부에서 각료 자리를 얻기 위한 지렛대로 활용해왔다. Stavrianos, 'The Greek National Liberation Front', p. 54.

97   Clogg, p. 174 그리고 Sarafis, p. 387.

98   Clogg, p. 174.

99   Eudes, p. 145-8.

100   Woodhouse, *Apple*, p. 199.

101   Tsoucalas, p. 77.

102   Mazower, *Inside*, pp. 295-6.

103   Woodhouse, *Apple*, p. 196.

104   Eudes, p. 105. 그리고 Vukmanovic도 보라.

105   Sarafis, p. iii.

106   Woodhouse, Apple, p. 214.

107   Tsoucalas, p. 134.

108   Stavrianos, 'Two Points of View', p. 242에서 인용.

109   Deakin et al., p. 136에서 인용.

110   Deakin et al., p. 135.

111   알렉산더 장군, 이 부분은 T. D. Sfikas, 'The People at the Top Can Do These Things, Which Others Can't Do: Winston Churchill and the Greeks, 1940-45', *Journal of Contemporary History*, Vol. 26, 1991, p. 322에서 인용.

112   Clogg, p. 187.

113   J. Iatrides (ed.), *Ambassador MacVeagh Reports, Greece, 1933-1947*, Princeton, 1960, p. 656.

114 Sfikas, p. 321.

115 Clogg, p. 174.

116 http://politikokafeneio.com/Forum/viewtopic.php?=114187&sid=040bbd
     798e8d1b12e85459197e9d8b1b, 2009년 8월 8일 접속.

117 Sfikas, p. 324.

118 《더 타임스》, 1944년 12월 6일.

119 Stavrianos, 'Two Points of View', pp. 245-6 그리고 Sarafis, pp. 494-5.

120 스볼로스Svolos 교수, 이 부분은 Iatrides, p. 657에서 인용.

121 Mazower, p. 352.

122 강조는 내가 한 것이다. Stavrianos, 'Two Points of View', p. 244.

123 《더 타임스》, 1944년 12월 6일.

124 Thermos, p. 119.

125 《더 타임스》, 1944년 12월 21일.

126 Nachmani, p. 495.

127 《더 타임스》, 1944년 12월 6일.

128 《더 타임스》, 1944년 12월 9일.

129 1944년 12월 14일 자《더 타임스》 사설.

130 Clogg, p. 191에 있는 OSS 찰스 엣슨Charles Edson의 보고서와 Woodhouse,
     Apple, p. 218을 보라.

131 Iatrides, pp. 660-1.

132 《더 타임스》, 1944년 12월 21일.

133 Woodhouse, Apple, p. 218.

134 Stavrianos, 'Two Points of View', p. 240에서 인용.

135 Ibid. 스타브리아노스는 처칠이 279 대 30으로 투표에서 이겼다고
     지적하지만, "450명 이상의 구성원이 출석하기는 했지만 309명만
     투표했다"라는 것에 주목한다.

136 Mazower, p. 370.

137 《더 타임스》, 1945년 1월 1일.

138 Woodhouse, Apple, pp. 308-10과 Clogg, pp. 188-90 그리고 Sarafis, pp.
     530-4에 있는 바르키자 협정 텍스트를 보라.

139 Thermos, p. 120.

140 Tsoucalas, p. 94 그리고 Thermos, p. 120.

141 Thermos, p. 121에서 인용.

142 Hart, p. 252.

143 1965년 2월 17일 상원 의원 맥기McGee가 미국 상원에 보낸 내용, 이 부분은

T. Gitlin, 'Counter-Insurgency: Myth and Reality in Greece', in D. Horowitz (ed.), *Containment and Revolution*, London, 1967, p.140에서 인용.

144 Hart, p. 257.

145 Eudes, p. 354.

146 《뉴 리퍼블릭》, 1947년 9월 15일. 이 부분은 Thermos, p. 121에서 인용.

4. 폴란드 바르샤바 봉기

1 J. Rothschild, *East Central Europe between the Two World Wars*, Seattle, 1974, p. 27.

2 J. Ciechanowski, *The Warsaw Uprising of 1944*, Cambridge, 1974, p. 274를 보라.

3 V.I. Lenin, *Selected Works*, Vol. 4, p. 292.

4 Lenin, Vol. 4, p. 292. 레닌과 룩셈부르크의 민족 문제 논쟁에 대한 논의로는 T. Cliff, *International Struggle and the Marxist Tradition, Selected Writings*, Vol. 1, London, 2001, p. 90.

5 A. Read and D. Fisher, *The Deadly Embrace. Hitler, Stalin and the Nazi-Soviet Pact 1939-1941*, London, 1988, p. 14 그리고 B. Newman, *The Story of Poland*, London no date, p. 44를 보라.

6 N. Ascherson, *The Struggles for Poland*, London, 1987, p. 84.

7 W. Borodziej, *The Warsaw Uprising of 1944*, Madison, 2007, p. 20.

8 A. Rossi, *The Russo-German Alliance*, London, 1950, p. 8에서 인용.

9 Read and Fisher, *The Deadly Embrace*, p. 24 그리고 Rossi, *The Russo-German Alliance*, pp. 40과 63.

10 Read and Fisher, p. 442를 보라.

11 A. Rossi, *The Russo-German Alliance*, London, 1950, p. 37.

12 Read and Fisher, *The Deadly Embrace*, p. 328을 보라.

13 Rossi, p. 54.

14 N. Davies, *Rising '44. The Battle for Warsaw*, London, 2004, p. 30.

15 Read and Fisher, p. 334.

16 그의 60번째 생일을 축하하는 리벤트로프의 전보에 대한 회답에서. Rossi, p. 60.

17 Davies, p. 30.

18 Borodziej, p. 14.

19 Rossi, p. 71.

20 G. Sanford, *Katyn and the Soviet Massacre of 1940*, London, 2005, p. 12 그리고 Davies, p. 151.

21 Sanford, p. 12.

22 Borodziej, p. 23 그리고 J. Rose, Introduction to M. Edelman, *The Ghetto Fights*, London, 1990, pp. 27-8.

23 괴벨스가 보고한 사항. Davies, p. 85를 보라.

24 G. Godden, *Murder of a Nation. German Destruction of Polish Culture*, London, 1943, pp. 3-7 그리고 Borodziej, p. 15.

25 Read and Fisher, p. 388에서 인용.

26 Ascherson, pp, 93-4.

27 Sanford를 보라.

28 Sanford, p. 28에 있는 다양한 추정치를 보라. T. Bor-Komorowski, *The Secret Army*, London, 1950, pp. 46과 67도 보라.

29 M. J. Chodakiewicz, *Between Nazis and Soviets*, Maryland, 2004, p. 265.

30 Bor-Komorowski, p. 46 그리고 Davies, p. 91.

31 J. Gumkowski and K. Lesyczynski, *Poland under Nazi Occupation*, Warsaw, 1961, pp. 215-6.

32 J. Karski, Story of a Secret State, London, 1945, p. 108.

33 Karski, p. 314.

34 Borodziej, p. 18 그리고 Davies, p. 180.

35 Ciechanowski, p. 69. 치에하누프스키는 "모든 사단과 여단의 지휘관들 중 65퍼센트가 1차 세계대전 기간에 피우스트스키 부대에서 복무"한 군대에서 피우스트스키 지지자들이 우위를 점하고 있었음을 보여준다. Ciechanowski, p. 72.

36 Ciechanowski, p. 71.

37 Davies, p. 171.

38 Bor-Komorowski, p. 25. 대부분의 추정치는 20만 명에 보조원들이 추가로 있는 범위 내에서 더 낮은 숫자를 제시한다.

39 Bor-Komorowski, p. 153.

40 Ascherson, p. 102.

41 Ciechanowski, p. 2.

42 Karski, p. 102에서 인용.

43 Ascherson, p. 102 그리고 Borodziej, p. 21.

44 Karski, p. 196 그리고 Borodziej, p. 20.

45 W.R.C. Lukas, 'The Big Three and the Warsaw Uprising', in *Military Affairs*, Vol. 45, No. 1, October 1975, p. 129에는 300개라고 언급돼 있는 데 반해 Bor-Komorowski(p. 121)는 1941년 168개였다고 주장한다. Godden, pp. 60-61도 보라.

46 W.J. Rose, *The Rise of Polish Democracy*, London, 1944, p. 76.

47 Bor-Komorowski, p. 103.

48 Borodziej, p. 19.

49 Karski, p. 72.

50 Ascherson, p. 109.

51 Rose 그리고 M. Gilbert, *The Righteous: The Unsung Heroes of the Holocaust*, London, 2002, pp. 119-39를 보라.

52 Gilbert, p. 119.

53 Gilbert, p. 123.

54 H. Langbein, *Again All Hope*, London, 1994, p. 145.

55 Hanson, p. 60.

56 Hanson, p. 46. Borodziej, p. 21도 보라.

57 Ciechanowski, p. 290을 보라.

58 Bor-Komorowski, p. 49.

59 Ibid.

60 상세하게 논의한 것으로는 Bor-Komorowski, pp. 111-3 그리고 Ciechanowski, pp. 90-3을 보라.

61 Borodziej, p. 25.

62 Ascherson, p. 102 그리고 Ciechanowski, p. 7.

63 Lukas, p. 130.

64 Karski, p. 315.

65 Bor-Komorowski, pp. 73과 155.

66 Ascherson, p. 102 그리고 Ciechanowski, p. 115. 그리고 Davies, p. 209도 보라.

67 Borodziej, pp. 33-4.

68 Ciechanowski, p. 79.

69 Ciechanowski, p. 150을 보라.

70 Bor-Komorowski, p. 170 그리고 Ciechanowski, pp. 102-3을 보라.

71 Ciechanowski, pp. 98-9.

72 Ascherson, p. 105.

73 Hanson, p. 60에서 인용.

74 Bor-Komorowski, p. 43.

75 Bor-Komorowski, p. 201.

76 Ciechanowski, p. 277.

77 Ciechanowski, p. 218.

78 Ciechanowski, pp. 127-8.

79 Ciechanowski, p. 166.

80 Ciechanowski, p. 187에서 인용. Bor, p. 177에 대체 가능한 번역이 나온다.

81 Ciechanowski, p. 180.

82 Borodziej, pp. 48-50 그리고 Bor-Komorowski, p. 187-8을 보라.

83 Bor-Komorowski, p. 188.

84 Bor-Komorowski, p. 202.

85 Ciechanowski, pp. 180-1.

86 Ciechanowski, p. 213 그리고 Borodziej, p. 61.

87 Borodziej, p. 61에서 인용.

88 W. Churchill, *The Second World War*, Vol. 6, London, 1954, p. 116에서 인용.

89 Davies, p. 165.

90 Ciechanowski, p. 239.

91 G. Kolko, *The Politics of War*, New York, 1968, p. 116.

92 Bor-Komorowski, p. 204.

93 Bor-Komorowski, p. 182.

94 Davies, p. 236 그리고 Bor-Komorowski, p. 205.

95 Davies, p. 226과 Churchill, Vol. 6, p. 116 그리고 Borodziej, p. 74를 보라.

96 Borodziej, p. 76 그리고 Davies, p. 245.

97 Hanson, p. 76에서 인용.

98 Hanson, p. 77에서 인용.

99 Hanson, p. 77.

100 Ascherson, p. 129.

101 Borodziej, p. 77.

102 Davies, p. 288.

103 Bor-Komorowski, pp. 209, 252.

104 Bor-Komorowski, p. 225.

105 Hanson, p. 132. 그리고 Davies, p. 288도 보라.

106 Churchill, Vol. 6, p. 115.

107 Churchill, Vol. 6, pp. 115-6에서 인용.

108 상세한 사항은 Davies, p. 256을 보라.

109 Borodziej, p. 80에서 인용.

110 I. Geiss and W. Jacobmeyer (eds.), *Deutsche Politik in Polen 1939-1945*, Opladen, 1980, p. 191.

111 Churchill, Vol. 6, p. 117에서 인용.

112 Churchill, Vol. 6, p. 118에서 인용.

113 Davies, p. 268.

114 Churchill, Vol. 6, p. 119에서 인용.

115 Lukas, p. 130 그리고 Davies, p. 346.

116 Davies, pp. 307-13을 보라.

117 Churchill, Vol. 6, p. 127.

118 Lukas, p. 131.

119 Davies, p. 437.

120 Churchill, Vol. 6, p. 127.

121 I. Deutscher, *Stalin*, London, 1966, p. 150.

122 Bor-Komorowski, p. 376에서 인용.

5. 라트비아: 역사를 전도시키기

1 G. Kurt Piehler, foreward to V. O. Lumans, *Latvia in World War I*, no place, 2006, p.ix.

2 I. Feldmanis, 'Latvia under the Occupation of National Socialist Germany 1941-45' in A. Caune et al., *The Hidden and Forbidden History of Latvia under Soviet and Nazi Occupations 1940-1991. Selected Research of the Commission of the Historians of Latvia*, Riga, 2007, p. 85에서 인용.

3 강조는 내가 한 것이다. R. Griffin (ed.), *Fascism*, Oxford, 1995, p. 218에서 인용.

4 A. Zunda, 'Resistance against Nazi German Occupation in Latvia: Positions in Historical Literature' in Caune, p. 161.

5 G.P. Bassler, *Alfred Valdmanis and the Politics of Survival*, Toronto, 2000, p. 115에서 인용.

6 Bassler, p. 146에서 인용.

7 Bassler, p. 105.

8   D. Bleiere et al., *History of Latvia: the 20th Century*, no place, 2006, p 297.

9   Feldmanis, p. 85.

10 Feldmanis, p. 78.

11 Miervaldis Birze, 이 부분은 M. Vestermanis, 'The Holocaust in Latvia: A Historiographic Survey' in *Symposium of the Historians of Latvia*, Vol. 2, p. 47에서 인용.

12 *European Court of Human Rights*, Case of Kononov v. Latvia. Application no. 36376/04. Judgment of 17 May 2010, Section 152.

13 Bassler, pp. 17-18.

14 G. Swain, 'The Disillusioning of the Revolution's Praetorian Guard: The Latvian Riflemen, Summer-Autumn 1918' in *Europe-Asia Studies*, Vol. 51, No. 4 (June 1999), pp. 669.

15 Bassler, p. 15.

16 Lumans, p. 18을 보라.

17 M.M. Laserson, 'The Recognition of Latvia', in *The American Journal of International Law*, Vol. 37, No. 2, April 1943, p. 237.

18 Bassler, p. 20.

19 G. Swain, *Between Stalin and Hitler*, Abingdon, 2004, p. 6.

20 리가에 있는 라트비아점령박물관Museum of the Occupation of Latvia에서 열린 전시.

21 내무부 장관 V. 라시스Lacis, 이 부분은 A. Plakans (ed.), *Experiencing Totalitarianism: The invasion and occupation of Latvia by the USSR and Nazi Germany, 1939-1991*: A Documentary History, Bloomington, Indiana, 2007, p. 41.

22 Plakans, p. 32; V. Nollendorfs et al., *The Three Occupations of Latvia 1940-1991*, Riga, 2005, p. 14; Swain, *Between Stalin and Hitler*, p. 44. 그리고 Bleiere, pp. 245-6도 보라.

23 Plakans, p. 59.

24 Swain, *Between Stalin and Hitler*, p. 20.

25 Swain, *Between Stalin and Hitler*, p. 32.

26 Swain, *Between Stalin and Hitler*, p. 33.

27 Bleiere, p. 251; Swain, *Between Stalin and Hitler*, p. 18.

28 Swain, *Between Stalin and Hitler*, p. 17.

29 Plakans, p. 61.

30 A. Senn, 'The Sovietization of the Baltic States' in *Annals of the American Academy of Political and Social Science*, May 1958, p. 123.

31   Swain, *Between Stalin and Hitler*, p. 3.

32   Bleiere, p. 258.

33   스웨인은 1만 4194명이라는 수치를 인용(Swain, *Between Stalin and Hitler*, p. 39)하는 데 반해 놀렌도르프는 1만 5500명이라고 제시한다(Nollendorfs, p. 23).

34   또는 '테러의 해year of terror'. T. Puisans (ed.), *Unpunished Crimes: Latvia under Three Occupations*, Stockholm, 2003, p. 31. 그리고 Bleiere, p. 260; Nollendorfs, p. 27도 보라.

35   A. Podolsky, 'Problems of Collaboration and Rescuing Jews on Latvian and Ukrainian Territories During Nazi Occupation: An Attempt at Comparative Analysis' in *The Holocaust Research in Latvia*. Materials of an International Conferences, 12-13 June 2003, Riga and 24 October 2003, Riga and the Holocaust Studies in Latvia in 2002-03. (*Symposium of the Commission of the Historians of Latvia*, Vol. 12), p. 90.

36   S. Dimanta and I. Zalite, 'Structural Analysis of the Deportations of the 1940s' in Puisans, p. 105-6.

37   Bleiere, p. 260.

38   Bleiere, p. 259. 전체 인구의 0.8퍼센트인 것과 대조적으로 이는 라트비아에 있는 모든 유대인의 2퍼센트에 이르렀다. Dimanta and Zalite, p. 101.

39   M. Dean, *Collaboration in the Holocaust*, Houndmills, 2000, p. 7.

40   Bleiere, p. 260.

41   Bleiere, p. 261; Swain, *Between Stalin and Hitler*, p. 50.

42   Bleiere, pp. 266-7.

43   Dean, p. 13.

44   A. Stranga, 'The Holocaust in Occupied Latvia, 1941-1945', in Caune, p. 168.

45   Dean, p. 163-4.

46   Stranga, pp. 164, 166.

47   D. Erglis, 'A Few Episodes of the Holocaust in Krustpils', in Caune, p. 187.

48   R. Viksne, 'Members of the Arajs Commando in Soviet court Files: Social Position, Education, Reasons for Volunteering, Penalty' in Caune, p. 189.

49   Stranga, p. 166.

50   Viksne, p. 200.

51   Viksne, p. 201.

52   Swain, *Between Stalin and Hitler*, p. 53.

53　Bleiere, p. 284. 그리고 Podolsky도 보라.

54　Instructions to the Ostland Reichskommissar about the goals of his work in the Baltic States and Belarus, 8 May 1941 in Plakans, p. 93. 그리고 A. Dallin, *German Rule in Russia, 1941-1945*, London, 1981, pp. 47, 182-4; Bleiere, p. 269.

55　Feldmanis, p. 120.

56　Bleiere, pp.284-6. 플라칸스는 그 수가 1만 2000명이었다고 제시한다. Plakans, p. 91.

57　Swain, *Between Stalin and Hitler*, p. 74. 그리고 Plakans, p. 119도 보라.

58　Swain, *Between Stalin and Hitler*, p. 108.

59　F. Gordon, 'A Tragedy of False Premises' in Puisans, p. 113에서 인용.

60　A. Aizsilnieks, 'The Exploitation of Latvia's Economy' in Puisans, p. 120.

61　Aizsilnieks, in Puisans, p. 121과 Plakans, p. 98.

62　Swain, *Between Stalin and Hitler*, p. 91.

63　Swain, *Between Stalin and Hitler*, p. 91에서 인용.

64　익명의 에스토니아인이 한 논평, 이 부분은 T.P. Mulligan, *The Politics of Illusion and Empire, German Occupation Police in the Soviet Union, 1942-1943*, New York, 1988, pp. 55 and 79에서 인용.

65　Aizsilnieks, in Puisans, p. 125.

66　리투아니아 자치 행정부가 그곳에서 유사한 군단의 형성을 막았다는 것에 주목하는 것은 흥미로운 일이다. Feldmanis, p. 88.

67　I. Feldmanis, 'Waffen-SS Units of Latvians and Other Non-Germanic Peoples in World War Ⅰ: Methods of Formation, Ideology and Goals', in Caune, p. 126.

68　Bassler, p. 151.

69　Bleiere, p. 272.

70　Mulligan, p. 80 그리고 Bleiere, p. 286.

71　Bassler, p. 151.

72　J. Mezaks, 'Latvia throughout History' in Puisans, p. 32.

73　Feldmanis, 'Waffen-SS Units', p. 128.

74　Zunda, p. 153.

75　Bleiere, p. 297; J. Riekstins, 'The June 1941 Deportation in Latvia', in Caune, p. 84.

76　Bassler, p. 170.

77　A. Bilmanis, *A History of Latvia*, Princeton, 1951, p. 369.

78   Bleiere, p. 295.

79   Bleiere, p. 298.

80   Plakans, pp. 134-6.

81   Bilmanis, p. 369.

82   Zunda, p. 151.

83   Swain, *Between Stalin and Hitler*, p. 133.

84   Swain, *Between Stalin and Hitler*, pp. 81, 110.

85   Swain, *Between Stalin and Hitler*, pp. 123, 133.

86   Lumans, p. 356.

87   Zunda, pp. 149 and 151.

88   Swain, *Between Stalin and Hitler*, p. 139-40.

89   Bleiere, pp. 328-9.

90   Swain, *Between Stalin and Hitler*, pp. 144-5.

91   Bilmanis, p. 372.

92   A. Dundurs, 'Latvia under the Communists' in *The Furrow*, March 1951, p. 165.

93   H. Strods, 'Latvia's National Partisan War 1944-1956' in Puisans, pp. 207, 211.

94   Bassler, p. 183.

95   Bassler, p. 186에서 인용.

96   Bassler, p. 182에서 인용.

6. 프랑스: 제국의 영광 대 레지스탕스 이데올로기

1   J.S. Sirinelli (ed.), *La France de 1914 à nos jours*, Paris, 1993, p. 172.

2   Sirinelli, p. 128.

3   Sirinelli, p. 133 그리고 F. Knight, *The French Resistance*, Southampton, 1975, p. 13.

4   Sirinelli, pp. 137-8에서 인용.

5   C. de Gaulle, *The Complete War Memoirs*, New York, 1998, p. 32.

6   F. Broche, G. Caitucoli, J-F Muracciole, *La France au Combat*, no place or date, p. 36.

7   Details from M. Serraut's speech to the French Senate, 19 March 1940, 이 부분은 Knight, p. 36에서 인용.

8   Broche et al., p. 113과 C. Tillon, *Les FTP*, Paris, 1962, p. 17.

9   Y. Durand, *La France dans la deuxième guerre mondiale,1939-1945*, Paris, 1989, p. 13.

10   O. Paul, *Farewell France*, London, 1941, p. 35.

11   De Gaulle, p. 65.

12   De Gaulle, p. 55.

13   T. Draper, *The Six Weeks' War*, London, 1946, p. 244.

14   De Gaulle, p. 73.

15   W. Churchill, *The Second World War*, Vol. 2, London, 1949, p. 183.

16   Ybarnegaray, 이 부분은 Churchill, Vol. 2, p. 187에서 인용.

17   Gabriel Péri, 이 부분은 1938년 10월 5일 자《더 타임스》에서 인용.

18   A. Rossi, *La physiologie du Parti Communiste Français*, Paris, 1948, p. 15에서 인용. pp. 395-6도 보라.

19   Broche et al., p. 113.

20   Broche et al., p. 34.

21   Broche et al., p. 44. 그리고 de Gaulle, p. 85도 보라.

22   Broche et al., p. 53.

23   De Gaulle, p. 82.

24   De Gaulle, p. 106.

25   A. Prost, *La Résistance,une histoire sociale*, Paris, 1997, p. 43을 보라.

26   Knight, p. 230.

27   I. Birchall, *Bailing out the System*, London, 1986, p. 32. 6명의 저항자 각각에 대해 눈을 떼지 못하게 하는 얘기를 접하려면 H. Frenay, *Volontaires de la nuit*, Paris, 1975를 보라.

28   Muracciole, p. 101.

29   De Gaulle, p. 497.

30   Broche et al., p. 101.

31   H. Michel and B. Mirkine-Guetzévitch (eds), *Les Idées politiques et sociales de la Résistance. Documents clandestines: 1940-44*, Paris, 1954, p. 83에서 인용.

32   Michel and Mirkine-Guetzévitch, p. 73에서 인용.

33   Michel and B. Mirkine-Guetzévitch, p. 52에서 인용.

34   예를 들면, 악시옹 프랑세즈Action Française 구성원들. H. Noguères, *La vie quotidienne des resistants de l'armistice a la Liberation,1940-1945*, Paris, 1984, p. 72를 보라.

35 Noguères, p. 64.

36 Michel and Mirkine-Guetzévitch, p. 52.

37 Michel and Mirkine-Guetzévitch, p. 153에서 인용.

38 Michel and Mirkine-Guetzévitch, p. 156에서 인용.

39 Michel and Mirkine-Guetzévitch, p. 157.

40 Michel and Mirkine-Guetzévitch, p. 198에서 인용.

41 De Gaulle, p. 483.

42 Michel and Mirkine-Guetzévitch, p. 195에서 인용.

43 L. Moulin, *Jean Moulin*, Paris, 1999, pp. 165-6.

44 De Gaulle, p. 307.

45 De Gaulle, p. 306.

46 De Gaulle, p. 390.

47 Moulin, p. 317.

48 Moulin, p. 311에서 인용.

49 Noguères, p. 207에서 인용.

50 Noguères, p. 217.

51 Sirinelli, p. 212 그리고 Broche et al., pp. 188-9.

52 Moulin, p. 323.

53 Broche et al., pp. 181-2.

54 A.L. Funk, *The Politics of Torch*, Kansas, 1974, pp. 173-4, 212.

55 Funk, p. 23.

56 Funk, p. 251에서 인용.

57 Funk, p. 10.

58 De Gaulle, p. 363.

59 암살범의 정확한 동기가 무엇인지 완전히 설명된 적이 결코 없긴 하지만, 암살범이 왕정주의자라는 사실은 레지스탕스의 폭을 분명히 보여줬다.

60 Funk, p. 232.

61 Funk, p. 130.

62 상세한 사항은 Knight, p. 102에 있다.

63 Durand, pp. 123-4.

64 예컨대 Moulin, p. 338과 Moulin himself, p. 282에 다시 인쇄된, 1943년 5월 10일 CNR에 보낸 드골의 편지를 보라.

65 G. Bidault, *Resistance*, London, 1967, p. 37.

66 Broche et al., p. 564.

67 Frenay, p. 254.

68   Broche et al., pp. 478-9.

69   Broche et al., p. 478 그리고 de Gaulle, p. 703.

70   M. Chaubin (ed.), *Resistance et Libération de la Corse*, no date or place of publication, p. 70. 그에 더해 이탈리아인 637명과 프랑스 병사 72명이 살해됐다.

71   *Le Patriote*, 1943년 9월 10일.

72   De Gaulle, p. 468.

73   Broche et al., p. 575.

74   Tillon, pp. 313-4.

75   Tillon, p. 318에서 인용.

76   Broche et al., pp. 571-3.

77   Tillon, p. 322.

78   Tillon, p. 348.

79   Tillon, p. 352.

80   Tillon, p. 374.

81   De Gaulle, p. 644.

82   De Gaulle, p. 648.

83   De Gaulle, p. 647.

84   De Gaulle, p. 661.

85   I. Birchall, *Workers Against the Monolith*, London, 1974를 보라.

86   S. Hessel, *Indignez Vous!*, no place, 2011, pp. 9-11.

7. 영국: 통합의 신화

1   H. Dalton, *Memoirs, 1931-1945*, London, 1957, p. 265.

2   M. Parker, *The Battle of Britain*, London, 2000, p. 78에서 인용.

3   E. Bevin, *The Job to be done*, Surrey, 1942, p. 7.

4   *Britain Under Fire*, London, no date, no page.

5   T. Harrison, *Living Through the Blitz*, Harmondsworth, 1978, p. 162.

6   Harrison, p. 162.

7   V. Brittain, *England's Hour*, London, 1981, p. 38.

8   노동당 지도자 클레멘트 애틀리의 관점을 다른 말로 바꿔 표현한 해럴드 니콜슨Harold Nicholson, 이 부분은 Harrison, p. 162에서 인용.

9   Parker, p. 278에서 인용.

10 1940년 6월 18일 처칠, 이 부분은 I. Montagu, *The Traitor Class*, London, 1940, p. 7에서 인용.

11 처칠이 1927년 1월 언론에 발표한 성명서에서 발췌(Churchill Papers, CHAR 9/82B).

12 《더 타임스》, 1936년 5월 9일.

13 I. Birchall, *Bailing out the System*, London, 1986, p. 10.

14 《더 타임스》, 1921년 9월 26일.

15 M. MacAlpin, *Mr Churchill's Socialists*, London, 1941, p. 82에서 인용.

16 《더 타임스》, 1938년 11월 26일.

17 예컨대 1936년 11월 13일 자 《더 타임스》에 인용된 그의 의회 연설을 보라.

18 1940년 5월 13일 처칠(의 연설), 1940년 5월 14일 자 《더 타임스》 게재. 저자가 이탤릭체로 덧붙인 곳이 연설에서 잘 알려진 부분이다.

19 Brittain, p. 53에서 인용. 저자가 이탤릭체로 덧붙인 곳이 연설에서 잘 알려진 부분이다.

20 Brittain, p. 54. 저자가 이탤릭체로 덧붙인 곳이 연설에서 잘 알려진 부분이다.

21 《더 타임스》, 1940년 10월 28일.

22 A. Calder, *The People's War*, London, 1971, p. 114에서 인용.

23 D. Edgerton, *Warfare State: Britain, 1920-1970*, Cambridge, 2006, p. 32를 보라.

24 Edgerton, p. 22.

25 1938년 수치다. F. McDonough, 'Why Appeasement?' in *Britain 1918-1951*, Oxford, 1994, p. 72. 그리고 G. C. Peden, 'The Burden of Imperial Defence and the Continental Commitment Reconsidered', in *The Historical Journal*, Vol. 27, No. 2, 1984, p. 410도 보라.

26 B. Farrell, 'Yes, Prime Minister: Barbarossa, Whipcord, and the Basis of British Grand Strategy, Autumn 1941', *The Journal of Military History*, Vol. 57, No 4, Oct. 1993, p. 624.

27 L. Woodward, *British Foreign Policy in the Second World War*, Vol. 2, London, 1971, p. 43.

28 Woodward, *British Foreign Policy in the Second World War*, Vol. 1, London, 1970, p. 453.

29 Woodward, Vol. 2, p. 548.

30 모스크바 회담에 참석하는 영국 대표들에게 내린 지시. Woodward, Vol. 2, pp. 36-7.

31 Woodward, Vol. 2, p. 358에서 인용.

32 M. Hastings, Bomber Command, London, 1979, p. 43에서 인용.

33 Hastings, p. 116에서 인용.

34 Hastings, p. 134.

35 Hastings, p. 123.

36 Hastings, p. 180.

37 예를 들면 M. Middlebrook, The Battle of Hamburg, Harmondsworth, 1980, p. 25를 보라.

38 강조는 내가 한 것이다. Hastings, p. 330에서 인용.

39 (사망자) 수는 논란이 많이 되고 있다. 맥기McKee는 아마도 7만 명이 죽었을 것이라고 생각한다(A. McKee, Devil's Tinderbox, New York, 1982, p. 322). 바이다우어Weidauer는 3만 5000명에서 25만 명까지라는 숫자를 들어 설명하지만, 후자는 심한 과장이라고 주장한다(W. Weidauer, Inferno Dresden, Berlin, 1990, pp. 105-15). F. Talyor, Dresden, London, 2004, p. 357.

40 Talyor, Dresden, p. 373.

41 McKee, p. 270에서 인용.

42 Ibid.

43 Hastings, p. 226.

44 Hastings, p. 233에서 인용.

45 Hastings, p. 178.

46 R. Goralski, World War II Almanac, London, 1981, pp. 425-8에서 산출된 수치다.

47 M. Rader, No Compromise. The Conflict Between Two Worlds, London, 1939, p. 317.

48 Brittain, p. 225.

49 대중 관찰, FR89, 1940년 4월.

50 FR2067, 'The Mood of Britain, 1938 and 1944', March 1944, p. 3.

51 R. Croucher, The Engineers' War, London, 1982, p. iv.

52 FR600, 'Preliminary report on morale in Glasgow', March 1941, p. 17.

53 M. Barsley, Ritzkrieg, London, 1940, p. 8.

54 FR600, p. 4.

55 FR2067, p. 7.

56 Calder, pp. 218, 264.

57 대중 관찰, FR1401, 1942년 9월.

58   Bevin, p. 2.

59   J. Attfield and S. Williams (eds), *1939. The Communist Party and War*, London, 1984, pp. 25-6에서 인용.

60   Attfield and Williams, pp. 25-6.

61   J. Mahon, *Harry Pollitt*, London, 1976, p. 269.

62   Calder, p. 459.

63   Calder, p. 292.

64   Croucher, p. 170.

65   FR2067, p. 3 - The mood of Britain 1938-44 …….

66   Calder, p. 371.

67   Brittain, pp. 152-3 그리고 Calder, p. 21.

68   Calder, p. 220.

69   《데일리 워커》, 1943년 11월 3일. 이 부분은 S. Bernstein and A. Richardson, *War and the International*, no place, 1986, p. 79에서 인용.

70   FR600, p. 40.

71   Croucher, p. 164.

72   Calder, p. 299.

73   세부 사항에 대해서는 Bernstein and Richardson을 보라.

74   Bernstein and A. Richardson, p. 79.

75   M. Davis, *Comrade or Brother?*, London, 1993, p. 187.

76   Croucher, p. 190.

77   Croucher, p. 375를 보라.

78   J. Bierman and C. Smith, *Alamein*, London, 2002, pp. 15, 30.

79   Bierman and Smith, p. 184.

80   R. Kisch, *The Days of the Good Soldiers*, London, 1985, p. 9.

81   Kisch, p. 45.

82   Kisch, p. 40.

83   Kisch, p. 15.

84   Kisch, pp. 49-50.

85   Kisch, p. 53.

86   Kisch, p. 51.

87   Kisch, p. 54.

88   D.N. Pritt MP, reporting on the actions of the C-in-C in the Commons. 《더 타임스》, 1944년 4월 26일.

89   《더 타임스》, 1944년 7월 6일.

90 Kisch, p. 111.

91 《더 타임스》, 1945년 11월 22일.

92 전쟁 기간에 이든Eden은 인도네시아에 대한 구체적인 약속을 네덜란드에
    했다. Woodward, Vol. 2, p. 179를 보라.

93 《더 타임스》, 1945년 11월 12일.

94 《더 타임스》, 1945년 11월 17일.

95 《더 타임스》, 1945년 12월 20일.

96 Kisch, p. 141.

97 《더 타임스》, 1946년 1월 25일.

98 Kisch, pp. 153-9를 보라.

99 John Keegan, 'Towards a Theory of Combat Motivation' in P. Addison and
    A. Calder (eds), *Time to Kill. The Soldier's Experience of War in the West*,
    London, 1997, p. 8.

100 C. and E. Townsend (eds), *War Wives*, London, 1990, pp. 128-9.

101 Calder, p. 608.

102 Calder, p. 613.

103 Kisch, p. 7.

104 Ibid.

105 FR1647, March 1943, p. 7.

106 Calder, p. 609.

107 《더 타임스》, 1943년 2월 19일.

108 《더 타임스》, 1945년 6월 5일.

109 강조는 내가 한 것이다. 《더 타임스》, 1945년 6월 25일.

8. 미국: 민주주의 무기고의 인종주의

1 N.A. Wynn, *The African American Experience During World War I*,
   Lanham, Maryland, 2010, p. 12.

2 G. Kolko, *The Politics of War*, New York, 1990, p. 19.

3 R. Overy, *Why the Allies Won*, London, 1995, p. 254.

4 그렇기는 하지만 미국은 예를 들면 필리핀과 푸에르토리코 같은 지역을
   지배했다.

5 F. D. 루스벨트의 1940년 12월 29일 연설. www.americanrhetoric.com/
   speeches/PDFFiles/FDR%20-%20Arsenal%20OF%20Democracy.pdf.

2008년 6월 23일 접속.

6   F.D. Roosevelt, 'The Four Freedoms', 1941년 1월 6일 연설.
     www.americanrhetoric.com/speeches/PDFFiles/FDR%20-%20Four%20
     Freedoms.pdf.

7   S. Ambrose, *Rise to Globalism*, Harmondsworth, 1993, p. xi.

8   S. Terkel, *Race: How Blacks and Whites Think and Feel about the American
     Obsession*, New York, 1992.

9   P. Smith, *Democracy on Trial*, New York, 1995, p.96.

10   Smith, p. 15.

11   P. Irons, *Justice at war*, Berkley, 1983, p. 12.

12   존슨-리드Johnson-Reed법, 이 부분은 M.A. Jones, *American Immigration*,
     Chicago, 1960, p. 277에서 인용.

13   드윗의 보고, 이 부분은 Smith, p. 124에서 인용.

14   Irons, p. 54.

15   Irons, p. 284.

16   Irons, p. 281.

17   드윗의 부하 중 한 사람인 벤데센Bendetsen 대령, 이 부분은 Irons, p. 58에서
     인용.

18   Smith, p. 432.

19   J. Dower, *War without Mercy*, e-book, 1993, p. 82 그리고 시애틀 윙
     루크Wing Luke 박물관에 있는 구술 증언.

20   Irons, pp. 70, 348.

21   Smith, p. 263.

22   Smith, p. 313.

23   Smith, p. 296.

24   S. Terkel, *'The Good War': An Oral History of World War Two*, New York,
     1984, p. 59.

25   N. Ferguson, 'Prisoner Taking and Prisoner Killing in the Age of Total
     War: Towards a Political Economy of Military Defeat', in *War in History*,
     2004, 11 (2), p. 181.

26   Terkel, *'The Good War'*, p. 59.

27   Terkel, *'The Good War'*, pp. 60-1.

28   R. Schaffer, *Wings of Judgment*, Oxford, 1985, p. 83.

29   제8항공대 항공참모부장 데이비드 슐래터David M. Schlatter 장군, 이 부분은
     Schaffer, p. 96에서 인용.

30 해리 커밍햄Harry F. Cunningham 대령, 이 부분은 Schaffer, p. 147에서 인용.

31 Schaffer, p. 132.

32 Schaffer, p. 217에서 인용.

33 G. Alperovitz, 'Hiroshima: Historians Reassess' in *Foreign Policy*, No. 99, 1995, pp. 15-34.

34 1945년 5월 31일에 열린 임시위원회Interim Committee 및 그것의 과학 자문 패널의 회의. B.J. Bernstein, 'Truman and the A-Bomb: Targeting Noncombatants, Using the Bomb, and His Defending the "Decision"', *Journal of Military History*, Vol. 62, No. 3, July 1998, p. 559.

35 Bernstein, p. 562.

36 J. Hersey, *Hiroshima*, Harmondsworth, 1946, pp. 40-41. (한국어판: 《1945 히로시마》, 김영희 옮김, 책과함께, 2015).

37 M. Hachiya, *Hiroshima Doctor*, London, 1958, pp. 24-5.

38 L. London, *Whitehall and the Jews*, 1933-1948, Cambridge, 2000, p. 59.

39 London, p. 131.

40 D.S. Wyman, *The Abandonment of the Jews: America and the Holocaust*, Massachusetts, 1984.

41 London, p. 2.

42 R. Beir, *Roosevelt and the Holocaust*, Fort Lee, New Jersey, 2006, p. 237. 와이먼의 추정치는 20만 명이다(p. 285).

43 Beir, p. 226.

44 Wyman, p. 24.

45 Beir, p. 260.

46 Beir, p. 156.

47 Wyman, p. 127.

48 Wyman, p. 123.

49 Wyman, p. 304.

50 Wyman, p. 292에서 인용.

51 Wyman, p. 301.

52 예컨대 Beir, pp. 248-54에 있는 유용한 요약 그리고 J. H. Kitchens, 'The Bombing of Auschwitz Re-examined', in *The Journal of Military History*, Vol. 58, No. 2, April 1994, pp. 233-66을 보라.

53 Beir, p. 263.

54 J. Barfod, *The Holocaust Failed in Denmark*, Copenhagen, 1985, p. 30.

55 E. Levine, *Darkness over Denmark*, New York, 2000, p. 74를 보라.

56 Barfod, pp. 15-24. 그리고 M. Goodman, 'Resistance in German-occupied Denmark', in R. Rohrlich (ed.), *Resisting the Holocaust*, Oxford, 1998, pp. 213-37도 보라.

57 Rohrlich, p. 8.

58 Jorgen Kieler, 이 부분은 Levine, p. 102에서 인용.

59 레빈Levine은 덴마크 여단의 10퍼센트 이상이 유대인이었다고 평가했다. Levine, p. 128.

60 M. Cohen, 'Culture and Remembrance', in Rohrlich, p. 20. 프랑스 인구의 1퍼센트에도 못 미치지만 유대인은 마키의 20퍼센트까지 구성했다. Rohrlich, p. 3.

61 Rohrlich, p. 2.

62 E. Tzur, 'From Moral Rejection to Armed Resistance', in Rohrlich, p. 40.

63 A. Foxman, 이 부분은 E. Sterling, 'The Ultimate Sacrifice', in Rohrlich, p. 59에서 인용.

64 Rohrlich, p. 59.

65 C. L. R. James et al., *Fighting Racism in World War I*, New York, 1980, p. 15.

66 Beir, p. 147에서 인용.

67 James et al., p. 351.

68 A. R. Buchanan, *Black Americans in World War I*, Santa Barbara, California, 1977, p. 63.

69 Buchanan, p. 64.

70 D. Kryder, *Divided Arsenal*, Cambridge, 2000, p. 167.

71 Wynn, p. 31.

72 Buchanan, p. 84.

73 Wynn, p. 7.

74 Buchanan, p. 67.

75 James et al., p. 17.

76 《피츠버그 쿠리어》, 1942년 2월 7일.

77 Dempsey Travis, 이 부분은 Terkel, 'The Good War', p. 149에서 인용.

78 Terkel, 'The Good War', p. 153.

79 Dempsey Travis, 이 부분은 Terkel, 'The Good War', p. 149에서 인용.

80 Crisis, 이 부분은 Buchanan, p. 114에서 인용.

81 James et al., p. 28.

82 James et al., p. 44.

83   1942년 2월 28일 자《피츠버그 쿠리어》에 실린 H. Cayton, 'White Man's War'를 보라.

84   James et al., p. 181. 윈Wynn은 또 다른 조사에 대해 서술한다. "뉴욕에서 인터뷰한 흑인 1008명 가운데 42퍼센트는 흑인 인터뷰어가 물었을 때 독일과 일본을 물리치는 것보다 민주주의가 국내에서 작동하게 만드는 것이 더 중요하다고 느꼈다. 인터뷰어가 백인일 때 이 수치는 34퍼센트로 떨어졌다." (Wynn, p. 100).

85   Wynn, p. 102.

86   'Victory at Home, Victory Abroad Sweeps Nation',《피츠버그 쿠리어》, 1942년 3월 21일.

87   F. Bolden, 'U.S. Generously Supplies Propaganda Material for Axis Enemies',《피츠버그 쿠리어》, 1942년 3월 28일.

88   'Lynching vs Morale - A Soldier Writes a Letter',《피츠버그 쿠리어》, 1942년 11월 14일.

89   R. Boyer and H. Marais, *Labor's Untold Story*, New York, 1955, p. 331.

90   Kryder, p. 103.

91   Buchanan, p. 18.

92   Kryder, p. 56.

93   James et al., p. 21.

94   James et al., pp. 101-2에서 인용.

95   Kryder, p. 58에서 인용.

96   Buchanan, p. 23.

97   마크 에스리지 부분은 Wynn, p. 49에서 인용. James et al., p. 191 그리고 1942년 7월 4일 및 18일 자《피츠버그 쿠리어》도 보라.

98   James et al., p. 193. 1년 후, 그리고 중간 선거가 끝나면서 그렇게 됐다. Kryder, pp. 92-3.

99   Wynn, p. 18.

100 Kryder, p. 111.

101 Wynn, p. 61.

102 Wynn, p. 59.

103 Kryder, p. 108.

104 H. Cayton, 'America's Munich',《피츠버그 쿠리어》, 1942년 3월 14일.

105 'Detroit Rioters Quelled',《피츠버그 쿠리어》, 1942년 3월 7일.

106 James et al., p. 235.

107 James et al., p. 273과 Wynn, p. 69. 그리고 R. Hofstadter and M. Wallace,

American Violence. A Documentary History, New York, 1970, pp. 253-58도 보라.

108 앨라배마주 모빌Mobile에 있는 조선소도 그러한 사례에 포함된다. Buchanan, p. 56과 Wynn, p. 50에 있는 Detroit Packard 파업을 보라. Buchanan, 1977, p. 41에 있는 US Rubber Company, Hudson Naval Ordinance 등을 보라.

109 James et al., p. 137.

110 Wynn, p. 52.

111 James et al., p. 263.

112 'Ghetto Document Exposed', 《피츠버그 쿠리어》, 1943년 10월 9일.

113 'Racism: Cause and Cure', 《피츠버그 쿠리어》, 1943년 7월 10일.

114 할렘에 대한 세부 사항은 Wynn, pp. 69-70과 Buchanan, pp. 53-6을 보라.

115 1943년 1월 2일 자 《피츠버그 쿠리어》에 실린 '1942 in Retrospect'를 보라.

116 Kryder, p. 142.

117 Kryder, p. 173.

118 'Soldiers Organize Council at Fort Bragg', 《피츠버그 쿠리어》, 1942년 4월 25일.

119 Kryder, p. 71.

120 Kryder, pp. 168-207.

121 Kryder, p. 176에서 인용.

122 Kryder, p. 180에서 인용.

123 Kryder, p. 190.

124 Kryder, p. 193.

125 Kryder, p. 194.

126 Buchanan, p. 76.

127 Wynn, p. 135.

128 James et al., p. 17.

9. 독일: 보수주의자들과 안티파Antifa

1 P. Hoffmann, 'The Second World War, German Society, and Internal Resistance to Hitler', in D. Clay Large (ed.), *Contending with Hitler*, Cambridge, 1991, p. 122.

2 Halder 부분은 Churchill, *The Second World War*, Vol. 1, 1948, p. 281에서 인용.

3   N. Henderson, *Failure of a Mission*, London, 1940, p. 57.

4   Henderson, p. 148.

5   강조는 내가 한 것이다. Henderson, p. 192.

6   Henderson, p. 247.

7   처칠이 그 개념은 1943년 루스벨트가 만들어냈고 총리 자신은 "대단히 놀라운 심정으로" 그것을 들었다고 쓰기는 했지만(W. Churchill, *The Second World War*, Vol. 4, 1950, p. 615), 페터 호프만Peter Hoffmann에 따르면 이것은 처음부터 영국 정책에 내포돼 있었다. P. Hoffmann, 'The War, German Society and Internal Resistance', in M. Laffan (ed.), *The Burden of German History, 1919-1945*, London, 1989, p. 200을 보라.

8   D. Gluckstein, *The Nazis, Capitalism and the Working Class*, London, 1996, p. 219에서 인용.

9   A. Beevor, *Berlin, The Downfall 1945*, London, 2003, p. 29에서 인용.

10   G. MacDonogh, After the Reich, London, 2007, p. 99에서 인용.

11   H. Graml, 'Resistance Thinking on Foreign Policy', in H. Graml et al., *The German Resistance to Hitler*, London, 1970, p. 18.

12   Graml, in Graml, pp. 1-2.

13   Graml, in Graml, p. 14.

14   H. Mommsen, 'Social Views and Constitutional Plans of the Resistance', in Graml, p. 75.

15   왕정복고는 오스터Oster, 슐렌부르크Schulenburg, 하인즈Heinz의 헌법적 제안이었다. Mommsen, in Graml, p. 106을 보라.

16   Mommsen, in Graml, p. 108에서 인용.

17   H. Mommsen, 'The Political Legacy of the German Resistance: A Historiographical Critique' in D. Clay Large, p 157.

18   Mommsen, in Graml, p. 120.

19   E. Gerstenmaier, 'The Kreisau Circle', in H. Royce, E. Zimmermann and H-A. Jacobsen, *Germans Against Hitler*, Bonn, 1960. p. 33.

20   Young Guard, 이 부분은 Gluckstein, p. 212에서 인용.

21   Gluckstein, p. 213에서 인용.

22   1933년 6월 18일 SPD 선언 '사슬을 끊어라', Gluckstein, p. 213에서 인용.

23   Gluckstein, p. 88.

24   Gluckstein, p. 56.

25   이에 대한 충분한 논의는 Gluckstein, pp. 97-126에서 보라.

26   Otto Wels, 이 부분은 Gluckstein, p. 121에서 인용.

27 G. Gross, *Der Gewerkschaftliche Widerstandskampf der Deutschen Arbeiterklasse Während der Faschistischen Vertrauensräte Wahlen, 1934,* Berlin, 1962, p. 52.

28 Gluckstein, p. 123에서 인용.

29 Gluckstein, p. 211.

30 예를 들면 Gluckstein, p. 217을 보라.

31 L. Crome, *Unbroken. Resistance and Survival in the Concentration Camps,* London, 1988, pp. 75-9.

32 1937년 12월 중부 독일에서 온 보고서. *Berichte der Sozialdemokratischen Partei Deutschlands,* p. 1669.

33 D. Peukert, 'Working Class Resistance: Problems and Options' in Clay Large, p. 41.

34 MacDonogh, pp. 261-2과 *The Oxford Companion,* p. 485.

35 E.D. Weitz, *Creating German Communism, 1890-1990,* Princeton, 1997, p. 280. 한 자료는 사망자 수가 10만 명에 이른다고 제시한다. (L. Niethammer, U. Borsdorf, P. Brandt et al., *Arbeiterinitiative 1945,* Wuppertal, 1976, p. 34.)

36 Niethammer, p. 105.

37 G. Aly, *Hitler's Beneficiaries,* London, 2006, pp. 298-9를 보라.

38 JCS 1067, 점령 작전에 대한 미국의 가장 중요한 지시. H. Koehler, *Deutschland auf dem Weg zu sich selbst,* Stuttgart, 2002, p. 440.

39 이것은 MacDonogh에서 상세히 논의됐다. E. Mandel, *The Meaning of the Second World War,* London, 1986, p. 163도 보라.

40 MacDonogh, p. 26에서 인용.

41 미군과 프랑스군도 강간을 자행했다. MacDonogh, pp. 26, 50-57, 79, 98-103, 114-15를 보라.

42 Kolko, p. 326을 보라.

43 Kolko, p. 327.

44 Kolko, p. 504에서 인용.

45 Kolko, p. 505에서 인용.

46 MacDonogh, pp. 69-70.

47 Niethammer, p. 109를 보라.

48 Niethammer, pp. 206-7, 257.

49 Niethammer, p. 237.

50 이 현상에 대한 충분한 논의를 살피려면 Niethammer를 보라.

51 Gluckstein, p. 221에서 인용.

52 Niethammer, p. 180.

53 Niethammer, p. 43.

54 Niethammer, p. 179.

55 Niethammer, p. 642에서 인용.

56 Niethammer, p. 182를 보라.

57 Niethammer, p. 642에서 인용.

58 라이프치히에서 발행된 전단. Niethammer, p. 236에서 인용.

59 Niethammer, p. 242.

60 Niethammer, pp. 263-6.

61 Niethammer, p. 340.

62 Niethammer, pp. 425-6.

63 S. Terkel, 'The Good War': An Oral History of World War Two, New York, 1984, p. 381.

64 Niethammer, p. 648에서 인용.

65 MacDonogh, p. 349.

66 Brown Book. War and Nazi Criminals in West Germany, no date, GDR, p. 12.

67 J. Herz, 'Denazification and Related Politics', in J. Herz (ed.), From Dictatorship to Democracy, Connecticut, 1982, p. 25 그리고 MacDonogh, p. 356.

68 Herz, p. 29.

69 O. v Mengersen, The Impact of the Holocaust. Sinti and Roma in Germany: Past and Present, Heidelberg, 2010, pp. 6-7.

70 그것에 상응하는 수가 미국이 점령한 지구와 프랑스가 점령한 지구에서는 각각 단지 3부의 1 이상, 절반 이상이었다. M. Fulbrook, Germany, 1918-1990. The Divided Nation, London, 1991, p. 147.

71 Brown Book, p. 12.

72 Herz, in Herz, p. 20.

73 Fulbrook, p. 148.

74 Fulbrook, p. 147.

75 M. Fichter, 'Non-State Organizations - Problems of Redemocratization', in Herz, p. 62.

10. 오스트리아: 저항과 지배계급의 굴복

1 K. von Schuschnigg, *Austrian Requiem*, London, 1947, p. 160.

2 *Die Rote Fahne*, 1934년 2월 10일.

3 J. Hindels, *Österreichs Gewerkschaften in Widerstand, 1934-1945*, Vienna, 1976, p. 30.

4 Hindels, p. 113-4.

5 O. Molden, 이 부분은 Hindels, p. 211에서 인용.

6 S. Bolbecher et al., *Erzählte Geschichte. Berichte von Widerstandskämpfern und Verfolgten*, Vol. 1, Vienna, no date, p. 164를 보라.

7 Schuschnigg, p. 23.

8 Hindels, p. 191에 인용된 회의 보고서. 역설적이게도, 히틀러가 슈슈니크에게 모든 정치범을 풀어줄 것을 요구했기 때문에 많은 좌익 정치범들도 마침내 풀려났다. 하지만 모든 나치 수감자가 계속 자유로웠던 데 반해 좌익 수감자들은 엄중한 감시를 당했고 얼마 지나지 않아 게슈타포에 체포됐다.

9 Bolbecher pp. 167-70에 있는 H. Pepper와 F. Danimann의 증언을 보라.

10 W. Neugebauer, *Der österreichische Widerstand, 1938-1945*, Vienna, 2008, p. 46의 주장을 보라.

11 T. Kirk, 'Nazi Austria: The Limits of Dissent', in T. Kirk and A. McElligott, *Opposing Fascism. Community, Authority and Resistance in Europe*, Cambridge, 1999, p. 135 그리고 Neugebauer, p. 50을 보라.

12 Neugebauer, p. 67.

13 Kirk, in Kirk and McElligott, p. 139.

14 Neugebauer, p. 46을 보라.

15 Neugebauer, p. 114.

16 Bolbecher et al., p. 13에서 인용.

17 O. Rathkolb, 이 부분은 J. Miller, *One, by One, by One. Facing the Holocaust*, New York, 1990, p. 69에서 인용.

18 W. Garscha, 'Entnazifizierung und gerichtlich Ahndung von NS-Verbrechen' in E. Talos (ed.), *NS Herrschaft in Österreich*, Vienna, 2002, p. 852. 재판소는 53만 6000명을 등록했는데 그중 9만 8000명이 '불법 체류자'(즉 오스트로파시즘 아래에서 금지된)였다. 같은 책, p. 853.

19 Neugebauer, p. 236.

20 B. Bailer-Galanda, 'Die Opfer des Nationalsozialismus und die so genannte

Wiedergutmachung', in Talos, p. 885에서 인용.

21 Galanda in Talos, p. 886.

22 Ibid.

23 Bolbecher et al., pp. 310, 312-14, 317, 319, 325를 보라.

24 Neugebauer, pp. 238-9.

25 Garscha, in Talos, p. 861.

26 세부 사항은 Miller, pp. 73-7에 있다.

27 Bolbecher et al., p. 326.

28 Bolbecher et al., p. 347.

11. 이탈리아: 노동계급과 두 개의 전쟁

1 L. Longo, *Sulla via dell'insurrezione nazionale*, Rome, 1971, p. 14.

2 1919년 파시스트 정당 창립 때 대개 부재하기는 했지만, 1922년 무솔리니가 권좌에 오르기 직전에 이미 "노동자, 장인, 프티 부르주아가 아니라 중간 및 상류계급 구성원들, 귀족, 기업가, 지주들"이 그 회의를 지배하고 있었다. De Felice, 이 부분은 J. Baglieri, 'Italian Fascism and the Crisis of Liberal Hegemony: 1901-1922', in S. Larsen, et al. (eds), *Who Were the Fascists*, Bergen, 1980, p. 330에서 인용.

3 T. Behan, *The Italian Resistance*, London, 2009, p. 9.

4 T. Abse, 'Italian Workers and Italian Fascism', in R. Bessel (ed.), *Fascist Italy and Nazi Germany*, Cambridge, 1996, p. 49.

5 P. Morgan, 'Popular attitudes and resistance to Fascism in Italy', in T. Kirk and A. McElligott, *Opposing Fascism*, Cambridge, 1999, p. 167; Behan, p. 11.

6 Behan, p. 11.

7 Morgan, in Kirk and McElligott, p. 173.

8 P. Spriano, *Storia del Partito comunista italiano*, Vol. 4, Turin, 1976, pp. 9-11.

9 Behan, p. 20.

10 Spriano, pp. 71-2에서 인용.

11 Spriano, pp. 6, 46, 73 그리고 Behan, p. 79.

12 Behan, p. 77.

13 Spriano, p. 4에는 이탈리아의 [전쟁] 개입에 대한 대중의 반감을 표현하는,

이탈리아의 다른 여러 지역에서 올라온 공식 보고서들이 인용돼 있다.

14   Behan, p. 78.

15   Longo, p. 18을 보라.

16   출처가 알려지지 않은 1943년 1월의 전단. Spriano, p. 170에서 인용.

17   R. Battaglia, *The Story of the Italian Resistance*, London, no date, p. 31.

18   팀 메이슨Tim Mason은 이 파업의 세부 사항들, 그리고 이탈리아공산당의 정치적 필요로 인해 설명에서 있을 수 있는 왜곡들을 흥미롭게 논한다. Tim Mason, *Nazism, Fascism and the Working Class*, Cambridge, 1995, pp. 274-94를 보라.

19   Spriano, p. 180.

20   Battaglia, p. 32.

21   Spriano, p. 212에 실린 무솔리니의 언급.

22   Behan, p. 43에서 인용.

23   Spriano, p. 181과 Behan, p. 43에서 인용.

24   E. Agarossi, *A Nation Collapse*, Cambridge, 2000, p. 52.

25   I. C. B. Dear and M .R .D. Foot, *The Oxford Companion to the Second World War*, p. 588에서 인용.

26   Behan, p. 43.

27   D. Mack Smith, *Mussolini*, London, 1983, p. 63.

28   D. Guerin, *Fascism and Big Business*, New York, 1973, p. 117.

29   I. S. Munro, *Through Fascism to World Power*, London, 1933, p. 147.

30   Spriano, p. 253에서 인용.

31   Agarossi, p. 36.

32   Agarossi, p. 14.

33   W. Churchill, *The Second World War*, Vol. 5, 1951, p. 167.

34   Behan, p. 216.

35   Spriano, p. 275에서 인용.

36   Spriano, p. 272에서 인용.

37   C. Pavone, *Una guerra civile, Saggio storico sulla moralità nella Resistenza*, Turin, 1991, p. 9 그리고 Spriano, p. 259에서 인용.

38   Spriano, p. 300.

39   강조는 내가 한 것이다. Churchill, Vol. 5, p. 89, 1943년 8월 5일 처칠이 루스벨트에게.

40   Pavone, p. 8. 베한Behan은 지배 집단이 약간의 양보 조치가 필요함을 깨달았고 그래서 "민주주의가 그 틈새에 스미기 시작했"지만 변화는

경미했다고 지적한다. Behan, p. 28.

41 Spriano, p. 142에서 인용.

42 Spriano, p. 346-9 그리고 Pavone, p. 10.

43 'Memorandum on the urgent need to organise national defence against the occupation and threat of a coup by the Germans', 1943년 8월 30일. Longo, p. 33에서 인용.

44 L. Valiani, *Tutte le strade conducono a Roma*, Bologna, 1983, pp. 32-3.

45 Spriano, p. 303에서 인용.

46 R. Lamb, *War in Italy, 1943-1945*, London, 1993, p. 17.

47 완전한 세부 사항에 대해서는 Agarossi를 보라.

48 Pavone, p. 6에서 인용.

49 Agarossi, p. 97에서 인용.

50 Agarossi, p. 118 그리고 Behan, p. 29를 보라.

51 Battaglia, p. 54. 포로들이 무솔리니의 괴뢰 체제인 살로 공화국에 합류했다면 자유가 제공됐겠지만 단지 1.3퍼센트만 그것을 받아들였다는 것은 주목할 만하다. Behan, p. 54.

52 Pavone, p. 48.

53 G. Aly, *Hitler's Beneficiaries*, London, 2006, p. 52.

54 Aly, p. 154.

55 L. Ginzburg, *Scritti*, Einaudi, Torino, 1964. G. Candeloro and V. Lo Curto, *Mille anni*, Florence, 1992, p. 535에서 인용. Pavone, p. 174도 보라.

56 Pavone, p. 22에서 인용.

57 Pavone, p. 23에서 인용.

58 Dante Livio Bianco of the Justice and Liberty Partisans in Piedmont, 이 부분은 Pavone, p. 251에서 인용.

59 Noel Charles, in L. Mercuri (ed.), *Documenti sull'Italia nella Seconda Guerra Mondiale, 1943-5*, p. 134.

60 Valiani, p. 118.

61 *La Nostra Lotta*, January 1944, No. 2. Longo, pp. 102에서 인용.

62 *La Nostra Lotta*, in Longo, p. 106.

63 *La Nostra Lotta*, in Longo, p. 111.

64 *La Nostra Lotta*, in Longo, p. 113.

65 Ibid.

66 그 전모에 대해서는 Behan, pp. 190-207을 보라.

67 Valiani, p. 79.

68 파우스토 루첼리Fausto Lucchelli의 일기. Guderzo, pp. 168-172에서 인용.

69 G. Guderzo, *L'altra guerra*, Bologna, 2002, p. 158.

70 Behan, p. 1.

71 바타글리아는 이보다 적은 수인 15만 명에서 20만 명 사이라고 제시한다. Battaglia, p. 257.

72 Mercuri, pp. 138-9, 149에서 인용.

73 L. Lewis, *Echoes of Resistance. British Involvement with the Italian Partisans*, Tunbridge Wells, 1985, p. 25.

74 Pavone, p. 97에서 인용.

75 Pavone, p. 131.

76 Pavone, p. 136에서 인용.

77 토리노의 공산당 대변인, Pavone, p. 136에서 인용.

78 Battaglia, pp. 184-5에서 인용.

79 세부 사항은 Battaglia, p. 172와 Lewis, p.25에 있다.

80 Behan, p. 176.

81 Guderzo, p. xiv를 보라.

82 Guderzo, p. 405에서 인용.

83 Guderzo, p. 409.

84 Lewis, p. 28을 보라.

85 Behan, pp. 183-4.

86 Lamb, p. 220.

87 McCaffery. Lamb, p. 217에서 인용. Behan, p. 187도 보라.

88 앤서니 이든에게 보낸 사전트Sargent의 보고서. B. Davidson, *Scenes from the Anti-Nazi War*, New York, 1980, p. 236.

89 Valiani, p. 212.

90 Battaglia, p. 78.

91 1944년 6월 11일 문서. Mercuri, p. 18.

92 Pavone, p. 190에서 인용.

93 Pavone, p. 177-8을 보라.

94 Valiani, p. 156.

95 Lamb, p. 57과 Behan, 11장을 보라.

96 Guderzo, p. 15와 Pavone, p. 482.

97 Valiani, p. 128.

98 Valiani, p. 129.

99 Pavone, p. 476.

100 Longo, p. 129.

101 Pavone, p. 484에서 인용.

102 Battaglia, p. 221과 Lamb, p. 227-8을 보라.

103 Longo, p. 25.

104 Lamb, p. 228.

105 Behan, p. 211.

106 *Atti de Comando generale del C.V.L.*, dated 2 December 1944 in Longo, p. 271, English translation in Davidson, p. 238.

107 Davidson, p. 240과 Lamb, p. 227에 있는 논의도 보라.

108 예컨대 Battaglia, p. 88을 보라.

109 Guderzo, p. 120.

110 Behan, p. 95에서 인용.

111 Spriano, p. 334 그리고 Pavone, p. 365.

112 Davidson, p. 215.

113 D. Sassoon, *The Strategy of the Italian Communist Party*, London, 1981, p. 28.

114 Valiani, p. 241. 루이스는 이와 다른 다음과 같은 수치를 제시한다. 이탈리아공산당 38퍼센트, 자치적인(비정치적인) 여단 30퍼센트, 기민당과 행동당이 각각 12~13퍼센트인데 17퍼센트는 충성 대상이 기록되지 않았음. Lewis, p. 24. 그리고 Behan, p. 49도 보라.

115 Sassoon, p. 4.

116 Battaglia, p. 186에서 인용.

117 P. Broué, 'The Italian Communist Party, the War and the Revolution', in *Through Fascism, War and Revolution: Trotskyism and Left Communism in Italy, Revolutionary History*, Vol. 5, spring 1995, p. 113.

118 Broué, p. 114.

119 Pavone, p. 175에서 인용. 1943년 11월 1일 이탈리아공산당은 이렇게 선언했다. "바돌리오와 그의 장군들은 전투를 이끌 수 없다. 민족해방위원회가 이끄는 부대만이 그것을 할 수 있다." *La Nostra Lotta*, November 1943, in Longo, p. 59.

120 Sassoon, p. 22에서 인용.

121 Broué, p. 114.

122 Sassoon, p. 17을 보라.

123 'Hail the government of national unity', *IL Combattente*, May 1944, in Longo, p. 180.

124 *IL Combattente*, December 1943. Longo, p. 74에서 인용.

125 Pavone, p. 364.

126 Pavone, p. 365.

127 A. Peregalli, 'The Left Wing Opposition in Italy During the period of the Resistance', in *Revolutionary History*, p. 125에서 인용.

128 Behan, p. 50에서 인용.

129 Behan, pp. 47-9를 보라.

130 Valiani, p. 173.

131 Peregalli, p. 136.

132 Peregalli, pp. 127-8.

133 Peregalli, p. 130 그리고 Behan, p. 197.

134 Pavone, p. 403에서 인용.

135 Pavone, p. 406에서 인용.

136 *L'Unità*, March 1944, Longo, p. 173.

137 *La Nostra Lotta*, September 1944, Longo, p. 234.

138 *La Nostra Lotta*, August 1944, Longo, pp. 226-7.

139 Behan, p. 215에서 인용.

140 Longo, p. 226에서 인용.

141 예를 들면 Longo, pp. 203, 213, 214를 보라.

142 Battaglia, pp. 260-1에서 인용.

143 Battaglia, pp. 265-6.

144 Battaglia, p. 267.

145 Battaglia, p. 269.

146 Davidson, p. 271.

147 Davidson, pp. 271-2.

148 Davidson, p. 273.

149 Davidson, p. 274.

150 Davidson, p. 275.

12. 인도: 기근에서 독립까지

1 A. Read and D. Fisher, *The Proudest Day*, London, 1997, p. 45.

2 의회 의사록, 1942년 3월 11일.

3 이는 약 3억 5000만 명이었다.

4   P. French, *Liberty or Death*, London, 1977, p. 183.

5   N. Mansergh (ed.), *The Transfer of Power, 1942-7*, Vol. 4, London, 1973, p. 362.

6   C. Bates, *Subalterns and Raj*, Abingdon, 2007, p. 157 그리고 J. Newsinger, *The Blood Never Dried*, London, 2006, p. 157.

7   Mansergh, Vol. 4, p. 272.

8   Read and Fisher, p. 45.

9   Read and Fisher, p. 64.

10 Read and Fisher, pp. 66-7.

11 [2차 세계대전이] 발발했을 때 병력은 영국인 6만 명, 인도인 16만 명이었다. 전쟁이 끝날 무렵 [병력은] 총 250만 명이 됐고 재정 부담은 1939년보다 거의 5배 많았다. 이 수치는 1943~1944년에 해당한다. 'War Cabinet, WM (42) 105th Conclusions, Minute 2' in N. Mansergh (ed.), *The Transfer of Power, 1942-7*, Vol. 2, London, 1971, p. 590.

12 'War Cab Paper WP (42) 328, Sterling balances' in Mansergh, Vol. 2, p. 521을 보라.

13 War Cabinet WM (42) 105th Conclusions, Minute 1 and 2 in Mansergh, Vol. 2, p. 590.

14 Newsinger, p. 157.

15 'Government of India, Home Dept, to Secretary of State, 1 May 42', in Mansergh, Vol. 2, p. 4에서 인용.

16 'Marquess of Linlithgow to Mr Amery, 11 July 1942', in Mansergh, Vol. 2, p. 363을 보라.

17 *Dictionary of National Biography*. French, p. 131에서 인용.

18 Mansergh, Vol. 4, p. 36.

19 Mansergh, Vol. 4, pp. 77, 305를 보라.

20 Mansergh, Vol. 4, p. 674.

21 Mansergh, Vol. 4, p. 558.

22 Mansergh, Vol. 4, p. 157.

23 Mansergh, Vol. 4, pp. 673-674.

24 Mansergh, Vol. 4, pp. 1033-4.

25 S. Sarkar, *Modern India, 1885-1947*, Houndmills, 1989, p. 406.

26 Mansergh, Vol. 4, p. 376.

27 French, p. 188.

28 Mansergh, p. 486.

29   Newsinger, p. 158.

30   Mansergh, Vol. 4, p. 701.

31   Mansergh, Vol. 4, p. 355.

32   French, p. 188에서 인용.

33   G.P. Pradhan, *India's Freedom Struggle: An Epic of Sacrifice and Suffering*, Delhi, 1990, p. 157.

34   Sarkar, p. 377에서 인용.

35   1924년 Jimmy Thomas. 이 부분은 T. Cliff and D. Gluckstein, *The Labour Party: A Marxist History*, London, 1996, p. 96에서 인용.

36   French, p. 170 그리고 Newsinger, pp. 144-7.

37   S. Gopal, *Jawaharlal Nehru. A Biography*, Delhi, 1989, pp. 121-4, 126을 보라.

38   R. C. Majumdar, *History of the Freedom Movement in India*, Vol. 3, Calcutta, 1963, p. 597.

39   Sarkar, p. 376.

40   Mansergh, Vol. 2, p. 759.

41   War Cabinet paper W.P (42) 395, in Mansergh, Vol. 2, p. 920을 보라. 나중에 영국의 정책은 무달리아르에게조차 너무나 과한 것이 됐고, 그는 인도국민회의와 타협하는 방안을 옹호했다.

42   Mansergh, Vol. 4, p. 287.

43   P.N. Chopra (ed.), *Historic Judgement on Quit India Movement. Justice Wickenden's Report*, Delhi, 1989, p. 231에서 인용.

44   Majumdar, p. 619에서 인용.

45   Majumdar, p. 621.

46   Read and Fisher, p. 315.

47   Mansergh, Vol. 2, pp. 158-162.

48   Mansergh, Vol. 2, pp. 622-3.

49   Mansergh, Vol. 2, p. 624.

50   Read and Fisher, p. 166.

51   Chopra, *Historic Judgement*, p. 136 그리고 G. Pandey (ed.), *The Indian Nation in 1942*, Calcutta, 1988, p. 6.

52   French, p. 155.

53   Mansergh, Vol. 2, p. 1002 그리고 G. Pandey, 'The Revolt of August 1942 in Eastern UP and Bihar', in Pandey, p. 156.

54   P. N. Chopra (ed.), *Quit India Movement. Vol. 2. Role of Big Business*, New

Delhi, 1991, p. 65.

55   Sarkar, pp. 394-5.

56   French, p. 159.

57   French, p. 159 그리고 Read and Fisher, p. 330.

58   Sarkar, p. 395.

59   G. Omvedt, 'The Satara Prati Sarkar' in Pandey, pp. 224-57 그리고 Pradhan, p. 175를 보라.

60   H. Sanyal, 'The Quit India movement in Medinipur District', in Pandey, p. 46.

61   Sanyal, in Pandey, pp. 59-60.

62   Sanyal, in Pandey, pp. 59, 133.

63   Sanyal, in Pandey, pp. 133-4.

64   Sanyal, in Pandey, pp. 135-8. 이 부분은 Chopra, Historic Judgement, p. 65에서 인용.

65   Majumdar, p. 676.

66   P. N. Chopra (ed.), Quit India Movement. British Secret Documents, Delhi, 1986, p. 162.

67   J. Narayan, Selected Works, Vol. 3, New Delhi, 2003, p. 115.

68   Narayan, p. 131.

69   Narayan, p. 142.

70   Narayan, p. 120.

71   Narayan, p. 204.

72   Narayan, p. 115.

73   'The ABC of Dislocation'. 이 부분은 Chopra, British Secret Documents, p. 360에서 인용.

74   Chopra, Role of Big Business, p. iv.

75   Chopra, British Secret Documents, pp. 80-1.

76   Chopra, Role of Big Business, p. 62.

77   Bates, p. 160.

78   Pandey in Pandey, pp. 139-40에서 인용.

79   Mansergh, Vol. 2, p. 853.

80   Read and Fisher, p. 329 그리고 Majumdar, p. 650.

81   Sarkar, pp. 395-6.

82   Majumdar, p. 660 그리고 Newsinger, p. 155.

83   Majumdar, p. 650.

84   Chopra, *British Secret Documents*, p. 188.

85   Chopra, *British Secret Documents*, p. 42.

86   후자의 숫자는 네루를 따른 것이다. Chopra, *Historic Judgement*, p. 19에서 인용.

87   Majumdar, p. 658 그리고 Sarkar, pp. 395-6.

88   Read and Fisher, p. 278.

89   Majumdar, p. 601.

90   Majumdar, p. 666.

91   T.S. Sareen (ed.), *Indian National Army. A Documentary Study*, New Delhi, 2004, Vol. 4, p. 32.

92   K.K. Ghosh, *The Indian National Army. Second Front of the Indian Independence Movement*, Meerut, 1969, p. 137에서 인용.

93   Sareen, pp. 308-9, 137.

94   Pradhan, p. 184.

95   M. Gupta and A.K. Gupta, *Defying Death. Struggle against Imperialism and Feudalism*, New Delhi, 2001, p. 187.

96   Sareen, p. 38.

97   Sareen, pp. 37-8.

98   Read and Fisher, p. 363에서 인용.

99   N. Tarling, *A Sudden Rampage. The Japanese Occupation of Southeast Asia*, London, 2001, p. 89에서 인용.

100   Tarling, p. 123에서 인용.

101   Read and Fisher, p. 59.

102   1941년에 해당하는 수치다. Ghosh, p. 61.

103   Ghosh, p. 65에서 인용.

104   Ghosh, p. 59.

105   Sarkar, p. 411.

106   Ghosh, p. 72에서 인용.

107   Sareen, p. 199.

108   Ghosh, p. 34.

109   Sareen, p. 214.

110   Memoirs of Lt General Kawabe, in Sareen, p. 311.

111   R. Dayal (ed.), *We Fought Together for Freedom. Chapters from the Indian National Movement*, Delhi, 1995, pp. 198-9.

112   Ghosh, p. 140에서 인용.

113 Sareen, p. 323.

114 Read and Fisher, p. 344.

115 Dayal, p. 203에서 인용.

116 P. Heehs, 'India's Divided Loyalties' in *History Today*, July 1995, p. 22.

117 French, p. 207 그리고 Read and Fisher, p. 345.

118 Sarkar, p. 404에서 인용.

119 Sarkar, p. 411.

13. 인도네시아: 민중에 맞서 연합한 추축국과 연합국

1   M.C Ricklefs, *A History of Modern Indonesia*, London, 1981, p. 117.

2   Ricklefs, p. 145 그리고 T. Friend, *The Blue-Eyed Enemy. Japan against the West in Java and Luzon,1942-1945*, Princeton, 1988, p. 14.

3   Ricklefs, p. 147.

4   B. Dahm, *Sukarno and the Struggle for Indonesian Independence*, Ithaca, 1966, pp. 29-30. 300만 분의 1퍼센트는 대학에 다녔다. Ricklefs, p. 152.

5   Dahm, p. 91.

6   T. Friend, *The Blue-Eyed Enemy. Japan against the West in Java and Luzon*, 1942-1945, Princeton, 1988, p. 15.

7   R. Cribb and C. Brown, *Modern Indonesia. A History Since 1945*, London, 1995, p. 1.

8   Ricklefs, p. 163.

9   세부 사항은 H. Benda, 'The Communist Rebellions of 1926-1927 in Indonesia', in *The Pacific Historical Review*, Vol. 24, No. 2 (May 1955), pp. 139-52 그리고 Ricklefs, p. 170을 보라.

10 Dahm, p. 149에서 인용.

11 Dahm, p. 116.

12 Dahm, p. 215.

13 M. H. Thamrin, 이 부분은 N. Tarling, *A Sudden Rampage. The Japanese Occupation of Southeast Asia,1941-1945*, London, 2001, p. 176에서 인용.

14 마에다 제독, 이 부분은 Dahm, p. 219에서 인용.

15 Tarling, p. 129에서 인용.

16 Dahm, p. 225에서 인용.

17 Dahm, p. 249-50에서 인용.

18 S. Sato, *War, Nationalism and Peasants*, New York, 1994, p. 11에서 인용.

19 Sato, p. 13에서 인용.

20 M. Nakamura, 'General Imamura and the Early Period of Japanese Occupation', in *Indonesia*, Vol. 10 (October 1970), p. 7.

21 Tarling, pp. 175-7.

22 B. Anderson, *Java in a Time of Revolution*, London, 1972, p. 12.

23 Sato, pp. 84, 144.

24 Cribb and Brown, p. 14.

25 Anderson, p. 12.

26 Sato, p. 76.

27 Friend, pp. 163-4.

28 Sato, p. 165.

29 Sato, pp. 157-8.

30 이것은 Friend, pp. 163-4에 나오는 추정치인데, 사토가 제시한 수치는 15~20퍼센트다. Sato, p. 160.

31 Friend, p. 189.

32 'Principles Governing the Administration of Occupied Southern Regions' of 20 November 1941, 이 부분은 Sato, p. 52에서 인용. Nakamura, p. 5도 보라.

33 Sato, p. 39.

34 Sato, p. 54.

35 Dahm, p. 244.

36 Sato, p. 71.

37 Friend, pp. 165-6.

38 Dahm, p. 315.

39 이것의 역할에 대한 논의는 Nakamura, p. 3.

40 Dahm, p. 218.

41 Tarling, p. 187에서 인용.

42 Dahm, p. 305.

43 Friend, p. 105.

44 Nakamura, p. 17.

45 Dahm, p. 221 그리고 Tarling, p. 178.

46 Friend, p. 107.

47 Ricklefs, p. 191.

48 Anderson, p. 39.

49 Tarling, p. 179.

50 수카르노와 하타의 간청 후 샤리푸딘은 구명됐다. Anderson, p. 38.

51 Anderson, pp. 40-4.

52 Ricklefs, p. 191.

53 Dahm, p. 149에 있는 위 인용문을 보라.

54 B. Siong, 'Captain Huyer and the massive Japanese arms transfer in East Java in October 1945', in *Bijdragen tot de Tael, Land en Volkenkunde*, No. 159 (2003), No. 2/3, p. 295. www.kitlv-journals.nl.에서 내려받음. 2010년 1월 12일 접속.

55 Sato, p. 64.

56 Anderson, p. 85.

57 Friend, p. 120.

58 Anderson, p. 67.

59 Friend, p. 234의 사례로 계산.

60 Friend, p. 232. 그리고 Ricklefs, p. 235도 보라.

61 Anderson, p. 74.

62 Anderson, p. 82 그리고 Dabm, p. 314.

63 Anderson, p. 91.

64 Cribb and Brown, p. 113에서 인용.

65 Anderson, p. 191.

66 Cribb and Brown, p. 19.

67 Anderson, p. 194.

68 J. Suryomenggolo, 'Workers' Control in Java, Indonesia, 1945-1946', in I. Ness and D. Azzellini (eds.), *Ours to Master and to Own*, Chicago, 2011, p. 221.

69 Anderson, p. 270.

70 G. M. Kahin, *Nationalism and Revolution in Indonesia*, Ithaca, 1970, p. 173.

71 Kahin, p. 174에서 인용.

72 Anderson, p. 308.

73 Anderson, p. 310.

74 Anderson, p. 118.

75 Suryomenggolo, p. 215.

76 Anderson, p. 146.

77 Anderson, p. 126.

78 A. Lucas, 'Social Revolution in Pemalang, Central Java, 1945', in *Indonesia*, Vol. 24 (October 1977), pp. 87-122.

79 Lucas, p. 114.

80 Lucas, pp. 111-5.

81 Lucas, p. 110.

82 Lucas, pp. 111-5.

83 Ricklefs, p. 206.

84 Anderson, p. 342.

85 Lucas, p. 120.

86 Ricklefs, p. 194.

87 Ricklefs, p. 196과 Friend, p. 175 그리고 Dahm, p. 302; R.G. Mangkupradja, H. Wanasita Evans and R. McVey, 'The Peta and My Relations with the Japanese: A Correction of Sukarno's Autobiography', in *Indonesia*, Vol. 5, (April 1968), p. 124 그리고 Anderson, p. 36.

88 Siong, 'Captain Huyer', p. 202 그리고 Anderson, p. 100.

89 Anderson, p. 102.

90 세마랑에서 총격이 발생했지만, 이것은 일본인들이 영국인들의 지도를 받는 구르카인들을 인도네시아인들로 오인했기 때문이었다. Siong, 'Captain Huyer', p. 292.

91 Anderson, p. 106.

92 H.B. Siong, 'The Secret of Major Kido: The Battle of Semarang, 15-19 October 1945', in *Bijdragen tot de Tael, Land en Volkenkunde*, No. 152 (1996), No. 3, p. 406. www.kitlv-journals.nl.에서 내려받음. 2010년 1월 12일 접속.

93 Anderson, p. 148.

94 Anderson, p. 135에서 인용.

95 R. McMillan, *The British Occupation of Indonesia, 1945-1946*, Abingdon, 2005, p. 10 그리고 Anderson, pp. 135-6.

96 Siong, 'The Secret of Major Kido', p. 393.

97 Siong, 'The Secret of Major Kido', p. 413.

98 McMillan, p. 30.

99 McMillan, p. 77에서 인용.

100 Ibid.

101 McMillan, p. 79에서 인용.

102 McMillan, p. 24에서 인용.

103 Friend, p. 223.
104 McMillan, p. 14.
105 Friend, p. 226.
106 McMillan, p. 37.
107 Siong, 'Captain Huyer', p. 294.
108 Anderson, p. 160에서 인용.
109 McMillan, p. 44 그리고 Anderson, p. 161.
110 Anderson, p. 183에서 인용.
111 Anderson, p. 164에서 인용.
112 Anderson, p. 163에서 인용.
113 Friend, p. 228.
114 McMillan, p. 71.
115 McMillan, p. 148에서 인용.
116 McMillan, p. 73. 그리고 Anderson, pp. 135-6도 보라.
117 McMillan, p. 20.
118 McMillan, p. 87-8에서 인용.
119 McMillan, p. 125에서 인용.

14. 베트남: 반제국주의 돌파구

1   레옹 블룸Leon Blum을 따른 것이다. 이 부분은 A-G. Marsot, 'The Crucial
    Year: Indochina 1946', Journal of Contemporary History, Vol. 19, No. 2
    (April 1984), p. 351에서 인용.
2   P. Franchini, Les mensonges de la guerre d'indochine, no place, 2005, p.
    158.
3   D. Marr, Vietnam 1945. The Quest for Power, Berkeley, 1995, p. 548; K.
    Ruane, War and revolution in Vietnam, London, 1998, p. 16.
4   Notes from the Provisional French Government to the US, 20 January
    1945, in G. Porter (ed.), Vietnam: The Definitive Documentation of Human
    Decisions, Vol. 1, London, 1979, p. 19.
5   19세기에 나온 투자 설명서에서 인용. 마지막 두 단어는 원본에 영어로 돼
    있다. P-R. Feray, Le Viet-Nam au XXe siecle, Paris, 1979, p. 41.
6   Feray, p. 50.
7   후자가 주민의 90퍼센트였다. 1931년 수치. Feray, p. 84.

8   1937년 수치. Feray, p. 65.

9   P. Xanh, *Ho Chi Minh, the Nation and the Times, 1911-1946*, Hanoi, 2008, p. 45.

10   S. Tonnesson, *The Vietnamese Revolution of 1945*, London, 1991, p. 119.

11   1940년 수치. Feray, p. 84.

12   Le Manh Hung, *The Impact of World War II on the Economy of Vietnam, 1939-1945*, Singapore, 2004, pp. 248-9.

13   J. Neale, *The Amerian War*, London, 2005, pp. 8과 11. P. Ripert, *La guerre d'Indochine*, no place, 2004, p. 58에는 코친차이나 토지의 50퍼센트를 인구의 2.5퍼센트가 소유했다고 기술돼 있다.

14   Tonnesson, p. 46.

15   Ibid.

16   Marr, p. 96.

17   Le Manh Hung, p. 255.

18   Marr, p. 97.

19   Le Manh Hung, p. 256 그리고 Marr, p. 98.

20   Le Manh Hung, p. 253에서 인용.

21   Ho Chi Minh, *Selected Writings*, Hanoi, 1977, p. 62. 하지만 100만 명, 또는 영향을 받은 주민의 10퍼센트가 더 타당해 보인다. Marr, p. 104를 따른 것이다.

22   Le Manh Hung, p. 204. 대개의 경우 1945년 3월 9일 도쿄의 쿠데타는 프랑스의 최소한의 저항에(만) 부딪혔다. Spector, p. 32; Marr, pp. 56-8.

23   Le Manh Hung, p. 254.

24   강조는 내가 한 것이다. Ho Chi Minh, p. 41.

25   Ho Chi Minh, p. 42.

26   Tonnesson, pp. 101-2.

27   Marr, p. 191.

28   Marr, p. 162.

29   Phan Chu Trinh and Ho Chi Minh, 이 부분은 Xanh, pp. 166-7에서 인용.

30   Ho Chi Minh, p. 45.

31   Feray, pp. 193, 196 그리고 Marr, p. 238.

32   N. Van, *Revolutionaries They Could Not Break. The Fight for the Fourth International in Indochina, 1930-1945*, London, 1995, p. 307.

33   Xanh, p. 165에서 인용.

34   Xanh, p. 166.

35 이것은 1944년 12월에 수립됐다. Ho Chi Minh, p. 47.

36 Marr, pp. 169-70.

37 Marr, p. 170.

38 Neale, p. 16.

39 D. Horowitz (ed.), *Containment and Revolution*, London, 1967, p. 220에서 인용.

40 Feray, p. 193.

41 Xanh, p. 105; Tonnesson, p. 117.

42 R. Spector, 'Allied Intelligence and Indochina, 1943-1945', *The Pacific Historical Review*, Vol. 51, No. 1 (February 1982), p. 37.

43 Porter, pp. 19-20.

44 J. Valette, *Indochine, 1940-1945*, Français contre Japonais, Paris, 1993, pp. 481-4.

45 A.W. Cameron (ed.), *Viet-Nam Crisis. A Documentary History*. Vol. 1, New York, 1971, pp. 10-11.

46 Tonnesson, pp. 62-3을 보라.

47 Ruane, p. 10.

48 Cameron, p. 36에서 인용.

49 Spector, p. 35.

50 Spector, p. 37.

51 Spector, p. 40.

52 Spector, p. 41.

53 Spector, p. 42.

54 Report on OSS 'Deer Mission' by Major Allison K. Thomas, 17 September 1945, in Porter, pp. 75-6.

55 Instructions of the Standing Committee of the Central Committee of the ICP, 12 March 1945, in Porter, p. 21.

56 Marr, p. 233.

57 Tonnesson, pp. 349-50.

58 Marr, p. 2.

59 Marr, p. 143.

60 Tonnesson, pp. 118-9.

61 Marr, pp. 207-8.

62 Porter, p. 47. Resolutions of the Viet Minh Conference to establish a 'Free Zone', 4 June 1945, pp. 47-9 그리고 Marr, pp. 353-4.

63 A General Uprising Order by Vo Nguyen giap, representative the Provisional Executive Committee of the Free Zone 그리고 Marr, p. 366.

64 Marr, p. 191.

65 R. Morrock, 'Revolution and Intervention in Vietnam', in Horowitz, pp. 218-9.

66 Van, p. 19에서 인용.

67 Tranh dau, 19 May 1939, 이 부분은 Van, p. 56에서 인용.

68 Tonnesson, p. 336.

69 Marr, pp. 386-8.

70 Marr, pp. 389-94.

71 Marr, p. 402.

72 Tonnesson, p. 336에서 인용.

73 Van, p. 325.

74 Marr, p. 455.

75 Marr, p. 456-7.

76 Marr, p. 464.

77 Marr, p. 455 그리고 Tonnesson, p. 354.

78 Van, p. 328.

79 Van, p. 339.

80 Van, p. 338.

81 Van, p. 160.

82 Marr, pp. 460-1.

83 Feray, p. 193.

84 Cameron, p. 52.

85 Cameron, p. 54.

86 예를 들면 Marr, p. 465를 보라.

87 Van, p. 162에서 인용.

88 Spector, p. 47에서 인용.

89 General Sir William Slim, Commander-in-Chief of Allied Land Forces South-east Asia to General Gracey on 28 August 1945, 이 부분은 J. Springhall, '"Kicking out the Vietminh": How Britain Allied France to Reoccupy South Indochina, 1945-46', in Journal of Contemporary History, Vol. 40, No. 1, January 2005, p. 119에서 인용.

90 C. de Gaulle, The Complete War Memoirs, New York, 1988, p. 928.

91 Marr, p. 543-4.

92 Springhall, p. 115.

93 Mounbatten on 24 September 1945, 이 부분은 Springhall, 121에서 인용.

94 Marr, p. 541.

95 《더 타임스》, 1945년 9월 25일.

96 Springhall, p. 122.

97 Marr, p. 541.

98 Springhall, p. 123에서 인용.

99 Springhall, p. 125에서 인용.

100 Springhall, p. 125.

101 Porter, p. 69.

102 Marr, p. 369.

나가는 말

1 J. Keegan, *The Second World War*, London, 1990, p. 5. (한국어판:《2차 세계대전사》, 류한수 옮김, 청어람미디어, 2007).

2 H. Strachan, *The First World War*, London, 2003, pp. 43-4.

3 D. Mitchell, *1919, Red Mirage*, London, 1970, p. 16.

4 C. von Clausewitz, *On War*, Harmondsworth, 1968, p. 386.

5 T. Cliff, *Trotsky*, London, 1993, Vol. 4, p. 369에서 인용. (한국어판: 《트로츠키 1927~1940》, 이수현 옮김, 책갈피, 2018).

6 Keegan, pp. 484-5.

7 *European Resistance Movements 1939-1945. Presentations at the First International Conference on the History of the Resistance Movements*, London, 1960, p. 8.

8 R. Overy, *Why the Allies Won*, London, 1995, p. 312.

9 S. Hessel, *Engage-vous!*, no place, 2011, pp. 13-14.

찾아보기

니미츠, 체스터 294

기타

1차 세계대전 11, 13, 24, 29, 134, 178,
204, 205, 254, 261, 268, 322,
324, 326, 337, 421, 429, 431,
503~505, 507, 508, 529, 543
3기 노선 36
3A 439
EAM(민족해방전선) 89, 93, 96,
98~104, 106, 111, 112,
114~120, 124, 128, 129, 131,
511, 537
EDES(그리스민족공화연맹) 97,

107~110, 116, 117, 119
ELAS(민족민중해방군) 89, 96~98,
103, 106~113, 115~120, 122,
124, 127, 129, 131, 201, 511,
536, 537
EEAM(노동자민족해방전선) 99
EKKA(민족·사회해방) 97, 536
1AA 규정 261
MUR(연합레지스탕스운동) 222, 224
PEEA(민족해방정치위원회) 105, 540

2차 세계대전의 민중사

초판 1쇄 펴낸날	2021년 3월 8일
지은이	도니 글룩스타인
옮긴이	김덕련
펴낸이	박재영
편집	이정신·임세현·한의영
마케팅	김민수
디자인	조하늘
제작	제이오
펴낸곳	도서출판 오월의봄
주소	경기도 파주시 회동길 363-15 201호
등록	제406-2010-000111호
전화	070-7704-5018
팩스	0505-300-0518
이메일	maybook05@naver.com
트위터	@oohbom
블로그	blog.naver.com/maybook05
페이스북	facebook.com/maybook05
인스타그램	instagram.com/maybooks_05
ISBN	979-11-90422-63-5 03900

만든 사람들

책임편집	박재영
디자인	조하늘